数字经济

前沿问题及司法实务研究

第一卷

Research on the Frontier Issues and Judicial Practice of Digital Economy

主编 / **顾全**

副主编 / **吴晶　章国栋**

人 民 法 院 出 版 社

图书在版编目（CIP）数据

数字经济前沿问题及司法实务研究. 第一卷 / 顾全主编 ; 吴晶, 章国栋副主编. -- 北京 : 人民法院出版社, 2024.6
ISBN 978-7-5109-4020-0

Ⅰ. ①数… Ⅱ. ①顾… ②吴… ③章… Ⅲ. ①信息经济－经济法－研究－中国 Ⅳ. ①D922.290.4

中国国家版本馆CIP数据核字(2024)第026005号

数字经济前沿问题及司法实务研究（第一卷）

顾　全　主编
吴　晶　章国栋　副主编

责任编辑　白　鸽
出版发行　人民法院出版社
地　　址　北京市东城区东交民巷27号（100745）
电　　话　（010）67550662（责任编辑）　67550558（发行部查询）
　　　　　65223677（读者服务部）
客服QQ　2092078039
网　　址　http://www.courtbook.com.cn
E-mail　courtpress@sohu.com
印　　刷　保定市中画美凯印刷有限公司
经　　销　新华书店

开　　本　787毫米×1092毫米　1/16
字　　数　355千字
印　　张　24
版　　次　2024年6月第1版　2024年6月第1次印刷
书　　号　ISBN 978-7-5109-4020-0
定　　价　88.00元

Preface 序言

习近平总书记指出："发展数字经济意义重大，是把握新一轮科技革命和产业变革新机遇的战略选择。"[①] 当前，数字经济在我国长期保持高速增长态势。2023年作为数字经济发展基础的信息传输、软件和信息技术服务业增速达11.9%，网上零售额较去年增长11%，是加快发展新质生产力、推动高质量发展的重要驱动力量。随着互联网、大数据、区块链、云计算、人工智能等新兴数字产业的创新发展，电商直播、移动支付、智慧物流、在线学习、共享经济等新业态新模式亦竞相发展，催生了全新的社会关系和纠纷形态，也带来了全新的法律挑战和司法需求，如何为数字经济的高质量发展提供有力法治保障成为当前司法面临的重大课题。

面对这一课题，上海法院充分发挥司法职能作用，着力为推动上海国际数字之都建设提供更好的服务保障。先后成立互联网案件审判庭、设立"数智金融巡回审判站"、成立全国首家数字经济司法研究及实践基地等，强化涉数字经济案件专业化审判机构建设；依法审理和分析研判涉个人信息、数据流通、平台运营、网络灰黑产等前沿问题的案件，强化数字治理规则的司法探索，推进优化数字营商环境；创新司法研究和社会治理模式，与华东政法大学合作共建"上海互联网司法研究中心"，推动数字法治建设的协同发展；深入推进数字法院建设，基本形成以"数助办案、数助监督、数助便民、数助治理和数助政务"五大板块为核心内容的框架体系，以数字化助推

① 习近平：《习近平谈治国理政》（第四卷），外文出版社2022年版，第205页。

上海法院工作现代化。

2022 年 11 月，上海法院数字经济司法研究及实践（嘉定）基地（以下简称数字经济基地）在上海市嘉定区人民法院揭牌成立，以案为基，在全国首创数字经济案件及示范规则研究体系；以人为本，与全国 20 多家单位建立战略合作伙伴关系，130 余位来自科研院校、司法执法协作单位、平台和数商业界代表加入数字经济基地专家智库，通过“前沿问题联合研究、矛盾纠纷多元共治、裁判规则会商共认、复合人才联合培养、市域治理数助决策”5 大配套机制探索，旨在建立符合市场发展需要和审判规律的研究和实践平台，全面树立适应数字化转型的司法理念，为数字经济市场健康发展提供有力的法治保障。

为了及时总结司法实践经验，全面展示司法研究成果，强化司法裁判引领作用，数字经济基地编写了《数字经济前沿问题及司法实务研究》一书。本书是数字经济基地系列“数智”成果之一，是展示数字经济基地运行以来孵化的理论研究和司法实务成果的重要窗口，也是推进数字经济前沿问题研讨交流的重要平台，更是充分发挥规则引领作用和社会治理效能的重要载体。

本书聚焦实务研究、前沿交流、典型案例三部分，突出时代特征和应用价值。在实务研究部分，展示了数字经济基地运行以来服务保障数字经济发展的司法举措，也是在裁判规则提炼和法律适用问题研判方面的司法实践经验总结。在前沿交流部分，选编《数字经济案件审判理念及分类体系研究》课题，该文为树立适应数字时代的审判理念以及构建数字经济案件四大分类研究体系提出建树性意见，形成数字经济司法研究及实践的理论基础；同时编入涉个人信息保护、自动驾驶汽车、数据资产交易、网络犯罪灰黑产防治等上海司法智库专项调研课题成果，加强数字经济前沿问题的联合研究，具有一定的法学理论深度和成果转化价值。在典型案例部分，选编的 30 个案例是数字经济基地发布的三批覆盖上海市并拓展至长三角地区的涉数字经济典型案例，根据数字经济基地首创的数字经济案件四大分类研究体系，案件类型分为第一类“涉个人信息及关联人格权益保护纠纷”，第二类“涉数据形态财产权益及市场竞争秩序保护纠纷”，第三类“涉平台经营者法定义务及相关主体权益保护纠纷”，第四类“涉信息网络犯罪及网络灰黑产业链防治的刑事案件”，涉及个人信息保护、网络大V言论自由边界、网络账号虚拟财产属性认定、“刷单炒信”算法漏洞救济、平台灵活用工就业者权益保护、网络灰黑产业链规制等热点难点问题，均经过来自“理论+产业+司法”智库联合体专家的研讨论证，凝练出的规则不仅代表了理论界与司法界的观点，也尊重和体现了产业界的需求，对审判实践和理论研究具有一定的参考和借鉴价值。

本书的编写出版不仅是上海法院涉数字经济案件专业化审判工作的缩影，也凝聚了“理论+产业+司法”智库联合体集体智慧的结晶，是阶段性成果，也是全新的起点，随着司法研究和实践的不断深入，期待涌现更多的“数智”成果，为服务保障数字经济高质量发展和促进网络空间治理法治化水平作出积极贡献！

Contents 目录

实务研究

前沿交流

典型案例

实务研究

上海法院数字经济司法研究及实践（嘉定）基地司法保障数字经济发展白皮书（2023年度）

引 言

党的二十大作出“加快建设网络强国、数字中国”的战略部署，强调要“加快发展数字经济，促进数字经济和实体经济深度融合，打造具有国际竞争力的数字产业集群”。习近平总书记强调，当今时代，数字技术、数字经济是世界科技革命和产业变革的先机，是新一轮国际竞争重点领域。[①] 当前，上海正在以城市数字化转型为重要动力，全面深化“五个中心”建设，全力打造具有世界影响力的国际数字之都。上海法院也在全国率先提出并实质性推进数字法院建设，努力以数字化、智能化赋能社会治理现代化，服务保障数字经济高质量发展。同时，嘉定区正大力推进建设数字化发展新高地，始终把发展数字经济作为推动高质量发展、加快新旧动能转换的关键领域，吸引全国近半数电商头部企业落户，现有100余家在线新经济高成长创新型企业，数字经济产业占GDP的比重约为45%，在电子商务、在线文娱、工业互联网、智慧交通等领域已逐渐形成集聚效应，对司法服务保障辖区经济发展提出了新需求和新期待。

数字化转型正深刻改变着我们的生产生活方式和社会治理模式，传统案件中的各类人格权、财产权客体越来越多转化为数字化形态出现，网络成为社会交往和交易活动的“主战场”。这些“数字化”特征可能反映在任何一起普通案件中，并非专门的互联网法院、法庭或某个审判条线所能涵盖。因此，我们应当全面树立适应数字时代的审判理念，努力探索普通法院可复制、可

① 习近平：《习近平著作选读》（第二卷），人民出版社2023年版，第536页。

推广的服务数字经济发展路径，以守正创新服务保障数字经济高质量发展。

基于服务大局和审判实践需要的背景，2022 年 8 月，在嘉定区委大力支持下，上海市高级人民法院批复成立“上海法院数字经济司法研究及实践（嘉定）基地”（以下简称数字经济基地）。同年 11 月 1 日，全国首家数字经济司法研究及实践基地在嘉定法院揭牌成立。数字经济基地运行一年以来，坚持“以案为基、守正创新，以人为本、数智无限”的发展理念，通过“数字化”司法理念推广实践与“数字赋能”机制改革创新，创新数字经济案件分类研究体系，以案为基凝聚“数智”理念共识，打通“市场需求 + 司法职能”链接；推动“数智”跨界合作，打造数字经济“理论 + 产业 + 司法”智库联合体，以人为本集聚“理论 + 产业 + 司法”合力；以实践为核强化“数智”赋能治理，创新“机制集成 + 规则引领”场景，逐步发挥出司法服务保障数字经济发展的“数智思享嘉”创新品牌示范效应。在审理本区涉数字经济案件的基础上，结合数字经济基地首创的数字经济案件四大分类研究体系，总结审理基本情况和案件主要特点；以数字经济基地发布的三批涉数字经济典型案例“以点带面”，强化裁判规则提炼和法律适用问题研判。数字经济基地将从强化司法智慧引领、强化司法供给保障、强化司法协作联动三方面开展下一步工作，为推进数字经济高质量发展和提升网络空间治理法治化水平积极贡献司法智慧和力量。

第一部分　服务保障数字经济发展的机制探索

一、以案为基凝聚“数智”理念共识，打通“市场需求 + 司法职能”链接

针对促进数据要素有序流通、平衡市场主体权利义务、维护市场秩序与网络环境等数字经济市场的发展需求，数字经济基地首创数字经济案件四大分类研究体系，打造规则示范样板：一是涉个人信息及关联人格权益保护纠纷，保护个人数据和公共数据的合理利用，促进数据要素的“初级流动”，

规制侵犯个人信息、肖像、隐私、名誉等侵害人格权益及网络暴力等危害网络管理秩序行为。二是涉数据形态财产权益及市场竞争秩序保护纠纷，保护企业数据财产权益及知识产权、网络虚拟财产等合法权益，促进数据要素的“次级流动”，规制互联网不正当竞争、数据和算法垄断等行为，保护市场竞争秩序。三是涉平台经营者法定义务及相关主体权益保护纠纷，保护平台经济的创新发展，规范算法和人工智能等技术应用，厘清平台法定责任的边界，规制损害消费者、平台就业者权益等行为，保护市场公平交易秩序和创新发展活力。四是涉信息网络犯罪及网络灰黑产业链防治的刑事案件，保护刑法关注的公民人身财产权利、市场经济秩序和网络管理秩序等法益 / 社会关系，规制利用信息网络实施各类违法犯罪行为，注重源头产业链的打击与防治。通过提炼法律关系的特点，连接民事、商事、知产和刑事审判职能，“以案为基”凝聚起各方共识与智慧，推动技术、产业、法治融合发展。该分类研究体系调研报告获得时任最高人民法院主要领导的批示肯定，形成共同开展司法研究与实践的理论基础。

二、以人为本推动“数智”跨界合作，集聚“理论 + 产业 + 司法”合力

为打破行业壁垒和技术“黑箱”，数字经济基地已与全国 20 多家高校科研机构、实务行业单位、执法司法协作单位建立战略合作伙伴关系，并聘任 130 余位来自全国科研院校、最高人民法院、上海市及长三角司法系统、市经信委、市委网信办、大数据中心等相关职能部门、大型平台企业及数字化转型生态企业的咨询专家、实务专家、审判人才，联合组建全国首个数字经济“理论 + 产业 + 司法”智库联合体，“以人为本”通过“前沿问题联合研究、矛盾纠纷多元共治、裁判规则会商共认、复合人才联合培养、市域治理数助决策”5 大配套机制联合探索，推动数字与司法“双向赋能”。数字经济基地相关做法和机制多次被《人民法院报》头版转发，全国数十家相关部门和单位来院取经交流。数字经济基地创新成果获评 2023 年度上海法院十大创新工作成果。

三、以实践为核强化“数智”赋能治理，创新“机制集成＋规则引领”场景

（一）以智慧共享为亮点，加强前沿问题联合研究

数字经济基地参与第五届中国数据法律高峰论坛、2023世界人工智能大会法治青年论坛等活动，拓展“数字化”司法理念推广场景。与合作单位定期举办数字经济研讨活动，已承办或协办“数字时代的社会法：理论创新与制度建设”专题研讨会、“北京—长三角知识产权保护实务智库”论坛等活动近10场，针对“数字形态权利客体甄别”“数据处理技术或商业模式理解”“平台格式条款效力认定”“平台法定责任边界”等瓶颈问题开展研讨。召开数智思享嘉法治论坛，完成《数字时代隐私及个人信息司法保护研究》《自动驾驶汽车相关法律责任问题研究》《数据抓取问题的反不正当竞争法规制研究》《数据资产交易的司法保护问题研究》《涉侵害数据形态权益黑灰产司法防治研究》《互联网平台数据黑灰产司法防治体系研究》6个上海司法智库专项调研课题验收结项，并将研究成果转化为数助决策分析报告。

（二）以合作共联为要点，加强矛盾纠纷多元共治

以数字化重点赋能“一体两翼四轮多点”①诉源治理体系，探索构建“诉服中心”数字化网络，建成“24小时诉讼服务便民智慧站”“嘉诉智慧舱”“云享嘉法庭”等数字便民集群，在嘉北法庭设立数字经济巡回审判工作站，积极打造智能化“解纷最嘉解”品牌。深化司法大数据应用，探索建立诉前案件分流智能匹配模型，实现当事人与调解组织间的智能匹配和精准推送，以源头治理数字化推动社会治理现代化。联动数字经济基地业务指导单位市委网信办，构建数字经济合作共治工作机制，一批头部平台企业间纠纷通过数字经济基地多元纠纷调处机制妥善化解，促进平台经济矛盾纠纷多

① “一体”即院诉讼服务中心系统集成人民调解指导、诉调对接等职能，协调指挥诉源治理和多元解纷工作，对标“枫桥经验”打造“解纷最嘉解”品牌；“两翼”即服务区域大局，推动行政争议实质性化解和涉平台经济纠纷调处机制实质性运作；“四轮”即建设“嘉北—数字经济巡回审判工作站”“南翔—北虹桥司法服务工作站”“安亭—汽车行业法律服务工作站”“嘉中—家事教育指导工作站”，发挥人民法庭服务基层治理职能；“多点”即依托院诉讼服务中心和区“三所联动”“一纵四横”网络，整合调解和社会综治力量，打造数字“云享嘉法庭”诉讼服务便民工程。

元共治和行业健康规范发展。拟定《数字经济人才智库专家列席专业法官会议工作指引》，构建“法律分歧研讨解决 + 技术难点专家咨询”的交流工作机制，完善智库专家列席专业法官会议研讨、担任技术专家进行辅助论证机制，提供有关数字业态、管理技术、法律判断等专家意见作为审判参考。

（三）以案例研究为重点，加强裁判规则会商共认

在分类研究体系的基础上，依托“四类案件”信息化监管平台，建立涉数字经济案件要素化识别标注、办案辅助、跟踪统计、态势分析、案例培育等全链条数字化管理机制。陆续举办三批数字经济典型案例研讨会，经过三类智库专家联合论证研讨，发布三批 30 个具有示范意义的数字经济典型案例，涉及个人信息保护、网络大 V 言论自由边界、网络账号虚拟财产属性认定、“刷单炒信”算法漏洞救济、平台灵活用工就业者权益保护、网约顺风车平台安全保障义务承担等热点难点问题。系统梳理数字经济类案裁判规则，撰写完成《隐私权和个人信息保护纠纷类案办案要件指南》《商业诋毁纠纷类案办案要件指南》，并制作要素知识图谱探索融入数字法院场景建模。已中标 10 多项全国或市级重点课题，其中《司法服务城市数字化转型研究》等多篇论文获奖。

（四）以思维转型为基点，加强复合人才联合培养

依托院专业人才库，建立数字经济案件审判团队，将分类识别后的数字经济案件与各业务部门审判团队精准实现“人案匹配”，构建涉数字经济案件专人专办、人案匹配的专业化、集约化办理模式。研究拟定案例发掘及培育工作方案，构建涉数字经济典型案例全周期培育机制；依托案例沙龙暨法律思维训练营平台，研讨典型案例近百件，推动培养数字经济案件审判人才的“穿透性”视角和相对统一的裁判思路。探索与高校科研机构、实务机构、司法协作单位建立联合培养、交流挂职、专家互聘、执法协作等机制，与相关院校合作研发数字经济司法实务课程体系，嘉定法院 5 名法官与 4 位数字经济基地专家共同承担授课任务，同步撰写《涉数字经济案件类型化研究与司法实证》等配套教材，积极打造院校合作和复合型数字经济法治人才培养新样本。

（五）以数据应用为支点，加强市域治理数助决策

积极参与全市数字法院和“场景建模”建设，将数字赋能计划嵌入嘉定法院三年重点工作规划，布局12项长效机制的“数字孪生”方案，[①]推进“个案纠错”向“系统防错”“类案指引”延伸。强化数字赋能审判管理工作机制，依托立审执“三个中心”院级会商监管机制，设立司法质效数据官，加强数据分析融合推动审判质效提升。积极探索数字产业诉源治理新模式，发布涉数字经济白皮书、法律风险提示及专项司法建议十余篇，涉及数字金融、网络直播、信用信息、游戏运营等行业治理问题，助力城市数字化转型中新业态规范发展和法律风险防范。司法白皮书系列中的《城市数字化转型背景下平台经济的司法服务保障》报告获得时任最高人民法院主要领导批示肯定。受上海数据集团邀请，数字经济基地完成“数据赋能法治社会建设”专项课题，一期已构建5个维度20项场景，开展“企业画像”大数据融合分析与集成应用，开创“数助决策”新的应用范式。数助决策报告系列中的“中小微企业融资纠纷现状治理的决策建议”获上海市委主要领导批示肯定。

第二部分　涉数字经济案件审理基本情况和主要特点

一、审理基本情况

（一）案件审理情况

2023年，嘉定法院共受理涉数字经济案件3428件，审结3365件。其中，受理民商事案件2836件，审结2787件；受理刑事案件592件，审结578件。（见图1）

---

① 在案件监管机制中，同步配套“重点案件预警数据库”“监管措施匹配模型”“常见争点转化建模”方案；在质效考评机制中，同步配套“立审执数据会商”“绩效考核权重系数”“法官数字业绩档案”方案；在队伍管理机制中，同步配套“政治素质纪实维度”“人案匹配模型”“干部监督数字场景”方案；在服务大局机制中，同步配套“诉源治理数字网格”“企业画像”“嘉昆太办案数据共享”等方案。

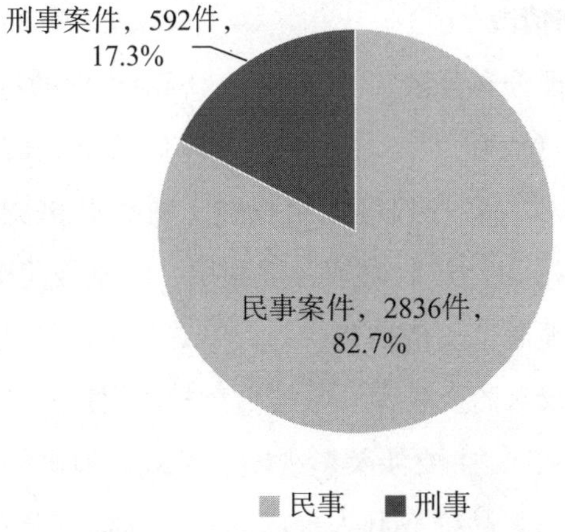

图 1　2023 年嘉定法院受理涉数字经济案件情况

（二）案件类型分布

2023 年，嘉定法院受理涉个人信息及关联人格权益保护纠纷（以下简称第一类案件）417 件，占比 12.16%，审结 424 件；受理涉数据形态财产权益及市场竞争秩序保护纠纷（以下简称第二类案件）1826 件，占比 53.27%，审结 1781 件；受理涉平台经营者法定义务及相关主体权益保护纠纷（以下简称第三类案件）485 件，占比 14.15%，审结 477 件；受理涉信息网络犯罪及网络灰黑产业链防治的刑事案件（以下简称第四类案件）700 件，占比 20.42%，审结 683 件。（见图 2）

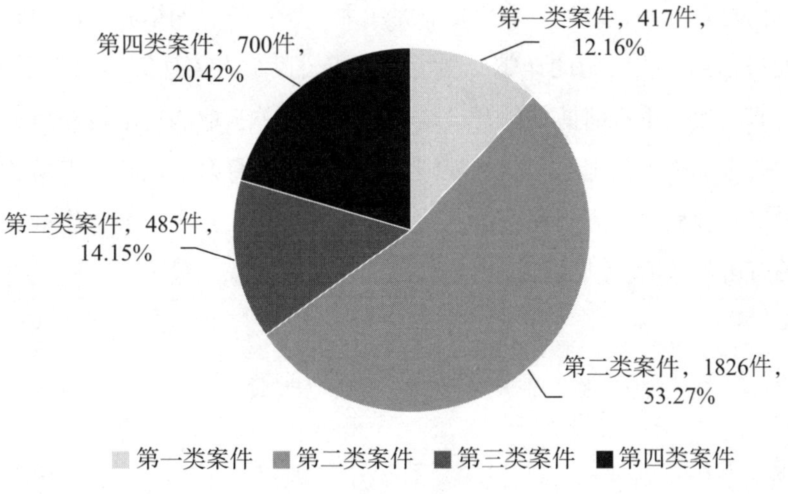

（三）案由分布情况

案由总体上呈现分布分散、类型多元、相对集中的特征。第一类案件以网络侵权责任纠纷（案由）为主，侵害客体包括个人信息、姓名权、名称权、肖像权、隐私权、名誉权等人格权益，占比近90%。通过统一裁判规则，保护对个人数据和公共数据的合理利用，规制侵犯个人信息、隐私权、名誉权及网络暴力等侵害人格权益行为。第二类案件涉及客体包括网络虚拟财产、一般知识产权、商业秘密、数据财产权等财产权益，约七成为知识产权与竞争纠纷（案由），主要涉及影视剧、游戏、漫画等作品权利人提起的著作权侵权纠纷，知名品牌权利人提起的侵害商标权及不正当竞争纠纷等，其他为服务合同纠纷、委托合同纠纷、销售代理合同纠纷、中介合同纠纷等案件。通过统一裁判规则，保护企业数据形态财产权益，规制互联网不正当竞争、数据和算法垄断等行为。第三类案件涉及网络电商、游戏、直播、灵活用工等多种平台新经济业态，其中信息网络买卖合同纠纷（案由）占比超一半，其他为网络服务合同纠纷、租赁合同纠纷、合伙合同纠纷、快递服务合同纠纷、网络侵权责任纠纷、非机动车交通事故责任等纠纷（案由）。通过统一裁判规则，保护平台经济的创新发展，厘清平台法定责任的边界，合理评价算法和人工智能等技术的应用场景和性质，规制损害消费者、平台就业者权益等行为。第四类案件以信息网络犯罪类刑事案件（案由）为主。既包括非法侵入计算机信息系统罪，非法获取计算机信息系统数据、非法控制计算机信息系统罪，破坏计算机信息系统罪，帮助信息网络犯罪活动罪，也包括通过信息网络实施的诈骗、赌博、侵犯公民个人信息等其他犯罪案件。例如，研发运营手机赌博软件开设赌场，虚假刷单骗取购物平台补贴实施诈骗等。通过统一审判理念和裁判规则，保护公民人身财产权利、市场经济秩序和网络管理秩序，规制利用信息网络实施各类违法犯罪行为，注重源头产业链的打击与防治。（见图3）

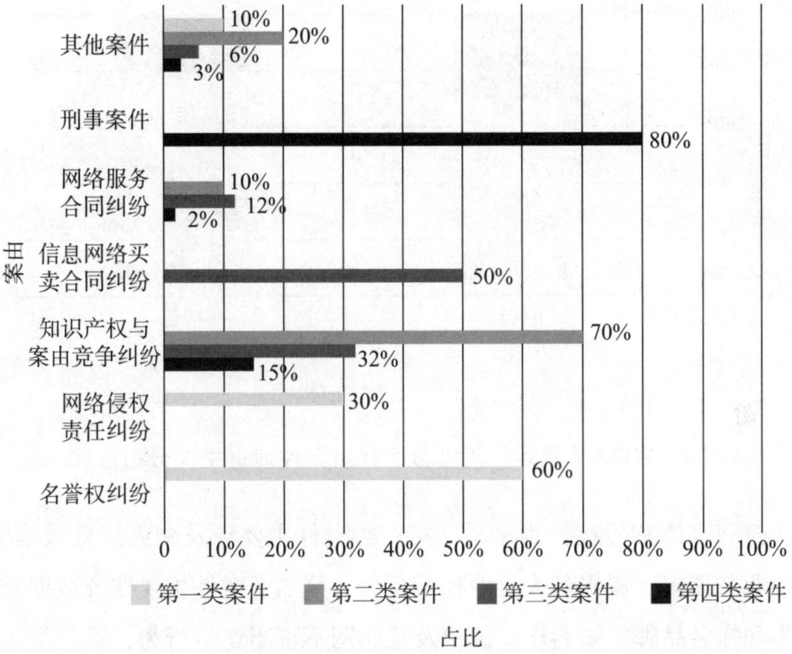

图 3　2023 年嘉定法院涉数字经济案件案由分布情况

（四）涉诉主体及领域

从原告主体来看，第一类案件和第三类案件多以个人为起诉主体，包括娱乐公众人物、知识产权权利人、网络消费者等；第二类案件多以企业为起诉主体，其中国内外知名企业、高新技术企业、网络服务平台占比较高，集中在数字化产业、新业态经济领域，覆盖范围呈现扩大化趋势。

从被告主体来看，前三类案件的被告以企业为主，不仅涉及搜索引擎平台、电商购物平台、网络游戏平台、网络视频播放平台、网络直播平台等平台主体，也包括零售业、服务业、餐饮业等传统行业主体，分布范围呈现多元化趋势。（见图 4）

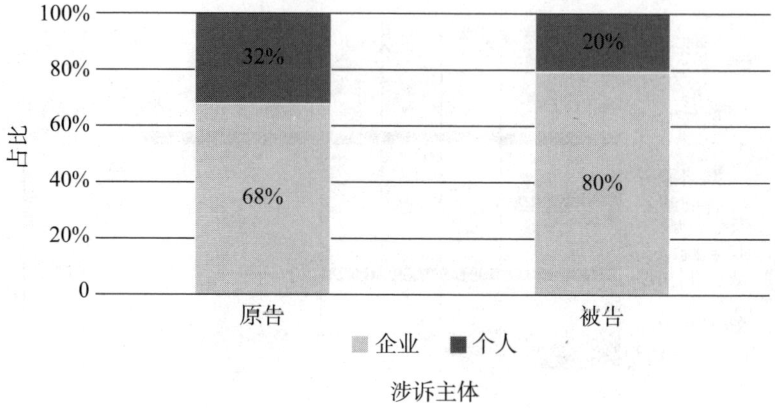

图 4　2023 年嘉定法院涉数字经济案件涉诉主体分布占比

从权利客体和侵权行为来看，第一类案件主要涉及个人信息数据应用、侵犯企业名誉权、侵犯名人肖像权等行为，第二类案件主要涉及数据交易流通行为和知名品牌、知名作品侵权及互联网不正当竞争行为，第三类案件主要涉及网络产品消费、网络信息服务等平台经营行为和新就业形态劳动者、消费者权益保护，第四类案件主要涉及公民人身财产权利、数字经济市场秩序、网络管理秩序的保护。

二、主要特点

（一）涉个人信息及关联人格权益保护纠纷的主要特点

1. 个人信息处理呈现平台化、集体性特点

随着移动互联网、人工智能、云计算等新技术的应用发展，互联网平台成为主要的个人信息处理者，在日常运营过程中不间断地进行着个人信息的收集、存储、使用等多项个人信息处理行为。同时电商平台通过对海量个人信息数据的整合分析，利用数据处理算法进行受众群体识别和信息定向推送，使得个人信息处理具有算法群体的技术性特征（如数字经济基地第一批

典型案例 -2[①])。

2. 名誉侵权纠纷呈现网络化、复杂性特点

当下网络言论具有内容“碎片化”、发表较随意、传播速度快的特点，名誉侵权更多以网络化的方式呈现，涉诉主体多涉及演艺明星、行业知名大V等公众人物，也包括具有一定影响力的大型企业和具有特殊关系的当事人等主体（如数字经济基地第二批典型案例 -1[②]）；侵权行为涉及的传播平台类型多样，侵权行为影响范围广（如数字经济基地第二批典型案例 -2[③]），易引起公众关注和讨论，当事人的复合型权利主张和较为主观性的损害赔偿，导致案件审理复杂性增强。

3. 个人信息及隐私权纠纷呈现多元化、隐蔽性特点

从个人网络私密空间到个人隐私信息数据，从安装可视门铃或摄像头侵入现实生活场景，到通过技术手段侵入电子邮箱、云盘储存空间等网络虚拟场景，隐私权纠纷发生场景逐渐多元化。传统的个人隐私一般包括个人私密部位和人身情况等信息，大数据时代出现平台获取用户浏览购买记录、应聘或满足企业日常管理的需要而提供的劳动者信息等新类型案件（如数字经济基地第三批典型案例 -3[④]），潜在的个人信息及隐私侵权行为增多。

---

① “电子商务平台经营者处理个人信息合法性基础的认定——蔡某某诉上海某电子商务有限公司网络购物合同纠纷案”，载微信公众号“上海嘉定法院”，2022 年 11 月 17 日，《上海法院数字经济司法研究及实践（嘉定）基地发布首批典型案例》。该案涉及平台处理个人信息的格式条款效力认定、合法性基础和进行“自动化决策”等问题。

② “互联网股民言论自由与上市公司名誉权保护之司法平衡——某上市公司诉某信息公司及三股民网络侵权责任纠纷案”，载微信公众号“上海嘉定法院”，2023 年 8 月 7 日，《多元共治赋能“数字长三角”，上海嘉定法院发布 10 个典型案例》。该案涉及言论自由与侵害大型企业名誉权的边界认定、企业对于一般负面言论的适度接纳和容忍、网络服务提供者的法定义务及责任认定等问题。

③ “短视频用户恶意剪辑和虚假描述侵犯他人名誉权行为的认定——张某某诉冯某某名誉权纠纷案”，载微信公众号“上海嘉定法院”，2023 年 8 月 7 日，《多元共治赋能“数字长三角”，上海嘉定法院发布 10 个典型案例》。该案涉及在抖音平台随意发布恶意剪辑和虚假描述的短视频侵犯他人名誉权的行为，引发多人点赞、评论、收藏、转发，造成不良影响。

④ “员工个人信息合理使用的认定——刘某甲诉上海某实业公司、刘某乙个人信息保护纠纷案”，载“上海高院”微信公众号，2023 年 12 月 18 日，《上海法院服务保障数字经济发展典型案例》。该案涉及个人信息的司法认定与企业对于员工个人信息处理行为正当性边界等问题。

（二）涉数据形态财产权益及市场竞争秩序保护纠纷的主要特点

1. 权利客体突出数据要素的财产性利益

数据要素可以成为网络虚拟财产、知识产权及其他反不正当竞争法保护的商业信息的载体，该类案件的权利客体类型突出数字形态的财产性权益或竞争性利益（如数字经济基地第二批典型案例 –3[①]）。当事人多是以数据要素的财产性利益为产生、服务或竞争资源的市场主体，传统的同业竞争在互联网环境下产生变化，存在如电商平台与内容平台之间非同业竞争的情形（如数字经济基地第三批典型案例 –5[②]）；同时还包括利用网络侵害数据财产性权益行为的网络用户和网络服务提供者。

2. 市场竞争集聚知识产权创新要素

互联网技术发展成为驱动产业创新发展的新动能，知识产权权利客体、应用场景、行为模式日渐通过数字化形式呈现和实施，部分案件涉及将他人注册商标设置为搜索引擎推广关键词的行为（如数字经济基地第一批案例 –4[③]），使用他人知名美术形象、电影名称、剧情台词作为宣传推广吸引用户的行为等，产生知识产权侵权和不正当竞争请求权竞合（备位合并之诉）的情形。

3. 司法保护秉持利益衡平原则

立足于数据要素的多元价值和各方主体的利益保护，对于数据的财产性利益和竞争性利益的保护和救济，需要根据不同情形适用知识产权法、合

---

① “‘短视频带货’合同僵局情况下的合同解除权及责任承担——杜某某与上海某文化传媒公司其他合同纠纷案”，载微信公众号“上海嘉定法院”，2023 年 8 月 7 日，《多元共治赋能“数字长三角”，上海嘉定法院发布 10 个典型案例》。该案涉及账号流量变现合作模式的分析、账号代运营合同履行僵局的解决、账号运营的综合价值认定等问题。

② “设定相同 App 唤醒策略实施‘流量劫持’的新型互联网不正当竞争行为认定——某网络技术公司诉江苏某软件公司不正当竞争纠纷案”，载微信公众号“上海高院”，2023 年 12 月 18 日，《上海法院服务保障数字经济发展典型案例》。该案行为通过设置相同 URL Scheme 的方式使本应跳转至某支付 App 的用户被导向某家政 App，涉及以“流量为核心”的竞争关系认定。

③ “设置网页推广关键词侵害商标权及不正当竞争竞合的处理——山东某连锁便利店有限公司诉上海某商贸有限公司、海南某科技有限公司、北京某科技有限公司侵害商标权纠纷案”，载微信公众号“上海嘉定法院”，2022 年 11 月 17 日，《上海法院数字经济司法研究及实践（嘉定）基地发布首批典型案例》。该案涉及对不当设置关键词行为的侵权判定以及对网络搜索服务提供者义务边界的认定等问题。

同法、反不正当竞争法等相关规定（如数字经济基地第三批典型案例 -4[①]）。司法裁判要注重个人利益、行业和企业利益、公共利益的平衡，注重个人基本权利保护、数字经济发展、数据财产性利益共享之间的平衡（如数字经济基地第三批典型案例 -6[②]），力争兼顾各方利益，盘活数据资源。

（三）涉平台经营者法定义务及相关主体权益保护纠纷的主要特点

1. 平台经营者需承担相应的法定义务

网络平台经营者包括电子商务平台经营者、网络服务提供者、特定商品和服务的提供者、经营者，上述主体拥有个人信息的数据处理优势，也是数据财产性利益和竞争性利益的受益者。法律法规规定了平台经营者的法定义务，如因数据处理及应用、平台准公共属性、特定行业领域监管要求等产生的安全保障义务（如数字经济基地第一批典型案例 -5[③]），以及网络侵权“红旗原则”及“通知—反通知—删除”义务、基于诚信原则产生的义务、产品责任、消费者和劳动者保护、金融风险防控等方面的各种法定义务。司法实践中不仅要审查平台经营者的相应法定义务，还需要准确把握平台经营者法定责任类型及边界。

2. 平台自治规则具有争议性

平台自治规则是平台治理的核心环节，是实现平台自我规制的关键，平台所制定的自治规则构成内部成员的行为指引和自治权力的重要规范依据，需处理自治规则作为格式条款的效力认定等问题（如数字经济基地第三批典

---

① “非独立网店私下转让行为合同效力的认定——郑某某诉上海某文化传媒有限公司等其他合同纠纷”，载微信公众号“上海高院”，2023 年 12 月 18 日，《上海法院服务保障数字经济发展典型案例》。该案界定网络店铺这一涉数据形态财产权益的性质和归属，明确了非独立网络店铺转让纠纷相应的裁判规则。

② “不正当干预搜索引擎检索结果的‘负面内容压制’约定无效——上海某文化传播有限公司诉上海某信息技术有限公司网络服务合同纠纷案”，载微信公众号“上海高院”，2023 年 12 月 18 日，《上海法院服务保障数字经济发展典型案例》。该案划定了“负面内容压制”与正常搜索引擎优化服务的边界，对守护公众知情权及互联网信息自由具有典型意义，有利于切实保护消费者合法权益，维护公平的网络市场竞争秩序。

③ “网络接入服务提供者网站备案信息真实性核验义务的认定——西安某网络科技有限公司诉贾某、上海某信息科技发展有限公司网络侵权责任纠纷案”，载微信公众号“上海嘉定法院”，2022 年 11 月 17 日，《上海法院数字经济司法研究及实践（嘉定）基地发布首批典型案例》。该案明确网络接入服务提供者应履行信息核验义务，其未严格遵循“原件”+“现场”审查标准，放任他人冒名注册网站，行为存在过错，应当承担相应责任。

型案例 -7[①]）。目前头部的在线支付、社交网络、信息查询等网络服务平台逐渐成为网络时代基础性的公共产品，但存在一定程度上公正性、正当性、合理性不足的问题，存在司法规制及司法救济的局限性。

3. 新就业形态用工关系性质认定难

随着平台经济、流量经济、数据经济的蓬勃发展，平台共享商业模式不断创新，出现以快递小哥、外卖骑手、网约车司机、网络主播等新就业形态劳动者，新就业形态呈现"去标准化"的特征（如数字经济基地第一批典型案例 -6[②]），不仅与现行基于标准化劳动逻辑涉及的社会保障制度产生偏差，也导致案件审理中用工关系性质和相关责任主体难认定。

（四）涉信息网络犯罪及网络灰黑产业链防治的刑事案件主要特点

1. 案件审理聚焦网络公共环境与安全的保护

随着数字化技术的迅速发展，网络虚拟财产逐渐出现所有权与使用权相分离的状态，侵害数据形态权益的行为也区别于传统手段（如数字经济基地第二批典型案例 -9[③]）；网络犯罪呈现技术性、专业性、隐匿性等特征，利用网络实施的诈骗和赌博犯罪持续高发，并且不断涌现"恶意网络爬虫""恶意刷单"、非法推广等新类型犯罪。案件审理关系到对网络环境和数

---

① "网络交易中消费者异常交易行为的审查及经营者单方解除权的合理边界——耿某诉某奢侈品公司信息网络买卖合同纠纷案"，载微信公众号"上海高院"，2023 年 12 月 18 日，《上海法院服务保障数字经济发展典型案例》。该案厘清了网络购物中消费者异常交易行为审查路径，应以一般消费者的认知标准结合消费目的及消费手段进行认定，并明确经营者应对未超过合理限度的消费行为具有容忍义务，规范平台处理数据及自动化决策行为。

② "网络货运平台司机提供劳务受损赔偿责任的认定——董某诉上海某机器人有限公司、上海某物流有限公司健康权纠纷案"，载微信公众号"上海嘉定法院"，2022 年 11 月 17 日，《上海法院数字经济司法研究及实践（嘉定）基地发布首批典型案例》。该案涉及网络货运平台接单司机在帮卸货物过程中遭受人身损害的权益保护，通过对无偿帮工关系的准确认定，厘清各方间的法律关系，妥善保护网络货运平台货车司机群体的利益。

③ "非法占有他人具有经济价值的游戏账号行为的定性——被告人印某某盗窃案"，载微信公众号"上海嘉定法院"，2023 年 8 月 7 日，《多元共治赋能"数字长三角"，上海嘉定法院发布 10 个典型案例》。该案行为人把游戏账号名称和密码告知被害人并移除绑定的手机号码后，采用申诉方式，找回已转让的游戏账号，导致被害人丧失了对账号的控制权，涉及网络虚拟财产的占有状态认定、侵害账号类数据形态权益的行为定性、侵占网络游戏账号的犯罪金额认定等热点问题。

字经济市场秩序的保护（如数字经济基地第三批典型案例 -9[①]），需要健全网络空间司法保护机制，净化网络生态环境，强化网络环境安全治理，推动网络空间治理法治化。

2. 行为性质认定需处理“刑民交叉”的衔接

案件审理中存在利用合法形式的合同约定实际违反强制性规定的行为，应当作出否定性效力评价或侵权认定（如数字经济基地第二批典型案例 -10[②]）；也存在网络服务提供者违反法定义务的行为符合刑事违法性的情形，同一行为可能同时触发公法与私法责任。案件审理进行性质认定需谨慎处理好“刑民交叉”的衔接，并依靠公益诉讼、行政管理、行业自治等多元手段加强合规监管。

3. 互联网灰黑产业防治呈现全链条打击态势

互联网灰黑产业正在形成上游收集提供网络灰黑资源、中游开发制作灰黑产技术工具、下游进行灰黑产交易变现的链条式运作模式（如数字经济基地第一批典型案例 -9[③]）。除电信诈骗、网络赌博等常见犯罪行为之外，还广泛存在刷单炒信、信用修复、恶意营销、推广作弊、黑号盗号等灰黑产业，案件审理要针对性地探究网络犯罪灰黑产业滋生的具体原因，斩断网络犯罪利益链条，推动网络犯罪的源头治理和系统治理。

---

① “利用网络培训平台提供盗版题库的认定 ——被告人张某、邱某侵犯著作权案”，载微信公众号“上海高院”，2023 年 12 月 18 日，《上海法院服务保障数字经济发展典型案例》。该案打击了构建网站平台侵犯数据库著作权的不法行为，平衡保护投资创新与数据共享，鼓励技术创新，促进公共数据的开发利用和数据资源的共享流通。

② “为线下违规行为签订的线上信息服务合同的效力认定——泉州某能源科技公司诉上海某能源科技公司特许经营合同纠纷案”，载微信公众号“上海嘉定法院”，2023 年 8 月 7 日，《多元共治赋能“数字长三角”，上海嘉定法院发布 10 个典型案例》。该案涉及为线下违规行为签订的线上信息服务合同的识别和认定，通过网络技术手段共享信息、撮合交易，属于典型的为违法活动引流的行为，应予禁止。

③ “非法搭建‘第四方支付平台’为商户提供收付款服务的认定——被告人庄某等人非法经营、帮助信息网络犯罪活动案”，载微信公众号“上海嘉定法院”，2022 年 11 月 17 日，《上海法院数字经济司法研究及实践（嘉定）基地发布首批典型案例》。该案涉及非法搭建“第四方支付平台”，极易成为网络灰黑产业链的中下游端，成为灰黑财产流转和变现的工具。

第三部分 涉数字经济案件裁判规则提炼和法律适用问题研判

一、涉个人信息及关联人格权益保护纠纷

（一）明确电子商务平台经营者处理个人信息的合法性基础

处理个人信息合法性基础采取的是“个人同意—法定职责”二元架构模式，电子商务平台广泛应用格式条款在个人信息处理方面事先征得“同意”。明确平台收集、储存、使用客户浏览记录、交易记录、评价记录、联系方式、送货地址等个人信息，并且利用个人信息进行自动化决策均应遵守“合法、正当、必要”原则，避免侵害个人信息权益（如数字经济基地第一批典型案例-2[①]）。

（二）对网络言论自由、舆论监督与侵害名誉权的边界认定

明确言论的表达和评价是否基于客观事实是言论自由、舆论监督与侵害名誉权的界限，不能突破法律规定和公序良俗的底线。网络名誉侵权责任的认定应以传统名誉侵权的构成要件为基础，并结合互联网特点进行综合考量（如数字经济基地第三批典型案例-1[②]），网络平台大V密集、持续发表带有强烈侮辱意味或者负面评价内容的行为，构成对企业名誉权的侵犯，应当承担侵权责任（如数字经济基地第一批典型案例-1[③]）。

---

① “电子商务平台经营者处理个人信息合法性基础的认定——蔡某某诉上海某电子商务有限公司网络购物合同纠纷案”，载微信公众号“上海嘉定法院”，2022年11月17日，《上海法院数字经济司法研究及实践（嘉定）基地发布首批典型案例》。该案涉及平台处理个人信息的格式条款效力认定、合法性基础和进行“自动化决策”等问题。

② “企业信息在线查询中名誉权保护的边界——上海某咨询公司诉某企业征信服务公司名誉权纠纷案”，载微信公众号“上海高院”，2023年12月18日，《上海法院服务保障数字经济发展典型案例》。该案涉及征信服务机构收集企业涉诉信息等信用信息行为，明确企业信息在线查询服务中企业名誉权保护的边界认定以及企业名誉权的合理保护等问题。

③ “微博大V网络言论自由与侵害名誉权边界——上海某汽车有限公司诉微博大V刘某网络侵权责任纠纷案”，载微信公众号“上海嘉定法院”，2022年11月17日，《上海法院数字经济司法研究及实践（嘉定）基地发布首批典型案例》。该案涉及言论自由、舆论监督与侵害名誉权的边界认定以及企业名誉权的司法保护等问题。

（三）明确网络服务提供者的法定义务和责任承担

明确网络服务提供者应遵循“避风港原则”“红旗原则”，在接到权利人有权通知后，应当承担“通知—反通知—删除”义务，未及时采取删除、屏蔽、断开链接等必要措施的，权利人可以请求网络服务提供者承担连带责任（如数字经济基地第三批典型案例 -2[①]）。若结合侵权行为的实际情况，网络服务提供者知道或者应当知道其提供的网络服务被用以侵害他人民事权益，还应当遵循“红旗原则”，及时主动采取必要措施，否则将与侵权人承担连带责任。

二、涉数据形态财产权益及市场竞争秩序保护纠纷

（一）对于网络虚拟财产的法律性质和价值认定

网络游戏账号、抖音平台账号、虚拟代币等符合价值性、稀缺性和可支配性特征，可认定为网络虚拟财产（如数字经济基地第二批典型案例 -4[②]）；同时网络游戏、社交等账号还具有一定人身属性（如数字经济基地第一批典型案例 -3[③]）。关于处分网络虚拟财产合同的效力，需要从意思自治真实性、法律法规强制性规定、公序良俗、行业管理等角度进行审查；关于网络虚拟财产价值的认定，需要结合账号所属行业特点、粉丝增长情况、使用投入成本、市场效益评估、协议明确约定等多重因素进行综合认定。

---

① “通过互联网侵犯个人肖像权行为的认定和处理——李某诉蒋某某、某信息技术有限公司网络侵权责任纠纷案”，载微信公众号“上海高院”，2023 年 12 月 18 日，《上海法院服务保障数字经济发展典型案例》。该案涉及在消费评价网络平台随意发布经恶意涂鸦的他人照片而侵犯他人肖像权的行为，平台在收悉投诉后即对照片进行了屏蔽处理，对文字内容中涉及姓名部分作星号隐藏处理，尽到了网络服务提供者的责任。

② “虚拟代币清退义务人的确定与清退协议效力的认定——司某某、王某某诉米某某其他合同纠纷案”，载微信公众号“上海嘉定法院”，2023 年 8 月 7 日，《多元共治赋能“数字长三角”，上海嘉定法院发布 10 个典型案例》。该案肯定虚拟代币具有虚拟财产属性，并对清退义务人、清退协议效力、清退价值认定等问题予以分析判定。

③ “网络游戏账号限制自由转让约定的效力及虚拟财产价值认定——王某诉上海某网络科技有限公司、夏某网络服务合同纠纷案”，载微信公众号“上海嘉定法院”，2022 年 11 月 17 日，《上海法院数字经济司法研究及实践（嘉定）基地发布首批典型案例》。该案涉及网络游戏运营商承担的责任、网络虚拟财产的价值认定等问题。

（二）对于互联网新型不正当竞争行为的认定

网络环境下的市场竞争以提升网络流量为主要目标扩大运营规模、提高经营效益。网络经营者通过解析网站的非法技术手段破坏他人正常经营、攫取他人用户流量，通过规避第三方平台算法规则并利用算法漏洞、人为干预自然网络流量进行流量造假（如数字经济基地第二批典型案例 -6[①]），以及通过将他人注册商标设置为搜索引擎推广关键词、攀附他人商标知名度攫取潜在客户流量等行为，均构成网络不正当竞争行为。

（三）对于不正当竞争与著作权侵权竞合的处理

互联网不正当竞争行为常常伴随着著作权和商标权纠纷，具有很强的复合性。同一客体可能同时存在受著作权法、商标法以及反不正当竞争法保护的权益。因此，原告就同一行为既主张侵害著作权或商标权，又主张构成不正当竞争的情形较为普遍。为减少程序空转，司法实践中通常按照备位合并之诉处理（如数字经济基地第二批典型案例 -5[②]）。通常认为反不正当竞争法对于著作权法、商标法起到兜底和补充的作用，若通过著作权法已能实现对原告权利的充分保护，则可不再适用反不正当竞争法对侵权行为予以重复评价。

三、涉平台经营者法定义务及相关主体权益保护纠纷

（一）对网络接入服务提供者责任义务边界的认定

网络接入服务提供者作为网络中介服务提供者，是指在电子商务中为用户提供互联网信息传输中介服务的经营者，对于规范互联网信息服务活动需要承担其相应的法定义务。《互联网信息服务管理办法》规定，国家对经营

---

① “合意规避平台算法的榜单优化服务合同效力的认定——某网络科技公司与上海某科技公司服务合同纠纷案”，载微信公众号“上海嘉定法院”，2023 年 8 月 7 日，《多元共治赋能“数字长三角”，上海嘉定法院发布 10 个典型案例》。该案中，司法对规避第三方平台算法规则并利用算法漏洞，人为干预自然网络流量的流量造假行为进行否定，有效规制“刷单炒信”的网络不正当竞争行为。

② “采用技术手段绕过技术保护措施的互联网不正当竞争行为——上海某网络科技公司诉某电子商务工作室不正当竞争纠纷案”，载微信公众号“上海嘉定法院”，2023 年 8 月 7 日，《多元共治赋能“数字长三角”，上海嘉定法院发布 10 个典型案例》。涉案行为通过解析网站的非法技术手段为用户提供了本应付费取得的其他经营者网站的字体产品，并从中获利，破坏他人正常经营，攫取他人用户流量，同时构成互联网不正当竞争与侵害著作权。

性互联网信息服务实行许可制度，对非经营性互联网信息服务实行备案制度。具备增值电信业务经营从业资质的网络接入服务提供者，作为行业准入机构，承担网站备案信息真实性的核验责任，应当以“安全”为标准，严格依据网站备案信息真实性核验流程履行职能。当网络接入服务提供者违反特定义务并与造成的损害具有因果关系时，其亦可能成为侵权主体并承担相应责任，其责任比重应根据服务行为对侵权结果的参与程度进行划定（如数字经济基地第一批典型案例 –5①），网络接入服务提供者未适当履行网站备案信息真实性核验义务，司法可根据实际情况酌定其按照一定比例承担损害赔偿责任。

（二）对共享业态运营平台审核义务和责任边界的认定

新业态经济发展背景下，网约车、顺风车平台、共享汽车租赁平台等新业态运营平台，应结合平台的不同运营模式，判定平台在机动车交通事故中的过错。例如，共享汽车租赁平台需要履行包含对车辆适驾性、安全性和驾驶人适格性等方面的审慎审核义务，如审慎检查车辆状况、驾驶人信息、车辆运行监测和预警等（如数字经济基地第二批典型案例 –7②）。而在网约车或者顺风车平台，则应综合考虑平台的注意义务程度、风险开启程度、风险控制能力、现有技术能力及平台的社会责任等因素，公平合理地确定平台的审核义务（如数字经济基地第一批典型案例 –7③）。网约车、顺风车平台作

---

① “网络接入服务提供者网站备案信息真实性核验义务的认定——西安某网络科技有限公司诉贾某、上海某信息科技发展有限公司网络侵权责任纠纷案”，载微信公众号“上海嘉定法院”，2022 年 11 月 17 日，《上海法院数字经济司法研究及实践（嘉定）基地发布首批典型案例》。该案明确网络接入服务提供者应履行信息核验义务，其未严格遵循“原件”+“现场”审查标准，放任他人冒名注册网站，行为存在过错，应当承担相应责任。

② “共享汽车租赁平台的审核义务及侵权责任认定——袁某某诉蔡某、某出行科技公司、某财产保险公司苏州公司、某保险公司湖南公司机动车交通事故责任纠纷案”，载微信公众号“上海嘉定法院”，2023 年 8 月 7 日，《多元共治赋能“数字长三角”，上海嘉定法院发布 10 个典型案例》。该案明确共享汽车租赁平台不仅需要履行确保车辆性能安全的保障义务，还应对驾驶人员是否符合法律规定尽到谨慎的注意义务。

③ “平台在网约顺风车交易中的安全保障义务及侵权责任的认定——曾某某诉陈某某、成都某网络科技公司机动车交通事故责任纠纷案”，载微信公众号“上海嘉定法院”，2022 年 11 月 17 日，《上海法院数字经济司法研究及实践（嘉定）基地发布首批典型案例》。该案区分了顺风车平台与网约车的法律地位，综合考量交易关系、缔约过程、履行作用等因素，具体判断“车主—平台—乘客”三方权利义务关系，明晰平台在网约顺风车业务中安全保障义务的责任边界。

为中介方为供需双方达成出行协议提供数据信息服务，此种模式下平台作为网络信息服务方而非运输服务提供者，不承担承运人责任。

（三）对网络货运平台用工领域法律关系的认定

平台从业者（劳动者）权益保护类案件越来越多，涉及劳动者、用人单位、用工单位三方合同关系，但因平台用工模式、规则等不同，有必要就各方法律关系及平台的法律地位进行明确，并确定相应的责任主体。例如，网络货运平台以提供信息中介和交易撮合服务为运营模式，此种模式下缔约承运人与实际承运司机在网络货运平台的撮合下建立运输服务联系，司机与托运人、网络货运平台、缔约承运人均不构成雇佣关系。在合同义务和风险约定不明的情况下，结合客观事实、行业惯例、利益平衡等因素，可以无偿帮工关系界定平台司机帮助卸货的行为，以帮工责任的构成要件确定受益方的赔偿义务，弥补网络货运行业发展过程中对劳动者权益保护的漏洞，依法保护网络货运平台货车司机群体作为劳动者的合法权益（如数字经济基地第一批典型案例 -6[①]）。

（四）对金融业务各经营者法定义务与责任承担的认定

对于从事金融业务的电子平台经营者，除了要承担金融监管要求课以的义务之外，还需要承担数据安全保障、公平交易秩序维护等一系列法定义务。例如，金融机构作为电子金融平台经营者及管理者，办理信贷业务时应完善电子合同签订的各项流程，以保障机构、消费者各方的合法权益，维护交易安全，防范金融风险（如数字经济基地第二批典型案例 -8[②]）。金融平台应严格把握手机银行贷款审核程序，提升电子签名的可靠性和可控性，并区别提示合同重要格式条款，通过主动释明减少息费争议。而在第三方支付

---

① “网络货运平台司机提供劳务受损赔偿责任的认定——董某诉上海某机器人有限公司、上海某物流有限公司健康权纠纷案”，载微信公众号“上海嘉定法院”，2022 年 11 月 17 日，《上海法院数字经济司法研究及实践（嘉定）基地发布首批典型案例》。该案涉及网络货运平台接单司机在帮卸货物过程中遭受人身损害的权益保护，通过对无偿帮工关系予以认定，厘清各方间的法律关系，妥善保护网络货运平台货车司机群体的利益。

② “金融电子合同规范性完善及格式条款的效力认定——上海某银行诉陈某某金融借款合同纠纷案”，载微信公众号“上海嘉定法院”，2023 年 8 月 7 日，《多元共治赋能“数字长三角”，上海嘉定法院发布 10 个典型案例》。该案涉及金融电子合同格式条款的效力认定，明确应尽到重大利害关系条款的特别提示与说明等义务。

平台的银行卡收单业务场景中，第三方支付平台应当履行对特约商户实名制管理义务，以及商户申请收单服务的真实意愿的实质性审核义务，同时做好结算环节的账户设置。对于以特约商户为单位的，不得将其结算账户设置为个人账户（如数字经济基地第三批典型案例 -8[①]）。

四、涉信息网络犯罪及网络灰黑产业链防治的刑事案件

（一）对利用数据技术实施网络犯罪的行为性质认定

非法搭建的“第四方支付平台”形成代为集中收款、向入驻商户结算资金的运营模式，该种模式利用码商提供支付宝二维码进行资金的支付和结算，属于未获批准非法从事资金支付结算业务的行为，构成非法经营罪（如数字经济基地第一批典型案例 -9[②]）。新能源分时租赁汽车作为共享经济的新业态，通过切断控制系统的新型技术手段逃避支付新能源分时租赁汽车租金的行为，属于将“共享”变“专享”型盗窃行为，构成盗窃罪（如数字经济基地第一批典型案例 -10[③]）。

（二）对行为性质认定“刑民交叉”的衔接

互联网并非法外之地，网络平台提供者的新经营模式不能违反法律规范，新业态不能突破法律底线。司法裁判认定为线下违规行为签订的线上信息服务合同，属于典型的为违法活动引流的行为，应予禁止，为此签订的线上信息服务合同因违反行政法规强制性规定而无效（如数字经济基地第二批

① “第三方支付平台违规设置特约商户结算账户的责任认定——某房地产公司诉某支付公司等其他侵权责任纠纷案”，载微信公众号“上海高院”，2023 年 12 月 18 日，《上海法院服务保障数字经济发展典型案例》。相关监管规定及行业自律规范均明确银行收单机构应当对特约商户实行实名制管理，并对商户申请收单服务的真实意愿负有实质性审核义务。

② “非法搭建‘第四方支付平台’为商户提供收付款服务的认定——被告人庄某等人非法经营、帮助信息网络犯罪活动案”，载微信公众号“上海嘉定法院”，2022 年 11 月 17 日，《上海法院数字经济司法研究及实践（嘉定）基地发布首批典型案例》。该案涉及非法搭建“第四方支付平台”，极易成为网络灰黑产业链的中下游端，成为灰黑财产流转和变现的工具。

③ “切断分时租赁汽车定位系统逃避租金行为的定性——被告人付某、凡某、史某等 13 人盗窃罪系列案”，载微信公众号“上海嘉定法院”，2022 年 11 月 17 日，《上海法院数字经济司法研究及实践（嘉定）基地发布首批典型案例》。该案涉及车联网场景下新型犯罪手段的定性、罪名的选择、数额的认定等典型问题。

典型案例 -10[①]）。设置强制弹窗广告的行为并非一定构成犯罪行为，但若在开发的 App 中插入广告代码压缩包，通过监控手机用户行为，在未经用户允许的情况下实现控制手机，自动弹出广告页面，并隐藏软件图标、进程、关闭键等，致使用户无法彻底关闭广告，此类行为已超出民事侵权和行政违法的界限，构成非法控制计算机信息系统罪（如数字经济基地第三批典型案例 -10[②]）。

（三）明确涉个人信息灰黑产业链的规制路径

刑法及相应司法解释根据公民个人信息类型、数量设置了不同的入罪标准。第一类为高度敏感信息（如数字经济基地第一批典型案例 -8[③]），涉案信息为银行的产调信息，属于该类中的财产信息，非法获取、出售或者提供该类信息 50 条以上入罪。保险公司、银行、中介、快递、外卖等服务性行业的工作人员在提供服务的过程中能轻易获取大量客户个人信息，这类特殊企业应根据个人信息的种类、影响及安全风险等对所处理的个人信息采取必要保障措施，应当加强公民个人信息的收集、保存、流转、使用等方面的管理，严防内部人员非法出售、提供公民个人信息，有效切断侵犯公民个人信息犯罪的源头。

---

① “为线下违规行为签订的线上信息服务合同的效力认定——泉州某能源科技公司诉上海某能源科技公司特许经营合同纠纷案”，载微信公众号“上海嘉定法院”，2023 年 8 月 7 日，《多元共治赋能“数字长三角”，上海嘉定法院发布 10 个典型案例》。该案涉及为线下违规行为签订的线上信息服务合同的识别和认定，通过网络技术手段共享信息、撮合交易，属于典型的为违法活动引流的行为，应予禁止。

② “设置强制弹窗广告行为的刑法规制——被告单位上海某信息科技有限公司、被告人牛某某、高某非法控制计算机信息系统案”，载微信公众号“上海高院”，2023 年 12 月 18 日，《上海法院服务保障数字经济发展典型案例》。该案系被告利用强制设置弹窗广告对用户手机软件进行非法控制的案件，涉及弹窗广告的规制、非法控制计算机信息系统罪的认定等问题。

③ “买卖公民个人信息的刑事责任及相关灰黑产业链的规制——被告人钱某、董某、沈某、彭某侵犯公民个人信息罪三案”，载微信公众号“上海嘉定法院”，2022 年 11 月 17 日，《上海法院数字经济司法研究及实践（嘉定）基地发布首批典型案例》。该案涉及侵犯个人信息的分类和入罪标准的认定，以及灰黑产业链打击等问题。

第四部分 “数智思享嘉”前景展望

一、强化司法智慧引领，推动在理念方法上凝聚广泛共识

数字经济基地将进一步深化“数字化”司法理念推广实践，积极发挥“数智思享嘉”品牌名片效应。围绕数字经济发展司法新需求，依托数字经济基地构建的数字经济案件分类研究体系，进一步提高涉数字经济案件的精准识别度和人案匹配度，依法公正高效审理各类新模式新业态案件，通过案件类型化研究把握数字经济发展规律、找准产业业态发展的共性问题，充分发挥司法鼓励创新、规范引领、服务保障的功能作用，营造良好数字生态，激发数字经济发展活力。

二、强化司法供给保障，推动在规则引领上发挥示范效应

数字经济基地将进一步强化“数字赋能”机制改革创新，完善裁判规则总结提炼、典型指引案例发布、适法统一联合研究等“数智成果”转化机制，持续推动形成一批具有辨识度、影响力和先导示范意义的实践研究成果，助力相关行业标准、产业规划、司法决策的制定实施。充分利用数智赋能推进治理制度的重塑，探索创新平台建设推进治理模式的创新，充分挖掘应用司法大数据，织密监管和防控网络，拓展数字治理服务决策能力，为更好化解矛盾纠纷、防范风险挑战、促进社会治理发挥“思想库”“智囊团”的重要作用。

三、强化司法协作联动，推动在服务大局上激发治理效能

数字经济基地将进一步打造立体多元化的智库联合体，聚焦数字法治建设、网络空间治理、数字经济转型等前沿法律问题研究，拓展数字经济基地智库联合体在共同推广数字司法理念、梳理类案规则、调研服务决策等方面的智慧应用场景，构建资源共享、信息流通、群智赋能的“数据池”，共同营造数字经济良性法治生态圈，协同推进数字经济规范健康发展和促进网络

空间治理法治化水平提升，协力打造公平公正、开放有序的数字经济法治环境。

数字经济的“新蓝海”正鼓舞我们积极融入数字化的社会治理，司法机关要充分发挥职能作用，推动以更高水平的数字正义服务数字经济高质量发展。数字经济基地的发展立足于新的起点，要进一步健全“前沿问题联合研究、矛盾纠纷多元共治、裁判规则会商共认、复合人才联合培养、市域治理数助决策”等机制，完善新型合作平台、整合司法资源、加强信息互通，积极主动服务营商环境优化、经济社会治理、风险防范化解和产业创新发展，为深入推进网络空间和数字经济领域治理体系和治理能力现代化提供有力的智力支撑，推动形成具有推广借鉴价值的司法研究和实践的上海经验，为上海司法实践及国家战略大局服务，为深入推进网络空间和数字经济领域治理体系和治理能力现代化作出积极贡献！

执笔人：上海市嘉定区人民法院　李文苑

前沿交流

数字经济案件审判理念及分类体系研究

课题组成员

主持人： 顾　全　上海市嘉定区人民法院党组书记、院长

执笔人： 顾　全　上海市嘉定区人民法院党组书记、院长

参与人： 潘　静　上海市嘉定区人民法院审判监督庭庭长

董春凯　上海市嘉定区人民法院审判监督庭副庭长

王　鑫　上海市嘉定区人民法院民事审判庭法官助理

吴丹凌　上海市嘉定区人民法院立案庭法官助理

内容摘要： 对数据信息的处理和应用，是数字化转型最为核心的要素，传统的权利客体和主体、行为方式、法律关系都呈现“数字化”特点。首先，数据是独立的生产要素和民事权利客体，但对其保护区别于传统的财产权利；其次，数据又可以成为其他人格权益或财产性权益客体的载体并与之产生请求权竞合；最后，网络服务平台渗透到所有的生活和商业领域，其基于大数据建立的技术优势逐步转化为市场话语权和交易规则制定权，因此在与之相关的各种案件中，可能需要同时考虑市场竞争秩序、网络安全、消费者及劳动者甚至未成年人等特定群体的权益保护，法律适用也可能跨越多种法益领域。随着数字经济的发展，上述“数字化”的特征可能出现在任何一起普通案由的民事、商事、知产和刑事案件中，司法者不能仅停留在“互联网案件”专门管辖格局下，而应当普遍树立适应数字时代的审判理念。对于涉数字经济案件面临的诸如“数据形态下权利客体属性的甄别”“相关数据处理技术或商业模式的理解”“平台制定格式条款效力的认定”“平台经营者法定责任承担”等共性问题，普通法官同样应当具备“穿透性”视角和相对

统一的裁判思路，区分不同场景适用相应的法律规范，确定相关主体之间的权利义务。

有别于以案由为分类标准的互联网案件集中管辖方法，本课题在分析数字经济案件共同特征的基础上，以涉数据权益及网络平台经济相关主体权益保护为视角，提出适用于现有普通审判条线模式的数字经济案件分类研究体系：一是涉个人信息及关联人格权益保护纠纷；二是涉数据形态财产权益及市场竞争秩序保护纠纷；三是涉平台经营者法定义务及相关主体权益保护纠纷；四是涉信息网络犯罪及网络灰黑产业链防治的刑事案件。以此为理论基础，经上海市高级人民法院批准，上海市嘉定区人民法院设立上海法院数字经济司法研究及实践基地，[①] 结合全流程网上办案及长三角一体化协作平台，组建涵盖相关理论界、实务界的审判专业人才、法律咨询专家、实务辅助专家“智库联合体”，对司法实践中数据要素所涉各种人格权益和财产性权益的保护、涉网络服务平台法定义务边界认定等问题开展系统研究和实证分析，旨在探索构建对相关市场具有普适性的司法理念和裁判指引体系，为促进数字经济发展和维护市场秩序提供更有力的法治保障。

关键词：数字经济　审判理念　案件类型化　裁判规则

一、数字经济的法律特征与影响

数字经济是以实现数据应用为目的，以数据为核心生产要素，依靠数字技术进行货物和服务生产的一系列经济活动。它有两个重要特征：一是，数据成为最核心的生产要素；二是，数据要素驱动传统生产要素数字化转型。同样，公共管理服务也正在利用数字技术提高政务服务效率，提升政府公共服务供给能力和国家治理能力现代化水平，为数字经济健康发展提供良好的

---

① 2022 年 8 月 1 日，上海市高级人民法院批复成立“上海法院数字经济司法研究及实践（嘉定）基地”，数字经济基地以本课题提出的案件分类研究体系为基础，试点建立数字经济司法智库联合体，开展案例研究、裁判规则梳理和类案要件指南等工作。

制度环境保障。[1]数字化最终的应用场景是“万物互联”，所有的终端、技术、应用场景和商业模式的创新，都围绕如何更高效地感知数据、转化数据、利用数据来提升各种要素资源的配置效率，从而推动生产力的发展、提供更便捷的生活服务、提高城市管理现代化水平。在这样的时代背景之下，传统的权利客体和主体、法律关系都呈现“数字化”特点，也带来一系列的法律问题。

（一）行为及主客体的“数字化”

首先，数据信息的处理和应用可能会渗透到各种传统的法律行为中，包括民事法律行为和不法侵害行为。虚拟环境及自动化决策下的意思表示和行为责任承担可能出现争议，纠纷的重点也从互联网上的数据流动，向数据的“采集”和“应用”两端延伸。其次，数据信息可能成为传统人身或财产权利客体的数字化载体。也就是说，不仅是数字货币和虚拟财产，公共信息、个人信息及肖像、姓名、隐私、名誉等精神性人格权益，知识产权或者商业信息等竞争性权益都会通过数据形式储存和流通。再者，随着元宇宙和人工智能的兴起，越来越多场景下需要面对数字人格和权责主体甄别等问题。个人信息被用于各种场景的打分、分类、资源分配等活动，构成了数字人格的评价基础；互联网平台降低了企业进入市场的门槛，吸引大量个体参与到经济生产活动中，同时造成的主体分散化、不特定化特征也日趋明显。因此，网络纠纷中涉众型案件比例更高，确定责任主体的难度更大，化解矛盾的社会成本更高。

（二）利益主体的多元化

数据在流通中产生价值，在这个过程中，数据权益可能属于个人、信息处理者、平台、公众，也可能为上述主体分享。“如何合理分配数据资源及与之相关的成本、收益，以及如何调整大数据提供的公共服务质量和个人信息与隐私保护之间的张力，是大数据时代必须面对的正义问题。”[2]在数据处理产生的法律关系中，有几类群体的利益需要协调平衡：一是产生数据信息

① 吴翌琳、王天琪：《数字经济的统计界定和产业分类研究》，载《统计研究》2021 年第 6 期。

② 郭春镇：《数字化时代个人信息的分配正义》，载《华东政法大学学报》2021 年第 3 期。

的个人及用户。如何适度保护个人信息及企业数据在收集、加工和使用过程中的人格与财产权益，同时促进个人信息和公开信息的依法、合理利用。二是数据收集者、加工者和使用者。如何保护他们通过收集、加工数据可以获得的利益，以鼓励资本投入和技术创新的积极性，同时依法规范处理数据的行为。应当看到，关于数据的财产性权益，其所有权归属并非关键。数据经营者的核心诉求是数据成果的控制权和收益权，数据共享者的核心诉求则是共享数据的开发权及其收益权。三是市场普通经营者、劳动者和消费者。电商平台通过大数据运用而享有优势地位，也需要在公共安全、数据安全、竞争秩序、保护消费者等方面承担相应的法定义务。如何平衡好经营自主权与公平竞争权、用户选择权、消费者及劳动者权益保护之间的关系，通过促进有效率的竞争（反垄断）而获得溢出效应，进而从繁荣发展的数据市场中长期获益。①

（三）网络环境治理的复杂性

互联网平台是兼具公共空间属性和私人空间属性的准公共平台，既有助于提升政府管理的精细化水平和能级，也增加了社会管理的风险和成本。习近平总书记指出："我国数字经济在快速发展中也出现了一些不健康、不规范的苗头和趋势，这些问题不仅影响数字经济健康发展，而且违反法律法规、对国家经济金融安全构成威胁，必须坚决纠正和治理。"② 例如，有学者分析了需要警惕的"反噬效应"，提出数字经济发展中面临的数据安全风险、金融安全风险和网络空间安全风险③；又如，网络平台客观上也给传统违法犯罪行为提供了新的渠道、领域、方法，形形色色的网络犯罪已经成为数字经济发展带来的"副产品"。《2020 网络黑灰产犯罪研究报告》把网络黑灰产定义为借助互联网技术、网络媒介，为黑客攻击、网络黄赌、网络诈骗、网络盗窃等违法犯罪活动提供帮助，并从中非法牟利的犯罪产业，这些均需要结合数据和网络的特点进行"技术 + 制度"的治理。

---

① 参见顾全：《数字化转型背景下对互联网案件审判理念的几点反思与建议》，载《法律适用》2022 年第 1 期。

② 习近平：《习近平著作选读》（第二卷），人民出版社 2023 年版，第 536 页。

③ 参见姜涛：《构建数字经济安全刑事规范新形态》，载《检察日报》2021 年 8 月 23 日。

二、共性问题及审判理念的转变

现司法实践中通常使用“互联网案件”的概念。首先，让很多人感到困扰的问题，正是“互联网案件”的界定标准。《最高人民法院关于互联网法院审理案件若干问题的规定》确定了互联网法院受理的 11 种案件类型（网络服务 / 购物合同纠纷、网络侵权责任纠纷、侵害隐私权 / 名誉权纠纷、侵害信息网络传播权 / 域名合同 / 域名权属等纠纷）。但这些案由只是更适合互联网法院审理，并不能涵盖全部互联网案件。有观点将互联网案件分为三类：(1)“泛互联网案件”，即传统法律关系在互联网上的一般性呈现，互联网技术只是实现手段，不影响传统法律关系的清晰界定和规则适用，如网络借贷、网络中介等纠纷。(2)“强互联网关联案件”，即互联网技术介入导致传统法律关系，权利、义务及表现形式发生重大变化，如电子商务买卖、网络侵害人格权、个人信息保护等纠纷。(3)“互联网专属案件”，即该纠纷因互联网技术数字化、网络化、智能化的特点而产生，没有传统的法律关系能与该纠纷形态有效对应，如虚拟财产纠纷、网络数据权利纠纷、网络安全纠纷、算法设置纠纷等。[①] 这种分类比较客观地反映了当前互联网审判面临的现状，即从广义层面看，涉及互联网空间的行为所发生的法律关系，涉及数据信息处理引发的权利义务，都可以纳入（泛互联网）数字经济案件。而在上述案件中，都将面对数字化的客体属性甄别、与数据权益属性及技术有关的法律事实及法律关系认定等共性问题，需要统一研究方法和裁判思路。其次，在“万物互联”的数字经济时代，法律关系及权利主客体的“数字化”发展趋势，既产生很多跨越传统审判条线的共性特点，又对现有的互联网案件集中管辖模式带来挑战。仅凭互联网法院、互联网法庭等专业化审判机构，也无法全面建立起适应数字时代的审判理念，为数字化转型提供全方位的司法保障。在数字化转型的战略背景下，涉数字经济案件的审判理念和格局也必须与时俱进，不能仅仅局限于当下互联网法院专属管辖、专业化审判的格局。除了强调“互联网案件”的专业性之外，所有法官都应当树立适应

---

① 刘峥：《推进互联网司法建设的四个重点》，载《学习时报》2021 年 10 月 27 日。

数字时代的审判理念和思维方式，这应当成为所有审判部门和法官的基本共识。适应“数字化”转型的审判理念和研究路径，不仅限于主体上狭义的互联网企业或者行为发生在互联网上，其核心应该是围绕“数据信息”的客体属性及其处理和保护所发生的各种法律关系，以及相关主体的权责分配；普通法院在现有审判管辖模式下，也完全可以通过各条线专业化审判团队的模式来开展系统性的研究和司法实践。

（一）客体竞合的甄别

司法实践中，需要对“信息数据”的客体性质有一个基本的共识，认识到其与传统人格权与财产权客体的异同。有学者指出，“信息与数据乃一体两面，是内容和形式的关系，立法者已经将信息和数据进行了区别立法，信息是人格权的客体，数据则是财产权的客体。”[①] 笔者认为，首先，个人信息与数据是涉数字经济案件中最具代表性的两类客体。一方面，《民法典》将个人信息规定于第111条，介于第110条具体人格权和第112条身份权之间，其主要作为人格权益的客体；另一方面，作为承载信息载体的数据，则被规定在《民法典》第127条，且与虚拟财产并列，表述为：“法律对数据、网络虚拟财产的保护有规定的，依照其规定。”因此，数据作为生产要素当然可以成为财产权的客体。但《民法典》仅仅是对数据和网络虚拟财产的保护作出指引性规定，没有对数据权属和数据参与分配机制作出明确规定。如何按照数据生产、流转、利用等不同环节，对个人数据、企业数据、公共数据等不同类型数据信息进行分类保护，都需要司法作出回应。其次，数据不仅是独立的民事权利客体，同时也可以成为其他相关民事权利客体的“数

① 按照国际标准化组织在信息技术术语标准中对“信息”的界定，其是“关于在特定语境下具有特定含义之客体——例如事实、事件、东西、过程或思想包括理念——的知识”，而“数据”乃是以适合通信、解释或者处理的方式重新展示信息的一种表示形式”。我国《数据安全法》第3条明确规定，本法所称数据，是指任何以电子或者其他方式对信息的记录。显然，信息与数据二者之间是内容与形式的关系，可以说，信息是内容、知识，其功用在于解决不确定性。而数据是形式，是表现信息的载体。也正是因此，《民法典》将作为内容的信息规定于《民法典》第111条，其法律地位是介于第110条具体人格权和第112条身份权之间的人格权；而作为承载信息载体的数据，则被规定在《民法典》第127条，且与虚拟财产并列，表述为：“法律对数据、网络虚拟财产的保护有规定的，依照其规定。”可以说，立法者已经将信息和数据进行了区别立法，信息是人格权的客体，数据则是财产权的客体。参见申卫星：《论个人信息权的构建及其体系化》，载《比较法研究》2021年第5期。

字化”介质载体。一方面，以数据为载体的财产性权益，可能涉及知识产权、网络虚拟财产和无法纳入商业秘密范畴的商业信息和数据；另一方面，以数据为载体的个人信息，也可能与隐私权、名誉权、姓名权、名称权等精神性人格权客体存在复合交叉。因此，现实中同一个行为可能触及数据形态下多种权益客体，产生请求权聚合或者竞合。而确定请求权基础的前提，就是将这种数据外观甄别为民法所保护的具体的权益客体，并确定其保护规范适用顺序。此时，需要讨论的现实问题是：法律上的数据与其他权利客体是相互独立的客体，但现实中的数据又是其他客体的介质载体，那么二者的关系是什么？有学者对隐私、信息与数据关系作出描述：“分别处于事实层、描述/内容层和符号层，三者之上分别成立以消极防御为内容且保护相对严格的隐私权、兼具消极防御的保护与积极利用的信息人格权和数据所有权。隐私权、个人信息权属于人格权，位阶上高于作为财产权的个人数据所有权。”[①] 笔者则认为，上述客体发生请求权竞合时，根据特别优先于一般的原则，应当优先甄别为其他人格权或财产权客体，而狭义的数据客体可作为兜底性救济选择。再者，相应的，民法对于不同属性权利客体的救济方式和请求权基础也有所区别：例如，对归入人格权益的个人信息的救济模式就不同于归入财产权益的商业数据；个人信息与其他精神性人格权的保护模式也不尽相同；数字形态的财产性权益中有些属于典型的财产权利，不仅应当纳入私权保护的范畴，还可以通过确定产权进行“强保护”；有些并非典型的财产权利而偏向于“利益”，特征是不适合通过确权方式进行保护，只适合通过合同方式进行相对性保护或通过竞争性利益的方式进行“弱保护”。综上，当学者们争论着个人信息的权益属性和数据财产权的构架时，司法实践中面对的问题则是，无论数据信息以何种载体出现在具体案件的传统或新型案由形式之下，法官必须在充分认识信息数据客体法律属性的基础上，准确甄别数据形态下所涉客体及权利、法益的类型，据此确定请求权基础及具体的法律适用。

---

① 参见申卫星:《数字权利体系再造：迈向隐私、信息与数据的差序格局》，载《政法论坛》2022 年第 3 期。

（二）法律关系的界定

在线经济的突出特点是终端法律关系简单但基础结构复杂，传统的法律关系会通过技术创新实现发展和衍变。首先，数字化转型和在线经济时代，新的商业和技术模式层出不穷。比如，作为“信任机器”的区块链技术兼具制度技术和法律技术的属性，[①] 越来越多的网上交易由智能合约来实现——一种由计算机代码表述并自动执行的合同，其履行由区块链架构予以保障与实现。又如，一个简单的网络购物合同关系，包含了物流、信息流、数据流、资金流、算法决策等，但终端只是用户点击和快递小哥送货。其中，在传统的买卖合同关系基础上，衍生出平台、快递公司、带货主播、广告推送等一系列依托网络而生的服务性法律关系主体，通过数据、流量和技术把各方的需求和复杂的关系集成，甚至出现跨领域的商业生态体系，并且形成不同类型的法律关系。其次，中立的技术可能因为不同的应用场景而变得不再“中立”。涉及数据处理技术的事实认定与法律评价，往往是司法实践中具有普遍意义的共性问题。司法实践中，一方面，与新技术、新业态有关的案件中往往出现一些所谓“新概念”，但实际上并不一定是规范的、具有实际意义的新型权利义务，要防止“先入为主”和“想当然”地套入现有概念；[②] 另一方面，数据处理行为不仅涉及客体的法律属性，还涉及处理行为所采取的技术路线、商业模式以及所对应的法律关系，可能需要跨越技术、产业和法律的界限综合作出判定。司法实践中既要保护和促进技术的创新发展，也要防止技术被滥用。[③] 比如，数据爬取本身是数据流通的常用技术之一，但其

---

① 区块链技术自问世以来，因其去中心化的分布式记账特征，被比喻为一种“信任机器”。而法治在本质上也是一种信任机制，是维持社会秩序和可预期人际关系的依赖国家主导的各种中介机构来运行的信任机制。

② 比如，人工智能只是一个抽象概念而已，有“强弱”之分，在特定案件中可能对应不同的法律关系：弱人工智能事实上只是将既有规则或知识图谱以计算机程序转化为自动执行或推送的操作流程，典型如智能合约，可能就是达成条件自动履行的交易合同；强人工智能则借助大数据和算法进行不同程度的自动化决策甚至价值判断，典型如海量需求之间的交易匹配、无人驾驶技术等。而且即使是无人驾驶，根据 L1—L4 分级，自动化程度及对应的责任承担模式也有所区别。

③ 所谓的元宇宙，几乎全部是由计算机硬件和软件系统——代码建构出来的，因此呈现“法律 + 技术”的二元规则体系。现实世界的法律是元宇宙治理的主要规则形式，而技术成为规则的一部分，则是网络时代的产物。参见程金华：《元宇宙治理的法治原则》，载《东方法学》2022 年第 2 期。

行为的合法性问题，需要根据爬取方是否违反 Robots 协议、侵害计算机信息系统安全、数据安全、著作权、商业秘密、数据财产性（竞争性）利益、防止数据垄断等因素，进行个案权衡；再如，算法既是推动数据利用和人工智能的核心技术，如不当使用也可能产生算法歧视等不法行为。即使在“代码即法律”的元宇宙虚拟世界中，有学者提出“人工智能法律中立原则”[①]，但游戏规则或者社区自治规则也不能触及公序良俗的底线，其与现实物理世界交集的部分仍需受到法律强制性规定的限制。诉讼过程中，经常需要将复杂技术以及商业模式支撑的法律关系重新解构，而且任何一个环节产生的纠纷可能都与数据的处理和技术应用有关，而对技术的理解又会直接影响行为性质和权利义务。[②]而且，涉网络数据案件中的主体身份识别、主要事实（证据）、标的往往都在线上生成、储存并流通，因而需要相应诉讼证据规则（举证责任分配）及保全、执行等标准的调整和完善。这要求所有法官必须了解数据属性，具有一定的技术思维和产业思维，并且在案件中对“中立”技术的具体应用场景和行为作出法律评价，最好能够与传统法律解释体系“在同一个话语体系内讨论问题”，这样形成的研究成果和裁判规则，才能更

---

① 英国萨里大学的法学教授瑞恩·艾伯特在 2020 年于剑桥大学出版社出版的《理性机器人：人工智能未来法治图景》专著中，提出该观点。在该书中，艾伯特教授主张，我们需要一个新的指导原则来规范人工智能，该原则是人工智能法律中立原则，其宗旨是在“以人为本”的前提下，要求法律不应当歧视人工智能，避免给人工智能的发展制造不必要的障碍，并最大可能地通过发展人工智能来提升人类福祉。

② 不同场景下对于同类数据处理行为的效力评价可能不尽相同，有些甚至需要穿透其给违法犯罪目的披上的合法外衣。例如：（1）数据收集过程中，常见的“爬取”行为、“反向工程”以及个人信息的加密和脱密处理技术。当下，数据爬虫是企业采集公开数据的常用技术手段之一。通过爬虫技术，可以实现对文本、图片、音频、视频等互联网信息的海量抓取。数据爬虫技术原理和法律性质是什么？如何判定其达到了《个人信息保护法》所要求的“匿名化”的标准？同理，反向工程是侵犯商业秘密行为的法定豁免理由之一，其技术原理即“通过技术手段”对从公开渠道取得的产品进行拆卸、测绘、分析等而获得该产品的有关技术信息。如何判断这里的“从公开渠道取得”及“技术手段”是否合法？（2）数据财产性权益处分过程中，常见的“挖矿”“打赏”“智能合约”“虚拟币交易”等行为。这些法律行为的技术原理和法律性质是什么？如何评价其法律效力？（3）数据应用过程中（在线经济各种商业模式），常见的各种“算法”以及相应产生的新型法律行为。当下，算法是网络平台利用数据产生交易资源“聚合效应”和“精准营销”策略的核心模式。那么，算法黑箱到底是什么？其技术原理和法律性质又是什么？利用算法进行差别化营销是正常的商业模式还是构成“大数据杀熟”或价格歧视？利用技术和规则漏洞“薅羊毛”的性质又如何认定？这些问题在司法案件中都需要统一。参见顾全：《关于数字经济法律特征及案件分类研究体系的分析与构想》，载陈昶主编：《上海审判实践》2021 年第 4 辑，上海人民出版社 2021 年版，第 21~40 页。

容易达成共识。

（三）法益冲突的平衡

数据与其他民事权利客体聚合/竞合的特点，以及不同法律关系下主体特定的权利义务，导致与之相关的权益保护可能跨越人格权和财产权、私益和公共利益等多种法益，在司法实践中需要进行位阶比较和平衡。首先，涉侵害信息数据形态权益案件经常涉及权利和法益的冲突，其所适用的法律规范往往也较为原则，涉及合理性及比例原则的适用。比如，当精神性和识别性人格权益客体在网络上（以数据形态）受到侵害时，侵权责任的认定适用《民法典》第998条的“动态系统论”，即“应当考虑行为人和受害人的职业、影响范围、过错程度，以及行为的目的、方式、后果等因素”；《民法典》第999条明确了人格权的“合理使用”原则，即“为公共利益实施新闻报道、舆论监督等行为的，可以合理使用民事主体的姓名、名称、肖像、个人信息等；使用不合理侵害民事主体人格权的，应当依法承担民事责任”；而处理个人信息则应当遵循“合法、正当、必要”原则。又如，当数据形态的财产性权益受到侵害时，无论是知识产权还是狭义的数据，无论适用侵权法还是反不正当竞争法进行保护，也都可能涉及“合理使用”的除外情形。面对“合理性”的判断，法官在裁判时拥有较大的自由裁量权，需要运用比例原则来衡量不同私益之间、私益与公共利益等各种法益之间的位阶关系。而这主要基于规范结构理论，其个案适用有赖于权衡，有时面对同一类型案件，综合各种因素后会作出截然相反的判决。其次，数据的流通性需要及其承载客体的复合性决定了不能对其采取排他性绝对权的保护方式，对于数据权利保护需要考虑与其他权益的平衡。特别是如何协调作为数据重要来源的个人信息保护与数据利用之间的关系，如何在数据经营者之间安排数据权利共享或专享，如何配置数据信息的控制权与使用权，并使其符合社会整体福祉和市场竞争秩序的保护，都是数字经济发展的核心问题。以信息数据处理产生权利义务为请求权基础的数字经济案件的审判理念、法律适用和裁判规则，在个人信息、数据权益保护与促进数据合法流通、互联网市场秩序维护等方面需要保持体系化的协调和平衡。再者，从数据要素配置的关键节点——数字经济平台企业的视角，所涉权利义务的认定需要在更高的市场秩序等法益层面平衡考量。一方面，除作为数据信息处理者之外，这些平台经营者在相应领域同样需要承担行业监管所需的特定义务；另一方面，基于大数据产生的“汇聚效应”所形成的平台地位，使得电子商务平台在交易过程中处于某种优势地位，法律法规因此赋予其相应的法定义务，以保护相对弱势的消费者、从业者、平台内经营者等，乃至公平、健康的市场交易和竞争秩序。而现实中这些平台往往通过格式条款为自己处理数据信息提供合同依据或者减轻自己的责任，司法对于这些条款的效力就需要依法进行审查。当代个人信息保护法、市场竞争法的主要使命也从约束公权力机构的传统目标转向约束超级平台等私法主体，以规制互联网企业等私法主体为主要任务。但同时，也需要合理界定上述法定义务的边界，依法保护平台企业对于数据资源合理应用、创新和收益的权利。因此，在涉及数据及其承载内容的处理行为及产生的权利义务关系中，法官应当区分不同场景，准确把握好私权保护与“合理使用”的边界，妥善处理、平衡好数据流通利用与个人信息（及相关人格利益）、知识产权、数据竞争性利益、消费者权益、数据安全、公共利益、市场竞争秩序等多种法益保护之间的冲突关系。

（四）司法理念的转变

因此，我们需要尽快反思、调整传统观念，树立与数字时代相适应的、以保护和促进数据应用为导向的审判理念与裁判思路。[①] 首先，在法律适用中，需要具备穿透性的审查思维：根据信息数据的多元化客体承载属性和具体处理应用场景，准确甄别客体类型及权利义务关系，依法适用相应的具有公私法性质的法律规范进行司法救济。如前文所述，传统的权利客体、行为方式、法律关系都呈现“数字化”特点，任何看似与互联网无关的案件（案由）中，争议的环节只要涉及信息数据的处理及相关技术的应用，涉及数字化权益的确认与保护，涉及信息处理者、电子商务经营者在个人信息处理、

① 因为面对日新月异的数字技术带动的生产关系变革，面对数字化时代不断涌现的新类型案件，面对数字化转型过程中错综复杂的法益保护和平衡需求，在立法滞后于社会发展和模式创新时，作为社会关系调整救济体系中的最后一道防线，法官不能拒绝裁判，这也是司法作为市场规则引领的职责所在。

特定行业监管方面的权利义务，不仅会适用《民法典》的相关规定，还可能适用《个人信息保护法》《电子商务法》《数据安全法》《网络安全法》《反不正当竞争法》《消费者权益保护法》等相关规定。《上海市数据条例》第52条也规定，市场主体对数据的使用应当遵守反垄断、反不正当竞争、消费者权益保护等法律、法规的规定。这些特别法兼具私法和公法属性，其中很多规定具有管理性、强制性特点，不能通过约定任意排除，需要司法主动适用。例如，挖矿合同、虚拟币购物合同就可能因违反“绿色原则”和金融监管规定而被认定无效，平台格式条款中排除对方主要权利的条款也可能无效。有学者就提出，随着我国的互联网立法不断完善，数据处理的双重公法构造逐渐形成。[①] 正因为这个领域内私法与公法的交叉性的特点，故而无论是在刑事审判还是民商事审判中，也无论私力救济中原告形式上选择的是侵权、合同还是不正当竞争等诉由，法官在非互联网法院专属管辖的普通案由的审理中，同样需要与“数字化”相适应的系统知识储备，以及“穿透性”的依职权主动审查理念和法律适用思维。其次，由于数字化客体类型的高度复杂性和竞合性，目前很难建立起一套统一适用的民法规则，而必须根据具体案件中具体数据形态客体及其应用的类型与场景，来相应确定所应适用的、最适宜的法律规则。就此点来说，在信息网络的虚拟环境下，场景化适用越来越成为法律调整的一般性手段，这折射出法律射程范围在虚拟世界的缩短，其根源在于既有话语体系对虚拟世界法律关系本质认识的局限性和解释技术的有限性。再者，在利益衡量中，既要平衡救济数字经济市场平等主体之间的合法权益，也要关注国家安全和公共利益、市场管理和竞争秩序等法益位阶。例如，一是根据信息—数据要素的流动规律（处理好不同的数据权益客体及主体之间的关系），从个人信息处理合法性基础的判定和相关人格利益的保护开始，到数据要素财产性利益的甄别与保护，平衡好数据流通利用中

① 其中，第一重构造是数据处理的规制体系。具体包括数据处理风险规制和数据处理行为规制。前者在《网络安全法》《数据安全法》和《个人信息保护法》上系统建构，后者则包括公平竞争规制、算法规制和数据交易规制等；第二重构造是公共数据的开放利用。其本质是公共服务，其目的在于促进社会对数据的平等、公平、普惠的获取和利用。陈越峰：《超越数据界权：数据处理的双重公法构造》，载《华东政法大学学报》2022年第1期。

相关主体的各种利益冲突；二是根据数字经济市场主体的结构特点（处理好不同的数字经济市场主体和法益之间的关系），规范网络信息传播自由与公共秩序及他人合法权益之间的关系，规范个人信息处理者、网络服务提供者、电子商务平台经营者所应承担的法定义务边界，平等保护平台企业及其从业人员、消费者、中小经营者合法权益；三是根据数字社会健康发展的实际需要（处理好不同的数字经济发展与网络安全之间的关系），依法规制以信息数据为对象或利用数据技术实施的违法犯罪行为，重点打击网络暴力和灰黑产业，维护数字经济市场秩序和网络环境良性运转。

三、司法案例的类型化研究体系

如果要确定一个最能够体现数字经济案件共同属性的“关键词”，那应当是与“数据信息”的处理和应用有关。因为在数字化转型背景下，数据形态与大多数传统权利客体几乎都会有复合交叉，所有的技术和交易、服务模式创新都将围绕数据处理而展开。从统计上看，无法通过传统形式上的案由，来绝对区分哪些属于互联网案件而哪些不是，应当寻找相关案件解决的请求权基础，以其是否基于信息数据处理产生的权利义务，作为数字经济案件的界定标识。目前，司法实践中与数据权益及平台经济相关主体权益保护有关的民事案件，主要包括以下几类：一是涉及侵害个人信息以及利用网络侵害隐私权、名誉权、姓名权等精神性人格权益的案件。二是涉及数据形态的财产性（竞争性）权益保护的案件，包括数字化的知识产权、网络虚拟财产、商业数据等。三是涉及数字经济市场秩序保护的案件。此类案件一方面涉及以数据及其技术应用为主要经营或竞争资源的网络服务平台企业法定责任边界的认定；另一方面涉及平台从业者、消费者、其他经营者等的权益保护，同时还可能涉及市场公平竞争秩序等特定法益的保护。四是涉信息网络犯罪及网络灰黑产业链防治的刑事案件。无论是侵害数据形态的人格权益或财产性权益，还是滥用数据技术侵害平台从业者、消费者、经营者权益或市场秩序的行为，同时也可能构成犯罪。据此，笔者认为，为了更好地服务保障数字化转型的国家战略，可以根据私力救济和公力救济的不同路径，按照目前法院受理的民事、刑事案件类型和审判条线分布情况进行大类归口，同时结合请求权基础建立相应的涉数字经济案件分类体系，以此作为研究和梳理裁判规则的基础。据此分为四大类型：前三种类型均以民事审判为考察视角，主要关注的是数字经济市场主体之间的利益平衡和救济问题。其中第一类、第二类主要以保护的权利客体性质（人格和财产性权益）作为界分标准；第三类主要以平台从业者、消费者保护及平台法定责任边界为分类研究视角；第四种类型则以刑事审判视角为主，包括以信息数据为对象或利用数据技术实施相关犯罪行为的刑事案件，更多关注网络公共生态环境与安全的保护。需要说明的是，这种体系化分类方法综合了请求权基础、主客体及救济模式因素，因此，同一行为或案件可能同时涉及不同类型的特征，但并不影响这种分类研究体系的建立和应用。[①] 而且，前文所述“客体竞合甄别”“法律关系界定”“法益冲突平衡”等共性问题在这些类型化案件中都可能有所体现，需要转变司法理念，形成统一的研究体系和裁判思路。

（一）涉个人信息及关联人格权益保护纠纷

首先，个人信息是数据要素最基础的来源，对其处理可视为信息数据利用的“初级流动”，对其司法救济则主要属于人格利益保护层面；其次，《民法典》将个人信息置于人格权编，并将其定义为能够识别出个人的任何信息，因此，利用网络等手段侵害自然人个人信息与隐私权、肖像权、姓名权、名称权、名誉权、荣誉权等精神性人身权益也可能存在竞合，相应的救济和归责原则也有一定的相似之处。据此，可将涉个人信息及关联人格权益保护纠纷归为第一大类，进行体系化研究。

1. 请求权基础角度分析

（1）争议主要发生在人格权益受到侵害的自然人与信息处理者或实施侵权行为的网络用户之间。而且，利用网络侵害个人信息或特定精神性人格权

---

① 例如，同一侵权行为可能同时侵害企业的数据财产性（竞争性）利益和原始主体的个人信息权益，因而可能涉及多个权利客体和主体，同时涉及第一类、第二类问题；又如，同一侵权行为可能同时涉及直接侵权人和网络服务平台经营者，因而可能涉及多个责任主体，同时涉及前两类问题和第三类问题；再如，同一类侵权行为根据其侵害法益的严重程度，既可能根据其所涉客体和主体性质分别通过前三类以及第四类中的民事案件救济，也可能因情节严重构成犯罪而归入第四类刑事案件审判。

益的案件中，原告通常会将网络服务提供者和直接实施侵权行为的网络用户列为共同被告（承担连带责任），或者作为单独被告。（2）原告的请求权基础通常是个人信息或其他精神性人格权益受到损害。个人信息与隐私权、姓名权、名称权、肖像权、名誉权等特定精神性人格权的数字化形态可能存在客体复合交叉，发生请求权竞合时一般应当优先适用特定人格权的救济规则。其中，个人信息与姓名、名称、肖像等识别性、可许可他人使用的人格权在救济方式上存在更多相似性；与隐私权、名誉权、荣誉权等不得许可使用的人格权在归责原则等方面存在更多差别。需要注意的是，同一行为产生两种责任竞合时，原告可以进行选择。此外，实践中，网络服务提供者与自然人之间往往存在网络服务等合同关系，同时网络服务提供者也存在处理用户个人信息的行为，由此引发的争议可能存在违约和侵权的请求权竞合。（3）目前此类案件主要由民事审判庭审理，常见的争议焦点包括被告行为是否构成侵害上述人格权益的责任要件，侵害客体的性质认定，行为的合法性、正当性、必要性审查，网络服务提供者所起作用及其是否适当履行了法定义务，侵权责任的承担方式及损害赔偿计算标准等问题。

2. 法律适用角度分析

（1）除《民法典》及相关司法解释外，主要涉及《个人信息保护法》《数据安全法》《网络安全法》《电子商务法》《消费者权益保护法》等特别法及相关司法解释的适用。具体案件中，需要对数据形态下的客体性质和场景进行甄别，确定案涉客体及权益的法律性质，并准确适用相应的法律规范进行司法救济。（2）就个人信息保护而言，《个人信息保护法》《数据安全法》《网络安全法》《电子商务法》《消费者权益保护法》等与《民法典》中的私法规范构成特别法与普通法的关系：《民法典》以统一的“信息处理者”囊括了在个人信息处理过程中承担不同角色与职能的主体；《个人信息保护法》在整体上采纳了信息处理者—信息主体的基本架构；《消费者权益保护法》采取的是经营者—消费者的架构；《网络安全法》采取了网络运营者—用户的架构；《电子商务法》则是采纳电子商务经营者—用户的模式；只有将《个人信息保护法》等诸多特别法、司法解释与《民法典》的相关规定相结合，才能形成完备的个人信息保护的原则、规则体系。（3）其他人身权益的网络保护而言，《最高人民法院关于审理利用信息网络侵害人身权益民事纠纷案件适用法律若干问题的规定》明确其适用于“利用信息网络侵害他人姓名权、名称权、名誉权、荣誉权、肖像权、隐私权等人身权益引起的纠纷案件”，并就网络用户或者网络服务提供者侵害他人人身权益行为的具体形式、责任要件和承担方式进行了细化规定。（4）此外，《民法典》第 1194 条至第 1197 条就网络服务提供者（作为责任主体）的网络侵权责任相关规则作出了特别规定；《最高人民法院关于审理利用信息网络侵害人身权益民事纠纷案件适用法律若干问题的规定》也作了细化规定。据此，违反“红旗规则”及“避风港规则”（通知—反通知—删除义务）的，原告可以请求网络服务提供者承担（连带）侵权责任。此时，网络服务提供者的责任基础是基于平台地位产生的注意和保障义务，而非作为信息处理者的法定义务。而且，上述规则不仅适用于利用网络侵害人格权益类客体，也适用于利用网络侵害知识产权及其他数据形态财产性权益客体。

3. 审判理念角度分析

（1）与其他精神性人格权益一样，个人信息本质上属于人格权益范畴，相关法律规范很多具有强制性。其中，对于处理个人信息行为是否构成违法的判定，主要从合法、正当和必要原则三个维度来考察。就具体司法审查逻辑而言，合法性和正当性原则属于合法性审查范畴（相对明确和刚性），必要性原则属于合理性审查范畴（需要适用比例原则进行利益衡量和个案酌定）。（2）对个人信息及特定精神性人格权益的保护需要兼顾公、私多种法益的平衡，重点一是个人权益和公共利益及他人合法权益的平衡，二是个人权益保护和数字经济发展的平衡。例如，处理个人信息合法性基础采取的“个人同意—法定职责”二元架构模式，正是对应私法处理者—公法处理者的二元范式。前者是基于私益，因此需要信息主体的告知同意，而后者是基于公益，因而无需其同意。（3）需要注意的是，《民法典》第 998 条至第 999 条体现了不同类型人格权的民事责任认定的体系化规范。首先，肖像权、姓名权、名称权、个人信息等可许可利用的人格权益与其他不可商业化利用的人格权相比权利位阶较低；[①] 其次，民法在民事责任的认定上作了区分。对于生命权、身体权和健康权损害采取填补原则，主要适用侵权责任编的损害赔偿规定；对于此外的精神性人格权则采用动态系统论，适用第998条规定的不同考量因素，由法官在具体案件中进行各因素间的互动综合考量，以确定最终具体的责任承担。

（二）涉数据形态财产权益及市场竞争秩序保护纠纷

首先，信息数据往往通过处理加工后产生经济价值，对该经济价值的处分与分配可以视为数据要素的“次级流动”，对其司法救济主要属于财产性（竞争性）权益的保护层面；其次，《民法典》将数据与网络虚拟财产并列为独立的民事权利客体，当然赋予其财产权益属性。而数据形态可能承载的财产性利益客体，可以涵盖从虚拟财产、知识产权到由反不正当竞争法保护的商业数据资源等广义范围，同样可能发生请求权竞合。据此，可将涉数据形态财产权益及市场竞争秩序保护纠纷归为第二大类，进行体系化研究。

1. 请求权基础角度分析

（1）争议主要发生在权利人与其他信息处理者或经营者之间，原、被告多为以数据的财产性利益为经营、竞争资源的市场主体。同样，借助网络侵害数据财产性权益的案件中，原告也常将实施侵权行为的网络用户和网络服务提供者列为共同被告。（2）在目前的法律框架之内，数据可能成为网络虚拟财产、知识产权及其他反不正当竞争法保护的商业信息的数字化载体或介质。相应的合同和侵权纠纷、知识产权类、不正当竞争类案件均可纳入此大类。在具体案件中，需要准确甄别数据形态下的客体类型，据此确定请求权基础并适用相应的法律规范。（3）目前，此类案件主要由商事和知识产权审判庭审理，争议标的涉及数字形态的财产性权益或竞争性利益。常见的争议焦点包括原告权利的合法性及客体的性质认定，数据财产性权益类型及其对合同效力的影响，被告行为是否构成侵害上述财产性权利或不正当竞争的责任要件，网络服务提供者是否适当履行了法定义务，损害赔偿计算标准等问题。

---

① 顾全：《民事法律行为效力评价体系研究及司法实证——以区分原则和法益位阶为视角》，人民法院出版社2021年版，第128页。

2. 法律适用角度分析

除《民法典》及相关司法解释外，主要涉及《著作权法》《专利法》等知识产权法及《反不正当竞争法》《反垄断法》等市场秩序规制法及相关司法解释的适用。（1）目前，相关的司法解释主要包括《最高人民法院关于审理侵害信息网络传播权民事纠纷案件适用法律若干问题的规定》《最高人民法院关于适用〈中华人民共和国反不正当竞争法〉若干问题的解释》《最高人民法院关于审理侵犯商业秘密民事案件适用法律若干问题的规定》《最高人民法院关于审理涉及计算机网络域名民事纠纷案件适用法律若干问题的解释》等，其中分别细化列举了部分通过网络实施侵害企业知识产权，以及侵害未公开的商业秘密、已公开的数据类型竞争性经营资源的侵权或不正当竞争行为，并明确了相应的民事责任。（2）上述法律体系对应不同层级的数据财产性（竞争性）权益的救济模式，司法保护强度呈现"由强到弱"的趋势。一是网络虚拟财产，除依据合同法保护外，可以参考物权方式予以保护；二是著作权、专利权等数字化客体，可以适用专门的知识产权法予以保护；三是其他商业信息和数据，可以适用《民法典》合同编、《反不正当竞争法》与《反垄断法》予以保护与规制。当下司法实践中对狭义数据权益的保护多适用《反不正当竞争法》的重要原因是，立法对于狭义数据的权利性质还没有很明确的定位，学界有各种见解，而《反不正当竞争法》的适用比较灵活，不需要先给出权利性质定性，可以先通过制止相应行为的方式给予保护。而且，现代反不正当竞争法调整的是竞争行为，是对竞争行为正当性的一种判断和调整，不再局限于狭义的竞争关系。只要经营者为了获取竞争优势，或者破坏他人的竞争优势等等，都可以纳入"反法"调整。（3）需要注意的是，关于《民法典》规定的狭义"数据"的保护模式，立法目前虽未明确，但相较于传统的有形及无形财产应有所"局限"，集中体现在对该客体的"非排他性"保护方面。① 学者经常提到的"数据确权"，也并非针对所有权而言。《中共中央、国务院关于构建数据基础制度更好发挥数据要素作

① 例如，《民法典》合同编的保护受限于合同的相对性和不完备性；知识产权法的保护客体仅为具有创新性的智力成果；竞争法的保护存在于经营者实施垄断、侵害商业秘密等不正当竞争行为时；《民法典》侵权责任编的救济属于消极的事后补救措施。

用的意见》也明确提出要建立数据产权制度，建立“数据资源持有权、数据加工使用权、数据产品经营权等分置”的产权运行机制，健全数据要素权益保护制度。部分学者认为，只有通过立法实现“数据确权”（并非传统意义上的所有权），才能为数据财产提供正面、清晰和可持续的强化保护，而尽快制定保护数据财产权的法律是“数据确权”的基本途径。[①]（4）此外，与前述第一类案件类似的是，《民法典》第1194条至第1197条关于网络服务提供者网络侵权责任的相关规定，同样也适用于本类侵权案件。

3. 审判理念角度分析

（1）在数据的财产性（竞争性）利益的保护和救济方面，需要考虑多元利益和价值，在个人基本权利保护、数字经济发展、数据财产性利益共享之间达成适当的平衡。但数据确权不应受确立财产所有权思路的局限，而应致力于调整社会主体间围绕数据价值开发利用而形成的具体利益互动关系。关于数据产权及财产性利益的处理，正逐渐从所有权转向个人利益、行业和企业利益、公共利益的平衡，强调对数据的访问、控制和权益平衡，力争兼顾各方利益，盘活数据资源，同时兼容数据的知识产权、合同、反不正当竞争等形式的保护，更容易在各方主体之间达成共识。（2）可以将数据的财产性（竞争性）权益分为两大类，在数据要素的流通和利用场景中妥当配置财产权益：一是以数据承载的财产权利内容为重点：实际上属于现有法律明确的无形财产或知识产权的数字化形态，按照既有的产权保护类法律规则和裁判思路予以保护。二是以狭义的数据本身权益为重点：可以基于合法控制或经营而获得，保护的权益类型未必是所有权，而是可以根据意思自治处分的财产使用权、收益权或设定的债权，也可以是反不正当竞争法保护的竞争性利益。调整数据处理利益关系的基本法律规范是《民法典》合同编和《反不正当竞争法》。但另一方面，《反不正当竞争法》的适用也导致一定的不确定

① 参见张新宝：《数据财产作为新型财产权的立法保护》，载微信公众号“教授加”，2022年4月7日。

性。[①]（3）平台控制并应用的大量属于狭义的数据，如果在其上设置物权法上的财产结构，就很可能加强资源锁定效应，不利于数据的流动和共享。曾经的“谁（收集）的数据，归谁所有”逐渐演变为如今的“谁对数据开发与再利用，增值收益归谁”的原则与理念。需要注意的是，在保护数据财产性利益的同时也要注意规制数据垄断。如果对特定数据配置独占性使用权，将不必要地排斥他人使用，限制企业之间的竞争，从而可能减少社会福利。当政府或网络企业的利益与数据开放形成冲突时，数据分享需要法律予以促进和保障。

（三）涉平台经营者法定义务及相关主体权益保护纠纷

首先，网络服务平台已成为市场中最重要的个人信息处理者和数据财产性（竞争性）利益受益者，是推动数据要素市场化配置的关键节点。为了限制与平衡其在数据处理方面的优势造成市场地位的“不对称性”，法律法规对平台内普通经营者、从业者、消费者给予一定特殊保护（赋权），对平台经营者则在承担平等主体之间契约义务之外，规定了一些特殊的法定义务。这些规范往往具有强制性，审判实践中需要依职权主动适用。其次，司法实践中也需准确认定平台经营者所处的法律关系及法律地位，以及数据应用的具体技术和模式，把握平台经营者法定责任的边界及种类，依法认定其通过合法方式履行或豁免、减轻该法定义务的法律和事实要件。据此，可将涉平台经营者法定义务及相关主体权益保护纠纷归为第三大类，进行体系化研究。

1. 请求权基础角度分析

（1）争议的一方当事人是网络服务提供者 / 电子商务平台经营者；另一方当事人是接受平台服务或通过平台参与交易的网络消费者（用户）、平台

① 尤其是该法第 2 条作为开放性适用的一般条款，还是以诚信和商业道德作为竞争行为正当性的基本判断标准。这种调整方式及一般条款判断标准，使得它的适用伸缩余力极大，包容性极强。在一些尚未形成公认的商业道德的互联网领域，法院在审判实践中可以根据法律精神、行业特点来创制相应的商业道德标准，这也导致判断标准的不确定性。而且，价值冲突在竞争行为正当性判断当中往往起决定性作用，例如如何划分一般性竞争损害与构成不正当竞争的特定损害的界限，如何划分私主体数据权益与数据互联互通价值的界限等。价值取向不一样，判断结果就不一样。

内经营者，或者平台从业者（劳动者）。[①]（2）原告的请求权基础，通常是网络服务平台经营者违反了合同义务或者法定义务。具体合同义务或法定义务的内容和边界，则需要根据双方之间的法律关系性质来确定。对于平台方而言，在不同的法律关系中，除了合同的约定之外，还需要根据数据处理及应用、平台准公共属性、特定行业监管要求等承担安全保障、产品责任、消费者和劳动者保护、金融风险防控等法定义务（除了民法普遍适用的安全保障义务、网络服务提供者共同侵权责任、特殊主体侵权责任等法定责任之外，相关特别法及行业监管还会有很多特别规定）。[②]（3）目前此类案件可能分别分布在民事、商事等不同审判庭审理，常见的争议焦点主要围绕平台经营者是否需要承担相应的责任，其责任依据包括其作为电子商务平台经营者、网络服务提供者、自营商品或服务提供者的法定义务，或者滥用了平台（基于信息数据及技术运用而产生的）特定优势地位。需要说明的是，网络服务平台可能同时构成"个人信息处理者"，但此类法定义务已纳入第一类研究体系；网络服务平台依据《民法典》第 1194 条至第 1197 条承担的网络侵权责任基础虽也属于其法定义务，但也已纳入第一类、第二类研究体系，故均不再纳入本类讨论。

2. 法律适用角度分析

除《民法典》及相关司法解释外，可能涉及《电子商务法》《网络安全

---

① 例如，随着数字经济的快速发展，平台共享商业模式不断创新，从传统商品交易扩展到运输物流、金融等各种衍生服务领域，网络服务平台与相关从业者（劳动者）之间的关系也出现了新的变化；同时，网络消费纠纷案件快速增长，除了传统的消费者与平台内经营者、平台内经营者与平台之间的纠纷外，消费者有时会要求电子商务平台经营者单独或与平台内经营者共同承担责任（连带或补充责任）。

② 以从事金融业务、在线文娱行业的平台经营者为例，前者除了承担金融监管要求产生的责任之外，后者除了内容不得违反公序良俗以及未成年人保护方面的监管规定之外，该平台经营者还需要承担数据安全保障（包括数据跨境安全审查）、公平交易秩序维护等一系列法定义务；再以提供人工智能辅助决策的经营者为例，如用户使用该辅助决策产品造成他人损害的，则需要按照《民法典》"产品责任"相关规定来界定属于产品缺陷还是正常风险，进而确定其是否需要承担相应责任；在开展智能网联汽车测试与应用等场景，甚至可能涉及是否适用"高度危险责任"的讨论。此外，平台从业者（劳动者）权益保护类案件也越来越受到社会关注，典型如外卖平台骑手"共享用工"模式下引发的纠纷。该模式是多元化用工体制的重要组成部分，涉及劳动者、用人单位、用工单位三方合同关系，与"借调"和"劳务派遣"在形式上类似，但又存在诸多不同，有必要就其法律关系及平台的法律地位进行明确，并确定相应的责任主体和法定责任边界。

法》《产品责任法》《消费者权益保护法》《劳动合同法》等特别法及不同市场领域监管法律法规的适用。（1）目前，相关的司法解释主要包括《最高人民法院关于审理涉电子商务平台知识产权民事案件的指导意见》等。最高人民法院2022年3月1日发布的《关于审理网络消费纠纷案件适用法律若干问题的规定（一）》，根据网络消费参与交易主体多样化、交易环境虚拟化、交易空间跨地域性、合同格式化等特点，对电商平台的法定义务等相关法律原则进行了具体细化，旨在平衡保护及妥善处理好消费者、电商平台、平台内经营者等各方利益关系。（2）这些涉及网络服务提供者、平台经营者的法定义务往往具有强制性，司法需要依职权主动审查适用相关规范，双方当事人一般不得通过约定方式（尤其是义务主体方不得利用格式条款）予以排除或减轻。（3）此类案件中法律适用最关键的前提，往往是关于网络平台的具体数据处理技术及商业模式的认定，无论是法律关系的确定，还是法律或事实行为的性质，又或者是否达到了法律上定责或免责的标准，都以此为前提。比如，不同级别（目前国家标准为L1—L4）的汽车自动化驾驶对应的责任承担有所区别；反向工程的技术路线认定、个人信息合理使用时的隐私"脱敏"处理、算法黑箱解释等，如何判定达到了法律明确的标准和要求？在适用相应裁判规范时，事实要件的认定将可能涉及不同的专业领域，法官当充分尊重科技、事实和市场规律，必要时引入技术或产业专家作为辅助人。

3. 审判理念角度分析

（1）必须意识到，平台经营者除了因其特定业务范围所应承担的特殊法定责任之外，作为数据处理者或者受益者而享有的优势地位及相应的法定责任。电子商务平台企业、智能辅助决策提供者作为大数据的使用者和受益者，作为平台规则及算法的制定者，在承担平等主体之间的契约义务之外，也需要承担特殊的法定责任和社会责任，很多特别规定都是基于这个目的。[①]（2）这些网络服务平台既具有个人信息处理者的共性，又在不同的商

① 比如，要求大型平台企业承担符合"关键信息基础设施""守门人""必须设施"或者"公用事业"的相关责任，要求限制平台"二选一"或封禁行为，或从整体上对大型平台企业进行反垄断等特别监管。

业模式和法律关系中扮演着不同的角色。因此，亟待结合所属市场领域的监管要求，对不同的互联网平台的经营模式和法律关系进行系统梳理，[①]确保其同时作为“信息处理者”“特定行业经营者或产品服务提供者”“平台秩序维护者”“用工者”接受多重监管，承担各自的法定义务。只是违反这些义务有些构成行政责任甚至刑事责任，有些则可以构成民事责任的请求权基础。（3）司法实践中也需准确把握责任的边界及平台企业的合法诉求，因为过于严苛的责任要求也会间接影响数据及其他产生要素的正常流通。[②]

（四）涉信息网络犯罪及网络灰黑产业链防治的刑事案件

首先，同一行为既可能产生民事责任的竞合，也可能同时触发私法责任与公法责任。如上文所述，前三类主要关注数字经济市场主体之间的利益平衡和私力救济问题；本类则主要关注涉及网络安全与秩序等社会关系的保护与公力救济问题。前述三类民事案件中侵权责任的承担，并非必然豁免相应的行政责任和刑事责任，一些合法形式的合同约定背后也可能隐藏着违法甚至犯罪目的，可能涉及刑民交叉问题。因此，与前述三类民事案件衔接，直接侵害或者利用网络侵害他人个人信息等人格权益或数据形态财产性权益，以及网络服务提供者违反法定义务的行为，符合刑法规定的构成要件的，均可归入本类。其次，同一行为除了直接损害公民人身和财产权利外，还可能同时损害刑法保护的与数字经济紧密相关的市场经济秩序和社会管理秩序等社会关系，从而构成刑法上的罪名竞合（想象竞合犯）。司法如何进行认定和处理，也关系到对网络环境和数字经济市场秩序的保护。据此，可将涉信息网络犯罪及网络灰黑产业链防治的刑事案件归入第四大类，进行体系化研究。

---

① 参见顾全、刘金妫：《涉互联网平台共性法律关系研究》，载陈昶主编：《上海审判实践》2020年第3辑，上海人民出版社2020年版，第17~27页。系上海高院互联网司法研究小组课题“民法典视域下六大类互联网平台法律关系梳理及问题研究”的阶段性成果。

② 例如，对于网络服务提供者的“避风港”规则——“通知—反通知—删除”规则的适用；又如，在一般侵权行为中，造成或维持危险源、开启或建立交往场域的主体，均应承担法定的安全保障义务，但在网络领域，安全保障义务有无及其强度的认定还必须兼顾数据产业的形成和公共治理的要求等。

1. 案件类型角度分析

（1）同一行为在民事法律关系中侵害的客体与构成犯罪侵害的客体可能不一致。因为民法上的权利客体与刑法上的客体要件含义不同：前者是指民法所保护的权利（权益）的客体（如人格权、财产权等），后者则是指刑法所保护而被犯罪行为所侵害的社会关系（法益层面）。（2）目前我国《刑法》分则采用的是以犯罪行为侵犯客体为标准的罪名分类体系。据此，与数字经济密切相关的刑事案件，从犯罪客体要件层面可以分为两类：第一类侵害的是公民的人身权利、民主权利，或者侵害公民、法人和其他组织的财产权利；[①] 第二类犯罪行为侵害的客体是市场经济秩序、社会管理秩序等。[②] 需要注意的是，作为网络服务提供者，除了直接实施或者参与上述犯罪行为将被追究刑事责任外，违反数据安全等法定义务的消极不作为造成严重后果的，也可能涉及刑事责任。[③]（3）与数字经济密切相关的刑事案件，从实施对象和手段上可以分为两种类型：第一类是犯罪行为在线下实施，但侵害的对象就是个人信息或数据形态的财产性（竞争性）权益。第二类是以计算机（技术）为实施手段，侵害的对象既可能是个人信息或数据形态的财产性权益，也包括其他传统民事权利客体以及刑法保护的社会关系，因而构成罪名竞合。[④] 根据计算机（技术）所起的作用，也可以分为三种情况：一是犯罪的准备或辅助行为在网上完成，而直接行为在线下实施；二是整个犯罪的准备、实施全部在网上并且高度依赖网络完成；三是犯罪行为背后存在网络

---

① 前者如侵犯公民个人信息罪、侵犯通讯自由罪，后者如（以虚拟财产为对象的）盗窃罪等侵财型罪名。

② 前者如侵犯知识产权罪，以及通过网络平台实施的非法吸收公众存款罪，窃取、收买、非法提供信用卡信息罪，编造并传播证券、期货交易虚假信息罪，洗钱罪，金融诈骗罪，损害商业信誉、商品声誉罪，虚假广告罪；后者如非法侵入计算机信息系统罪，非法获取计算机信息系统数据、非法控制计算机信息系统罪，破坏计算机信息系统罪，提供侵入、非法控制计算机信息系统程序、工具罪，非法使用窃听、窃照专用器材罪，非法利用信息网络罪，帮助信息网络犯罪活动罪，编造、故意传播虚假信息罪，制作、复制、出版、贩卖、传播淫秽物品牟利罪，传播淫秽物品罪等。

③ 例如拒不履行信息网络安全管理义务罪。

④ 如《刑法》第 287 条就明确："利用计算机实施金融诈骗、盗窃、贪污、挪用公款、窃取国家秘密或者其他犯罪的，依照本法有关规定定罪处罚。"但如果侵害的客体仅针对狭义的数据而言，构成的罪名主要涉及非法侵入计算机信息系统罪、非法获取计算机信息系统数据罪、破坏计算机信息系统罪。

黑灰产业链或者聚众型犯罪的迅速发展和助推。《最高人民法院、最高人民检察院、公安部关于办理信息网络犯罪案件适用刑事诉讼程序若干问题的意见》(以下简称《意见》)对“信息网络犯罪”案件界定如下：一是危害计算机信息系统安全犯罪案件，涉及《刑法》第285条、第286条规定的非法侵入计算机信息系统罪，非法获取计算机信息系统数据、非法控制计算机信息系统罪，提供侵入、非法控制计算机信息系统程序、工具罪，破坏计算机信息系统罪等四个罪名。二是拒不履行信息网络安全管理义务、非法利用信息网络、帮助信息网络犯罪活动的犯罪案件。三是主要行为通过信息网络实施的诈骗、赌博、侵犯公民个人信息等其他犯罪案件，将一般涉网犯罪排除在外。从实践来看，相关涉众型涉信息网络刑事案件，可以根据情况纳入上述第二类和第三类情形。[①]

2. 法律适用角度分析

(1)除了《刑法》及相关司法解释外，近年来最高人民法院、最高人民检察院、公安部等也针对网络犯罪行为出台了一系列刑事司法解释和司法指导性文件。例如,《关于办理利用信息网络实施诽谤等刑事案件适用法律若干问题的解释》《关于利用网络云盘制作、复制、贩卖、传播淫秽电子信息牟利行为定罪量刑问题的批复》《关于办理电信网络诈骗等刑事案件适用法律若干问题的意见》《关于办理利用信息网络实施黑恶势力犯罪刑事案件若干问题的意见》《关于办理非法利用信息网络、帮助信息网络犯罪活动等刑事案件适用法律若干问题的解释》《关于办理网络犯罪案件适用刑事诉讼程序若干问题的意见》等。(2)面对数字经济发展及其所带来的风险挑战，在已有罪名基础上，刑法修正案增设了拒不履行信息网络安全管理义务罪、非法利用信息网络罪、帮助信息网络犯罪活动罪、侵犯公民个人信息罪等新罪名。(3)但随着《民法典》《网络安全法》《电子商务法》《数据安全法》等的

---

① 《意见》起草过程中，有意见提出，掩饰、隐瞒犯罪所得，洗钱等犯罪越来越多地通过互联网实施，成为信息网络犯罪黑灰产业链的重要组成部分，建议将其纳入信息网络犯罪案件的范围。经研究认为，此类犯罪情况较为复杂，主要行为是否通过互联网实施，难以一概而论。基于此,《意见》未明确规定掩饰、隐瞒犯罪所得，洗钱等犯罪属于信息网络犯罪，实践中，对于符合第3项规定情形的案件，可适用《意见》的相关规定。参见周加海、喻海松、李振华:《〈关于办理信息网络犯罪案件适用刑事诉讼程序若干问题的意见〉的理解与适用》，载《中国应用法学》2022年第5期。

颁布，对刑法立法提出新要求。有学者提出增设独立的数据犯罪（如非法获取、泄露、储存、处理数据罪），并扩展网络犯罪的范围，重点遏制网络灰黑产业。为预防网络诈骗、网络水军、网络黄赌等违法犯罪，需要有效规制恶意技术和恶意网络攻击等行为，严密惩治网络黑产相关犯罪的规定，对上游负责收集提供、分享各种网络黑产资源行为，中游负责开发定制、研发黑产工具行为，下游负责将黑产活动“成果”进行交易变现行为均有所规制。①

3. 审判理念角度分析

（1）面对数字经济带来的刑事风险，从立法上增设相关新罪名是应对之策。但是立法永远具有滞后性，这就需要重视司法意义上的实质解释论，即根据个罪的保护法益进行同质解释。即充分释放传统犯罪的构成要件容量以有效规制“网络利用型”犯罪的异化问题。例如，当出现了虚拟货币等新形态时，应当通过实质解释方式将其纳入刑法中货币犯罪、集资犯罪等的涵摄对象；又如，扩大非法利用信息网络罪、帮助信息网络犯罪活动罪的涵摄行为类型，把发布链接地址、截屏等行为解释为非法利用信息网络行为，把“制作虚拟炒股、赌博、诈骗、传销等软件行为”“帮助犯罪集团发布诈骗、赌博类的广告链接、二维码等网络推广支持行为”解释为帮助信息网络犯罪活动行为。此外，网络犯罪涉及主体众多，非法开立各类银行账户、开发收款码自动生成等平台、搭建第四方支付资金池、资金流转操作等环节均由不同的人操作，彼此之间在不同地域，且互不相识，这就给传统共同犯罪理论带来挑战，司法实践中要认定他们有意思联络就很困难。这就需要改变以往“以共谋为中心、以责任为重心、以联络为核心”的判断标准，发展“以正犯为中心、以不法为重心、以因果性为核心”的判断方法与标准。② 实

---

① 首先，传统获取他人数据需以侵入或者破坏计算机（信息）系统为前提，如今获取数据可能入侵的只是他人手机。因此，数据收集过程中涉及的犯罪适用非法侵入计算机信息系统罪、非法获取计算机信息系统数据罪等就值得反思，更何况这些罪名侧重于信息安全的保护。就数据犯罪而言，重点是对非法获取、泄露、储存、处理数据的罪名设置。至于非法使用数据的行为，往往关联着诈骗、洗钱等犯罪，按照《刑法》中已有罪名定罪处罚即可。其次，黑色产业链通过网络技术，在上游以黑客侵入、木马病毒、恶意软件等手段与下游犯罪保持紧密关联，实施电信诈骗等犯罪，危害信息数据权益、计算机信息系统安全和网络安全管理秩序等，甚至对市场经济秩序产生威胁或侵害。参见姜涛：《构建数字经济安全刑事规范新形态》，载《检察日报》2021 年 8 月 23 日。

② 参见姜涛：《构建数字经济安全刑事规范新形态》，载《检察日报》2021 年 8 月 23 日。

质解释论代表积极主义刑法观，在诸如全国首例“反向刷单案”“组织刷单案”“黄牛软件案”“爬虫案”“恶意注册账户案”“微信解封案”等案件中，面对规范供给难题而又无案例可以遵循的问题，司法机关正是采用上述解释立场和方法帮助裁判说理。（2）但也有学者提出，需要注意积极主义刑法观有违罪刑法定之风险。例如，“全国首例恶意反向刷单案”被认定为破坏生产经营罪，法官实际上将被告人的行为理解为妨害业务，将破坏生产经营罪修改为“妨害业务罪”。一方面，若新罪的构成要件仍不够明确，则妨害业务罪仍然会沦为与破坏生产经营罪相同的“口袋罪”；另一方面，网络行为与妨害业务损失之间的因果关系也往往存在认定疑问，比如从恶意刷单到营业额损失，中间介入了具有垄断地位的电商平台的处置措施（错误认定虚假交易而实施搜索降权），尤其在卖家和平台均怠于采取措施限制批量交易、批量好评的情况下，卖家是否不需要为自甘风险的交易行为分担任何责任，平台是否可以根据事后交易流量而直接认定卖家存在虚假交易进行处罚，行为人是否仅仅由于存在“恶意”就需要直接承担妨害业务罪的刑责，都存在疑问。所以，由于网络空间尤其互联网平台管理规范的多元化，某个危害结果也可能是平台主体管理失责导致的，若直接让用户承担犯罪责任则可能走向主观归罪或结果归罪，刑法的积极介入也难以通过均衡性的检验。①（3）因此，网络时代的社会交往特性决定了应该树立多元共治的理念与举措，在多元社会治理规范中，应当注重刑法规范与刑法外规范、法律外规范的比例供给，保持刑罚系统的“最小比”；强调法益保护目的与法益手段之间的匹配和均衡，保持刑法介入的“最后性”；既要发挥刑法惩治的功能，依法惩治以信息数据为对象或利用网络实施的犯罪行为，也要依靠公益诉讼、行政管理、行业自治等多元手段，同时在民事案件中对违反强制性规定的行为作出否定性效力评价或侵权认定，并处理好“刑民交叉”的衔接。例如，个人信息犯罪呈现出“百罪之源”的趋势，进一步滋生了侵害个人信息并用于其他犯罪的下游产业链。但由于刑法的谦抑性，目前刑法对个人信息的保护主要关注公民个人信息的获取方式和用途，而检察机关也在逐步推进通过公益

① 参见刘艳红：《网络时代社会治理的消极刑法观之提倡》，载《清华法学》2022年第2期。

诉讼的方式保护公民信息权益。又如，网络谣言和暴力伴随互联网诞生而存在，并愈演愈烈。夹杂着网络暴力的社会热点事件在其形成与发酵中，传播节点从网民变成了媒体、网络服务平台等。对于网络谣言和暴力造成的严重后果，除了每个网民提升网络素养之外，一是“号召人肉搜索”、造谣传谣的网友，涉及侵害公民个人信息、编造或故意传播虚假信息、寻衅滋事，可能要承担包括刑事责任在内的法律责任。二是平台也需承担相应的安全保障义务。包括遵守“红旗原则”和“避风港规则”，对相关博主降低信用指数、限流，对事件“降温”处理等；再如，黑卡产业链的主因是网络实名制尚未完全落实到位，对物联网卡和海外卡未采取有效监管措施，导致了此类黑卡在网络犯罪黑灰产业中的泛滥。有效应对网络犯罪黑灰产业链，需要有针对性地探究网络犯罪黑灰产业滋生的具体原因，实现对网络黑灰产业事前预防、事后惩治的一体化治理。

数字时代隐私及个人信息司法保护研究

课题组成员

主持人：彭诚信　上海交通大学凯原法学院教授

执笔人：彭诚信　上海交通大学凯原法学院教授

姬蕾蕾　上海交通大学凯原法学院博士后研究人员

许素敏　上海交通大学凯原法学院博士研究生

内容摘要：个人信息保护纠纷裁判主要面临以下三个困境。其一，个人信息权与传统人格权的混淆适用。其二，个人信息权与个人信息保护请求权未能准确区分。其三，个人信息侵权损害赔偿难以获得支持。个人信息权作为一项独立的具体人格权，应能与隐私权等传统人格权相区分，而非目前司法裁判中出现的二者频繁重叠。个人信息权与传统人格权适用混乱的根源是，学界误认为二者的并存可通过权利竞合予以解决，忽视了数字社会是适用个人信息权的必要前提，也未能意识到个人信息权的核心问题意识与制度关怀。个人信息作为权利客体的本质特征是算法识别，从而也成为区分个人信息权与传统人格权的实质要素。据此，只有运用了算法技术的个人信息纠纷，才能适用个人信息权。个人信息权与个人信息保护请求权分别属于不同层次的权利，个人信息权属于基础性权利，个人信息保护请求权属于辅助性权利，《个人信息保护法》第44条规定的个人对其个人信息处理享有的知情权、决定权不属于个人信息保护请求权。个人信息权与个人信息保护请求权在具体救济层面存在显著区别，主要体现为以下两点：其一，在救济规范方面，个人信息权救济适用《个人信息保护法》第69条，个人信息保护请求权救济适用《个人信息保护法》第50条第2款。其二，在前置条件审查方面，个人信息保护请求权救济需要受前置条件审查程序约束，以个人信息处理者拒绝个人行使权利的请求为前提，而个人信息权救济则不需要以个人向个人信息处理者提出请求为前提。个人信息侵权损害赔偿规则具有独特性。个人信息侵权精神损害赔偿可以适用《个人信息保护法》第 69 条，并且不应以个人具有严重精神损害为前提。当个人信息处理者擅自使用个人信息时，个人可以主张个人信息财产利益损害赔偿。

关键词：个人信息权　算法识别　个人信息保护请求权　个人信息侵权精神损害赔偿　个人信息财产利益损害赔偿

本课题以问题为导向，通过对隐私及个人信息在理论层面、制度层面和实践层面的问题梳理，对不同层面出现的问题提出解决方式，最终形成具有可操作性的法律适用方案。课题调研报告的主要思路是把握个人信息保护的前提性命题，从而厘清个人信息权的法律定位，以此准确区分适用个人信息权和隐私权规则。在此基础上，拓展个人信息及隐私的多元救济路径，以衔接补充现有制度。具体而言，综合隐私及个人信息在实践中的问题进行归类，课题调研报告主要从个人信息权与隐私权等传统人格权的联系与区分、个人信息权与个人信息保护请求权的区别、个人信息侵权损害赔偿三个层面展开讨论，并提出相应的解决方案，以期为立法、司法以及行业部门提供理论指引。

一、个人信息保护纠纷裁判的实践困境

（一）个人信息权与传统人格权的混淆适用

自《民法总则》第 111 条确立对个人信息的保护以来，我国个人信息纠纷案件逐渐增多。涉个人信息案件呈现出的一个现象是，权利人往往同时主张其隐私权 / 名誉权和个人信息权受到了侵害，法院也总是在判决说理中分别说明案涉行为是否侵害了隐私权 / 名誉权和个人信息权。该现象反映的一个重要问题是：如果个人信息权总是和隐私权等传统人格权发生重叠，那么个人信息权何以成为一项独立的具体人格权？详言之，个人信息权与传统人

格权的频繁重叠通过权利竞合便能解决吗？如果无法通过权利竞合解决，那么应如何有效区分二者？更根本的，区分个人信息权和传统人格权的理论根基是什么？对此，学界尚未给出足够关注和回应。

尽管区分个人信息权与传统人格权（尤其是隐私权）是个人信息法律问题中的基础性问题，但是学界对此问题的回答更多地集中于努力划出二者并不重叠的部分，进而论证个人信息权有必要作为一项独立人格权予以保护，① 而对于重叠部分，则鲜有说明。实际上，忽视二者重叠问题将会导致严重的理论和实践难题，毕竟诸如姓名、名誉、荣誉、隐私等传统人格权其实都是以“信息”的方式体现出来，对这些权利的侵害也多表现为对相关“信息”的公开或不当使用。漠视二者的重叠将会导致司法实践中人格权保护的“泛个人信息化”，即侵害传统人格权也往往会以“个人信息侵权”之名加以裁判。加之近年来社会氛围对个人信息保护的强调，保护个人信息往往被置于价值选择中的优先地位，这进一步加剧了“泛个人信息化”问题。② 同时，若无法从根本上解决二者重叠问题，便也难以证成个人信息权作为一项具体人格权利的独立价值，无法准确刻画其权利内容和保护边界等基本问题，且还会侵蚀传统人格权的边界，导致人格权内部在价值和逻辑体系上的混乱。这也是本课题试图在基础理论层面澄清个人信息权与传统人格权根本差异的原因。课题组挑选出实践中较为典型的案例进行分析，以呈现个人信息权扩张适用的实践乱象，即“小区张贴判决书案”③、线上发布判决书案（“贝尔塔

---

① 参见王利明：《和而不同：隐私权与个人信息的规则界分和适用》，载《法学评论》2021 年第 2 期。

② 我国对个人信息保护的强调，更多是受欧盟相关理论的影响，即将个人信息作为一项基本权利和自由。相反，美国对信息隐私（information privacy）的保护，则一直强调信息公开和隐私保护间的平衡，且前者常常被置于更优先地位。关于欧盟和美国在个人信息保护文化观念上的显著差异。See Pamela Samuelson, *A New King of Privacy？Regulating Uses of Personal Data in the Global Information Economy Data Privacy Law: A Study of United States Data Protection*, 87 California Law Review 751, 756–758（1999）.

③ “小区张贴判决书案”是徐某诉江苏爱家物业服务有限公司一般人格权纠纷案［江苏省淮安市中级人民法院（2019）苏 08 民终 1653 号民事判决书］的简称。

案”与“汇法正信案”[①]）以及“庞某信息泄露案”[②]。

“小区张贴判决书案”是典型的传统人格权纠纷。在法律规定个人信息权前，在小区等线下区域张贴他人信息，引发隐私权、名誉权等人格权纠纷案件亦非罕见。根据传统人格权的构成要件，若张贴的内容存在侮辱诽谤等言论，可主张侵害名誉权；若存在私密内容等，可主张侵害隐私权；若都不存在，则难以主张侵权。被公布者不能仅因自己的信息被公布，便可要求行为人承担责任，因为信息的流动是社会常态，也是法律需保护的重要利益之一。[③]名誉权、隐私权等规则正是法律经长期实践后逐渐沉淀而成的利益衡量结果。若绕开传统人格权构成要件的分析，而以未经同意的个人信息使用为由主张权利受侵害，则相当于架空了传统人格权的制度设计，颠覆了人格权法中的一系列价值和利益衡量。

“贝尔塔案”与“汇法正信案”是个人信息领域引起广泛关注的两个案件。两案的案情相似：被告都是提供信息查询等服务的公司，被告将来源于中国裁判文书网的法院裁判文书上传到自己网站，供客户查询。被告网站的裁判文书中包括了原告与第三人间的诉讼文书，文书中涉及原告姓名、纠纷过程等信息。原告以侵害个人信息、名誉权、隐私权等为由提起诉讼，法院亦均详细分析了涉案个人信息问题。在“贝尔塔案”中，一审法院认为，被告贝尔塔公司的行为侵犯了个人信息权，因为其未征得当事人同意，以营利为目的转载案涉法律文书的行为已构成非法使用他人个人信息。二审法院也认为，在原告联系贝尔塔公司要求删除文书后，贝尔塔公司仍以中国裁判文书网已公开诉争文书为由拒绝删除该文书，构成对原告个人信息非法公开使用。类似的，在“汇法正信案”中，法院也详细分析了被告行为是否构成对原告个人信息权的侵害，包括是否属于违法使用个人信息的行为等。但其结

① “贝尔塔案”是伊某诉苏州贝尔塔数据技术有限公司一般人格权纠纷案［江苏省苏州市中级人民法院（2019）苏05民终4745号民事判决书］的简称；“汇法正信案”是梁某某诉北京汇法正信科技有限公司网络侵权责任纠纷上诉案［北京市第四中级人民法院（2021）京04民终71号民事判决书］的简称。

② “庞某信息泄露案”是庞某诉北京趣拿信息技术有限公司等隐私权纠纷案［北京市第一中级人民法院（2017）京01民终509号民事判决书］的简称。

③ See Daniel A., *Farber, Free Speech Without Romance: Public Choice and the First Amendment*, 105 Harvard Law Review 554, 558–559（1991）.

论与“贝尔塔案”相反，法院认为被告的行为并不侵犯原告的个人信息权。故两案常被视为“类案不同判”的典型案例。两案判决的共同点是，法院均将其定性为个人信息纠纷案件，并在判决中作了相关分析。但问题是，未经许可而在网上发布涉他人信息的纠纷并非罕见。我国传统的网络人格权侵权纠纷，都涉及个人信息。此类案件适用隐私权、名誉权等传统人格权即可解决，个人信息往往是认定能否构成隐私权、名誉权侵权的判断因素。其实，案涉个人信息发布在网上，并不必然意味着可适用个人信息权。至于具备何种条件才应适用个人信息权，正是课题组予以着力讨论的内容。

“庞某信息泄露案”在个人信息领域被广泛讨论。原告庞某委托鲁某通过去哪儿网平台订购了东航机票一张，订票所使用的是鲁某的手机号；两天后，庞某的手机号收到了航班取消的诈骗短信。原告以被告趣拿公司和东航公司泄露其隐私信息为由，要求二被告承担连带责任。一审法院认为，原告未能证明二被告存在泄露其隐私信息的行为，故驳回了原告的诉讼请求。二审法院则认为，原告提供的证据已经表明，二被告存在泄露原告个人隐私信息的高度可能且被告未能举证推翻，根据事实认定的高度盖然性规则，应认定二被告泄露了原告信息。本案中，二审法院既然认定了二被告侵害了原告的隐私权，那就应在说理中围绕侵害隐私权的构成要件和法律后果展开分析。但法院并没有如此说理，而是基于似乎相反的说理逻辑指出：鉴于原《民法总则》已确立了对个人信息的保护，为有效保护个人信息，可通过隐私权来间接实现对个人信息的保护。

上述案件呈现的适用现象在我国司法实践中并非孤例。浏览涉个人信息的判决书便可发现，很多案件中原告经常同时主张个人信息权和隐私权 / 名誉权，法院在说理中也往往分别分析被控行为是否侵害各类传统的具体人格权。面对这些案件，如果传统人格权和个人信息权同时成立，那么在已经有传统人格权给予保护的情况下，再适用个人信息权保护便存在重复保护之嫌；如果传统人格权无法成立，而宽泛的个人信息权可以成立，那么又会存在以个人信息权架空传统人格权所欲实现的利益平衡之嫌；如果传统人格权成立，而个人信息权不成立，则意味着侵害个人信息权的构成要件应作出一定限制，至少不能如当下判决将未经许可的个人信息处理行为原则上都认定为侵害个人信息权。问题是，对此种现象限制的理论基础何在？

（二）个人信息权与个人信息保护请求权未能准确区分

《民法典》第1037条明确个人享有查阅、复制、更正、删除个人信息的权利，《个人信息保护法》第四章“个人在个人信息处理活动中的权利”在此基础上增加了个人对其个人信息处理享有知情权、决定权以及个人信息补充权、可携权、请求释明权等权利，进一步丰富了个人信息权利体系。同时，《个人信息保护法》第50条第2款规定：“个人信息处理者拒绝个人行使权利的请求的，个人可以依法向人民法院提起诉讼。”在《个人信息保护法》生效后，司法实践中也开始出现涉及个人信息查阅权、复制权、删除权的案例。需要思考的是，《民法典》和《个人信息保护法》规定的个人信息查阅权、复制权等权利的性质为何？其与个人信息权之间是何种关系？个人基于上述权利所提起的诉讼的性质为何？其与以往司法实践中常见的个人信息侵权诉讼之间是什么关系？《民法典》和《个人信息保护法》所明确规定的诸多个人信息权利是否属于同一性质的权利？上述问题的解决归根究底还是要系统考察个人信息权与个人信息保护请求权之间的关系，厘清二者各自的内涵以及范围，如此才能够清晰界定《民法典》和《个人信息保护法》所规定的如此之多的个人信息权利之间的关系，并准确适用相应的救济规则。

《个人信息保护法》生效之后，由于现行法律所规定的个人信息权利类型增多，并且各项权利之间的关系也未能明确界定，导致部分案件的裁判结果未能真正贴合立法目的，个人信息权利未能获得及时、有效救济。比如，在杜某诉某网络公司个人信息保护纠纷案[①]中，原告杜某系被告某网络公司的用户，并在被告运营的平台多次购买商品。某日，原告在购物过程中，被平台发布的“好友圈好友等你开拼手气红包”字样吸引，遂点击该字样，随后页面跳出“进圈并邀请好友”的跳转链接，原告受吸引点击进入“好友圈”。随后，原告发现其在该平台的购物记录被自动公开并被分享到“好友圈”为其自动设定的第三人视线之下。社会交往中，朋友通过此功能看到了

① 参见杭州互联网法院（2022）浙0192民初4330号民事裁定书。

其购物记录的部分信息。原告依据《个人信息保护法》第14条和第44条的规定，认为被告的行为侵害了原告对于个人信息处理的知情权、决定权，侵害了原告的个人信息权。法院认为，个人应先向个人信息处理者请求行使具体权利，只有在个人信息处理者无正当理由拒绝履行义务或一定期限内不予以处理，或者个人信息处理者提供的申请受理机制失效的情况下，个人方可向法院提起诉讼以获得救济。本案中，被告已通过协议约定和后台设置构建了个人行使权利的申请受理及处理机制，原告可通过以上方式行使个人信息知情权和决定权。但原告提起本案诉讼前并未向被告提出请求，而是径直向法院请求救济其在个人信息处理活动中享有的权利，显然不符合法律规定中关于"个人信息权利请求权"的起诉受理条件，故驳回原告的起诉。

本案被视为全国首例个人信息保护请求权诉权行使前置条件审查案件。该案法院认为《个人信息保护法》第50条第2款适用于《个人信息保护法》第四章所规定的所有个人信息权利，包括个人对个人信息处理的知情权、决定权。但该案存在的一个显著问题在于，案涉行为与《个人信息保护法》生效之前司法实践中常见的个人信息侵权行为样态十分相似，即个人的个人信息被个人信息处理者擅自收集、使用。在《个人信息保护法》生效之前，针对此种行为，个人可以直接向法院提起诉讼，寻求救济，何以《个人信息保护法》生效之后，个人提起诉讼需要受到前置条件审查？该案裁判结果与现行法规定诸多个人信息权利紧密相关，但未明确各项权利之间的关系，其根源在于如何界定个人信息权与个人信息保护请求权之间的关系以及二者各自的内涵及范围，这也是本课题重点研究的问题之一。

（三）个人信息侵权损害赔偿难以获得支持

在数字社会中，各种侵害个人信息权的行为愈演愈烈。当个人信息权侵害行为发生后，最为有效的救济方式便是通过损害赔偿填补个人所遭受的损害，但实践中个人主张侵权损害赔偿面临重重困境，主要原因在于个人很难证明自身存在法律上的损害。《个人信息保护法》第69条规定："处理个人信息侵害个人信息权益造成损害，个人信息处理者不能证明自己没有过错的，应当承担损害赔偿等侵权责任。前款规定的损害赔偿责任按照个人因此受到的损失或者个人信息处理者因此获得的利益确定；个人因此受到的损失和个人信息处理者因此获得的利益难以确定的，根据实际情况确定赔偿数额。”该条第1款强调个人信息侵权责任以“损害赔偿”为中心，并明确个人信息侵权损害赔偿责任适用过错推定原则，有利于减轻个人主张侵权损害赔偿责任的举证负担。但由于该条款并未进一步界定损害的范围，故个人信息侵权损害仍难以获得充分救济。个人信息侵权损害赔偿面临诸多困境，主要体现在个人信息侵权精神损害赔偿以及个人信息财产利益损害赔偿两个方面。

1. 个人信息侵权精神损害赔偿的适用困境

个人信息具有人格权的本质属性，蕴含着丰富的人格利益，个人信息侵权往往会侵害个人的精神利益，个人通常会提出精神损害赔偿的诉求，但此种诉求在司法实践中难以获得法院支持，个人信息侵权精神损害赔偿适用面临诸多困境，主要体现为以下两点：

其一，个人信息侵权精神损害赔偿的规范依据存疑。《个人信息保护法》第69条明确个人信息侵权损害赔偿具有充分的正当性，但未进一步界定损害的范围，并且《个人信息保护法》第69条第2款参照《民法典》第1182条创设个人信息侵权损害赔偿数额计算方式，由此使得个人信息侵权精神损害赔偿的规范依据存疑。国内有诸多学者认为个人信息侵权精神损害赔偿不能适用《个人信息保护法》第69条。比如，有学者认为《个人信息保护法》第69条所规定的损害仅限于侵害个人信息权造成的财产损失。一方面，《个人信息保护法》第69条第2款主要是对第1款损失之确定标准的规定，从第2款规定的内容来看，损失仅限于财产损失。另一方面，在体系上，《个人信息保护法》第69条第2款与《民法典》第1182条的规范内容保持一致，主要是规定侵害人格权益造成财产损失的计算标准，而与《民法典》第1183条的精神损害赔偿内容是相互独立的。据此，《个人信息保护法》第69条第1款就是侵害人格权益造成财产损害的规定，不能包含精神损害赔偿。对个人信息处理者侵害个人信息权造成的精神损害，依然应当适用《民法典》第1183条第1款确定赔偿责任。[①]《个人信息保护法》第69条是可以直接适用于个人信息侵权损害救济的条款，其能否适用于个人信息侵权精神损害赔偿，对于个人所遭受的精神损害的救济具有重要意义，需要进一步明确。

其二，个人信息侵权精神损害赔偿适用的程度要件严格，使得个人的精神损害赔偿诉求难以获得法院支持。《民法典》第1183条第1款规定："侵害自然人人身权益造成严重精神损害的，被侵权人有权请求精神损害赔偿。"该条款明确精神损害赔偿获得支持需要以受害人自身存在严重精神损害为前提条件。严重精神损害要件的理论基础有二：一是侵权法古已有之的"忽略轻微损害"规则，二是现代侵权法中的"水闸理论"[②]。二者的目的都在于协调侵权法的两种核心价值，即权利保护与行动自由。[③]立法者以"严重精神损害"为精神损害赔偿的适用前提，主要是基于精神损害本身具有无形性，难以准确衡量，如果放宽精神损害赔偿的损害程度要求，容易导致大量的滥诉行为。"严重精神损害"是我国民法上精神损害赔偿的重要限制条件，往往以是否同时侵害生命权、身体权、健康权等物质性人格权以及名誉权、隐私权等与核心人格利益紧密相关的精神性人格权为依据，[④]而在个人信息侵害的情境下，精神损害似乎看起来并不严重，这就成为实践中法院否定精神损害赔偿的主要原因。司法实践中，个人往往难以证明自身存在严重精神损害，故其精神损害赔偿诉求难以获得法院支持。

比如，在凌某某诉北京微播视界科技有限公司隐私权、个人信息权益网络侵权责任纠纷案[⑤]中，被告未经原告同意，擅自收集原告的姓名、手机号码、社交关系、地理位置等个人信息，原告提出精神损害赔偿诉求。法院认为，虽然原告陈述被告的侵权行为给其带来困扰，但并未提供证据证明造成

① 参见王道发：《个人信息处理者过错推定责任研究》，载《中国法学》2022年第5期。

② "水闸理论"的具体内容可参见李昊：《纯经济上损失赔偿制度研究》，北京大学出版社2004年版，第53~54页。

③ 参见谢鸿飞：《精神损害赔偿的三个关键词》，载《法商研究》2010年第6期。

④ 此类人格权侵害造成的精神损害往往比较明显。例如，侵害健康权造成的精神损害直观地表现为疼痛，侵害名誉权造成的精神损害常表现为羞辱。参见田野：《风险作为损害：大数据时代侵权"损害"概念的革新》，载《政治与法律》2021年第10期。

⑤ 参见北京互联网法院（2019）京0491民初6694号民事判决书。

严重后果，故不支持该项诉求。《个人信息保护法》第69条虽然没有明确规定个人信息侵权损害赔偿适用的程度要件，但从《个人信息保护法》生效后审结的案件来看，法院仍旧坚持“严重精神损害”标准，而个人由于未能证明自身的精神损害达到严重程度，其精神损害赔偿诉求难以获得法院支持。比如，在王某诉深圳市腾讯计算机系统有限公司个人信息保护纠纷案[①]中，法院认为，被告腾讯公司运营的微视App收集原告王某的地区、性别信息以及未经同意使用原告微信好友信息的行为构成个人信息侵权，但对于原告所主张的精神损害赔偿，则认为原告主张被告行为给其带来一定困扰，其程度显然没有达到《民法典》要求的“严重精神损害”的程度，也没有提供证据证明《个人信息保护法》要求的“损害”存在，故在原告未提供证据证明微视App使用微信已公开的个人信息造成严重后果或导致损害的情况下，不支持其精神损害赔偿诉求。

2. 个人信息财产利益损害赔偿的适用困境

在个人信息被擅自利用的情形下，个人难以基于自身存在个人信息财产利益损害而获得赔偿。在《民法典》出台之前，个人在个人信息侵权案件中较少提出此类财产损害赔偿诉求。在王某诉北京淘友天下科技发展有限公司隐私权纠纷案[②]中，被告通过其经营的脉脉平台注册会员上传的信息获取了未在该平台注册的原告的电话号码，通过计算评估形成原告的关系网，未经原告同意向其发送推荐信息，原告只是请求被告承担停止侵害、赔礼道歉的侵权责任，而未提出损害赔偿诉求。

在《民法典》出台后所审结的几个典型的个人信息侵权案件中，原告基于个人信息所具有的财产价值损失提出赔偿诉求，而法院亦论证此类赔偿诉求的正当性，支持原告的主张。比如，在凌某某诉北京微播视界科技有限公司隐私权、个人信息权益网络侵权责任纠纷案[③]中，被告擅自收集原告的姓名、手机号码、社交关系、地理位置等个人信息，原告要求被告赔偿经济损失35769元。法院认为，对个人信息的积极利用会给使用者带来利益。个人

① 参见广东省深圳市中级人民法院（2021）粤03民终9583号民事判决书。
② 参见北京市海淀区人民法院（2018）京0108民初25154号民事判决书。
③ 参见北京互联网法院（2019）京0491民初6694号民事判决书。

信息是数据的重要来源之一，而数据作为新型生产要素又是数字经济发展的基础，对于个人信息的采集和利用必然会带来商业价值和经济利益。虽然双方均未提供原告因个人信息权受到侵害所遭受的财产损失或被告因此获得利益的相关证据，但被告对个人信息的采集和利用必然会为其商业运营带来利益。被告在未征得原告同意的情况下采集原告的个人信息并加以利用，应当进行一定的经济赔偿。显然，该案法院认为个人信息具有财产价值，而被告擅自收集、使用原告的个人信息，剥夺了原告本应获得的财产价值，原告因此主张一定的财产损害赔偿具有充分的正当性。但总体而言，个人信息财产利益损害赔偿诉求在数量庞大的个人信息侵权案件中仍较为鲜见，仅有少数几个法院尝试进行比较有突破性的探索，大多数法院仍采取传统人格权侵权的审理思路，由此也说明个人信息财产利益损害赔偿在我国个人信息侵权司法实践中尚未形成较为广泛的共识。

《个人信息保护法》第 69 条虽肯定个人信息侵权损害赔偿的正当性，但由于我国现行法律并未明确肯定个人信息具有财产利益以及个人应享有个人信息财产利益，故而个人信息财产利益损害赔偿的正当性面临诸多质疑。在《个人信息保护法》生效后，也有个人在个人信息被擅自商业化利用的案件中提出财产损害赔偿诉求，但法院并未支持。比如，在王某诉深圳市腾讯计算机系统有限公司个人信息保护纠纷案[①]中，原告王某主张腾讯公司未经许可，在微视 App 中收集并使用王某在微信 App 中的性别、地区以及微信好友关系，并请求法院判令腾讯公司赔偿王某损失及合理支出 1 万元。法院认定腾讯公司的行为构成侵权，并判令腾讯公司赔偿王某 1 万元的诉讼合理支出。但对于王某在诉讼中所提出的“损失”未加以评判。从本案中王某所提出的诉讼请求可以看出，损失赔偿与合理支出的赔偿，两个赔偿项目是并列关系，王某所主张的“损失”指的是腾讯公司擅自收集、使用王某的个人信息，使王某遭受的个人信息财产利益损害，但法院并未对此诉求予以回应。从中也可以看出，在个人信息侵权案件中，个人信息财产利益损害赔偿属于一种较新的损害赔偿类型，法院在适用此种损害赔偿时显得较为谨慎。

① 参见广东省深圳市中级人民法院（2021）粤 03 民终 9583 号民事判决书。

二、个人信息权与传统人格权的实质性区分

（一）个人信息权与传统人格权适用混乱的根源

侵害个人信息权与侵害传统人格权两类案件之所以在实践中难以区分，表面原因是个人信息权与传统人格权在呈现方式和侵害方式上存在重叠，即隐私权、名誉权等传统人格权皆是以“信息”方式呈现，且加害行为往往表现为对“个人信息”的处理。其根本原因则在于未能充分揭示个人信息权得以存在的数字环境，未能有效厘清个人信息权的核心问题意识与制度关怀，没有真正把握区分个人信息权与传统人格权的实质要素。

1. 误认为权利竞合可解决个人信息权与传统人格权并存问题

目前，学界将主要精力置于分析哪些情形是传统人格权无法涵盖，有必要通过新设个人信息权予以有效保护的情形，至于二者并存问题，认为运用权利竞合即可解决。试图运用择一竞合理论解决二者并存问题并不妥当，最终将导致传统人格权被个人信息权架空。

一般认为，界定个人信息的关键是可识别，即凡能够单独或与其他信息结合识别特定自然人的各种信息便是个人信息。[①] 但传统人格权也通常以信息方式呈现，且必然与特定自然人相关联，否则所谓的姓名、隐私、名誉等人格利益便无从谈起。若以权利竞合解决二者并存问题，将意味着个人信息权几乎可全面覆盖传统精神性人格权所调整的范围。但是，法律所设计的个人信息权规则与传统人格权规则存在很大差异，甚至可以说，正是数字社会中个人信息的财产性价值才催生了个人信息受法律保护的必要。[②] 举例说明，在个人信息权制度设计中，信息处理的合法性主要建立在个人同意的基础上（《个人信息保护法》第 13 条第 1 项），无须同意是例外（《个人信息保护法》第 13 条第 2 项至第 7 项）。但传统人格权制度设计并不遵循这一理念，信息自由处理才是其基本原则。若要限制信息的处理，法律需提供正当理由，关

---

① 参见程啸：《个人信息保护法理解与适用》，中国法制出版社 2021 年版，第 54~58 页；韩新远：《个人行为轨迹信息的法律属性与分类保护研究》，载《交大法学》2021 年第 3 期。

② 参见彭诚信：《论个人信息的双重法律属性》，载《清华法学》2021 年第 6 期。

涉隐私、名誉等才因此作为正当理由在法律上出现。① 整体而言，我国在设计个人信息权制度时，给予信息主体适度倾斜保护，② 而传统人格权制度设计并未如此。若采择一竞合理论解决个人信息权与传统人格权并存问题，则可合理推测，权利人将会更多选择个人信息权而非传统人格权提出诉请，传统人格权被个人信息权所架空将成为不可避免的结果。

但此种选择结果不应为法律所期待。原因在于：其一，就制度设计理念而言，将个人信息权的倾斜性保护理念适用于调整传统人格权纠纷场合，价值选择上并不适合。因为在私法理念中，扩张而非限制行为自由才是基本原则。③ 其二，无论是从比较法还是从我国人格权发展史来看，法律在保护人格利益问题上，一直采取谨慎、渐进步伐，如从开始的生命权、身体权逐渐扩展为名誉权、隐私权等。④ 若以个人信息保护为名对各类"信息"都予以保护，将意味着法律一改传统的审慎态度，对各种"人格利益"给予"大水漫灌"般广泛、普遍的无差别保护。其三，在制度的具体实施效果上，以个人信息权制度取代传统人格权制度，存在严重的合理性诘难。典型表现是，侵害个人信息权采过错推定原则，若对传统人格权所调整的纠纷普遍采过错推定原则，无疑是对当事人利益平衡的重大调整，而此种调整难以给出正当性论证。其四，以个人信息权制度取代传统人格权制度，还将导致人格权理论体系上的混乱，不仅个人信息权与传统人格权的边界将模糊不清，而且传统人格权多年来所沉淀的利益平衡、精巧制度设计和理论积累，也将被目前尚较粗糙的个人信息权制度所替代。这绝非法律期待的结果。

2. 忽视了数字社会是适用个人信息权的必要前提

既然个人信息权与传统人格权并存问题无法通过权利竞合加以解决，故

---

① 支持信息自由流动的理由包括：言论自由价值、市场理论（信息自由流动有利于充分竞争环境的形成）等。See James Boyle, *A Theory of Law and Information: Copyright, Spleens, Blackmail, and Insider Trading*, 80 California Law Review 1413, 1433–1457（1992）.

② 参见丁晓东：《法律如何调整不平等关系？论倾斜保护型法的法理基础与制度框架》，载《中外法学》2022 年第 2 期。

③ 参见王轶：《民法价值判断问题的实体性论证规则——以中国民法学的学术实践为背景》，载《中国社会科学》2004 年第 6 期。

④ 参见王利明：《人格权法的发展与完善——以人格尊严的保护为视角》，载《法律科学（西北政法大学学报）》2012 年第 4 期。

合理区分二者的边界便成为理论上必须回答的问题。确立个人信息权的边界须根基于法律保护个人信息的规范目的思考，而对其规范目的的分析又要立基于历史发展过程的考察。现代法律真正意识到需要对个人信息予以专门保护，是因数字社会的到来。[①]二战后以信息技术为标志之一的第三次工业革命加快了数字社会发展进程，从而完全改变了传统线下社会信息的记录、传播、利用方式。

在数字社会中，个人信息被广泛收集和利用，无论是因此而引发的人格尊严担忧，还是个人信息呈现的巨大商业价值，都引起了法律对个人信息的关注。"数据隐私法发端于20世纪60年代，是为了应对计算机对个人数据的处理。"[②]为此，美国通过了一系列成文法，包括1970年《公平信用报告法》(*Fair Credit Reporting Act*)、1974年《隐私法案》(*Privacy Act*)、1988年《视频隐私保护法案》(*Video Privacy Protection Act*)等。在此过程中，美国逐渐形成了数字时代保护数据隐私的基本原则，即"公平信息实践原则"(Fair Information Practice Principles，简称FIPPs)[③]。随后，为了确保数据的跨境流通，美国开始将其规则向世界推广。"自20世纪70年代中期开始，欧洲国家开始在美国的领导下保护隐私利益。"[④]1980年经济合作与发展组织(OECD)发布的《关于隐私保护和个人数据跨境流动的指南》(*Guidelines Governing the Protection of Privacy and Transborder Flows of Personal Data*)，1981年欧洲委员会发布的《个人数据自动化处理中的个人保护公约》(*Convention for Protection of Individuals with Regard to Automatic Processing of Personal Data*)，是国际社会开始对个人数据予以保护的最早尝试，并影响了欧盟1995年颁布的《关于涉及个人数据处理的个人保护以及此类数据自由流通的第95/46/EC号指令》(*Directive 95/46/EC on the*

① 参见彭诚信：《数字社会的思维转型与法治根基——以个人信息保护为中心》，载《探索与争鸣》2022年第5期。

② Principles of the Law-Data Privacy Introductory Note (2020).

③ 该原则最早见于1973年的一份报告，该报告对后续数据隐私保护规则的塑造产生了重要影响。See U.S. Department of Health, Education and Welfare, *Records, Computers and the Rights of Citizens: Report of the Secretary's Advisory Committee on Automated Personal Data Systems*, 41-42 (1973).

④ Anne W. Branscomb, *Global Governance of Global Networks: A Survey of Transborder Data Flow in Transition*, 36 Vanderbilt Law Review 985, 1020 (1983).

Protection of Individuals with Regard to the Processing of Personal Data and on the Free Movement of Such Data，简称 DPD）和 2016 年的《一般数据保护条例》（*General Data Protection Regulation*，简称 GDPR）。可以说，国际层面对个人数据保护的提出，一开始就有着强烈的统一各国数据保护规则，以免各国各自为政，阻碍数据跨境流通和数字经济发展的目标。[①] 可见，没有数据跨境流通，就不会有国际层面个人数据保护问题的提出，而数据跨境流通问题正是源于数字社会的到来。在此意义上，数字社会是个人信息法律制度得以生成和存在的前提，脱离了数字社会，个人信息不会进入法律视野；脱离了数字社会，法律上难以生发出个人信息权；脱离了数字社会，法律只需以传统人格权（包括特殊情况下的一般人格权）保护个人信息即可。因此，没有数字社会，就没有法律上的个人信息权。[②]

3. 未能厘清个人信息权的核心问题意识与制度关怀

虽然个人信息权的制度根基在于数字社会，但并非所有发生于网络空间的个人信息纠纷，都应适用个人信息权。从历史发展看，在互联网产生之初，传统人格权尚可有效回应网络空间中的个人信息保护需求。我国互联网普及始于 2000 年前后，那时发布的《最高人民法院关于审理涉及计算机网络著作权纠纷案件适用法律若干问题的解释》（2000 年）便是沿用传统侵权制度解决网络侵权问题。

个人信息权制度的核心问题，应是回应以人工智能为典型代表的数据处理技术带来的机遇和挑战。机遇主要体现为个人信息财产价值的实现，挑战则主要是个人信息被不当处理时对个人信息安全及其自由意志与人格尊严带来的威胁。个人信息权的核心关怀，是维护个人对其个人信息的自主控制和决定，并实现个人信息的财产价值。这与传统人格权有着显著不同。因此，数字空间中并非所有“可识别”信息都是个人信息权意义上的个人信息，只有经算法处理的个人信息才是个人信息权客体范围内的个人信息。“算法识

① 参见张金平：《欧盟个人数据权的演进及其启示》，载《法商研究》2019 年第 5 期。

② 参见彭诚信：《数字社会的思维转型与法治根基——以个人信息保护为中心》，载《探索与争鸣》2022 年第 5 期。

别”才是个人信息的本质特征。[①]

（二）个人信息权区别于传统人格权的实质要素

如果把传统社会识别个人的方式界定为一种自然识别或物理识别，那么数字社会识别个人的方式可理解为一种算法识别或技术识别。从个人信息权的演变过程可知，其出现正是源于数字社会的到来，尤其是借助算法技术对个人信息的自动化决策，导致传统线上零散、与人格关联较弱、难以有财产价值的个人信息蜕变为规模化、与人格关联密切、有着巨大财产价值的客体。这一变化在法律上的体现是，个人信息的客体属性、权利属性以及保护规则的具体设计，都深深打上了数字时代“算法”的烙印。可见，运用算法识别出的个人信息才适用个人信息权规则，因此，算法识别性才是个人信息权区别于传统人格权的实质要素。

1. 个人信息权的客体范围取决于算法识别

无论从各国立法对个人信息的定义还是个人信息保护的理论基础来看，作为权利客体意义上的个人信息都是算法限定下的可识别信息。目前，大部分国家和地区对个人信息的定义都包含对“自动化处理”和“识别”的限定。以欧盟《一般数据保护条例》为例，一方面，条例第4条第1款规定：“个人数据指与已识别或可识别的自然人相关的数据。”其中列举的“定位数据、网络标识数据”体现了个人数据的电子化特征；该条第2款对“数据处理”（对数据的收集、记录、存储、改编、删除、销毁等自动或非自动方式进行的处理）以及第4款对“识别分析”（对个人数据采取的任何自动化处理的方式）的定义，则从行为规范层面勾勒出算法处理个人信息的场景，体现了立法通过算法从正向层面确定个人信息范围的设计架构。另一方面，条例第5条将识别性标准内化到算法技术中，因而规定了“假名化机制”，即采用适当的技术和措施使他人无法将数据连接到具体个人，从反向层面限定了个人数据的范围。我国立法对个人信息的定义也带有一定的算法色彩。《民法典》《网络安全法》《个人信息保护法》都采用识别路径定义个人信息，

---

① 参见彭诚信：《重解个人信息的本质特征：算法识别性》，载《上海师范大学学报（哲学社会科学版）》2023年第3期。

还在定义中明确使用“电子记录”这种具有明显技术特征的术语。

个人信息保护的理论基础也体现了算法技术对个人信息范围的限定。个人信息权制度的核心理念是个人对其信息的处理具有自主决定权，无论是欧盟法中的个人信息自决权还是美国法中的个人信息控制权，均将个人对其信息的控制限定在算法技术处理的情境中。首先，个人信息自决权的确立源于德国“人口普查案”，但德国联邦宪法法院并未承认这一权利的普适性，而是对适用信息自决权的义务主体和处理场景进行了限制，即脱离了公权力机构和个人信息自动化处理行为这两个限制因素，个人信息自决权就失去了正当化基础。[①] 其次，即便是信息控制理论的提出者威斯汀，也是以计算机技术对个人隐私产生威胁为背景的，更确切地说，这种信息控制主要针对的是自动化处理行为。[②] 由此可见，并非所有的个人信息皆可纳入个人信息权的客体范围，只有能被算法处理的个人信息，才能作为个人信息权的客体。

2. 个人信息权的法律属性根植于算法识别

个人信息权作为一项新兴的人格权，其之所以被法律认可，正是因为数字社会的到来，故个人信息权的法律属性与算法识别紧密相关。

首先，个人信息权是一项具体人格权。个人信息是客观上标表特定自然人的信息，并不意味着法律必然将其确认为一项具体人格权利予以保护。个人信息权作为一项具体人格权的特殊之处在于，计算机应用引发新的个人权益保护，而概括新权益的基础概念便是算法技术处理。[③] 算法技术的运用导致传统上零散、局部、难以产生重要人格利益影响的个人信息，在数字社会中成为可被机读、计算、用于自动化决策的信息源泉，算法技术奠定了个人信息成为一项具体人格权的基础。

其次，个人信息权是一种天然内含财产价值的人格权。一般而言，人格权不含也不应含有财产价值。即便某一人格利益在现实中存在财产化的可

---

① 参见杨芳：《隐私权保护与个人信息保护法——对个人信息保护立法潮流的反思》，法律出版社 2016 年版，第 53~62 页。

② 参见丁晓东：《个人信息私法保护的困境与出路》，载《法学研究》2018 年第 6 期。

③ 参见高富平：《个人信息处理：我国个人信息保护法的规范对象》，载《法商研究》2021 年第 2 期。

能，法律上也不允许该财产价值的实现，否则人格尊严将成为一种可以交易的存在。[①]故《民法典》第992条规定：“人格权不得放弃、转让或者继承。”然而，个人信息权的财产利益属性，是一种与生俱来的、难以脱离的属性，而其出现源于算法技术的运用。[②]在数字社会中，个人信息通过算法分析，可以计算出专属于信息主体的个性化服务，从而解决了商业实践中的信息不对称等难题，有着巨大的财产价值。就商业实践逻辑言，个人信息的财产属性是比其人格属性更为根本的属性。正是因为个人信息具有财产价值，导致企业投入大量资本设计和优化算法，从而更大程度地挖掘出个人信息的财产价值。虽然个人信息的人格属性和人格利益在法律上是更优位的保护对象，但从其生成逻辑看，个人信息的财产属性和财产利益是更根本的动因。可以说，没有个人信息的财产利益属性，就不会存在个人信息的人格利益属性。

3. 个人信息权规则的特殊性源于算法识别

我国《个人信息保护法》详细规定了个人信息权规则，透过这些规则可发现算法识别的身影。试举例说明如下：

首先，处理个人信息的告知同意规则。《个人信息保护法》第13条规定了处理个人信息的合法性基础，即处理个人信息原则上须事先取得个人的同意。告知同意规则被认为是个人信息保护中的基本规则，[③]但其与传统法律规则却截然相反，而仅适用于数字社会。若传统线下社会采告知同意规则，实际上在一般意义上赋予个体对其个人信息享有自决的权益，将保护对象确定为外界无法识别的“保密意志”，[④]信息流动无疑会凝固，人类社会也将无法运转。但在数字社会中，由个人享有自我控制信息的权利却有必要，原因在于：通过算法技术，数字社会中的信息处理可以无时不在、无处不在。如果不赋予个人对其信息的自我控制权，放任信息处理者对个人信息的处理，则

① 肖像、姓名等的许可使用，所许可的并非“肖像权”“姓名权”，因为肖像、姓名所体现出的财产价值并非肖像、姓名本身天然内含的财产价值，而是主体通过自身努力创造出的财产价值。

② 参见彭诚信：《论个人信息的双重法律属性》，载《清华法学》2021年第6期。

③ 参见程啸：《论我国个人信息保护法中的个人信息处理规则》，载《清华法学》2021年第3期。

④ 参见杨芳：《个人信息自决权理论及其检讨——兼论个人信息保护法之保护客体》，载《比较法研究》2015年第6期。

个人在数字社会中将成为透明人，个人的人格利益和财产利益都将面临巨大的受侵风险。因此，在个人信息权纠纷中，应由信息处理者来证明其信息处理行为的合法性、正当性、必要性。例如，在黄某诉腾讯科技（深圳）有限公司等网络侵权责任纠纷案[①]中，微信读书自动生成原告的读书时长、读书内容等信息，并进行持续的识别分析，有勾勒出其人格侧面的风险，这些损害及风险皆由算法计算并以客观形式呈现。腾讯公司未向原告充分告知并取得同意就自动为其关注读书好友并公开读书信息，显然违反了处理个人信息的合法性原则，侵害了原告的个人信息权。而在传统人格权纠纷中，损害的认定更多地依赖受害人的主观感受，需借助社会评价降低、生活安宁受到威胁等因素作出判断，与数字环境中的客观性和可计算性特征不同。

其次，侵害个人信息权采过错推定责任。《个人信息保护法》第 69 条第 1 款规定："处理个人信息侵害个人信息权益造成损害，个人信息处理者不能证明自己没有过错的，应当承担损害赔偿等侵权责任。"该款确立了侵害个人信息权的过错推定责任。这与侵害传统人格权的一般过错责任不同。侵害个人信息权采过错推定责任是因为个人和信息处理者之间是持续性不平等信息关系，[②]而个人信息处理者距证据较近，且专业较强，采用过错推定有利于强化信息处理者的举证义务，从而对受害人提供有效的救济。[③]因此，数据企业对于算法技术的运用是证成侵害个人信息权采过错推定责任的正当性理由。

个人信息权与传统人格权在当下司法裁判中频繁重叠的现象表明，实务界与学界尚未厘清二者的本质区别，其背后的原因则是未能理解个人信息权在法律上何以成为一项独立于传统人格权的具体人格权。数据（含个人信息）是数字社会最重要的物质元素，其独特的客体属性及其上的权利属性决定了对个人信息权的保护亦有其自身特色。当下对个人信息"可识别"性的

---

① 参见北京互联网法院（2019）京 0491 民初 16142 号民事判决书。

② 参见丁晓东：《个人信息权利的反思与重塑 论个人信息保护的适用前提与法益基础》，载《中外法学》2020 年第 2 期。

③ 参见王利明、丁晓东：《论〈个人信息保护法〉的亮点、特色与适用》，载《法学家》2021 年第 6 期。

强调，既无力承担个人信息权与传统人格权的界分，也易于导致线下、线上与算法技术无关的涉个人信息纠纷陷入适用个人信息权的误区。只有意识到数字社会是个人信息权得以存在的前提，意识到算法识别是生成个人信息权的技术根基，才能真正理解个人信息权与传统人格权的本质区别。“算法识别”才是个人信息权区别于传统人格权的实质要素。

以“算法识别”为基本特征界定的个人信息，尽管满足了区分民法中个人信息权与传统人格权的理论和实践需求，但该结论未必适用于所有涉个人信息场景，尤其是公法保护场合。基于不同的规范目的，个人信息一直在不同含义下被使用。我国《个人信息保护法》和欧盟《一般数据保护条例》都是关于个人信息的综合性立法，这些法律对个人信息采可识别的广义定义应是妥当选择。只不过在适用个人信息规则时，仍需根据具体场景作更为准确的界定。课题研究报告试图证成，个人信息权与传统人格权至少在民法内部区分上，个人信息应以“算法识别”为限。这一结论对其他场景中个人信息的理解及相关规则的适用，也应有重要的参考价值。

三、个人信息权与个人信息保护请求权的区别

（一）个人信息权与个人信息保护请求权在权利性质上的区别

私权可以分为以下三种类型。其一，主体最基本的利益需求（如自然生存利益、社会生存利益、精神生存利益）决定了以这些利益为核心内容的权利是与主体关系最紧密的基本权利，可称之为基础性权利，包括人格权、身份权、财产权等。其二，基础性权利的产生与实现过程中有时还会衍生出一些权利，主要目的是排除基础性权利产生与实现过程中遇到的障碍或不便。这些权利仅是辅助基础性权利产生与实现的手段，而非与主体的基本利益直接相关，可称之为辅助性权利，包括请求权、抗辩权、形成权等。上述两种类型权利是私权的常态。其三，如果权利人不能依靠这些常态的权利排除外在的侵害、妨害或者损害而需借助外在的法律强制力时，还需要依靠公权力或特定的自力救济权予以救济，救济性权利便应运而生。[①] 在私权的体系中，

① 参见彭诚信：《权利的法律本质与人的内在价值》，法律出版社 2022 年版，第 256~289 页。

个人信息权属于基础性权利，其与隐私权、名誉权、姓名权、肖像权等人格权一样，均蕴含着实体性利益，而个人信息保护请求权属于辅助性权利，其存在的作用在于辅助个人实现对个人信息权的享有，其实质上属于权能的范畴，不具有实体性利益。由此可见，个人信息保护请求权的存在是以个人信息权为基础，但不能就此认为个人信息保护请求权是个人信息权的组成部分，个人信息权与个人信息保护请求权的救济逻辑存在本质区别。

在明确个人信息权、个人信息保护请求权的性质以及二者在个人信息权利体系中的地位之后，需要进一步明确现行法所规定的个人信息保护请求权包括哪些？个人信息查阅权、复制权、更正权、补充权、可携权等个人信息权利属于个人信息保护请求权并无争议，上述权利的行使均需要个人信息处理者予以配合，其也有助于个人实现对个人信息权的享有。存在争议的是，《个人信息保护法》第 44 条所规定的个人对其个人信息的处理享有的知情权、决定权是否属于个人信息保护请求权的范畴？该问题的明确关乎个人信息保护规范的准确适用。本文认为个人对于个人信息处理的知情权、决定权并非个人信息保护请求权。实践中，个人对于个人信息处理相关事项的知情以及个人所作出的同意并非都需要个人主动向个人信息处理者提出请求，由个人信息处理者予以配合方能实现。现实生活中，更为常见的情形是个人信息处理者在进行个人信息收集、使用活动之前往往需要主动将隐私政策发送给个人，提醒个人阅读具体事项，并征得其同意，此种情形也属于个人对于个人信息处理的知情权、决定权，但个人并未向个人信息处理者提出请求，其显然并非请求权。《个人信息保护法》第 44 条规定的个人对于个人信息处理的知情权、决定权属于个人信息权的组成部分，甚至可以说是最为核心的内容，其与个人信息查阅权、复制权、更正权、补充权、删除权等个人信息保护请求权属于不同性质的权利。因此，前文所提到的杜某诉某网络公司个人信息保护纠纷案属于直接侵害个人信息权的案件，应该适用个人信息侵权救济规范处理，而不应适用个人信息保护请求权救济规范。

（二）个人信息权与个人信息保护请求权在救济方式上的区别

个人信息权与个人信息保护请求权的性质不同决定了二者在具体救济方

式上也存在显著差异，主要体现在以下两个方面：

其一，个人信息权与个人信息保护请求权在救济规范上存在差异。《个人信息保护法》有两个条文明确规定个人信息权利的私法救济。《个人信息保护法》第50条第2款规定："个人信息处理者拒绝个人行使权利的请求的，个人可以依法向人民法院提起诉讼。"《个人信息保护法》第69条规定："处理个人信息侵害个人信息权益造成损害，个人信息处理者不能证明自己没有过错的，应当承担损害赔偿等侵权责任。前款规定的损害赔偿责任按照个人因此受到的损失或者个人信息处理者因此获得的利益确定；个人因此受到的损失和个人信息处理者因此获得的利益难以确定的，根据实际情况确定赔偿数额。"上述两个条款在个人信息保护纠纷案件中如何准确适用？对此，有学者认为造成损害与否，是区分以《个人信息保护法》第50条第2款还是第69条作为请求权基础的重要标准。[①] 本文认为，该标准难以为个人信息保护纠纷裁判提供正确的指引。个人基于个人信息保护请求权行使受阻而提起诉讼并不需要以其自身存在损害为前提，但并不意味着所有未造成损害的个人信息保护纠纷都需要适用《个人信息保护法》第50条第2款进行处理。比如，在部分个人信息侵权案件中，个人信息处理者侵害了个人信息权，个人并未遭受实际的精神损害、财产损害，但个人信息处理者也可能需要承担非损害填补类侵权责任，比如停止侵害、排除妨碍、消除危险等。此时，由于个人的个人信息权已经遭受侵害，便不应适用《个人信息保护法》第50条第2款，而应直接适用《个人信息保护法》第69条。由此可见，《个人信息保护法》第50条第2款和《个人信息保护法》第69条区分适用的标准并不在于个人是否存在损害，而在于个人的个人信息权是否遭受侵害。如果个人的个人信息权遭受侵害，需要适用《个人信息保护法》第69条；如果个人的个人信息权未遭受侵害，只是个人信息保护请求权行使受阻，需要适用《个人信息保护法》第50条第2款。如此便可以清晰界定两个个人信息权利救济条款的适用标准。

其二，个人信息保护请求权救济有前置条件审查程序，而个人信息权救

① 参见王苑：《私法视域下的个人信息权益论》，载《法治研究》2022年第5期。

济则不需要受此程序约束。《个人信息保护法》第50条第2款规定："个人信息处理者拒绝个人行使权利的请求的，个人可以依法向人民法院提起诉讼。"该条款虽然明确赋予个人就个人信息保护请求权提起诉讼的权利，但个人提起诉讼是否需要受前置条件审查程序的约束，学界存在争议。有的观点认为，该条款只是倡导个人行使个人信息保护请求权时先向个人信息处理者主张，但并不是法律的强制，个人可以不向个人信息处理者主张行权而直接向人民法院起诉。[①] 有的观点则认为，就个人信息保护请求权提起的诉讼需要以个人信息处理者拒绝个人行使权利的请求为前提。[②] 本文认为，个人就个人信息保护请求权提起诉讼需要以个人信息处理者拒绝个人行使权利为前提条件，此种情形下的诉权行使限制具有充分的正当性。个人信息查阅权、复制权、更正权、补充权等个人信息权利属于请求权，其实现有赖于个人信息处理者的配合，实践中，很多企业也已经按照《个人信息保护法》的规定，为个人行使上述权利设置相应的渠道，个人通过向个人信息处理者提出请求往往能够实现上述权利的享有，通常没有必要直接提起诉讼。此外，很多数据企业的用户数量巨大，如果不对个人信息保护请求权的诉权进行一定的限制，将导致大量个人信息保护纠纷涌入法院，一方面会造成司法资源的极大浪费，另一方面也会导致数据企业疲于应付大量司法纠纷，不利于数据企业的正常运营。相比之下，个人就个人信息权提起诉讼则不需要受前置条件审查程序的约束，因为当个人的个人信息权遭受侵害时，个人的实体性利益已经遭受侵害，此时个人与个人信息处理者之间的矛盾已经十分突出，个人不需要先私下向个人信息处理者提出请求（比如损害赔偿），便可以直接向法院提起诉讼。

---

① 参见江必新、郭锋主编：《〈中华人民共和国个人信息保护法〉条文理解与适用》，人民法院出版社2021年版，第462页。

② 参见张新宝：《论个人信息保护请求权的行使》，载《政法论坛》2023年第2期。

四、个人信息侵权损害赔偿适用的应然思路

（一）个人信息侵权精神损害赔偿适用的应然思路

1. 个人信息侵权精神损害赔偿可以适用《个人信息保护法》第 69 条

个人信息侵权精神损害赔偿是否可以适用《个人信息保护法》第 69 条之所以存在较大争议的主要原因在于学者们对《个人信息保护法》第 69 条第 2 款所规定的“损失”的外延存在不同理解。比如，有的学者认为，《个人信息保护法》第 69 条第 2 款规定的“损失”指的是财产损失，不包括精神损害，故而《个人信息保护法》没有规定个人信息侵权精神损害赔偿，而应当依据《民法典》第 1183 条第 1 款确定个人信息处理者的精神损害赔偿责任。[①] 有的学者则认为，《个人信息保护法》第 69 条第 2 款规定的损失既包括财产损失也包括精神损害，进而明确精神损害赔偿可以适用《个人信息保护法》第 69 条。[②]

我国现行法并未明确界定损害或者损失的概念，学理层面也未形成广受认可的观念，不宜将《个人信息保护法》第 69 条第 2 款规定的“损失”直接解释为财产损失，以此为由否定个人信息侵权精神损害赔偿适用《个人信息保护法》第 69 条的正当性。原《侵权责任法》出台之前，我国民事基本法层面长期以来并无关于精神损害赔偿的明确规定。原《民法通则》第 120 条第 1 款规定：“公民的姓名权、肖像权、名誉权、荣誉权受到侵害的，有权要求停止侵害，恢复名誉，消除影响，赔礼道歉，并可以要求赔偿损失。”该条款采用“赔偿损失”的表述，而侵害姓名权、肖像权、名誉权、荣誉权等人格权通常不会给自然人造成直接的财产损失，更多的是精神损害，故而该条款所规定的“损失”既包括财产损失，也包括精神损害，并经常作为个案中自然人主张精神损害赔偿的请求权基础。类似的情形发生于违约精神损害赔偿的认可方面，国内有多位学者也认为《民法典》合同编第八章“违约责任”或者原《合同法》第七章“违约责任”所规定的“损失”不仅包括财

---

① 参见杨立新：《侵害个人信息权益损害赔偿的规则与适用——〈个人信息保护法〉第 69 条的关键词释评》，载《上海政法学院学报（法治论丛）》2022 年第 1 期。

② 参见程啸：《侵害个人信息权益的侵权责任》，载《中国法律评论》2021 年第 5 期。

产损失，也包括精神损失，从而明确违约精神损害赔偿具有充分的正当性。[①]

个人信息具有人格权的本质属性，关乎个人的精神利益，个人信息侵权损害主要体现为精神损害，而救济此类损害最为有效的方式便是精神损害赔偿。承认《个人信息保护法》第69条规定的个人信息侵权损害包括精神损害不仅有充分的正当性，而且意义重大。[②] 比较法上，《欧盟数据保护指令》第23条第1款规定："成员国应规定，任何因非法处理操作或任何与根据本指令通过的国家规定不符的行为而遭受损害的人都有权从控制者那里获得所遭受损害的赔偿。"该条款并未进一步界定损害的具体范围，导致欧盟各国将其转化为国内法后，司法判例普遍认为该条款的"损害"仅限于经济损失，个人的非经济损失难以获得赔偿。[③] 有鉴于此，欧盟《一般数据保护条例》第82条第1款明确个人信息侵权损害包括物质损害以及非物质损害，从而消除了长期以来的关于个人信息侵权精神损害是否具有可赔偿性的分歧。[④] 明确《个人信息保护法》第69条规定的个人信息侵权损害包括精神损害也有助于承认纯粹的个人信息侵权精神损害的可赔偿性。换言之，个人信息侵权即便没有同时侵害到隐私权、名誉权涉及的核心人格利益，其精神损害也具有可赔偿性。该理解也符合个人信息权已被《民法典》确立为一项独立的法定人格权的定位。

2. 个人信息侵权精神损害赔偿应适度淡化"严重精神损害"的程度要件

我国侵权法历来主张精神损害赔偿的适用需要以受害人自身存在严重精

---

① 参见刘小璇：《论违约精神损害赔偿》，载《法学杂志》2021年第6期；薛军：《〈民法典〉对精神损害赔偿制度的发展》，载《厦门大学学报（哲学社会科学版）》2021年第3期。

② 参见彭诚信、许素敏：《侵害个人信息权益精神损害赔偿的制度建构》，载《南京社会科学》2022年第3期。

③ See Collins v. FBD Insurance plc, [2013] IEHC 137; Johnson v. Medical Defence Union Ltd, [2007] EWCA Civ 262.

④ See Emmanuela Truli, *The General Data Protection Regulation and Civil Liability*, in Mor Bakhoum, Beatriz Conde Gallego, Mark-Oliver Mackenrodt, Gintarė Surblytė-Namavičienė (eds.), *Personal Data in Competition, Consumer Protection and Intellectual Property Law: Towards a Holistic Approach*? Berlin, Heidelberg: Springer, 2018, pp. 319–320.

神损害为前提条件，[①] 其本意在于实现权利保护与行为自由二者之间的平衡。但所谓的“严重精神损害”缺乏可量化的标准，赋予了法官较大的自由裁量权。司法实践中法官往往从严把握“严重精神损害”的标准，使得大量人格权侵权案件中受害人的精神损害赔偿诉求未能获得支持。与隐私权、名誉权等传统人格权不同的是，个人信息权侵害即便会对个人的精神利益造成一定的损害，往往难以像名誉权、隐私权侵害一般，给个人造成较为严重的精神损害，故而在个人信息侵权案件中，个人所主张的精神损害赔偿很少能获得支持。在《民法典》和《个人信息保护法》施行的背景之下，应当重新思考个人信息侵权精神损害赔偿的程度要件，确立合理的认定标准。从《个人信息保护法》第 69 条的优先适用效力、间接实现享有个人信息财产利益、“严重精神损害”要件已然逐渐淡化的域外趋势等视角考量，我国个人信息侵权精神损害赔偿不应以“严重精神损害”为前提。

首先，《个人信息保护法》第 69 条相比于《民法典》第 1183 条第 1 款具有优先适用效力，其并未规定个人信息侵权精神损害赔偿适用的程度要件。从《民法典》与《个人信息保护法》之间的关系来看，《民法典》的相关规定并不当然具有优先适用的效力。《民法典》是全国人民代表大会制定的民事基本法律，《个人信息保护法》是全国人民代表大会常务委员会制定的个人信息保护一般性法律。从规范位阶来看，二者同属“法律”的范畴。《民法典》与《个人信息保护法》具有紧密的联系。《民法典》总则编以及人格权编有多个条款涉及个人信息保护的重要规则，并为《个人信息保护法》所承继，但不能由此认为《民法典》天然具有优先适用效力。《民法典》属于私法，而《个人信息保护法》并非纯粹的私法，其同时包含个人信息的公法保护规范，属于一部公私混合的个人信息保护法律。《个人信息保护法》中的私法规范属于个人信息保护领域的特殊民事法律规范，而《民法典》属

① 1993 年 8 月 7 日颁布的《最高人民法院关于审理名誉权案件若干问题的解答》明确提出“精神损害赔偿”的概念，但并未规定“严重精神损害”的程度要件。2001 年 3 月 8 日颁布的《最高人民法院关于确定民事侵权精神损害赔偿责任若干问题的解释》较为全面地规定侵权精神损害赔偿的适用规则，第 8 条明确因侵权致人精神损害，造成严重后果，可以支持精神损害赔偿。原《侵权责任法》第 22 条明确精神损害赔偿的适用以受害人存在严重精神损害为前提，《民法典》侵权责任编也承继此做法。

于基本民事法律规范，《个人信息保护法》的民事保护内容相较于《民法典》中的相关内容处于特别法地位，具有优先适用的效力。[①]就侵权责任规范而言，《民法典》侵权责任编第二章“损害赔偿”的条款属于民事侵权的一般性条款，《个人信息保护法》第69条属于专门适用于个人信息权侵害的特别条款，应该优先适用。[②]由于《个人信息保护法》第69条未设置严重精神损害的程度要求，故而个人信息侵权精神损害赔偿的适用无需遵循《民法典》第1183条的规定。《个人信息保护法》第69条对个人信息侵权精神损害赔偿采取宽松的“损害”认定标准，有利于保护个人的相关利益。

其次，个人信息侵权精神损害赔偿淡化“严重精神损害”程度要件也有助于间接实现个人对个人信息财产利益的享有。在传统人格权侵权案件中，精神损害赔偿的适用以“严重性”为前提的主要原因在于精神损害具有无形性、不确定性，并不如有形财产损害、人身损害一般，能较为轻易地识别，而且不同个人对侵权行为给自身所带来的精神上感受程度（如焦虑、痛苦）往往不同，因此需要对精神损害赔偿的适用予以限制。否则，将导致在传统人格权侵权案件中，被诉侵权人动辄将承担精神损害赔偿责任，不利于保障人们的行为自由。但数字社会中的个人信息与姓名、肖像、隐私、名誉等传统人格要素不同，由于算法技术的发展，个人信息处理者可以基于海量的个人信息推测出更具商业价值的个人信息，用于精准广告投放，以此获取经济利益，个人信息正是在此特殊社会形态之下具有天然的财产价值，且此种财产价值具有普遍性，无论是名人，还是普通人的个人信息都具有一定的财产价值。但现实生活中，人们并未获得许可他人使用个人信息的合理对价，[③]基于个人信息所产生的财产价值往往由个人信息处理者独占。由于缺乏个人积极实现个人信息财产价值的有效途径，当个人信息处理者侵害个人信息权时，可通过损害赔偿的责任方式间接实现个人本应享有的个人信息财产价

---

① 参见彭诚信：《多角度解读个人信息保护》，载《检察日报》2021年9月24日。

② 类似观点亦可参见张新宝主编：《〈中华人民共和国个人信息保护法〉释义》，人民出版社2021年版，第529页。

③ 所谓“以信息换服务”或者“个人享有免费服务”的说法有待商榷。其一，所谓的“免费服务”本身的财产价值是否与个人信息本身的财产价值相匹配有待考察、论证。其二，现实生活中也存在大量的非免费互联网服务，企业仍大量收集、使用用户的个人信息，显然更不具有正当性。

值。在个人信息侵权案件中，个人最常提出的诉求便是精神损害赔偿，而通过降低此类赔偿责任的损害程度要求能够使得个人较易获得赔偿，从消极的层面实现个人信息财产价值的享有。在当下，或者说在法律或其他社会制度创设出个人共享此种财产价值的合理路径之前，基于人格利益的精神损害赔偿实现个人信息中的财产价值便是法律的无奈选择或权宜之计，由此也决定了个人信息侵权精神损害赔偿制度应与线下社会的相应制度有所不同，[①] 个人信息侵权精神损害赔偿的适用应适度淡化“严重精神损害”的程度要件[②]。

最后，从比较法来看，“严重精神损害”的程度要件已然逐渐淡化。欧盟《一般数据保护条例》第 82 条第 1 款规定：“任何因违反本条例而遭受物质损害或者非物质损害的人都有权从数据控制者或者处理者那里获得赔偿。”该条款明确支持非物质损害赔偿，但并未以“严重精神损害”为适用前提。此外，按照欧盟《一般数据保护条例》序言第 146 条的规定，数据控制者或处理者应赔偿个人因违法处理数据可能遭受的任何损害，并且损害的概念应根据法院的判例法作充分的解释，以充分反映本条例的目标。数据主体应就他们所遭受的损害获得“充分”和“有效”的赔偿。欧盟《一般数据保护条例》序言第 85 条列举了个人数据泄露导致的损害，不仅包括名誉损害、身份盗窃、欺诈等严重损害，也包括“失去对个人数据的控制”等较为宽泛的损害。此外，“根据既有判例，欧洲法院（ECJ）可能会保持对损害的宽泛解释，因为这将对责任方产生‘真正的威慑作用’。”[③] 在德国，按照《德国民法典》第 253 条的规定，一般而言，非财产损害赔偿需要以身体、健康、自由或性的自主决定的侵害为前提条件。[④] 欧盟《一般数据保护条例》生效之前，2009 年修订的《德国联邦数据保护法》第 8 条第 2 款规定：“在严重侵犯隐私的情况下，数据主体应当获得对其受到的非物质损害的充足的金

---

① 参见彭诚信：《数字法学的前提性命题与核心范式》，载《中国法学》2023 年第 1 期。

② 参见彭诚信、许素敏：《侵害个人信息权益精神损害赔偿的制度建构》，载《南京社会科学》2022 年第 3 期。

③ Paul Voigt, Axel von dem Bussche, *The EU General Data Protection Regulation（GDPR）: A Practical Guide*, Springer, 2017, pp. 205–206.

④ 参见陈卫佐译注：《德国民法典》，法律出版社 2020 年版，第 95 页。

钱赔偿。”[①] 由于个人信息泄露通常只会给个人信息主体造成轻微的不便，比如大量的垃圾邮件，故而，德国法院不允许对这些案件的非经济损失进行任何赔偿。[②] 欧盟《一般数据保护条例》出台后，2019 年《德国联邦数据保护法》第 83 条第 2 款规定："数据主体可以就非物质损害请求适当的经济赔偿。"2009 年《德国联邦数据保护法》第 8 条第 2 款规定的"严重侵犯隐私"条件亦不再保留。从司法实践来看，欧盟《一般数据保护条例》生效后，欧洲各国对于个人信息侵权精神损害赔偿的程度要件要求已不像以往那般严格。

实际上，"严重性"作为法律条文中的表述，对其解释应该成为评价社会事实的一种应然价值标准，"精神损害是否具有严重性"绝非仅仅是事实的判断，更是根据社会一般观念、立法者的规范目的而进行一系列价值衡量的结果。[③]"严重精神损害"所体现的是法律对于精神损害赔偿适用限制的一种态度，至于何为"严重"则取决于个案中法官的自由裁量，并无准确的评价标准。在现行法并未取消"严重精神损害"程度要件并且法官严格以此为标准判断精神损害赔偿适用条件的情形下，最为有效的途径便是调整或者降低个人信息侵权案件中判断个人是否具有"严重精神损害"的标准。

首先，我国司法实践长期采用隐私权的模式处理个人信息侵权案件，故而法官的裁判观念一直深受隐私权观念的影响，其在精神损害赔偿的适用方面主要体现为以个人信息为不特定多数人所知悉为严重精神损害的判断标准，由此导致个人的精神损害赔偿诉求未能获得支持。[④] 需要注意的是，数字社会的个人信息侵权形态与传统线下社会的隐私权侵权形态存在明显的差异。个人信息侵权形态更为多样，除了非法泄露个人信息以外，还有非法收集个人信息、非法使用个人信息（如算法歧视）等多种侵权形态，并且多数个人信息侵权行为发生在个人信息处理者的信息存储系统之中，属于密闭

① 参见李爱君、苏桂梅主编：《国际数据保护规则要览》，中国政法大学互联网金融法律研究院、中国政法大学大数据与法制研究中心译，法律出版社 2018 年版，第 12 页。

② See Jonas Knetsch, *The Compensation of Non-Pecuniary Loss in GDPR Infringement Cases*, 2020 European Journal of Privacy Law & Technologies（EJPLT）63, 69（2020）.

③ 参见朱晓峰、夏爽：《论个人信息侵权中的损害》，载《财经法学》2022 年第 4 期。

④ 参见北京互联网法院（2019）京 0491 民初 6694 号民事判决书。

的网络空间，并未为不特定的多数人所知悉，故不宜按照传统的隐私权侵权观念理解个人具有“严重精神损害”的标准。《民法典》第1032条以及第1034条已通过“下定义”的方式明确隐私以及个人信息的内涵，确立了隐私权与个人信息权相并列的理念，个人信息侵权精神损害赔偿的适用不应再依附于传统的隐私权侵权观念，其具有独立的规范基础。对于个人所遭受的精神损害的严重性，法官应结合具体的个人信息侵权行为样态，将其置于特定场景中综合判断。

其次，《民法典》第998条规定：“认定行为人承担侵害除生命权、身体权和健康权外的人格权的民事责任，应当考虑行为人和受害人的职业、影响范围、过错程度，以及行为的目的、方式、后果等因素。”个人信息侵权精神损害赔偿的适用可以综合考量多种因素，比如案涉个人信息是否属于敏感个人信息。《个人信息保护法》将个人信息区分为敏感个人信息和非敏感个人信息，所谓敏感个人信息是指一旦泄露或者非法使用，容易导致自然人的人格尊严受到侵害或者人身、财产安全受到危害的个人信息。当个人的敏感个人信息遭受侵害时，由于其与个人的人身权益、财产权益之间存在密切联系，容易导致个人遭受现实的精神损害或者财产损失，个人由此产生较为明显的焦虑，其存在“严重精神损害”的可能性更高，此时通过精神损害赔偿予以救济便具有较为充分的正当性。[①] 又如，个人信息处理者是否同时侵害名誉权、隐私权等与核心人格利益相关的人格权。此类人格权与个人的人格尊严之间的联系更为紧密，一旦侵害此类人格权，个人可能遭受较为明显的精神痛苦，司法实践中此类人格权侵权案件的精神损害赔偿诉求也往往容易获得法院的支持，此时通过精神损害赔偿予以救济也更具有说服力。

（二）个人信息财产利益损害赔偿适用的应然思路

在传统线下社会，个人信息的价值主要体现于个人在社会交往中以个人信息标识自己的人格特征，当个人的个人信息遭受侵犯时，通过名誉权、隐私权等传统人格权规范足以实现有效的救济。在传统线下社会中，个人信息不具有财产利益，而数字社会的来临对于个人信息的法律属性具有根本性的

---

① 参见刘云：《论个人信息非物质性损害的认定规则》，载《经贸法律评论》2021年第1期。

影响，最突出的特征在于与传统线下社会相比，个人信息具有显著的财产利益。问题在于个人是否应享有此种财产利益？

在《民法典》编纂过程中，立法者曾经试图直接明确个人信息具有财产利益并且个人享有此种财产利益。《民法典人格权编（草案）(征求意见稿）》(2018 年 3 月 15 日稿）第 4 条规定："民事主体对其名称、肖像、个人信息等具有经济利益内容的人格权益享有支配的权利，可以许可他人使用，但根据其性质或者依照法律规定不得许可的除外。"① 该条款试图将个人信息确立为一项可以许可利用的人格要素，从而在立法上承认其具有财产利益，但基于个人与个人信息处理者之间的利益平衡考量，《民法典》并未明确个人信息的财产利益，由此导致个人信息财产利益损害赔偿缺乏直接、明确的规范依据。《民法典》第 993 条规定："民事主体可以将自己的姓名、名称、肖像等许可他人使用，但是依照法律规定或者根据其性质不得许可的除外。"该条款规定了人格要素的许可使用，而其中的"等"字也为姓名、名称、肖像之外的人格要素的许可使用提供了解释空间。按照该条款的规定，人格要素可以许可使用需要满足两个条件：第一，该人格要素的许可使用并未被法律明确禁止。我国相关法律未明确禁止个人信息的许可使用。第二，该人格要素的许可使用符合其性质。考虑到人格尊严价值的根本地位所在，应先判断哪些人格要素的许可使用将会有损人格尊严，贬损人的主体地位，进而将其排除在许可使用的范围之外，其余人格要素，只要客观上有经济利用的价值即应允许。② 数字社会的个人信息属于天然蕴含财产利益的人格要素，个人信息的许可使用与其财产利益相契合，同时个人信息虽具有人格权的本质属性，但只要个人信息处理者遵循个人信息保护的相关规定，在合理合法的范围内处理个人信息，便不会侵害个人的人格权。在此意义上，个人信息的许可使用与其性质相符，个人应享有个人信息财产利益具有一定的规范依据。

---

① 参见何勤华、李秀清、陈颐编：《新中国民法典草案总览（增订本）》，北京大学出版社 2020 年版，第 186 页。

② 参见张红：《〈民法典（人格权编）〉一般规定的体系构建》，载《武汉大学学报（哲学社会科学版）》2020 年第 5 期。

个人信息来源于个人，是能够标识个人的人格特征的信息。如果没有个人提供最初的个人信息，就没有进一步的个人信息处理，从而衍生出数据产品。虽然企业对个人信息收集整理并通过劳动使其转化为具有更大经济价值的数据，但也无法改变其事实上的来源。[①] 企业通过收集、加工、编辑和处理个人信息，付出劳动和成本，不能成为否定个人享有个人信息财产利益的理由。尽管单个的个人信息价值低微，但其是大数据的基础。[②] 个人信息是整个数字经济得以发展，数字社会得以运行的基本要素。信息社会是一个以量子化、数位化为特征的风险社会，信息的流动性给个人带来巨大的不确定性，存在较大的权益侵害风险。[③] 在个人信息财产利益产生的过程中，个人不可避免要承受由此导致的外部成本，如因个人信息泄露，从而导致个人的人身权益、财产权益存在遭受侵害的风险等。[④] 个人信息处理者基于个人信息分析结果所采取的精准营销也具有一定的压迫性和强制性，例如精准电话销售、向个人邮箱投放广告、按照搜索记录强制弹出广告页面等，都对个人的生活、工作带来一定影响，且可能侵害个人隐私。[⑤] 基于风险与收益对等原则，个人也理应享有一定的个人信息财产利益。

数字社会的个人信息天然具有财产利益，[⑥] 而个人分享此种财产利益具有充分的正当性，若个人信息处理者未经个人同意，擅自利用个人信息，则直接导致个人遭受个人信息财产利益损害。需要强调的是，个人信息财产利益损害赔偿的适用需要遵循两个基本条件。其一，个人信息侵权行为需发生于数字社会之中。在我国司法实践中，部分法院适用个人信息财产利益损害

---

① 参见叶敏、李安阳：《论个人信息利益分享权的可行性与实现路径》，载《中国高校社会科学》2020 年第 5 期。

② 参见邢会强：《大数据交易背景下个人信息财产权的分配与实现机制》，载《法学评论》2019 年第 6 期。

③ 参见许娟：《中国个人信息保护的权利构造》，载《上海大学学报（社会科学版）》2019 年第 2 期。

④ See Steven H. Hazel, *Personal Data as Property*, 70 Syracuse Law Review 1055, 1072（2020）.

⑤ 参见洪玮铭：《大数据时代个人信息面向及精准营销模式变革》，载《社会科学家》2019 年第 2 期。

⑥ 参见彭诚信、史晓宇：《个人信息财产价值外化路径新解——基于公开权路径的批判与超越》，载《华东政法大学学报》2022 年第 4 期；向秦、高富平：《论个人信息权益的财产属性》，载《南京社会科学》2022 年第 2 期。

赔偿作出裁判，但并未意识到此种损害赔偿适用的社会形态要求。比如，在赵某诉北京链家房地产经纪有限公司等一般人格权纠纷案[①]中，原告赵某委托被告链家公司出售其房屋，并将身份证复印件以及涉案房屋产权证复印件提交给时任被告链家公司经纪人杨某东、宋某友，其后，杨某东将原告的身份证复印件以及涉案房屋产权证复印件提供给其同事宋某华，为其与配偶吴某某办理北京市居住登记卡，原告诉至法院，要求三被告承担赔偿经济损失10万元等侵权责任。法院认为，随着社会的进步和信息经济的发展，个人信息作为一种越发重要的资源，其财产价值日益凸显，个人信息处理业已形成产业链。个人信息同时体现着人格利益和财产价值，对个人信息的侵害必然带来承担相应经济赔偿责任的后果，判决被告链家公司、宋某华连带赔偿原告10万元。该案法院认识到随着信息经济的快速发展，个人信息具有显著的财产价值，值得肯定，但本案不宜适用个人信息财产利益损害赔偿。本案原告确实遭受财产损害，但此种财产损害并不是个人信息财产利益损害，法院不宜从个人信息具有财产价值的角度予以论证。个人信息财产利益损害赔偿一定要在数字社会的背景之下讨论才有意义。其二，个人信息财产利益损害赔偿需要以个人信息处理者未经同意，擅自利用个人信息为前提条件。个人信息权侵害的行为样态包括非法收集个人信息、利用个人信息、泄露个人信息等，只有当个人信息处理者非法利用个人信息时，才能说明个人的个人信息财产利益被非法剥夺，从而需要适用个人信息财产利益损害赔偿。[②]

五、结语

我国司法实践在相当长的时期内主要是通过隐私权、名誉权等传统人格权保护个人信息。如今《民法典》和《个人信息保护法》已经将个人信息权确立为一项独立人格权，《最高人民法院关于修改〈民事案件案由规定〉的决定》也明确将个人信息保护纠纷确立为一项独立案由，《个人信息保护法》生效后司法实践中也出现了诸多个人信息保护纠纷，尤其是个人信息查阅

① 参见北京市朝阳区人民法院（2018）京0105民初9840号民事判决书。

② 类似观点可参见李昊：《个人信息侵权责任的规范构造》，载《广东社会科学》2022年第1期。

权、复制权等新型纠纷也开始出现。在此背景之下，需要进一步厘清个人信息保护纠纷裁判的三个核心问题，以便法院准确适用个人信息保护规范。

其一，个人信息权与隐私权等传统人格权存在实质区别。当下对个人信息“可识别”性的强调，既无力承担个人信息权与传统人格权的界分，也易于导致线下、线上与算法技术无关的涉个人信息纠纷陷入适用个人信息权的误区。只有意识到数字社会是个人信息权得以存在的前提，意识到算法识别是生成个人信息权的技术根基，才能真正理解个人信息权与传统人格权的本质区别。其实，并非所有“可识别”的信息都是个人信息权意义上的个人信息，并非所有涉个人信息的纠纷都可以适用个人信息权予以保护，只有“算法识别”的信息才是个人信息权意义上的个人信息，只有运用了算法技术的个人信息纠纷才能适用个人信息权。“算法识别”才是个人信息权区别于传统人格权的实质要素。

其二，应准确区分个人信息权与个人信息保护请求权。在个人信息权利体系中，个人信息权属于个人信息的基础性权利，而个人信息保护请求权属于个人信息的辅助性权利，能够帮助个人实现对个人信息权的享有。需要强调的是，《个人信息保护法》第44条规定的个人对其个人信息的处理享有的知情权、决定权不属于个人信息保护请求权。个人信息权与个人信息保护请求权在权利层次上的区别也决定了二者的救济思维存在本质区别。个人信息权救济适用《个人信息保护法》第69条，个人信息保护请求权救济适用《个人信息保护法》第50条第2款，并且需要以个人信息处理者拒绝个人行使权利的请求为前提。

其三，个人信息侵权损害赔偿规则具有独特性，主要体现在两个方面。一是个人信息侵权精神损害赔偿应以《个人信息保护法》第69条为规范依据，且应淡化“严重精神损害”的程度要件。二是当个人信息处理者未经同意，擅自使用个人信息时，个人遭受个人信息财产利益损害，其可以据此主张个人信息财产利益损害赔偿。

自动驾驶汽车相关法律责任问题研究

课题组成员

主持人： 沈小军　上海财经大学法学院副教授

执笔人： 沈小军　上海财经大学法学院副教授

参与人： 解正山　上海对外经贸大学法学院教授

李　兴　上海市第一中级人民法院立案庭团队协助负责人

吴俊贤　上海国际汽车城（集团）有限公司智能网联汽车事业部部长

江　玥　上海机动车检测认证技术研究中心公共事务高级经理

梁　珊　赛可智能科技（上海）有限公司首席生态官

董春凯　上海市嘉定区人民法院审判监督庭副庭长

内容摘要： 对传统机动车事故责任的处理重要的法律规范有《道路交通安全法》《机动车交通事故责任强制保险条例》（以下简称《交强险条例》）《最高人民法院关于审理道路交通事故损害赔偿案件适用法律若干问题的解释》（以下简称《审理交通事故损害赔偿案件解释》）等。值得注意的是，我国机动车交通事故责任具有明显的过错责任倾向，这突出体现在《道路交通安全法》第 76 条对交通事故归责原则的规定上。显然，《道路交通安全法》第 76 条的规定与自动驾驶汽车的特性并不匹配。自动驾驶汽车的出现和自动驾驶技术的快速发展对传统的交通法律和责任规则提出了许多新的问题，原有规则需要进行适应性调整。机动车之间交通事故的归责原则应从过错责任调整为无过错责任，且应当仅适用于长期支配机动车的保有人，并合理确定自动驾驶汽车交通事故的免责事由。

自动驾驶汽车时代交通事故的主要发生原因将不再是驾驶人的过错行为，而是产品缺陷。与传统汽车相比，自动驾驶汽车产品缺陷的范围包括软件。此外，生产者对机动车运行具有更强的控制能力，并可以获得更多利益，生产者责任对于未来自动驾驶汽车事故受害人的救济具有更为重要的意义。

对于生产者来说，自动驾驶汽车产品责任保险具有责任免除功能、受害人保护功能和风险管理功能。随着产品责任保险在交通事故受害人救济制度中的地位更加重要，任意性的产品责任保险方案显然无法完全胜任，应当引入强制性的自动驾驶汽车产品责任保险。

关键词：自动驾驶汽车　法律责任　责任保险

一、我国自动驾驶汽车的发展现状及困境

（一）自动驾驶汽车发展现状

汽车的自动驾驶程度是一个逐步提高的过程，根据自动化程度的不同对自动驾驶汽车进行分级是国际上的通行做法。相应地，人类驾驶员负担的法律义务也不相同。国际汽车工程师协会（SAE）将自动驾驶划分为六个技术等级，L0 级别是无自动化阶段，全部操作任务由人类驾驶员独立执行。L1 级别是驾驶支援阶段，系统有时能够帮助人类驾驶员执行一些操作任务。L2 级别是部分自动驾驶阶段，系统可以执行部分操作任务，但人类驾驶员仍需监控驾驶环境，并执行其余驾驶任务。工业和信息化部、公安部、交通运输部于 2021 年 7 月 27 日发布的《智能网联汽车道路测试与示范应用管理规范（试行）》（工信部联通装〔2021〕97 号，以下简称《智能网联汽车管理规范》）第 37 条第 2 款中规定："智能网联汽车自动驾驶包括有条件自动驾驶、高度自动驾驶和完全自动驾驶。"

在大规模商业应用之前，每一等级的自动驾驶汽车都要经过严格的道路测试和示范应用的考察。早在 2018 年，工业和信息化部、公安部、交通运输部共同出台了《智能网联汽车道路测试管理规范（试行）》，开启了我国

自动驾驶汽车道路测试的序幕。除中央层面的规定外，各地也纷纷出台智能网联汽车道路测试相关文件。前述文件于 2021 年被《智能网联汽车管理规范》所取代，适用范围从道路测试扩张到示范应用，一些具体要求也较之前更为完备和具体。

1. L3 级别自动驾驶汽车道路测试及示范应用蓬勃开展

真正的自动驾驶从 L3 级别开始，系统可以完成所有驾驶操作，但人类驾驶员有义务根据系统请求提供适当干预。在我国相关法律法规中，L3 级别被称为有条件自动驾驶。随着技术的成熟和相关规则的出台，一些汽车企业和科技公司纷纷投入自动驾驶汽车的道路测试和示范应用。在 2021 年 11 月 25 日北京市发布《北京市智能网联汽车政策先行区自动驾驶出行服务商业化试点管理实施细则（试行）》后，百度和小马智行成为首批获得许可开展商业化试点服务的企业。2023 年 6 月 21 日，国务院政策例行吹风会上工业和信息化部有关领导在介绍促进新能源汽车产业高质量发展有关情况时指出，启动智能网联汽车准入和上路通行试点，组织开展城市级“车路云一体化”示范应用，支持有条件的自动驾驶（L3）及更高级别的自动驾驶功能商业化应用。

2. L4、L5 级别自动驾驶汽车道路测试及示范应用已经开启

L4 级别是高度自动驾驶阶段，系统可以完成所有驾驶操作，特定环境下系统会向人类提出响应请求，后者可以对请求不进行响应。在我国相关法律法规中，L4 级别被称为高度自动驾驶。L5 级别是完全自动驾驶阶段，指系统可以完成驾驶人能够完成的所有道路环境下的动态驾驶任务，不需要驾驶人 / 乘客介入。

2022 年 11 月，深圳市交通运输局正式颁布了《深圳市智能网联汽车道路测试与示范应用管理实施细则》，明确了深圳自动驾驶测试道路将扩展到包括高速公路在内的公路和城市道路，并且允许在深圳开展驾驶人不在驾驶位上的无人道路测试。小马智行在深圳扩张无人驾驶版图，被认为是深圳加快推进智能网联汽车创新发展的重要成果之一。

随着《上海市浦东新区促进无驾驶人智能网联汽车创新应用规定》以及

相关实施细则的落实，上海浦东新区自动驾驶汽车迎来了无人化阶段。2023年7月8日，在张江科学会堂举行的2023世界人工智能大会——智能驾驶论坛上，百度智行、AutoX安途、小马智行等三家企业15辆车获得浦东新区首批发放的无驾驶人智能网联汽车道路测试牌照。2023年9月，我国首条满足车路协同式自动驾驶等级的智慧高速在苏州启用，通过对苏台高速S17双向56公里路段进行智慧化升级，在55个点位布设激光雷达、毫米波雷达、摄像头、路侧天线RSU等感知设备270套，打造全息感知路段和匝道（互通）感知路段。[①] 在这条智慧高速上安装了全球唯一的纯路端感知L4网联式自动驾驶系统，具有相应功能的自动驾驶车依赖路端感知系统可以实现L4级别的驾驶。

（二）我国自动驾驶汽车发展面临的困境

1. 道路测试及商业应用事故责任规则不清

（1）自动驾驶相关法律法规未直接规定责任规则。虽然《智能网联汽车管理规范》和《深圳经济特区智能网联汽车管理条例》(以下简称《深圳条例》) 中都提到了事故责任的问题，但并未作出细致的规定，因此仍应适用传统机动车交通事故的责任规则。然而，自动驾驶汽车事故的发生原因和特性与传统机动车存在较大差异，从这个意义上说，法律已经滞后于自动驾驶汽车产业的发展。

（2）现有的法律责任规则与自动驾驶汽车不匹配。对传统机动车事故责任的处理重要的法律规范有《道路交通安全法》《交强险条例》《审理交通事故损害赔偿案件解释》等。值得注意的是，我国机动车交通事故责任具有明显的过错责任倾向，这突出体现在《道路交通安全法》第76条对交通事故归责原则的规定上。机动车之间的交通事故，由有过错的一方承担赔偿责任，双方都有过错的，按照各自过错的比例分担责任。机动车与非机动车驾驶人、行人之间的交通事故，如果非机动车驾驶人、行人没有过错，由机动车一方承担赔偿责任。如果机动车一方没有过错，承担不超过10%的赔

① 《L4级别自动驾驶！苏州将建成国内首条“智慧高速”》，载微信公众号“苏州发布”，2023年9月11日。

偿责任。显然，《道路交通安全法》第 76 条的规定与自动驾驶汽车的特性并不匹配。自动驾驶汽车的出现和自动驾驶技术的快速发展对传统的交通法律责任规则提出了许多新的问题，原有规则需要进行适应性调整。对不匹配原因的分析是调整规则的前提，导致现有法律责任规则与自动驾驶汽车不匹配的原因主要在于归责事由的变迁。诚如上文所述，现有法律通常将交通事故责任归咎于驾驶员的过失。然而，在自动驾驶汽车中驾驶员可能处于被动角色或根本不存在驾驶员。随着驾驶任务从驾驶人转移到机动车身上，一些学者和实务界人士都预言，未来交通事故的最主要原因将可能是产品缺陷。[①] 归责基础的变化导致现有的交通事故责任规则无法胜任自动驾驶汽车责任认定。

2. 保险产品针对性不强

（1）相关法律法规对自动驾驶汽车行业提出了越来越多的投保要求。自动驾驶道路测试和示范应用过程中的风险虽然比未来的商业运营明显要小，但仍然存在发生交通事故并造成人身伤亡和财产损失的可能性。中央和地方关于道路测试和示范应用的规范性文件都对责任保险的投保提出了要求，确保交通事故受害人的损害能够得到补偿。例如，《智能网联汽车管理规范》第 10 条第 11 项规定："交通事故责任强制险凭证以及每车不低于五百万元人民币的交通事故责任保险凭证或不少于五百万元人民币的自动驾驶道路测试事故赔偿保函。"虽然实践中保险公司对自动驾驶汽车道路测试与示范应用交通事故进行理赔的案例还比较少，但保险公司对此类事故如何进行理赔尚存在较多的不确定性，因为相关规范性文件要求测试主体应该投保的保险产品是以传统机动车为对象而设计的。

无论是自动驾驶汽车道路测试和示范应用过程中的交通事故，还是未来商业运营过程中的交通事故，涉及的并不仅仅是机动车交通事故责任保险，还可能涉及产品责任保险等其他险种。一些规范性文件已经涉及其他种类的自动驾驶汽车保险，尽管尚未将这些保险产品作为强制保险。例如，《深圳条例》第 10 条第 1 款规定："鼓励保险企业开发覆盖设计、制造、使用、经

① Vgl.Weichbold, Haftung und Versicherung bei Unfällen automatisierter Fahrzeuge 2022, S. 98.

营、数据与算法服务以及其他智能网联汽车产品全链条风险的保险产品。”

（2）自动驾驶汽车相关保险产品供给严重不足。虽然自动驾驶汽车企业普遍认为，符合自动驾驶汽车特性的保险产品得到充分供给是行业健康发展的重要条件，但迄今为止，我国保险市场上尚未出现针对自动驾驶汽车的保险产品。自动驾驶汽车保险产品供给不足的原因多种多样，重要的有以下两个方面：

第一，新技术风险难以评估，数据和经验不足。自动驾驶技术的复杂性和新颖性导致其风险难以准确评估。保险公司只有准确了解这些新技术的潜在风险和影响，才能开发相应的保险产品，但这需要时间和专业知识。由于智能网联技术的相对新颖性，相关的数据和经验相对不足，这使得保险公司难以建立准确的风险模型和定价策略。

第二，风险多元化。尽管新技术的发展常常推动保险行业进行创新，但保险产品的开发和推广需要时间和资源，而保险公司可能因内部因素而推迟产品的推出。这是由于自动驾驶技术涉及一些高风险的情况，如数据隐私泄露、网络攻击、系统故障等。这些多元化的风险使得保险公司在开发适应性强的保险产品时面临挑战，并可能对保险公司承担这些风险的能力和意愿产生消极影响。

（三）自动驾驶汽车法律责任立法状况及存在的问题

1. 地区重复立法，缺少具体责任规则

目前，北京、深圳、上海浦东新区、无锡等多个省市先后发布了智能网联汽车道路测试和示范应用相关的规范性文件，但内容较为雷同，且都未对交通事故责任的认定作出细致的规定。无论是从受害人保护的角度，还是从自动驾驶汽车生产厂商的角度，具体责任规则都是最为重要的，缺少法律责任规则的规范性文件的可操作性将大打折扣。同时，地区分散立法也可能会导致法律适用的不统一。由于自动驾驶汽车法律责任的确定属于基本民法法律的范畴，且并不具有明显的地域性，由全国性的基础法律来予以规范可能更为合适。

2. 自动驾驶基础性立法缺位

我国自动驾驶从技术到产品再到服务，都已趋于成熟，且已达全球领先水平。然而，相关基础性立法仍然相对滞后，让自动驾驶难以实现规模化商业落地——立法缺位成了自动驾驶、智能网联产业发展的最大制约因素，亟待加速跟进。自动驾驶汽车基础性立法不仅涉及车辆登记规定，更涉及交通事故责任确定、个人信息保护和保险要求。近年来，一些国家或地区大力推进自动驾驶汽车立法，并已经取得了成果。美国内华达州于 2011 年 6 月通过了第一部允许智能网联汽车到公共道路开展测试验证的法案。加利福尼亚州 2012 年 9 月也出台了较为宽松的自动驾驶汽车法案，确立了“促进和保障无人驾驶汽车安全”的立法理念。2021 年美国加州机动车管理局（DMA）先后向 Nuro、Cruise、Waymo 颁发了无人货运与无人出租汽车收费许可。2021 年德国修订《道路交通法》与《机动车强制保险法》，首次对 L4 级别的自动驾驶汽车进行规制，明确规定具有自动驾驶功能的机动车可以在指定的运行区域独立执行驾驶任务，且“无需驾驶员驾驶车辆”。

就我国法律而言，如果仍然维持现有的立法体例，针对自动驾驶汽车需要修改的法律、行政法规繁多，不仅包括《道路交通安全法》《机动车登记规定》等行政色彩较为浓重的法律法规，也包括《民法典》《保险法》《交强险条例》等涉及交通事故赔偿的民商事法律法规。

二、自动驾驶汽车道路测试、示范应用与商业应用给法律适用带来的挑战

（一）责任主体的认定更加困难

传统机动车交通事故中，责任主体的认定相对容易。一方面在于多数情况下道路交通事故的责任主体原则上是机动车的驾驶人；另一方面在于我国《民法典》第七编第五章对机动车所有权和使用权分离的情形作了较为详细的规定。总体上说，机动车无过错责任主体的认定注重的是对机动车运行的实际控制力。这一规则在自动驾驶时代将面临巨大的挑战，因为在高等级自动驾驶或完全自动驾驶汽车事故中，实际使用人逐渐转型成为乘客。与传统

机动车相比，以自动驾驶系统以及远程的技术监督员等方式，自动驾驶汽车生产者或自动系统运行者未来对机动车运行的控制力将显著增强。同时，在很多情况下自动驾驶汽车整车生产厂商与自动驾驶系统提供者也可能是分离的，甚至自动驾驶汽车的数据服务提供者也可能另有他人。与传统机动车相比，自动驾驶汽车交通事故的责任主体将更加多元，这也给法律责任的承担带来了挑战。

（二）归责原则及构成要件的设计更加困难

1. 自动驾驶汽车的运行危险来源更加复杂

自动驾驶汽车使用大量的传感器、计算机和软件来感知环境，并基于收集的实时数据作出决策。如果其中任何一个部件发生故障或失效，可能导致汽车的自动驾驶功能受损或完全失效，从而引发事故。自动驾驶汽车事故的发生原因是多种多样的，常见的原因包括以下方面：

（1）技术故障。自动驾驶汽车依赖于激光雷达、毫米波雷达、摄像头等传感器来获取环境信息。如果传感器出现故障、误报或漏报，可能导致汽车对周围环境的感知不准确，导致事故发生。当然，自动驾驶汽车的其他硬件设备也与传统机动车存在较大差异，也更为复杂，比如电池和电动机设备，这些设备发生故障也会对行车安全产生影响。

（2）软件错误。自动驾驶系统及作为其构成部分的各种软件是实现自动驾驶功能的核心部分。如果软件出现错误、漏洞或编程错误，可能导致汽车作出错误的决策或行为，引发事故。此外，自动驾驶汽车通常使用高精度地图数据来辅助导航和定位。如果地图数据不完善或过时，也可能导致汽车在复杂道路条件下出现问题，例如错误的路径规划或行驶方向。

（3）人为及环境因素的影响。虽然高等级的自动驾驶汽车可能不设置人类驾驶员，但在此之前人类驾驶员仍然可以通过某种方式介入并操控自动驾驶汽车。如果在需要介入时，驾驶员没有及时作出正确的反应或错误操作，可能导致事故。此外，自动驾驶汽车也需要与其他车辆和行人相互协调和互动，以确保交通安全。如果自动驾驶汽车的行为与其他参与交通的实体产生冲突，可能导致事故。最后，自动驾驶技术在处理复杂、多变的交通和路况时也可能会遇到困难。例如，恶劣天气条件、道路施工、突发事件等都可能影响自动驾驶汽车的性能和安全性。

2. 自动驾驶汽车产品缺陷的认定困难

未来自动驾驶汽车交通事故的赔偿除涉及《道路交通安全法》第76条意义上的机动车交通事故责任外，更会涉及《民法典》第七编第四章的产品责任。然而，产品缺陷的认定将成为困扰法官的一大难题。在认定产品缺陷时，自动驾驶汽车的安全性是一个重要的考量因素，判断车辆是否符合安全要求需要对相关安全标准和认证流程有充分的了解。然而，目前相关安全标准缺失，此时需要由技术专家对自动驾驶汽车硬件和软件的安全性进行详细的分析和评估。这些专家将检查自动驾驶系统是否存在缺陷，以及缺陷是否导致事故发生。由于法官通常没有足够的专业知识来全面了解自动驾驶汽车的工作原理和决策过程，因此，产品缺陷的认定常常依赖制造商提供技术支持以及软件更新相关信息，其公平性容易受到质疑。

（三）责任认定及事故原因查明更加困难

1. 交通事故责任认定书制作程序

实践中，交通运输部门大多能够根据各方当事人违反交通安全法律法规的情况认定责任，并当场制作交通事故责任认定书。根据《道路交通事故处理程序规定》第60条的规定，公安机关交通管理部门应当根据当事人的行为对发生道路交通事故所起的作用以及过错的严重程度，确定当事人的责任。具体规则如下：因一方当事人的过错导致道路交通事故的，承担全部责任；因两方或者两方以上当事人的过错发生道路交通事故的，根据其行为对事故发生的作用以及过错的严重程度，分别承担主要责任、同等责任和次要责任；各方均无导致道路交通事故的过错，属于交通意外事故的，各方均无责任。一方当事人故意造成道路交通事故的，他方无责任。

《审理交通事故损害赔偿案件解释》第24条规定："公安机关交通管理部门制作的交通事故认定书，人民法院应依法审查并确认其相应的证明力，但有相反证据推翻的除外。"然而，实践中审判机关在绝大多数情况下都是根据交警部门的交通事故认定书作出判决，否定交通事故认定书中的责任划分属于极为个别的情况。在自动驾驶汽车时代产品缺陷将成为更多交通事故的发生原因，而不再是驾驶人的违章或不当操作行为。自动驾驶汽车产品缺陷的认定通常需要借助专业技术力量，交警部门显然已经无法当场作出交通事故责任认定书。基于自动驾驶时代交通事故主要发生原因的变化，现有的交通事故责任认定机制可能也需要进行较大范围的调整。

2. 事故数据的储存与调取面临困难

自动驾驶汽车犹如一台行走的电脑，不仅能够搜集大量的外部数据，也能够记录和存储大量车辆数据和驾驶行为数据，尤其是车辆黑匣子的使用极大地提高了自动驾驶汽车这一能力。当发生自动驾驶汽车交通事故时，上述数据对于认定交通事故责任以及确定是否存在产品缺陷非常重要。自动驾驶汽车数据的储存与调取不仅是一个技术问题，更是一个法律问题。然而，现行法对于自动驾驶汽车事故数据的保存和调研尚缺乏明确的规定。

3. 数据的安全性与可信性

自动驾驶汽车能够产生数量庞大且复杂的数据，这些数据是调查和审理自动驾驶汽车事故的重要证据。自动驾驶汽车使用网络连接进行数据传输和通信，这使得它们面临网络攻击的风险。通过入侵自动驾驶汽车的网络系统，黑客可能篡改事故数据或对数据传输进行干扰。如果自动驾驶汽车的软件系统存在漏洞，黑客可能利用这些漏洞来修改数据或操控车辆。在事故数据传输过程中，如果没有采取足够的加密和安全措施，不法人员可以截获数据，并进行篡改或替换。此外，事故数据通常存储在数据中心或云平台上，如果数据中心安全受到侵害，也可能导致自动驾驶汽车事故数据被篡改或窃取。

三、自动驾驶汽车交通事故责任的完善

（一）统一自动驾驶汽车交通事故归责原则

1. 机动车之间交通事故从过错责任到无过错责任

（1）过错责任致使交通事故受害人难以获得救济。现行《道路交通安全法》第 76 条规定，机动车之间的交通事故适用过错原则。过错，在民法上

是指行为人未尽到交往中必要的注意义务。过错责任原则在道路交通领域体现为机动车之间交通事故所造成的损害应当由过错方承担。过错包括故意或过失，一般体现为机动车一方存在违反交通规则、驾驶不慎或疏忽等行为，并因此导致事故发生。当发生交通事故时，责任将根据事故双方的过错程度来确定。如果一方存在更为明显的违反交通规则或者驾驶过失的情况，则需要承担更大的责任。

民事法律以自担损失作为基本原则，请求他人承担损害需要有正当理由。就过错责任而言，根据“谁主张谁举证”的基本证明规则，交通事故的受害人需要提供证据来证明对方对于损害的发生存在过错。由于自动驾驶技术的复杂性，且可能已经不存在人类驾驶员，要证明车主存在过错对受害人来说并不是一件容易的事情。

（2）自动驾驶汽车过错责任原则的检讨。随着自动驾驶技术的不断发展以及过错原则对交通事故受害人救济造成的困难，对过错责任原则的检讨成为法学界的重要任务。

第一，高度自动驾驶阶段过错判断的困难。就交通事故中过错的判断而言，重要的是道路交通法律法规中对行为人法律义务的规定。例如，《道路交通安全法》和《道路交通安全法实施条例》中关于“车辆和驾驶人”“道路通行”等规定即属于此类。在有条件自动驾驶阶段和高度自动驾驶阶段都涉及复杂的人机交互问题，机动车一方仍然有义务对车辆进行监控，并在特定情境下根据自动驾驶系统的提示接管驾驶任务。如果机动车一方未按照规定履行法律所要求的监管义务和必要时的接管义务即存在过错。然而，确定机动车一方监管义务和接管义务的履行标准并不是一件容易的事情，需要同时考虑人的行为和技术系统的性能。诚如法谚所言，“举证之所在，败诉之所在”。尽管有统计资料指出，绝大多数机动车交通事故都是由驾驶人的过错行为导致的。即便如此，证明加害人的行为具有过错对于受害人来说都是极为困难的。

第二，完全自动驾驶阶段过错判断基础的丧失。自动驾驶技术进入完全自动阶段以后，驾驶操作从驾驶员向车辆制造商和技术开发者转移。在完全自动驾驶模式下，驾驶员无需参与驾驶，而是由车辆系统负责操控。与有条件自动驾驶阶段和高度自动驾驶阶段不同，完全自动驾驶阶段机动车一方并不负担监控义务和必要的接管义务，即便发生了交通事故并造成损害，也不能认为其具有过错。虽然自动驾驶汽车也可能会出现技术故障或失灵，但此种情况下损害赔偿责任应当由制造商或自动驾驶系统开发者承担，过错责任原则不再适合作为机动车一方承担交通事故赔偿责任的依据。

2. 无过错责任下机动车与其他道路参与者之间交通事故归责原则的解释论

《道路交通安全法》第 76 条第 1 款第 2 项规定："机动车发生交通事故造成人身伤亡、财产损失的，由保险公司在机动车第三者责任强制保险责任限额范围内予以赔偿；不足的部分，按照下列规定承担赔偿责任：……（二）机动车与非机动车驾驶人、行人之间发生交通事故，非机动车驾驶人、行人没有过错的，由机动车一方承担赔偿责任；有证据证明非机动车驾驶人、行人有过错的，根据过错程度适当减轻机动车一方的赔偿责任；机动车一方没有过错的，承担不超过百分之十的赔偿责任。"机动车与行人、非机动车之间交通事故的归责原则通常是基于保护弱势交通参与者和交通安全的考虑。然而，《道路交通安全法》第 76 条第 1 款第 2 项的文义存在一些相互矛盾的地方，理论界与实务界对机动车在与行人、非机动车之间交通事故的归责原则存在不同的意见。同时，本项关于归责原则上的规定与自动驾驶汽车不相适应，需要从理论上予以澄清。

（1）机动车之间交通事故的归责原则应为无过错责任原则。依据《民法典》第 1166 条的规定，"行为人造成他人民事权益损害，不论行为人有无过错，法律规定应当承担侵权责任的，依照其规定"。与第 1165 条相比，第 1166 条的最大不同在于侵权责任的构成不以行为人的过错为要件。此外，行为人也不能以自己无过错为由主张免除责任。当然，本条仅系无过错责任的宣示性规定，不能作为独立的请求权基础。具体类型的无过错责任的承担尚以法律上存在特别规定为前提。无过错责任的法律规范在表述上通常仅包含事实要件及法律效果，而不包含对行为人有责性（过错）的规定。

从这个意义上说，《道路交通安全法》第 76 条第 1 款第 2 项首段规定的归责原则应为无过错责任。根据这一理念机动车在与行人、非机动车之间发生事故时通常被要求承担更重的责任。这是因为机动车具有较高的速度和更大的冲击力，而行人和非机动车辆更易受到伤害。因此，机动车驾驶员通常被要求采取更加谨慎的行为，注意观察周围的行人和非机动车辆，以避免事故发生。

（2）《道路交通安全法》第 76 条第 1 款第 2 项后段的适用。《道路交通安全法》第 76 条第 1 款第 2 项后段又规定“机动车一方没有过错的，承担不超过百分之十的赔偿责任”，此一责任限制与无过错责任不得以自己无过错而免除责任的规则存在明显的冲突。因此，有必要对《道路交通安全法》第 76 条第 1 款第 2 项后段进行限缩解释。

第一，机动车一方没有过错的内涵。“机动车一方没有过错”有广义和狭义之分。《道路交通安全法》第 76 条第 1 款第 2 项后段规定的“机动车一方没有过错”具体包括哪些类型并不明确，需要结合立法目的予以确定。实际上没有过错可以在过错不明、过错责任、理想的驾驶人、意外事件等多种语境下使用。从强化交通事故受害人保护的角度考虑，应当将其适用范围限制在意外事件意义上，借此实现交通事故归责原则的统一。

第二，非机动车、行人具有极重大过失。《道路交通安全法》第 76 条第 1 款第 2 项后段“机动车一方没有过错的，承担不超过百分之十的赔偿责任”的规定，实际上涉及的是责任范围的确定，而非责任的成立问题。“非机动车驾驶人、行人没有过错的，由机动车一方承担赔偿责任”是对受害人过失相抵的规定，立法本意可能在于强调，“非机动车驾驶人、行人没有过错的”，应由机动车一方承担全部赔偿责任。从反面进行解释可以得出，如果非机动车、行人具有极为重大的过失，机动车一方可能无需承担任何赔偿责任。为兼顾交通事故受害人的保护，立法者规定此时机动车一方仍然承担最多不超过 10% 的赔偿责任。

（二）无过错责任应当仅适用于长期支配机动车的保有人

《道路交通安全法》第 76 条在规定交通事故责任主体时使用了“机动车一方”这一并不规范的概念。具体事故中的“机动车一方”尚需结合《民法典》第七编第五章对所有权、使用权分离的类型化来确定。

1. 机动车所有权人或管理人自己使用机动车

现实生活中机动车一方多数是所有权人或管理人，虽然物权主体的身份并非侵权责任主体的认定标准，但仍然可以作为最重要的参考。所有权人对机动车拥有占有、使用、收益和处分的广泛支配权利，同时也负有广泛的法律义务。作为特殊的动产，登记并非机动车物权享有和移转的成立要件，但却是对抗善意第三人的要件。同时，登记制度也是重要的机动车管理制度，立法者常常将登记的机动车权利人作为法律义务的主体，以便能够监督法律义务的履行。举例来说，《交强险条例》第2条第1款规定："在中华人民共和国境内道路上行驶的机动车的所有人或者管理人，应当依照《中华人民共和国道路交通安全法》的规定投保机动车交通事故责任强制保险。"在自动驾驶时代，机动车登记制度仍然具有重要的意义。举例来说，《深圳条例》第27条规定："实行智能网联汽车登记制度。列入国家汽车产品目录或者深圳市智能网联汽车产品目录的智能网联汽车，经公安机关交通管理部门登记后，方可上道路行驶。"

2. 存在替代责任时的机动车一方

（1）雇主责任。实践中很多交通事故发生在雇员为用人单位执行工作任务过程中，如果仍然按照《民法典》第七编第五章关于机动车交通事故责任主体的一般规则由雇员承担责任，是极不妥当的。一方面，雇员的赔偿能力有限，可能使受害人的保护得不到保障；另一方面，雇员自己是否要对为雇主执行工作任务过程中造成的损害承担赔偿责任，《民法典》和《审理交通事故损害赔偿案件解释》都没有明确提及，不过一些地方法院的司法指导文件予以了明确。

（2）驾驶培训单位的替代责任。《道路交通安全法实施条例》第20条第2款第3句规定："学员在学习驾驶中有道路交通安全违法行为或者造成交通事故的，由教练员承担责任。"但实际上教练员也是在为驾驶培训机构执行工作任务，因为《机动车驾驶员培训管理规定》第11条要求，从事道路运输驾驶员从业资格培训业务的，应当取得企业法人资格，并有健全的组织机构。依据《民法典》第1191条第1款的规定，此时交通事故责任应由驾驶培训机构承担。《审理交通事故损害赔偿案件解释》对此予以了明确，其第5条规定："接受机动车驾驶培训的人员，在培训活动中驾驶机动车发生交通事故造成损害，属于该机动车一方责任，当事人请求驾驶培训单位承担赔偿责任的，人民法院应予支持。"

3. 机动车使用长期移转时的责任

在市场经济社会合同的首要功能在于，民事主体可以借此进行买卖、租赁、雇佣、借贷等各种交易活动。在一个分工的社会，自由、平等的交易是社会主体获得及增加社会财富的重要方法，市场经济即是由这种持续不断的各种交易所构成。然而，在规定机动车所有权和使用权分离时交通事故的责任主体时，《民法典》第七编第五章将合同关系的当事人作为确定责任主体的标准，这并非没有问题。根据无过错责任（危险责任）的法理，机动车买受人承担危险责任的法律基础并不在于其合同买受人的地位，而在于其作为所有权人对机动车的实际控制。与短期的租赁不同的是，在长期租赁、融资租赁和挂靠关系中作为出租人的所有权人对租赁物的使用并无决定权。承租人尽管并不享有所有权，但其对租赁物的决定权与所有权人并无实质区别。

4. 驾驶人机动车盗抢期间肇事时的责任承担

《民法典》第1215条规定："盗窃、抢劫或者抢夺的机动车发生交通事故造成损害的，由盗窃人、抢劫人或者抢夺人承担赔偿责任……保险人在机动车强制保险责任限额范围内垫付抢救费用的，有权向交通事故责任人追偿。"从本条规定可以看出，在盗窃、抢劫或者抢夺的机动车导致的交通事故中，受害人只能依赖盗窃人、抢劫人或者抢夺人的赔偿能力。甚至，作为向交通事故受害人提供基本保障的交强险也仅垫付抢救费用。受害人保护不足的问题甚为明显，因为我们很难期待盗窃人、抢劫人或者抢夺人有值得信赖的责任财产。从受害人保护的角度来说，由盗窃人、抢劫人或者抢夺人承担赔偿责任需要一个前提，那就是盗窃人、抢劫人或者抢夺人的责任纳入《道路交通事故社会救助基金管理办法》的赔付范围。

（三）合理确定自动驾驶汽车交通事故的免责事由

1. 不可抗力

《民法典》将不可抗力作为一般性的责任免除要件。第 180 条第 1 款规定："因不可抗力不能履行民事义务的，不承担民事责任。法律另有规定的，依照其规定。"不可抗力的适用通常要满足如下条件。

（1）源自外部的影响。不可抗力事件首先应当具有外部性，即属于机动车运行过程之外的事件。相反，机动车运行中的典型事件并不属于不可抗力。来源于外部的影响既包括自然事件（例如雷击、山体滑坡等），也包括技术灾难（例如爆炸、飞机坠落），还包括从外部接入到交通过程的人类行为（例如企图自杀的行为、对驾驶员实施的暴力行为）。反之，参与机动车运行的人员所实施的行为以及机动车的技术瑕疵则不属于不可抗力事件。就自动驾驶汽车而言，自动驾驶功能的失灵可能是未来交通事故发生的主要原因，但这并不成立免除赔偿责任的不可抗力事件，因为机动车一方应当采取合理的措施来保护自动驾驶系统，避免自动驾驶系统由于来自外部的网络攻击而造成失灵。[①]

（2）异常性。不可抗力事件还应当是异常的事件，甚至可以说这种异常性特征与自然灾害事件可以等同起来。反过来说，那些对于机动车交通运行来说不具有异常性的事件通常不属于不可抗力，例如暴雨、道路结冰等。如果在事故过程中造成损害的是机动车运行的典型风险，一些受到偶然性影响的事故经过也不能算是由不可抗力引起。

（3）不可避免性。不可抗力事件还要求具有不可避免性，当事人无法通过采取格外的、经济上合理的注意来避免或减轻不可抗力事件的影响。

2. 不可避免的事件

（1）适用范围。虽然机动车之间的交通事故理论上也应当采用无过错责任原则，但具体规则上仍然可以与机动车和其他交通参与者之间的交通事故存在一些差异，这可能也是《道路交通安全法》的立法者将过错责任作为机动车之间交通事故归责原则的一个考量因素。其实这种做法在比较法上并不

---

① Greger, Haftung im Straßenverkehr, 2021, S. 108.

少见，例如，《德国道路交通法》第 17 条第 3 款除将不可抗力作为无过错责任的免责事由外，还规定了“不可避免的事件”。只不过这一免责事由适用于对其他机动车保有人、驾驶人及所有权人的责任，也适用于动物保有人和建筑企业主的责任。

（2）适用条件。对于高度自动驾驶汽车而言，机动车一方仍然负有监管义务和必要时的接管义务。在突然出现危险状况时，如果机动车一方即便尽到具体情况中所要求的最大程度注意亦无法避免损害发生时，应当属于不可避免的事件。此外，机动车一方以事故的发生属于不可避免的事件为由主张免除责任，还需要具备两项排除适用的条件：一是事故非因机动车属性的缺陷引起，二是事故非因机动车设备失灵引起。

（四）自动驾驶汽车驾驶人（使用人）责任

1. 现行法上机动车驾驶人无过错责任的背景

（1）交强险的赔偿限制。我国交强险的保险金额完全是固定的，投保人并无选择投保更高保险金额的权利。《交强险条例》第 23 条第 1 款规定：“机动车交通事故责任强制保险在全国范围内实行统一的责任限额。责任限额分为死亡伤残赔偿限额、医疗费用赔偿限额、财产损失赔偿限额以及被保险人在道路交通事故中无责任的赔偿限额。”对交通事故受害人的保护而言，交强险的赔偿限额具有至关重要的意义。中国保险行业协会公布的《机动车交通事故责任强制保险条款（2020）》（以下简称《交强险条款》）第 8 条第 1 款规定：“保险人按照交强险合同的约定对每次事故在下列赔偿限额内负责赔偿：（一）死亡伤残赔偿限额为 180000 元；（二）医疗费用赔偿限额为 18000 元；（三）财产损失赔偿限额为 2000 元；（四）被保险人无责任时，无责任死亡伤残赔偿限额为 18000 元；无责任医疗费用赔偿限额为 1800 元；无责任财产损失赔偿限额为 100 元。”与之前相比交强险的赔偿限额已经有了较大提高，但在机动车交通事故造成严重人身伤害或财产损失时，交强险的赔偿限额显然不足以为受害人提供全面的救济。

除赔偿限额外，交强险还将一些损害类型排除在其保护范围之外。《交强险条款》第 10 条规定：“下列损失和费用，交强险不负责赔偿和垫付：

（一）因受害人故意造成的交通事故的损失；（二）被保险人所有的财产及被保险机动车上的财产遭受的损失；（三）被保险机动车发生交通事故，致使受害人停业、停驶、停电、停水、停气、停产、通讯或者网络中断、数据丢失、电压变化等造成的损失以及受害人财产因市场价格变动造成的贬值、修理后因价值降低造成的损失等其他各种间接损失；（四）因交通事故产生的仲裁或者诉讼费用以及其他相关费用。”

（2）商业三者险保障范围的限制及除外事由。与交强险类似，商业三者险条款中也将一些损害类型排除在其保护范围之外。《机动车商业保险示范条款（2020）》第24条规定：“下列人身伤亡、财产损失和费用，保险人不负赔偿：（一）被保险机动车发生意外事故，致使任何单位或个人停业、停驶、停电、停水、停气、停产、通讯或网络中断、电压变化、数据丢失造成的损失以及其他各种间接损失；（二）第三者财产因市场价格变动造成的贬值，修理后因价值降低引起的减值损失；（三）被保险人及其家庭成员、驾驶人及其家庭成员所有、承租、使用、管理、运输或代管的财产的损失，以及本车上财产的损失；（四）被保险人、驾驶人、本车车上人员的人身伤亡；（五）停车费、保管费、扣车费、罚款、罚金或惩罚性赔款；（六）超出《道路交通事故受伤人员临床诊疗指南》和国家基本医疗保险同类医疗费用标准的费用部分；（七）律师费，未经保险人事先书面同意的诉讼费、仲裁费；（八）投保人、被保险人或驾驶人知道保险事故发生后，故意或者因重大过失未及时通知，致使保险事故的性质、原因、损失程度等难以确定的，保险人对无法确定的部分，不承担赔偿责任，但保险人通过其他途径已经知道或者应当及时知道保险事故发生的除外；（九）因被保险人违反本条款第二十八条约定，导致无法确定的损失；（十）精神损害抚慰金；（十一）应当由机动车交通事故责任强制保险赔偿的损失和费用；保险事故发生时，被保险机动车未投保机动车交通事故责任强制保险或机动车交通事故责任强制保险合同已经失效的，对于机动车交通事故责任强制保险责任限额以内的损失和费用，保险人不负责赔偿。”

2. 高等级自动驾驶汽车驾驶人过错推定责任

对于传统机动车驾驶人责任，也有部分国家将机动车驾驶人规定为过错推定责任的主体，比如《德国道路交通法》第 18 条规定的机动车驾驶人责任。在葡萄牙法上，如果驾驶人系为他人的利益而驾驶机动车，此时驾驶人也应当承担过错推定责任。

由于高等级自动驾驶汽车具有高度自主驾驶能力，驾驶人不需要持续监控车辆，可以将驾驶操作交给自动驾驶系统。然而，这些系统目前仍然可能存在一些局限性和不足之处。例如，在复杂的交通状况、恶劣天气条件下，自动驾驶系统可能无法作出妥当的决策，需要驾驶人介入。如果驾驶人没有按照正确的方式使用自动驾驶系统或没有按照指示进行适时介入，导致事故发生时，驾驶人可能被视为存在过错。自动驾驶汽车驾驶人过错推定责任的正当性包括：与保有人相比，驾驶人的控制能力和利益享有处于较弱或次要地位；存在人机转换的可能性。当然，驾驶人责任由无过错责任转变为过错推定责任要求责任保险的保障范围更加全面。

3. 完全自动驾驶汽车使用人的过错责任

在部分国家，机动车驾驶人仅需要承担一般过错侵权责任。例如，在丹麦，机动车驾驶人仅需要根据一般规则，也即仅在有过错时才需要对交通事故承担赔偿责任。在荷兰法中，虽然法律在规定机动车交通事故责任时没有专门提及驾驶人，但从法律仅将所有权人和继续占有人作为严格责任的主体可以看出，非继续占有的机动车驾驶人同样也仅需承担一般过错责任。

（1）使用人对自动驾驶汽车的运行无法产生直接影响。自动驾驶汽车最本质的特征在于，自动驾驶系统的操控将逐步取代驾驶员的人工操作，而使用人逐渐从驾驶任务中得到解放。总体上而言，使用人的注意义务随着自动化程度等级的增加而呈现递减的趋势。L4 级别自动驾驶汽车是高度自动化的车辆，可以在特定条件下实现完全自主驾驶，而无需驾驶员的持续监控。在 L5 级别自动驾驶中，驾驶员根本不需要介入或监督车辆的运行，车辆可以完全自主地行驶，人类驾驶员甚至并不是必需的。

（2）使用人仍然对自动驾驶汽车负有安全维护义务。虽然自动驾驶汽车能够实现部分或全部自主驾驶，但在使用自动驾驶汽车时，使用人仍然有一些安全维护义务。这是因为在目前的自动驾驶技术中，人类驾驶员仍然需要在一些情况下介入或对车辆的行为进行监控和控制。虽然自动驾驶汽车能够感知周围环境，但驾驶员仍然需要持续观察和监控道路情况。在自动驾驶系统发出接管要求时驾驶员应及时介入，确保车辆安全地运行。此时驾驶员应能够迅速反应，并采取适当措施，例如切换到手动驾驶模式或采取紧急制动等。尽管在自动驾驶模式下，驾驶员的驾驶任务减轻，但仍然需要保持良好的驾驶技能和驾驶经验。此外，驾驶员还应及时更新自动驾驶系统的软件，并确保车辆的正常维护和检查。如果有其他乘客在车内，驾驶员应提前告知车辆正在使用自动驾驶技术，并就可能出现的情况进行说明。

四、强化自动驾驶汽车生产者责任

（一）自动驾驶汽车产品责任的适用范围从硬件向数字内容扩张

1. 自动驾驶汽车整车、硬件部件作为产品

自动驾驶汽车是一种高度复杂的产品，涵盖了许多不同的技术和组件。根据《产品质量法》第 2 条的定义，自动驾驶汽车整车、硬件部件可以毫无争议地适用产品责任。自动驾驶汽车的硬件系统包括车辆控制系统、通信模块、电池、电动驱动系统等。这些硬件应当符合汽车行业的相关标准，并确保车辆的安全性和可靠性。自动驾驶汽车使用各种传感器和摄像头来感知周围环境。传感器和摄像头制造商应负责其质量和可靠性，确保它们保持良好的工作状态，能够准确地感知和识别道路和障碍物。此外，自动驾驶汽车需要使用数据存储设备来存储感知数据和系统信息，以及通信设备来与其他车辆和交通基础设施进行通信。

2. 嵌入式有形载体的软件

自动驾驶汽车依赖复杂的软件系统进行决策和控制。这些软件需要进行严格的测试和验证，以确保其性能和安全性。软件提供商应负责确保软件的正确性和稳定性，避免软件缺陷导致事故发生。自动驾驶系统包括传感器、摄像头、雷达、激光器等硬件设备，也包括各种各样的计算机软件。生产商

应当确保整个系统的设计和制造符合高标准的安全性和质量要求，如果相关软件已经嵌入到有形载体之中，产品责任的适用也不会产生争议。

3. 无形的数据服务

云服务是一种通过互联网提供的计算资源和服务，包括计算能力、存储空间、网络带宽等。它通常由云服务提供商运营和管理，并向用户提供订阅或按需的服务。云服务的提供基于服务协议和合同，而不涉及传统产品的销售和交付。云服务不适用于传统的产品责任，但云服务提供商在其提供服务的过程中仍然负有责任。他们需要确保其云服务的可靠性、安全性和合规性，包括确保数据的安全和隐私保护、防止服务中断、维护数据备份和恢复等。不过，域外一些立法例倾向将云服务纳入产品责任的适用范围。

（二）自动驾驶汽车产品缺陷的认定标准

根据《产品质量法》第 26 条的规定，生产者应当对其生产的产品质量负责。产品应当不存在危及人身、财产安全的不合理的危险，有保障人体健康和人身、财产安全的国家标准、行业标准的，应当符合该标准。如果产品的设计或制造过程使其存在不合理的安全风险，可以被认定为产品缺陷。

1. 产品描述

《产品质量法》第 26 条第 2 款第 3 项规定：产品质量应当符合在产品或者其包装上注明采用的产品标准，符合以产品说明、实物样品等方式表明的质量状况。产品描述是指对产品的特性、功能、性能和使用方法进行详细描述和说明的文档或说明书。产品描述提供了对产品设计和规格的全面了解，在认定产品缺陷时具有重要的意义。在产品描述中制造商或生产商会详细说明产品的性能和预期功能，以及产品所参考的技术标准。如果产品存在与描述不符的问题，可以被认定为存在产品缺陷。

2. 可合理期待的使用

“可合理期待的使用”是认定产品缺陷的标准之一，用于确定产品是否符合合理预期的质量、安全性和性能。一方面，产品应能在合理的正常使用条件下达到预期的性能和功能。如果产品在正常使用条件下出现问题，不能达到合理的预期性能，可能会被认定为产品缺陷；另一方面，产品应该能够满足其预期的使用用途，并具有合理的耐用性。如果产品在合理的预期用途下出现损坏或故障，可能是产品缺陷的指标之一。

（三）缺陷认定的时间点

1. 投入流通时

产品责任在本质上是生产者对其生产过程控制能力所承担的责任，因此产品缺陷的认定时间被确定为产品投入流通之时。然而，自动驾驶汽车的部分缺陷可能在车辆投入流通后的实际使用过程中才暴露出来，尤其是在复杂多变的交通环境中。这些隐性缺陷可能导致意外事故或功能失灵，给驾驶员和其他道路用户带来潜在的安全风险。此外，虽然生产者在产品投入市场前对车辆进行了各种测试和验证，但规模有限的测试可能无法涵盖所有潜在的使用情况，在实际使用过程中仍可能出现各种新的使用情况和问题。

2. 投入流通后的继续观察义务

基于自动驾驶汽车的特性，投入流通后自动驾驶汽车生产者有继续观察的义务，以确保车辆的安全性和性能，并及时发现和解决可能存在的产品缺陷。一方面，生产者应该持续监测自动驾驶汽车在实际道路使用中的性能表现。用户反馈是发现问题的重要来源，生产者可以借此获得车辆的行驶情况、驾驶行为、故障报告等信息，发现潜在的问题或缺陷。生产者应该建立适当的渠道，让用户能够向其报告车辆的使用问题、故障或体验反馈。另一方面，如果在投入流通后发现了自动驾驶汽车存在产品缺陷或问题，生产者应该主动采取召回措施。就自动驾驶汽车而言，通常情况下生产商提供针对性的远程软件更新可以修复车辆的缺陷和改进功能，提高车辆的安全性。

（四）自动驾驶汽车产品责任的免责事由

1. 产品投入流通时引起损害的缺陷尚不存在

《产品质量法》第 41 条第 2 款第 2 项规定，生产者能够证明产品投入流通时引起损害的缺陷尚不存在的，不承担赔偿责任。在产品投入市场前，生产商可以通过产品设计、制造和测试环节加强对产品质量和安全性的把控，并有机会在合理时间内修复这些问题，使产品达到预期的安全性和性能，此时制造商产品投入流通后的缺陷导致的损害可以主张免责。

2. 发展风险抗辩应当受到限制

《产品质量法》第41条第2款第2项规定的另一种免责事由是所谓的发展风险抗辩，具体来说，生产者能够证明将产品投入流通时的科学技术水平尚不能发现缺陷的存在的，不承担赔偿责任。赋予生产者这一免责事由的目的在于，平衡消费者权益的保护与生产者合理自由、科技发展之间的关系。如果生产者需要对产品投入流通时的科学和技术都无法发现的缺陷承担责任，可能会阻碍新技术的研发和应用。[①]

自动驾驶汽车作为一种新兴的高科技产品，其发展和应用仍处于不断探索和演进阶段。虽然在技术发展过程中难免会面临一定的风险，但这并不应该成为制造商免除责任的借口。相反，制造商应该持续跟踪技术发展，积极改进产品设计和功能，推出安全的软件更新和补丁，并与监管机构合作，共同确保自动驾驶汽车的安全性。毫无疑问，赋予生产者发展风险抗辩将加大交通事故受害人从自动驾驶汽车生产者处获得赔偿的难度，因此，在未来的自动驾驶汽车事故赔偿责任规则中发展风险抗辩应当受到限制。

五、自动驾驶汽车保险责任

自动驾驶汽车的出现可能改变传统的机动车保险体系，但目前尚缺乏针对自动驾驶汽车的保险责任规定，这给保险公司和车主带来了困扰。

（一）机动车交通事故责任保险

1. 交强险赔偿限额的存废问题

在机动车交通事故责任强制保险中，当事人确定合同内容的自由受到了严格的限制，这体现在投保人几乎完全没有确定保险金额的权利。《交强险条例》第23条第1款规定了统一的责任限额。[②]《最高人民法院关于修改〈最高人民法院关于审理人身损害赔偿案件适用法律若干问题的解释〉的决定》

---

① 参见程啸：《侵权责任法》，法律出版社2021年版，第584页。

② 上述限额最终通过中国保险行业协会公布的《交强险条款》确定，其第8条规定："保险人按照交强险合同的约定对每次事故在下列 赔偿限额内负责赔偿：（一）死亡伤残赔偿限额为180000元；（二）医疗费用赔偿限额为18000元；（三）财产损失赔偿限额为2000元；（四）被保险人无责任时，无责任死亡伤残赔偿限额为18000元；无责任医疗费用赔偿限额为1800元；无责任财产损失赔偿限额为100元。"

已于2022年5月1日生效，其中将人身损害赔偿标准由原来的城乡区分修改为统一采用城镇居民标准计算。随着人身损害赔偿标准的提高，交强险的保险金额不足的情况将会愈加明显。

德国法并未对交强险设定赔偿限额，相反，法律上规定了最低的投保金额。依《德国强制保险法》第4条第2款附件第1项之规定，机动车强制保险金额应不低于人身伤害750万欧元，物件损害100万欧元，及纯粹财产损害为5万欧元。依附件第2项之规定，从事旅客运输的9座以上的机动车的最低保险金额根据增加的座位数相应提高。如果机动车的危险性较高，保险合同当事人还可以在法定最低保险金额之上约定更高的保险金额。在取消赔偿限额并引入最低保险金额制度后，立法上应当消除机动车商业三者险与交强险并存的局面，仅保留强制保险。

2. 保障对象的扩大

只有当发生约定的保险事故时，保险人才负有给付义务。诚如上文所述，由于我国机动车责任保险由不同险种组成，保险事故相应地也需要分别根据不同的险种进行考察。根据《交强险条款》第8条的规定，保险人给付义务的前提是，被保险人在使用被保险机动车过程中发生交通事故，致使受害人遭受人身伤亡或者财产损失，依法应当由被保险人承担的损害赔偿责任。从这一定义来看，保险人给付义务的要件可以分为三个方面：一是被保险人在使用机动车过程中发生了交通事故；二是受害人遭受了人身伤亡或者财产损失；三是被保险人依法应当承担损害赔偿责任。《机动车商业保险示范条款》（2020）第20条对商业责任保险的表述略有差异，其规定："被保险人或其允许的驾驶人在使用被保险机动车过程中发生意外事故，致使第三者遭受人身伤亡或财产直接损毁，依法应当对第三者承担的损害赔偿责任，且不属于免除保险人责任的范围。"

传统意义上的强制保险，是指保险公司对被保险机动车发生道路交通事故造成受害人的人身伤亡和财产损失，在责任限额内予以赔偿的强制性责任保险，被保险人和司机被排除在第三人范围之外。就自动驾驶汽车而言，除涉及是否应将乘客纳入交强险保护范围的问题外，尚涉及自动驾驶模式下被保险人能否成为第三人的问题。从受害人保护的角度看，自动驾驶模式下被保险人与其他乘客并无不同，宜将其纳入交强险保护范围内，但在人工驾驶模式下则应将实际被保险人排除在第三人范围之外。2018 年 7 月生效的《英国自动与电动汽车法案》也扩大了强制责任保险的保护范围，而将车辆在“自我驾驶”模式下驾驶人的人身损害包括在内，但不包括自动驾驶汽车本身、车载货物以及在被保险人或者车辆控制者所保管或控制下的财产。相较于传统意义上强制保险的保护范围，承保“车内人员所受人身损害”在某种意义上是自动驾驶时代下的必然产物。

（二）自动驾驶汽车产品责任保险

1. 强制性自动驾驶汽车产品责任保险引入的必要性

与传统机动车相比，自动驾驶汽车的软件程序更为复杂，程序崩盘的可能性也更大。对于机动车产品缺陷导致发生交通事故的，面临赔偿责任的风险一方面虽然可以为生产者继续研究和发展技术、降低损害发生的可能性提供动力，另一方面也会阻碍技术创新的市场利用和接受。就面临的产品责任风险投保产品责任保险是未来自动驾驶汽车生产者的必然选择，产品责任保险不仅可以将单个生产者面临的责任风险在风险共同体内分散，使其具有可承受性，同时也可以确保对损害的补偿。[①]

2. 强制性自动驾驶汽车产品责任保险的投保范围

强制投保产品责任保险的自动驾驶汽车范围应包括所有搭载自动驾驶技术的车辆。这些车辆的特点是在行驶过程中能够使用自动驾驶系统进行导航、决策和控制，驾驶员的参与程度较低。具体来说，包括 L3 级及以上的自动驾驶汽车，因为 L3 级以上的自动驾驶汽车具备高度自动化驾驶能力，能够在特定条件下完成完全自主驾驶，但在某些情况下仍需要驾驶员介入。这些车辆可能存在自动驾驶系统缺陷导致的事故风险，因此应强制投保产品责任保险。

---

① Vgl. Eichelberger, Versicherungsrecht, in Buck-Heeb/Oppermann, Automatisierte Systeme, 2022, § 3.9 Rn. 5.

3. 交通事故受害人对保险人的直接请求权

赋予对保险人的直接请求权是比较法上强化受害人保护的一项重要制度，一般存在于强制保险中。直接请求权意味着，受害人在交通事故发生后可以直接向保险人行使损害赔偿请求权，而无需事先取得对被保险人的胜诉判决，再向保险人行使权利，有利于交通事故受害人尽快获得救济。自动驾驶汽车产品责任强制保险中受害人直接请求权具有重要的意义。

首先，强化受害人权益的保障。自动驾驶汽车的事故责任往往涉及车辆制造商、软件提供商、驾驶员等多方，责任认定较为复杂。受害人如果拥有直接请求权，无需自行解决与责任人的纠纷，可以直接向责任人的保险公司提出赔偿要求，从而保障受害人权益；其次，简化赔偿程序。受害人在事故发生后能够直接向责任人的保险公司寻求赔偿，无需通过复杂的法律程序，减少了赔偿过程的复杂性和时间成本，加快了受害人获得赔偿的速度。

数据抓取问题的反不正当竞争法规制研究

课题组成员

主持人：李　剑　上海交通大学凯原法学院教授

执笔人：李　剑　上海交通大学凯原法学院教授

金显峰　上海交通大学凯原法学院硕士研究生

参与人：曾　翔　上海傅利叶智能科技有限公司副总裁（小红书科技有限公司原法务总监）

张晓静　小红书科技有限公司法务经理

胡　寅　上海交通大学凯原法学院博士研究生

内容摘要：反不正当竞争法如何规制数据抓取行为具有很大的争议性，相关研究主要基于理论推导或个案进行。本课题则以公开的50个数据抓取不正当竞争司法案件为基础，较为全面地梳理了在这些案件中法院对于“竞争关系”“商业道德”“消费者利益”“经营者利益”等关键要素的分析，并对这些要素的梳理结果逐一进行总结和评价。在此基础上，本课题归纳了法院在对数据抓取不正当竞争行为进行分析时最为主流的“破坏保护措施”和“实质性替代”裁判规则。本课题认为，对于数据抓取不正当竞争行为的判断，首先要确定在该领域中是否有确定的商业道德；如果没有，则要以数据抓取的“合理性”为基础，考虑数据是公开数据还是非公开数据、是原生数据还是衍生数据以及是否加重运维成本等情况，来最终作出判断。

关键词：数据抓取　不正当竞争　一般条款　裁判规则

随着互联网数据量爆炸式增长，在现代商业活动中，数据蕴含了越来越高的商业价值，如何合法地利用数据也成为社会广泛关注的话题。2020 年 3 月 30 日印发的《中共中央、国务院关于构建更加完善的要素市场化配置体制机制的意见》提出："充分发挥市场配置资源的决定性作用，畅通要素流动渠道，保障不同市场主体平等获取生产要素，推动要素配置依据市场规则、市场价格、市场竞争实现效益最大化和效率最优化。"数据也被作为和土地、劳动力、资本、技术相并列的生产要素。2022 年 12 月 2 日印发的《中共中央、国务院关于构建数据基础制度更好发挥数据要素作用的意见》同样也指出："数据作为新型生产要素，是数字化、网络化、智能化的基础，已快速融入生产、分配、流通、消费和社会服务管理等各环节，深刻改变着生产方式、生活方式和社会治理方式。"可见，在国家层面，对于数据高度重视，并希望充分发挥市场机制的作用，来实现数据的商业价值。

但与此同时，围绕数据的抓取和利用也产生了很大的争议。特别是在当前数据如何确权难以达成共识的情况下，相关经营者主要通过《反不正当竞争法》的一般条款来寻求司法救济，使得在数据抓取行为的规制上，《反不正当竞争法》的适用成为焦点。而《反不正当竞争法》的一般条款较为抽象，在具体适用时缺少确定的规则，不同案件中考虑的情形也有所差别，这也导致最终的判决结果缺乏一致性。尽管如此，在当前学界对于数据抓取行为正当性判断同样无法取得一致性看法下，对司法案件进行更为系统、深入的梳理、归纳和分析是破解这一难题最为重要的方面。因为从 2011 年首个数据抓取反不正当竞争案件以来，十余年间已经积累了大量相关案件，法院在不同情形下对数据抓取的反不正当竞争案件也进行了诸多尝试。对司法经验进行全面、有效总结，可以更为系统地展现数据抓取不正当竞争案件的特点，更好地推进构建合适的司法规则。

一、既有研究评述与研究范围

（一）文献综述

国内对于数据抓取不正当竞争行为的研究可以分为两大类。一类研究主要基于个案和特定行为类型，要么分析特定个案判决的合理性，如对淘宝诉美景案的研究[①]；要么分析特定类型的数据抓取行为的理论基础，如分析基于Roborts协议的数据抓取行为[②]。第二类研究则范围更宽、更为关注一般性问题。这些研究主要以一些数据抓取的典型案例为基础，要么在梳理部分案件后作出简要评述[③]；要么归纳一些裁判规则[④]；要么针对具体的裁判规则，如实质性替代规则[⑤]；还有一些则进行了体系性阐释，以期提供更为一般性的理论框架[⑥]。后一类构成了当前在反不正当竞争法下分析数据抓取的研究的主流。从这些研究来看，目前学界已经积累了相当多的研究，对一些特定问题的理解也有所推动。例如，学者们不论是提出重构《反不正当竞争法》一般条款的分析体系，或是主张在一般条款不变的基础上细化相关认定，均倾向于以商业成果方式对数据权益进行反不正当竞争保护。[⑦]但总体而言，学界虽然对于数据抓取的正当性问题有较多关注和探讨，却受限于反不正当竞争法本身缺少统一的分析框架，数据抓取行为又复杂多变，在如何分析数据抓取行为的正当性上存在不同的看法。

当然，这些研究中也有非常显著的共同点，即相关的学术研究具有明显的由司法实践推动特征[⑧]。这当然也不令人意外。实践通常会领先于理论探讨，往往在案件中发现了问题，才会引发理论上的关注与进一步的分析。就数据抓取而言，学界的集中关注开始于百度与奇虎之间关于爬虫协议法律性

---

① 徐海燕、袁泉：《论数据产品的财产权保护——评淘宝诉美景公司案》，载《法律适用（司法案例）》2018年第20期；许可：《数据保护的三重进路——评新浪微博诉脉脉不正当竞争案》，载《上海大学学报（社会科学版）》2017年第6期。

② 郑一丹：《ROBOTS协议下数据抓取行为规制研究——以〈反不正当竞争法〉为视角》，载《吉林工商学院学报》2020年第6期。

③ 曾雄：《数据不正当竞争纠纷的司法实践——现存问题与解决路径》，载《信息安全与通信保密》2018年第11期。

④ 仲春：《数据不正当竞争案件的裁判规则》，载《人民司法》2019年第10期。

⑤ 李勇：《数据不正当竞争行为的实质性替代标准》，载《中国流通经济》2023年第6期。

⑥ 邱福恩：《商业数据的反不正当竞争保护规则构建》，载《知识产权》2023年第3期；周樨平：《数据爬取的不正当竞争认定规则研究》，载《南大法学》2023年第2期；刁云芸：《涉数据不正当竞争行为的法律规制》，载《知识产权》2019年第12期；林婧、陈琳：《数据抓取行为的反不正当竞争法规制》，载《电子科技大学学报（社科版）》2021年第6期。

⑦ 郭颖君、费兰芳：《竞争法语境下数据爬取的司法理念调适》，载《电子知识产权》2022年第12期。

⑧ 郭颖君、费兰芳：《竞争法语境下数据爬取的司法理念调适》，载《电子知识产权》2022年第12期。

质的讨论。此后，包括微博诉脉脉案[①]、大众点评网诉百度案[②]、淘宝诉美景案[③]等则进一步引发了学界关注。可见，通过司法案例进行研究是数据抓取不正当竞争规制研究中的基本出发点。但是，尽管多年来已经积累了大量的司法案例，既有研究很少对这些案件作出全面的梳理和分析，因而也没有对案件中各种重要因素有所总结，这限制了对该领域的进一步探索。

基于现有研究的局限性，本研究希望通过对目前司法实践中出现过的数据抓取不正当竞争案件进行全面归纳和梳理，较为全面地呈现这些案件中法院对这类案件的关注要素；在此基础上，分析各种要素对于违法性认定所具有的影响，进而归纳数据抓取行为类型和司法裁判规则，总结相关司法裁判规则的优势与存在的问题，并对如何更好地分析数据抓取行为提供一定的分析思路。在这一研究思路下，本研究希望通过大量案件的综合性分析，弥补当前研究在此方面的不足，进而能够推进相关认识。

为实现上述研究目的，课题组通过“北大法宝”数据库以及“中国裁判文书网”，设置关键词“数据”加“抓取”或“爬取”或“爬虫”，在适用《反不正当竞争法》的范围内，共检索到257篇判决书。通过人工筛选，最终确定属于数据抓取不正当竞争的案件共计50例。这50个案件，构成对数据抓取不正当竞争行为分析的基本素材。

（二）研究的范围

本研究是对数据抓取行为的研究。这里所讨论的数据，是指处于一定公开状态的无法通过著作权法或商业秘密得到保护的“非独创性互联网平台公开数据”[④]。这一对数据的定义，使得本研究关注的是通过《反不正当竞争法》一般条款来处理、分析的数据抓取案件。数据抓取可以侵犯多个客体。例如，相关数据既可以成为著作权法的客体，可以因为构成个人隐私而成为《个人信息保护法》的客体，还可以构成《反不正当竞争法》规制的客体。

---

① 北京知识产权法院（2016）京73民终588号民事判决书。

② 上海市浦东新区人民法院（2015）浦民三（知）初字第528号民事判决书、上海知识产权法院（2016）沪73民终242号民事判决书。

③ 杭州铁路运输法院（2017）浙8601民初4034号民事判决书、浙江省杭州市中级人民法院（2018）浙01民终7312号民事判决书。

④ 崔国斌：《大数据有限排他权的基础理论》，载《法学研究》2019年第5期。

在《反不正当竞争法》下，如果数据构成了作为具体行为类型的商业秘密，那么直接适用相关具体条款而非一般条款并没有什么争议，即特别规定优先于一般规定。当数据抓取作为新型竞争行为，难以纳入目前《反不正当竞争法》所列举的七个典型条款的规制范围内时，法院通常依据一般条款来规制数据抓取行为。由于一般条款的适用缺少详细的分析框架，使得分析的结果存在不确定性，也因此成为司法实践和学理研究中争议较大的部分。本研究正是聚焦于如何在一般条款下分析数据抓取行为的不正当性。

对于什么是“数据抓取”，目前学界也存在不同认识。有学者对数据抓取行为的定义为，利用自动化算法程序，按照预设路径遍历网络内容，实现标的信息抓取并保存至本地数据库的过程，本质上是一套高效下载的系统，采用遍历网络内容的方式，按照制定规则，自动提取所需的网页数据，下载到本地形成互联网网页镜像备份的程序。[①] 但这一对“数据抓取”的理解要求将数据保存至本地数据库，定义过于狭义。司法实践中，经营者通过视频软件内置浏览器将其他平台视频直接呈现给消费者的行为，规避了数据下载的要件，又实质上达到了替代原视频平台的效果。而实质替代效果就是本领域中争议很大、关注度很高的不正当竞争方式，如果予以排除，会使得相关分析的解释力受到限制。因此，本文主张“数据抓取”行为不以数据保存到本地数据库为要件，这样可以将视频网站的部分纠纷也纳入分析之中。

本研究所称“数据抓取”，并不单指“抓取”本身。大量的司法案件中，经营者之所以去抓取数据，是为了抓取之后进行利用，而如何利用在不少案件中也是认定是否构成不正当竞争行为的重要方面。因此，除开特别说明的情况，本研究中的“数据抓取”作广义理解。

二、司法案件的总体情况

（一）分析要素的确定

正如前文所言，《反不正当竞争法》列举的七种不正当竞争类型被平行地排列在一起，相互之间缺乏共同的分析框架，而且一般条款与列举式条款

① 蔡川子：《数据抓取行为的竞争法规制》，载《比较法研究》2021年第4期。

之间也无沟通桥梁。[①] 由于一般条款的适用一直以来并没有特别具体、确定的分析框架，也导致对于如何通过适用一般条款来处理新类型的不正当竞争案件存在分歧。在山东省食品进出口公司等诉青岛圣克达诚贸易有限公司等不正当竞争纠纷再审案（以下简称海带配额案）[②] 中，最高人民法院首次确立了《反不正当竞争法》第 2 条一般条款的地位，并明确了独立适用第 2 条的条件。[③] “海带配额案”确立了三个一般条款的适用条件：一是法律对该种竞争行为未作出特别规定；二是其他经营者的合法权益确因该竞争行为受到了实际损害；三是该种竞争行为确因违反诚信原则和公认的商业道德而具有不正当性或可责性。因此，在判断不正当性上，诚信原则和商业道德具有重要作用。

而在进一步理解商业道德上，是否存在合法的权利、权益，也同样是法院在案件分析中的重要内容。如果对现有权益不构成违法损害，则很难判定违反诚信原则和公认的商业道德；反之，如果违反其他法律下的义务，侵害他人权益，就违反了诚信原则及公认的商业道德。[④] 这一分析逻辑也会影响对数据抓取行为正当性的判断。特别是由于数据生产与使用上往往会涉及用户、原始数据企业、第三方数据企业等多方利害关系人，很难明确界定权利人，而作为权益进行保护时边界也并不清晰。在此情况下，法院如何理解数据权属问题，同样值得仔细考察。

在 2017 年《反不正当竞争法》修订时，第 2 条第 1 款、第 2 款被修改为：“经营者在生产经营活动中，应当遵循自愿、平等、公平、诚信的原则，遵守法律和商业道德。本法所称的不正当竞争行为，是指经营者在生产经营活动中，违反本法规定，扰乱市场竞争秩序，损害其他经营者或者消费者的合法权益的行为。” 在对“不正当竞争行为”进行定义上，增加了“消费者的合法权益”。和原有的“市场竞争秩序”“其他经营者利益”一起，构成了分析不正当竞争行为的“三叠利益平衡”，即通过对三项利益的分析、权衡，

---

① 宋亚辉：《论反不正当竞争法的一般分析框架》，载《中外法学》2023 年第 4 期。
② 参见《中华人民共和国最高人民法院公报》2011 年第 10 期（总第 180 期）。
③ 吴峻：《反不正当竞争法一般条款的司法适用模式》，载《法学研究》2016 年第 2 期。
④ 吴峻：《反不正当竞争法一般条款的司法适用模式》，载《法学研究》2016 年第 2 期。

来最终决定相关行为是否构成不正当竞争行为。

此外，在反不正当竞争法中，对于竞争关系的讨论一直都是案件分析中的重要因素。在相当多的案件中，经营者之间是否具有竞争关系是案件是否适用《反不正当竞争法》的前提。总体来说，由于“广义竞争关系”观点的流行，对直接竞争关系呈现弱化的趋势。其内在原因无非是为了摆脱竞争关系在认定不正当竞争中的传统束缚，当然，也在一定程度上说明竞争关系确已成为不必要的束缚和障碍。[①]不过，也有学者持更为谨慎的态度，认为竞争关系的扩展并非没有边界，如果将所有违背公认的商业道德的行为都解释为行为人与受害人之间具有竞争关系，进而认定为不正当竞争行为，则反不正当竞争法的调整范围就过于宽泛，可能人为制造了不同法律制度间的冲突，甚至使得反不正当竞争法架空了其他法律制度。[②]在这些争议下，根据互联网领域的自身特点来进一步界定竞争关系，也是判断数据抓取行为是否正当的重要方面。

基于上述分析可以看到，法院在数据抓取行为的正当性认定中，通常会对“竞争关系”“受竞争法保护的权益”“商业道德和诚实信用”“竞争者利益”“消费者权益”“竞争秩序”等要素进行分析，并依此最终决定行为的正当性。也因此通过对法院相关司法判决就各要素分别进行梳理，并重点分析其中代表性案例的司法裁判观点，能够为进一步的理解奠定基础。当然，同时也需要说明的是，这些分析要素在部分案件中并非截然分开。例如，有关商业道德和诚信原则的判断就结合了经营者权益损害问题，一旦出现经营者合法权益损害，该行为就被认定为具有不正当性。在法院扩张认定经营者损害范围的背景下，相当数量的数据抓取行为产生的利益减损也都被认定为经营者权益损害，同时违反了商业道德和诚信原则。因此，这些要素之间存在非常密切的关联性。但为了更为清晰、全面地呈现案件的情况，本研究仍然予以区别分析。

---

① 王艳芳:《反不正当竞争法中竞争关系的解构与重塑》，载《政法论丛》2021 年第 2 期。

② 焦海涛:《不正当竞争行为认定中的实用主义批判》，载《中国法学》2017 年第 1 期。

（二）判决要素分析

基于本研究所确定的分析要素，法院在不同案件中进行分析的总体情况可见表 1。

表 1　判决要素分析的总体情况

要素	案件数	比例
竞争关系	33	66%
数据权属	17	34%
商业道德与诚信原则	37	74%
被抓取者利益	42	84%
抓取者利益	25	50%
消费者利益	17	34%
公共利益与市场竞争秩序	10	20%

从表 1 可以看到，法院判决中关注度比较高的问题包括竞争关系、商业道德与诚信、被抓取者利益者几个方面。相比之下，案件中分析数据权属、消费者利益和市场竞争秩序的比例较低。

1. 竞争关系

竞争关系的认定常在司法判决中有所探讨，有的判决还会将竞争关系作为争议焦点进行论述。总体而言，在互联网领域新形态新模式兴起的背景下，法院在竞争关系的认定中不再严格遵循同业竞争，将跨行业竞争纳入其中，认定不同行业间仍存在竞争关系。在全部 31 个涉及竞争关系分析的案件中，除少量是同业竞争关系而没有多大争议外，其他的都是非同业竞争关系。法院基本上都认可非同业竞争关系并不构成对《反不正当竞争法》适用上的限制。（见表 2）

表 2　对竞争关系的分析

案件	法院的主要论证理由	竞争关系的认定
百度诉淘学案	均从事第三方教育服务提供商的信息查询等服务，双方具有竞争关系	同业竞争

续表

案件	法院的主要论证理由	竞争关系的认定
微梦诉蚁坊一审案	竞争并不限于同业竞争，包括非同业竞争时对交易机会、交易能力进行争夺的情况	非同业竞争
微梦诉蚁坊二审案	现代市场中的竞争关系不仅包括同业竞争，也包括不同经营者对同一经营资源或交易机会进行争夺的情形	非同业竞争
字节跳动诉搜狗案	原告和二被告的经营范围均涉及有关互联网产品及服务	同业竞争
腾讯诉银光案	原告与被告均系从事互联网信息运营的经营者，二者经营的非同类产品，在相关产品或服务投入市场后会对市场竞争形势及当事方利益产生影响时，相关经营者之间也可能因此而产生市场竞争关系	非同业竞争
观澜诉医米案	原、被告的经营范围均包括医疗咨询，原告经营的“用药助手”App和被告经营的“医学界医生站”App均系为用户提供医疗行业咨询、药品说明书查询等服务的软件，二者用途相同	同业竞争
腾讯诉合聚案	只有存在竞争关系，才能认定构成不正当竞争。双方产品或服务有替代关系，是判断竞争关系的主要因素	替代关系
蚂蚁诉朗动一审案	由于蚂蚁金服集团就蚂蚁微贷公司的良好信誉享有共同利益，因此在本案中蚂蚁金服集团、蚂蚁微贷公司与朗动公司存在竞争关系	非同业竞争
蚂蚁诉朗动二审案	认定不正当竞争行为并不局限于经营者之间存在直接的竞争关系或处于同一行业，而应聚焦于“竞争性利益”的保护	非同业竞争
腾讯诉搜道案	双方之间实际存在的此种网络数据流量此消彼长的或然性对应关系，仍属于市场竞争关系，原被告双方存在竞争关系	非同业竞争
微梦诉复娱案	经营平台和服务形式的差异，并不影响二者在提供网络社交服务的实质定位；新浪微博与复娱公司的用户和经营范围高度重叠；在争取用户资源及利用网络数据的过程中，竞争利益呈现出此消彼长的态势	同业竞争
淘宝诉美景案	“咕咕互助平台”与“生意参谋”数据产品，二者提供的网络服务内容及面向的网络用户群体均存在显著重叠。这种直接竞争关系，显然应受《反不正当竞争法》的调整	直接竞争
谷米诉元光案	“酷米客”App软件、“车来了”App软件均系为用户提供定位、公交路线查询、路线规划、实时公交信息地理位置等服务，二者用途相同	同业竞争

续表

案件	法院的主要论证理由	竞争关系的认定
搜狐诉优度案	原告网站与被告软件在提供视频的方式上存在不同，但原、被告经营模式的核心都在于争夺通过其提供的平台观看视频的网络用户数量。形成了争抢用户及交易机会的市场竞争格局，双方存在竞争关系	非同业竞争
优酷诉千杉一审案	原告通过其运营的优酷网或者优酷视频软件向网络用户提供视频播放服务，被告亦通过其运营的电视猫视频软件向网络用户提供视频播放服务，二者存在直接的竞争关系	直接竞争
大众点评诉百度一审案	大众点评网和百度地图均提供LBS和O2O服务，二者在商户信息与点评信息的服务模式上高度相似，存在直接的竞争关系	直接竞争
飞狐诉千杉一审案	二者的网站以及软件的形式与内容存在差异，但其争夺的最终消费者，即愿意收看视频的网络用户是高度重叠的。因此飞狐公司、搜狐公司和千杉公司间具有市场竞争关系	非同业竞争
淘宝诉载和案	二者的服务内容虽不完全相同，但具有较大程度的依附性，存在极为紧密的关联。“帮5淘”购物助手实施了争夺用户流量入口的行为。可以认定载和公司与原告之间存在竞争关系	非直接竞争
微梦诉淘友一审案	新浪微博与脉脉软件存在不同，微博为社交媒体平台，并向众多第三方应用提供接口，而脉脉主要为一款职场社交应用，但双方提供网络社交服务这一实质性特点不会因外在形式的不同而改变。双方在利用用户社交类信息方面存在明显的竞争利益，具有竞争关系	直接竞争
爱奇艺诉聚网视一审案	在新经营形态不断出现的情形下，只要双方在最终利益方面存在竞争关系，应当认定二者存在竞争关系。爱奇艺公司、聚网视公司在商业利益上存在此消彼长的关系，双方也因此形成了竞争关系	非直接竞争
飞狐诉视畅案	原、被告双方各自提供的视频浏览服务已具有明显的可替代性，彼此形成了分流观众、争夺交易机会的市场竞争格局，故视畅公司与二原告构成市场竞争关系	非直接竞争
央视国际诉视畅一审案	就观赏开幕式节目实时转播的特定公众而言，双方各自提供的服务已具有明显的可替代性，形成了分流观众、争夺交易机会的市场竞争关系	可替代性形成竞争关系
央视国际诉视畅二审案	在向公众提供视频内容服务方面，其与被上诉人属于同一业务领域，双方在商业利益上是存在竞争关系的	直接竞争

续表

案件	法院的主要论证理由	竞争关系的认定
爱奇艺诉千杉二审案	凡是以不正当手段谋取竞争优势或者损害他人正常经营活动的行为人与被侵害人间均构成竞争关系。被告的行为不当地损害了原告在视频网站领域的商业权益和竞争优势，因此具有市场竞争关系	非直接竞争
合一诉金山二审案	就经营内容而言二者并非同业经营者。金山网络公司及金山安全公司实施的被诉行为具有损人利己的可能性，合一公司与金山网络公司、金山安全公司具有竞争关系	非同业竞争
汉涛诉爱帮一审案	爱帮网和大众点评网都是提供分类信息查询服务的网站，爱帮科技公司和汉涛公司存在直接竞争关系，应受反不正当竞争法调整	直接竞争
汉涛诉爱帮二审案	二上诉人同为向网络用户提供分类信息查询服务的网络经营者，具有竞争关系	直接竞争
蔓蓝诉优酷一审案	优酷公司和蔓蓝公司的主要业务均是面向网络用户提供互联网视频服务	直接竞争
蔓蓝诉优酷二审案	优酷公司经营的是视频网站及App软件领域，蔓蓝公司经营的是视频播放App软件领域，二者的主要业务均是面向网络用户提供互联网视频服务	直接竞争
站酷诉纬聚案	站酷网与花瓣网同为面向设计行业网络用户的网站，均具有向用户提供图片、视频等素材内容的上传、下载、分享等重要功能，具有竞争关系	直接竞争
乐视诉优酷案	乐视公司与优酷公司在视频领域存在竞争关系	直接竞争

在对竞争关系的认定中，法院的判决采用了不同的表述方式，包括“直接竞争”“非直接竞争”“同业竞争”“非同业竞争”“竞争关系”以及“替代关系”等。尽管表述的方式不同，但主要是回应以往学界和实务界所主张的，《反不正当竞争法》以同业竞争（直接竞争）为适用前提的观点。因此，在这些案件中，即便表述不同，都是为了认定是否可以适用《反不正当竞争法》而陈述理由的一部分。

法院在相当数量的判决中认为竞争关系的存在是打开《反不正当竞争法》大门的前提，若主体之间不存在竞争关系，即便因为双方的竞争行为产生了损害后果，也应由其他部门法进行调整。因此，司法实践对于竞争关系的界定虽然不同，但在以各种方式对竞争关系作扩张解释，以上案例认定竞争关系时对于不同行业都突破了同业竞争限制。这种扩张竞争关系解释的行为，实质上使竞争关系虚置，目的在于摆脱竞争关系在不正当竞争中的传统束缚。竞争是对经营资源和商业机会的争夺，可以存在于具有替代关系的经营者之间，也可以存在相同服务、相互交叉的经营者之间，竞争关系的主体应当适当扩大，跳出同业竞争者的限制，应当更加关注行为本身的市场竞争属性和不正当性，不再把竞争关系作为《反不正当竞争法》适用的前提。如果仍然坚持优先认定竞争关系的存在是不正当竞争行为的前提，可能产生市场竞争机制被破坏的后果。① 这些观点影响了法院对于竞争关系的理解。

就现有案件来说，法院认定的竞争关系主要分为两类：

第一类是具有直接竞争关系的情况。第二类是非直接竞争关系，存在交易机会争夺的问题。例如，在微梦诉蚁坊的一审判决书中，法院认为，当前反不正当竞争法趋向于保护多元利益，应从经营者之间的行为性质之角度着手，即只要经营者的行为不仅具有对其他经营者利益造成损害的可能性，且其同时会基于该行为获得现实或潜在的经济利益，则可以认定二者具有竞争关系。即便对“竞争关系”本身进行解读，竞争关系是取得经营资格的平等市场主体之间在竞争过程中形成的社会关系，在当前的市场环境下，这种竞争并不限于同业竞争，显然也包括非同业竞争但仍对交易机会、交易能力存在争夺的情形。因此，如一方经营者为了提高自己的交易能力而直接侵占或损害另一方经营者的合法权益，即便双方并非同业竞争者，仍然构成了竞争关系。②

当然，这种区分并不是绝对的。即便在考虑到互联网行业的特性，存在对用户注意力的争夺，但不同案件中法院最终的认定也有差异。例如，在淘宝诉美景案中，法院认为，《反不正当竞争法》规制的对象不局限于同业间的竞争行为，也包括跨行业间的竞争行为。市场主体只要使用了不正当手段，吸引了更多消费者的消费关注或破坏了他人对消费者的吸引力，即落入《反不正当竞争法》规制的范围。具体而言，在网络经济环境下，双方争夺

① 叶明、陈耿华：《互联网正当竞争案件中竞争关系认定的困境与进路》，载《西南政法大学学报》2015 年第 1 期。

② 北京市海淀区人民法院（2018）京 0108 民初 28643 号民事判决。

的网络用户群体存在增减变化的潜在联系时，可视为双方间存在竞争关系。这实际上是认为互联网环境中对于消费者注意力的争夺同样是直接竞争。

2. 是否具有受竞争法保护的合法权益

从权利的角度来说，数据的确权目前有非常大的争议。通常认为数据无法通过权利模式来予以保护，这也是大量的数据争议诉诸反不正当竞争法的重要原因。而在反不正当竞争法现有的分析逻辑下，如何认定合法权益非常重要。虽然仅有 34% 的案例中法院对数据是否是合法权益进行了分析，但依据“权益—损害”思路进行裁判的案例实际比例更高，导致目前司法裁判对经营者利益的考量比重远高于对消费者利益和公共利益的考量比重。（见表 3）

表 3　是否有受竞争法保护权益的分析

案件	法院论证	是否具有受竞争法保护的合法权益
百度诉淘学案	百度公司就知了好学平台上的数据内容付出了巨大的人力、物力、财力和时间等经营成本，其因此而获得的数据信息具有经济价值，是《反不正当竞争法》所保护的竞争资源	有，因收集整理成本对资源享有合法权益
微梦诉蚁坊一审案	微博平台公开的数据允许他人合法获取和使用，不代表微梦公司对该部分数据无合法权益	未正面论述，即便是公开数据也不认为无合法权益
微梦诉蚁坊二审案	微梦公司通过大量投入所积累的新浪微博数据显然具有商业价值，并可为微梦公司带来直接或间接的经济利益，提供竞争优势	有，因收集整理成本对资源享有合法权益
微梦诉蚁坊再审案	微梦公司运营微博平台，其对平台中的数据收集、整理、应用享有相应的合法权益	有，因收集整理成本对资源享有合法权益
观澜诉医米案	原告软件中的药品说明书数据库能为原告带来竞争优势，具有商业价值	有，因收集整理成本对资源享有合法权益
腾讯诉合聚案	原告对微信公众平台享有的收益，具备了合法、稳定、归属明晰等特点，有一定的权利属性，是值得法律保护的竞争利益	有，平台上的文章归属明晰
腾讯诉融思案	经过原告长期的运营管理，持续、大量的投入，已经逐渐形成较为完善的数据管理体系，完善的数据管理体系是腾讯 QQ 软件的竞争力的重要组成部分	有，因收集整理成本对资源享有合法权益

续表

案件	法院论证	是否具有受竞争法保护的合法权益
微梦诉云智联案	当经营者为收集、整理数据，以及维护其互联网产品中的数据运行和安全而付出成本，且该种数据整体上可为经营者进行衍生性利用或开发从而获得进一步的经营利益时，不能被擅自抓取	有，因支付收集整理成本对资源享有合法权益
腾讯诉搜道案	微信产品数据资源系二原告投入了大量人力、物力，经过合法经营而形成的，该数据资源能够给二原告带来商业利益与竞争优势，即应当享有对于微信产品数据资源的竞争权益	有，因收集整理成本对资源享有合法权益
阿里巴巴诉码注案	经过近20年的经营，上千万的企业用户在1688网站开设店铺，1688网站因此积累了大量的企业数据，这些数据已经成为1688网站的竞争优势，具有极大的经济价值	有，因收集整理成本对资源享有合法权益
爱拼诉学而思案	涉案数据作为互联网信息技术产业发展及大数据背景下形成的产物，为原告带来了市场竞争优势和相应的经济利益，该种经济利益应当受到法律的保护	有，未阐述理由
淘宝诉美景案	淘宝公司付出人力、物力、财力，通过长期经营积累形成了“生意参谋”数据产品中的数据内容，具有显著的即时性、实用性，具有商业利益与市场竞争优势	有，因收集整理成本对资源享有合法权益，独立于网络用户信息、原始网络数据之外
谷米诉元光案	“酷米客”App软件相较于其他提供实时公交信息查询服务同类软件，将公交车实时运行路线、运行时间等信息经过人工收集、分析、编辑、整合并配合GPS精确定位，以预报的准确度和精确性取得了竞争上的优势	有，因人工收集、分析、编辑、整合对资源享有合法权益
优酷诉千杉一审	原告是优酷网的运营商，其与案外人酷娱公司共同制作了《火星情报局第二季》，原告对该节目享有合法权益	因制作行为享有合法权益
大众点评诉百度一审案	汉涛公司付出了巨大成本运营大众点评网。开办早期，此类软件通常没有收益，甚至需要额外支付费用吸引用户发布点评。当网站进入良性循环，浏览量达到一定的数量，点评数量达到一定规模，网站才有可能获取收益	网站信息因其长期经营行为具有合法权益
飞狐诉千杉一审案	飞狐公司、搜狐公司的这种经营模式符合市场规律及商业道德，系正常且正当的经营活动，飞狐公司、搜狐公司当然有保护其正当经营不受侵害的合法权利	合法经营模式具有合法权益

续表

案件	法院论证	是否具有受竞争法保护的合法权益
飞狐诉千杉二审案	二被上诉人的经营模式并不违反《反不正当竞争法》的基本原则和法律禁止性规定，其以此经营模式谋求商业利益的行为，应受到《反不正当竞争法》的保护	合法经营模式具有合法权益
淘宝诉载和案	原告的上述商业模式能为其带来经济利益和竞争优势，具有商业价值。原告多年经营所获取的在购物网站行业的竞争优势，属于应受《反不正当竞争法》保护的合法权益	合法的商业模式的竞争优势具有合法权益
微梦诉淘友一审案	规范、有序、安全地使用这些用户信息，是微梦公司维持并提升用户活跃度、开展正常经营活动、保持竞争优势的必要条件	用户信息是抓取方保持竞争优势的必要条件
爱奇艺诉聚网视一审案	爱奇艺公司的经营模式未违反现有法律规定和商业道德，其合法经营活动应当受到的保护	经营模式受保护
爱奇艺诉聚网视二审案	爱奇艺公司以其合法经营模式谋求商业利益的行为应受《反不正当竞争法》保护	经营模式受保护
飞狐诉视畅案	飞狐公司的“免费视频内容＋商业广告”是一种正当、合法、为诸多互联网视频网站广泛采用且符合市场竞争规律的商业模式	经营模式受保护
央视国际诉视畅一审案	央视国际公司凭借独享授权确立了自身于市场竞争中的优势地位，建立了较为稳定的交易秩序，形成了商业获利的合理预期	凭借授权具有优势地位
爱奇艺诉千杉一审案	原告在其“爱奇艺”网站视频片前设置广告系正当的经营行为，对该正当经营行为，原告有权利对其进行保护	经营行为受保护
金山与合一二审案	合一公司经营行为未违反现有相关法律规定，未违反商业道德以及诚实信用原则	经营行为受保护
汉涛诉爱帮一审案	大众点评网上的用户点评和商户简介，是汉涛公司通过合法途径吸引用户注册、发表或搜集、整理而来，能为汉涛公司带来合法利益，《反不正当竞争法》应当给予保护	有，因收集整理成本对资源享有合法权益
汉涛诉爱帮二审案	汉涛公司通过商业运作吸引用户在大众点评网上注册、点击、评论，并有效地收集和整理信息，进而获得更大的商业利润，该合法权益应受法律保护	有，因收集整理成本对资源享有合法权益
蔓蓝诉优酷一审案	经营者投入大量成本获取的优质商业资源，平台通过激烈竞争和长期经营所积累的用户和流量，通过诚实经营所争取到的竞争资源和竞争优势	经营模式、投入成本所获得的竞争优势受保护

续表

案件	法院论证	是否具有受竞争法保护的合法权益
站酷诉纬聚案	站酷公司依据其基于长期经营而促使用户主动上传至站酷网的素材内容已经成为其积累的经营资源和市场优势，其据此所获取的利益应当受到法律保护	长期经营形成的市场优势受保护
快乐阳光诉帝业信息案	通过在片头添加广告、鼓励用户成为会员免广告等方式获得相关的经营收益，由此获取的合法商业利益应受法律保护	经营模式受保护
乐视诉优酷案	此种商业模式并未损害其他经营者及用户的合法利益，具有正当性和合法性，构成法律可保护的利益，任何人不得擅自破坏或不当利用	经营模式受保护

从这些案件可以看出，法院主要因为相关平台经营者支付了收集、整理数据的成本，而对数据资源享有合法权益。法院的基本逻辑是：经营者为收集、整理数据付出了劳动，而这些数据对于经营者而言具有经济价值，是竞争力的重要组成部分，因而构成合法权益。例如，在观澜诉医米案中，法院在判决中认为，原告软件中的药品说明书数据库能为原告带来竞争优势，具有商业价值。虽然药品说明书本身系对社会公开的客观信息，但当此类信息经过人工收集、整合、编辑并作为后台数据可供相关医药类软件用户进行查询后，其就能凭借药品种类上的多样性、获得方式上的便捷性而使得该软件在同行业中取得竞争上的优势，软件中相关药品说明书数量越多、越全面，使用该软件进行查询的用户也就越多，该软件所具有的市场份额也就越大，也越能为软件所有者带来现实或潜在的市场利益，以此形成良性循环。[①] 亦即，即便是对药品说明书的整理，也同样可以构成合法权益的基础。

当然，具有合法权益虽然是认定不正当竞争行为的基础，但也并不意味着凡是有所侵害就一定构成违法。在大众点评诉百度案二审判决中，法院认为，当某一劳动成果不属于法定权利时，对于未经许可使用或利用他人劳动成果的行为，不能当然地认定为构成反不正当竞争法意义上的“搭便车”和“不劳而获”，这是因为模仿自由，以及使用或利用不受法定权利保护的信息

① 上海市杨浦区人民法院（2021）沪 0110 民初 3349 号民事判决书。

是基本的公共政策，也是一切技术和商业模式创新的基础，否则将在事实上设定了一个“劳动成果权”。法院的这一判决理由非常清晰地区分了权利和权益，并认为不能将权益直接上升为权利来予以保护。

3. 商业道德和诚信原则

商业道德和诚信原则通常被作为判断行为是否正当的基础。在数据抓取案件中，有 37 个案件中法院都提及商业道德和诚实信用，其中 2 个案件法院认为数据抓取行为违反了商业道德，但说理部分过于简单，故未列入表格。（见表 4）

表 4　对是否违反商业道德和诚信原则的分析

案件	法院论证	是否违反商业道德和诚信原则
百度诉淘学案	被告违背诚实信用原则，用复制粘贴的方式搬运原告网站上的数据内容，将他人积累的信息据为己有，并作为自身经营资源予以展示和使用，是一种典型的“不劳而获”和“食人而肥”的行为	违反，因“不劳而获”和“食人而肥”违反商业道德
字节跳动诉搜狗案	禁止任何第三方为本案原告所开展的“答题活动”的参与者以作弊方式获取答题优势提供便利、维护答题活动规则的公平性是这一领域的普遍的商业道德	违反，为答题活动开发作弊方式违反商业道德
观澜诉医米案	若经营者提供同质化的服务，复制他人成果，没有任何创新和促进市场竞争，则有悖商业道德。被告对相关说明书的收集、整合未作出贡献，却大量使用了这些数据，并以此获得商业利益，其行为违反了诚实信用原则和商业道德，具有不当性	违反，借助他人数据仅提供同质化服务违反商业道德，“搭便车”违反了商业道德和诚信原则
字节诉微梦一审案	《互联网搜索引擎服务自律公约》（以下简称《自律公约》）是在中国互联网协会组织下，由部分会员提出草案，并得到包括新浪公司在内的互联网企业广泛签署的行业自律公约，反映了互联网行业的行业惯例和商业规则，因此，可以将《自律公约》作为认定互联网行业公认商业道德的参考	违反，《自律公约》可以作为认定互联网行业公认商业道德的参考，微博的行为违反了《自律公约》
字节诉微梦二审案	《自律公约》仅可作为搜索引擎服务行业的商业道德，而不能成为互联网行业通行的商业道德。通过 Robots 协议对网络机器人进行限制并不当然违背互联网行业的商业道德	不违反，《自律公约》仅可作为搜索引擎服务行业的商业道德，非搜索引擎主体不受影响

续表

案件	法院论证	是否违反商业道德和诚信原则
腾讯诉融思案	《QQ 软件许可及服务协议》中对数据交互等行为有明确约定，通过擅自调用 QQ 软件的 API 端口，实现与腾讯服务器数据交互，获取腾讯服务器的相关数据信息，并通过上述信息谋取利益，既违反了协议约定，同时也会产生 QQ 用户对 QQ 软件安全性的怀疑，属于违反商业道德的行为	违反，通过违反服务协议认定构成违反商业道德
蚂蚁诉朗动一审案	国家标准化管理委员会先后于 2017 年和 2018 年出台了《信息技术大数据术语》（GB/T 35295—2017）、《信息技术数据质量评价指标》（GB/T 36344—2018）两部国家标准，均明确数据产品和服务提供中对于数据准确性和一致性的要求	违反，数据准确性是大数据行业发展的商业道德
蚂蚁诉朗动二审案	征信数据的质量特别是负面信息的偏差将直接影响蚂蚁微贷公司作为数据原始主体的商誉和社会评价，并造成市场参与者和关联方的信息误导，故朗动公司的被诉侵权行为破坏了平等公平的市场竞争秩序，也损害了其他经营者和消费者的合法权益，有悖于诚实信用原则和公认的商业道德，具有不正当性	违反，因信息偏差损害被抓取主体的商誉和社会评价、合法利益、市场竞争秩序等
前锦诉逸橙一审案	首先，关于该行为对市场主体利益的影响。其次，关于该行为是否违背行业惯例。最后，关于该行为对市场秩序的影响	不违反，反不正当竞争法意义上的商业道德，不等于个人品德或社会公德
腾讯诉搜道案	二被告通过被控侵权软件擅自收集微信用户数据，存储于自己所控制的服务器内的行为不仅危及微信用户的数据安全，且对二原告既有数据资源竞争权益构成了实质性损害，二被告此种利用他人经营资源“损人自肥”的经营活动不仅有违商业道德且违反了《网络安全法》的相关规定，属于违反《反不正当竞争法》第 2 条规定的不正当竞争行为	违反，因“损人自肥”的经营活动而违反商业道德
阿里巴巴诉码注案	应以其竞争行为对市场效率、社会利益、行业竞争秩序的影响等因素，综合判断是否违反诚实信用原则及公认的商业道德。二原告虽公开涉案数据，但其声明了不可使用未经允许的爬虫进行抓取，因此码注公司不可以无限制抓取、使用涉案数据，应注意善良、诚信的原则，在必要限度内使用涉案数据	违反，抓取行为并不有利于市场效率和社会利益，对经营者数据的公开直接替代经营者平台部分功能，超过明显限度
淘宝诉美景案	美景公司直接使用他人成果未付出劳动创造，提供同质服务，获取商业利益与竞争优势的行为，明显属“搭便车”，违背商业道德，最终影响消费者利益	违反，行为“搭便车”

续表

案件	法院论证	是否违反商业道德和诚信原则
谷米诉元光案	被告的行为属于“不劳而获”“食人而肥”，具有非法占有他人无形财产权益的故意，主观上破坏他人市场竞争优势并为自己谋取不当利益，违反诚实信用原则，扰乱了市场竞争秩序，构成不正当竞争	违反，行为“不劳而获”“食人而肥”，扰乱了竞争秩序（该行为作为违反诚信原则，损害经营者利益和损害公共利益的共同原因）
搜狐诉优度案	被告的行为获取竞争优势不正当，攫取了二原告合法的商业利益，在软件中嵌入自己客户的广告，为自己带来商业利益。该种竞争行为有违诚实信用原则以及公认的商业道德，构成不正当竞争	违反，损害原告利益，不正当取得竞争优势，为自己带来商业利益的行为不正当，违背商业道德
优酷诉千杉一审	被告使用优酷网的涉案综艺节目的方式，损害了原告正当商业模式下获得商业利益的合法权益，并从中获益，该行为违背了诚实信用原则，构成不正当竞争	违反，损害原告利益与自身获益的行为违背诚信原则
大众点评诉百度二审案	应综合考虑以下几个因素判断是否违反商业道德：行为是否具有积极的效果；是否在必要限度内使用涉案信息；行为超出必要限度对市场秩序所产生的影响；“垂直搜索”等被告所提出的新技术是否影响竞争行为正当性的判断	违反，虽然有积极效果，但超出必要限度
飞狐诉千杉二审案	上诉人行为属于以利用他人市场合法权益来谋求自身竞争优势，一审法院认定上诉人的该种竞争行为有违诚实信用原则以及公认的商业道德，构成不正当竞争并无不当	违反，损害他人权益，不当利用他人成果行为
淘宝诉载和案	从利益衡量的角度来看，比价、优惠等服务迎合了消费者关于货比三家、物美价廉的购物需求，对消费者利益有一定的促进。但该购物助手的具体行为方式对消费者利益因混淆服务来源、售后不良等情况造成损害。可能导致网络购物平台不再培育用户流量，破坏行业的市场竞争秩序。认定“帮 5 淘”购物助手的涉案行为构成不正当竞争更有利于社会整体利益。综上，“帮 5 淘”购物助手的行为有违商业道德和诚信原则，具有不正当性	违反，综合考量了经营者权益、消费者利益和公共利益后认为认定该行为构成不正当竞争更有利于社会整体利益
微梦诉淘友一审案	二被告的行为违背了商业道德和诚信原则，对新浪微博平台用户信息安全构成威胁，侵害了微梦公司的正当竞争利益，构成对微梦公司的不正当竞争行为	违反

续表

案件	法院论证	是否违反商业道德和诚信原则
微梦诉淘友二审案	上诉人的行为违反了诚实信用原则和公认的商业道德。用户是否同意以及用户的自由选择是否受保障是对互联网中用户信息的获取并使用的不正当竞争行为进行认定时所公认的商业道德	违反，个案认定商业道德
爱奇艺诉聚网视二审案	聚网视公司作为技术实施方，理应知晓该技术实施会导致自身获利而损害他人利益的结果，却仍选择实施，显示出其主观故意，违背了诚信原则及普遍接受的商业道德标准	违反，行为损人利己，具有主观故意
飞狐诉视畅案	经营者权益降低与行为者权益提升的行为有悖于诚实信用、自愿公平的商业伦理，对互联网视频产业的健康发展构成阻碍，被告行为构成不正当竞争	违反，损人利己行为有悖于商业道德
视畅与央视国际二审案	上诉人原网站观众通过深度链接技术在无需支付相应节目制作成本的情况下分流到自己的看客影视网，替代同类网络服务，对被上诉人网站的经济利益造成损害，违背公平竞争的市场原则和商业道德，扰乱了正常的市场竞争秩序，具有不正当性。	违反，实质性替代行为违反商业道德
爱奇艺与千杉一审案	二被告通过技术手段绕过向原告支付了费用的片前广告，不正当地取得竞争优势，行为违背诚实信用原则以及公认的商业道德	违反，“搭便车”
金山与合一一审案	合一公司主观上歧视性对待猎豹浏览器的行为违背了公认的商业道德，构成不正当竞争	违反，歧视性对待
金山与合一二审案	应被认定违反诚实信用原则的两类行为：破坏其他经营者正当经营活动的行为，不正当利用其他经营者经营利益的行为	违反，破坏他人正常经营活动，不当利用他人经营利益
汉涛诉爱帮一审案	爱帮科技公司未付出劳动、未支出成本、未作出贡献，直接利用技术手段在爱帮网上展示大众点评网用户和商户信息，并以此获取商业利益，是典型的“不劳而获”和“搭便车”的行为。这一经营模式违反公认的商业道德，违反公平原则和诚实信用原则，构成不正当竞争	违反，“搭便车”和“不劳而获”行为违反商业道德
汉涛诉爱帮二审案	爱帮科技公司的行为违背了公认的商业道德，扰乱了原本的经济秩序，损害了市场竞争	违反，实质性替代行为违背商业道德

续表

案件	法院论证	是否违反商业道德和诚信原则
蔓蓝与优酷二审案	判断蔓蓝公司的被诉行为是否具有正当性，可以从以下三个方面予以考量：主观过错、行为可责性（违反用户协议）和不当夺取交易机会或损害其他经营者合法利益	违反，从三方面判断商业道德
优酷诉千影案	千影公司的行为可能导致优酷网用户的减少及会员的流失，使优酷公司获取的会员费及广告收入减少；千影公司本身除开发涉案 App 外无需承担其余成本，即可使用户实现上述观影功能，增加了千影浏览器的用户数量，增强了自身的竞争优势，其行为已经超出市场经济自由竞争的合理边界，违背了诚实信用原则和公认的商业道德	违反，损人利己行为超出合理边界，违反商业道德
站酷诉纬聚案	纬聚公司存在教唆他人实施侵权行为的主观意图，实质性替代超出了使用信息的合理限度，绕过站酷网技术保护措施的三个行为违背了诚实信用原则和公认的商业道德	违反，从主观恶意、实质性替代和绕过保护措施三方面认定
快乐阳光诉帝业信息案	行为一方面可能导致芒果 TV 网站普通用户的减少及会员的流失，使快乐阳光公司获取的会员费及广告收入减少，另一方面增加了帝业公司运营的涉案 App 的用户数量，增强了自身的竞争优势，超出市场经济自由竞争的合理边界，违背了诚实信用原则和公认的商业道德，构成不正当竞争	违反，损人利己行为违反商业道德
乐视诉优酷案	优酷公司此种行为吸纳更多用户及点击量，与乐视公司形成市场利益上的此消彼长，优酷公司的行为显然已经超出正当竞争的合理限度，违反诚实信用原则和公认的商业道德，构成不正当竞争	违反，实质性替代、经营者权益减损、行为者权益增加违反商业道德
载和、载信与天猫一审案	客观方面，被告的行为方式有可能导致消费者误以为其插入的内容与原告或商户存在特定联系，且容易导致消费者的混淆，明显超出了购物助手的行为边界。从主观方面来看，行为在给被告带来利益的同时，还可能给原告造成损害，载和公司对此应当知悉，但仍利用消费者购买更低价格商品的消费心理推广该购物助手及其后面的“帮 5 买”网站，目的在于借助原告多年经营所取得的用户群获取相关用户的关注，为其“帮 5 买”网站增加注册用户及交易机会。具有明显的“搭便车”的特点。综上，“帮 5 淘”购物助手的涉案行为违反了诚实信用原则和购物助手这一领域公认的商业道德，具有不正当性	违反，从主客观两个方面，行为“搭便车”且超出行为边界，违反商业道德

续表

案件	法院论证	是否违反商业道德和诚信原则
载和、载信与天猫二审案	这种干扰行为是否违背诚实信用原则和公认的商业道德，是判断该行为是否构成不正当竞争的关键：首先，上诉人的行为是否对被上诉人的正常经营造成过度妨碍。其次，上诉人的行为是否具有正面的市场效应。最后，综合考量各方当事人及消费者利益，以及被控行为对市场竞争秩序所造成的影响。综合考虑上述因素，二上诉人运营涉案软件构成不正当竞争，其相关上诉请求，法院不予支持	违反，从经营者权益、市场效应、消费者利益等三叠利益进行考量，违反商业道德

数据抓取不正当竞争案件中，涉及商业道德和诚信原则的大致可以分为几类：

（1）违反具有公认的商业道德或行业惯例。尽管互联网是新兴领域，被广为接受的商业道德、行业惯例相对有限，但并非没有。法院在判定中，如果认为已经形成了公认的商业道德或行业惯例，则依此来认定行为的不正当性。互联网搜索引擎领域的《自律公约》就在该领域中被普遍适用。

（2）以“不劳而获”“搭便车”和“食人而肥”来认定。典型案例如百度诉淘学案。在该案中法院认为，被告违背诚实信用原则，用复制粘贴的方式搬运原告网站上的数据内容，将他人积累的信息据为已有，并作为自身经营资源予以展示和使用，是一种典型的不劳而获和食人而肥的行为。[①]

（3）从竞争秩序、竞争者利益以及消费者利益的角度展开。代表性的案例是前锦诉逸橙一审案。这一案件特别明确地提出，反不正当竞争法意义上的商业道德，不能仅通过主观的道德判断来进行认定，也不能将其等同于个人品德或社会公德，而是要综合考虑行为对经营者、消费者和市场秩序的影响，防止脱离竞争法的目标进行泛道德化评判。[②]在这样的理解中，商业道德的判断以“三叠利益”判断为核心，成为利益平衡的代名词。

---

① 北京市海淀区人民法院（2021）京0108民初35781号民事判决书。

② 上海市杨浦区人民法院（2017）沪0110民初25167号民事判决书。

4. 经营者利益

在适用《反不正当竞争法》的案件中，经营者利益受损通常是必然的、不言自明的部分，因此相关案件中高达 84% 的案件法院都分析了经营者利益受损问题。当然，不同的案件中，经营者利益受损对于数据抓取行为是否构成不正当竞争的意义则不一样。[①]（见表 5）

表 5 部分案件中对是否损害经营者利益的分析

案件	法院论证	是否损害经营者利益
百度诉淘学案	该行为不仅会给对方经营者造成直接的经济损害，更会损害他人依法从事合法经营、公平参与市场竞争的合法权益	损害被抓取者权益，直接损害
微梦诉蚁坊一审案	蚁坊公司被诉行为对微梦公司权益造成了损害：第一，影响微梦公司与用户间协议关于数据处理和安全等条款的履行；第二，改变了微梦公司为该部分数据设定的访问和展示规则；第三，给微博平台服务器的正常运行造成额外负担；第四，影响微梦公司对外授权并获得相关收益	损害被抓取者权益，维护成本增加，影响产品正常运行，影响潜在收益
微梦诉蚁坊二审案	蚁坊公司不正当地获取新浪微博数据并用以提供商业化舆情监测服务，在提高自身竞争优势的同时，会直接减弱微梦公司利用上述微博数据进行商业化利用的交易机会与交易空间	损害被抓取者权益，影响微梦公司利用数据进行交易的机会和空间
字节跳动诉搜狗案	被诉行为会导致答题活动的投入与产出不能按照原告预计的经营成本进行推算，最终影响其产出效能。被诉行为会使网络用户对原告提供的网络产品或服务的评价与信赖降低，从而损害原告的运营利益和商誉	借助字节跳动活动投入成本“不劳而获”获取自身商业机会
观澜诉医米案	被告对相关说明书的收集、整合未作出贡献，却大量使用了这些数据，并以此获得商业利益，其行为违反了诚实信用原则和商业道德，具有不当性	损害被抓取者权益，被告因“搭便车”行为获得商业利益
字节诉微梦一审案	直接降低了原告字节跳动公司“今日头条”平台的用户体验 。一定程度上降低了原告字节跳动公司“今日头条”网络平台的竞争优势，损害了原告字节跳动公司的合法权益	损害被抓取者权益，影响字节跳动用户体验和竞争优势

① 部分内容涉及后文对裁判规则的梳理，特别是实质性替代规则，对于损害的方式与程度都有考虑。这里主要是进行案例梳理，更为具体的分析可参见后文。

续表

案件	法院论证	是否损害经营者利益
字节诉微梦二审案	字节跳动公司对于其他网站经营者通过 Robots 协议拒绝其网络机器人抓取是认可的，也并没有因为微梦创科公司设置了 Robots 协议的限制而未能抓取到微博内容，而是在抓取后根据是否获得用户的授权来决定删除还是保留	没有损害
腾讯诉合聚案	被告广州合聚公司“移植”微信公众号文章的行为，已在涉案文章范围内对原告经营的服务产生替代效果，这必然会减少原告微信公众平台的网络流量，进而影响原告的商业广告收益，对原告造成损失	损害被抓取者流量和收益，产生替代效果
腾讯诉合聚案	实现关键词匹配后群消息批量导出、群成员信息批量导出等功能，这些程序功能破坏了腾讯 QQ 软件长期形成的数据管理体系，造成数据安全隐患，从而降低原告公司产品或服务的评价，减少其交易机会	损害被抓取者产品评价，减少其交易机会。增加了抓取者权益
蚂蚁诉朗动一审案	企查查平台用户和其他数据消费者，基于对企查查平台发布信息公信力的信任，将可能陷于错误认识的风险之下，并直接影响消费者的选择意愿，降低消费者对蚂蚁微贷公司的社会评价	损害被抓取者的声誉、社会评价等合法利益
前锦诉逸橙一审案	被告提供的这一服务，可能会导致用户在一定程度上减少登录前程无忧网站的次数，从而带来一定流量的损失。但总体上而言，被告的产品及服务依赖于前程无忧网站及类似的招聘类网站的运营，二者的发展呈正相关的关系。被告提供的关联账号服务，并未对原告的利益造成实质性影响	损害被抓取者的流量未对原告利益造成实质性影响
微梦诉云智联案	负面影响：云智联公司被诉行为，必然会加重新浪微博服务器的运行压力甚至导致产生安全或其他技术隐患，从而增加微梦公司对此应予投入的运营维护成本。破坏了微梦公司为该部分数据设定的访问和展示规则。实际分流走了微梦公司的潜在用户流量。正面影响：涉案 App 通过日常应援任务等功能鼓励用户和明星互动从而使得用户跳转至新浪微博，即便云智联公司所述成立，该行为本身的不正当性亦不能因其可能给微梦公司带来的正面影响而抵消	损害被抓取者的利益，增加运营成本，影响产品正常运营，减少用户流量和商业收益。增益被抓取者利益不能抵消行为的不正当性

续表

案件	法院论证	是否损害经营者利益
腾讯诉搜道案	二被告通过被控侵权软件擅自收集微信用户数据，存储于自己所控制的服务器内的行为不仅危及微信用户的数据安全，且对二原告既有数据资源竞争权益构成实质性损害，二被告此种利用他人经营资源损人自肥的经营活动不仅有违商业道德且违反了《网络安全法》的相关规定，属于违反《反不正当竞争法》第2条规定的不正当竞争行为	损害被抓取者的利益，损害原告商业利益和市场竞争优势
阿里巴巴诉码注案	被告码注公司将1688网站显示的企业信息用于自己经营的网站之上，可以替代1688网站的部分功能，这样的替代关系则会导致1688网站用户的流失。原告作为提供电子商务服务的企业，保障网站访问量，为在其网站开设店铺的企业提供更多交易机会是网站得以运营的基础，故码注公司的行为导致1688网站用户流失，从而损害1688网站的利益。码注公司计算企业活性值将1688平台公布的商家数据直接用于其网站，显然超过合理限度	损害被抓取者的利益，导致被抓取者用户流失，损害网站利益；对被抓取者数据的过度使用实质性替代了部分功能
淘宝诉美景案	美景公司已实质性替代了原告的数据产品，属于淘宝公司的客户被截取，使得交易机会严重流失，损害了淘宝公司的商业利益。实质性替代一般都会使经营者权益降低	损害被抓取者的利益，实质性替代数据产品，截取客户，损失交易机会
谷米诉元光案	被告行为实为一种“不劳而获”“食人而肥”，非法占用他人无形财产权益，破坏市场竞争优势，主观上故意为自己牟利，违反了诚实信用原则，扰乱了竞争秩序，构成不正当竞争行为	“不劳而获”“食人而肥”的行为，非法占用他人无形财产权益，破坏他人市场竞争优势
搜狐诉优度案	被告侵占二原告市场份额，不正当地取得竞争优势，导致二原告广告费和会员费收入减少，危及正常经营，攫取合法的商业利益。此外，被告还在软件中嵌入自家客户广告，以谋取私利。该种竞争行为有违诚实信用原则以及公认的商业道德	损害被抓取者利益，不正当提高自身利益
优酷诉千杉一审案	被告运营的电视猫软件，通过技术措施，使得网络用户无需观看片前广告也无需成为优酷网会员即可直接观看优酷网的涉案综艺节目。被告该行为会将原属于优酷网的用户吸引到自己的客户端。被告此种使用了优酷网的涉案综艺节目的方式，损害了原告依托其正当商业模式获取商业利益的合法权益，被告却因此获益，该行为违背了诚实信用原则，构成不正当竞争	损害被抓取者利益同时自身获利

续表

案件	法院论证	是否损害经营者利益
优酷与千杉二审案	优酷公司通过提供涉案节目的播放服务，结合用户观看广告后可以免费观赏视频和支付会员费后可以免除广告直接播放视频的常规经营模式实现相应经济利益，千杉公司利用技术手段避开或破坏优酷公司为保护涉案节目采取的技术措施，通过其自身的电视猫客户端使用户无需观看广告或支付会员费即可完整观看涉案节目，客观上必然会导致优酷公司广告播放量或会员费收益的减少，损害了优酷公司本可获得的经济利益	损害被抓取者利益，违反了《反不正当竞争法》第12条第2款第4项
大众点评诉百度一审案	由于百度地图中的每一条点评信息都是完整的，用户并不需要再去大众点评网查看该信息，即便百度地图中设置了指向大众点评网的链接也不具有正当性，导致大众点评网的流量减少。使用信息时又推介自己的团购等业务，攫取了大众点评网的部分交易机会。最终该行为会对汉涛公司造成损害	损害被抓取者利益，攫取了交易机会，导致流量减少
大众点评诉百度二审案	在提供用户评论信息方面，百度大量使用大众点评网用户评论信息构成对大众点评网的实质性替代，必然使汉涛公司的利益受到损害，百度的行为超过了必要的限度	损害被抓取者利益，对大众点评网构成实质性替代
飞狐诉千杉一审案	千杉公司在未支出相应的版权费用、带宽等成本的前提下，却以此不正当的方式取得竞争优势，该行为具有恶意。长此以往，将使飞狐公司、搜狐公司的网络用户减少，广告主非正常流失，其经营模式将陷入困境，给飞狐公司、搜狐公司造成较大损害，继而还将影响视频内容提供商乃至电信业务服务商的正常经营，甚至危及整个视频网站健康的互联网生态	损害被抓取者利益，使被抓取方用户减少，广告主非正常流失
淘宝诉载和案	本质系利用他人多年经营所获得的竞争优势以谋求自身的交易机会，具有明显的“搭便车”的特点	损害被抓取者利益，行为为“搭便车”
微梦诉淘友二审案	上诉人违反《开发者协议》，未经用户同意且未经被上诉人微梦公司授权，在脉脉应用的人脉详情中展示新浪微博用户信息，侵害了被上诉人的商业资源，获取不正当的竞争优势，属于不正当竞争行为	损害被抓取者权益，不正当获取竞争优势
爱奇艺诉聚网视一审案	聚网视公司开发的“VST全聚合”软件通过绕过广告直接播放正片，直接干预并严重损害了爱奇艺公司的正常经营。在网站上宣传推广该软件的行为具有明显的侵权故意。行为挤占爱奇艺公司市场份额，不正当地取得竞争优势，将造成爱奇艺公司收入减少，危及爱奇艺公司的正常经营，攫取了爱奇艺公司合法的商业利益	损害被抓取者利益，具有故意，造成爱奇艺广告费、会员费减少，攫取商业利益，不正当取得竞争优势

续表

案件	法院论证	是否损害经营者利益
爱奇艺诉聚网视二审案	聚网视公司通过技术让其用户无需支付版权费等营运成本就可观看爱奇艺的视频。爱奇艺公司在支付成本的同时，还面临用户数量减少和广告点击量下降导致的商业利益的损失	损害被抓取者利益，自身利益增加
飞狐诉视畅案	二原告搜狐视频的商业广告浏览量以及客户端软件的下载和使用次数出现下滑，被告视畅公司发布的涉案客户端软件下载与使用次数却持续增长，间接提升了视畅公司的知名度及其关联产品的销量，故法院认定被告的行为已实质性地破坏了搜狐视频原有的运营模式，紊乱了正常的交易秩序，在分流网络用户群体的同时，挤占了二原告的交易机会，并损害其竞争权益	损害被抓取者利益
央视国际诉视畅一审案	视畅公司以极低成本甚至无需成本，即可凭借向公众提供与原告节目相同的感官体验，获得与央视国际公司视频服务内容一致的竞争优势。视畅公司未经授权以搜索链接方式传播开幕式节目的行为，必然会在一定程度上将本属于央视国际公司的用户群体分流，增加自身的收益	损害被抓取者权益，分流用户群体，不正当获得竞争优势
爱奇艺诉千杉一审案	行为将使原告的网络用户减少，广告主非正常流失，其经营模式将陷入困境，继而还将影响视频内容提供商乃至电信业务服务商的正常经营，甚至危及整个视频网站健康的互联网生态	损害被抓取者权益
金山与合一二审案	猎豹浏览器所具有的视频广告过滤功能会使得相当比例的优酷网用户选择使用被诉猎豹浏览器，会使得相当比例的优酷网用户会同时成为猎豹浏览器的用户，增加猎豹浏览器用户量	损害被抓取者利益，用户减少与增加
汉涛诉爱帮一审案	使用垂直搜索技术的网站对于特定行业网站的信息的利用不得对该网站造成市场替代的后果，否则视为不在合理的范围内。爱帮版的商户简介和用户点评已经构成对大众点评网相应内容的实质性替代，必将不合理地损害汉涛公司的商业利益	损害被抓取者利益，实质性替代服务，没有在合理范围内使用数据
汉涛诉爱帮二审案	爱帮科技公司作为提供搜索、链接服务的网络服务商，对大众点评网的点评内容使用，用户无需使用大众点评网即可获得信息，超过了适当引用的合理限度，事实上造成相应内容的市场替代，对汉涛公司的合法利益产生实质性损害	损害被抓取者利益，实质性替代服务，没有在合理范围内使用数据

续表

案件	法院论证	是否损害经营者利益
蔓蓝诉优酷一审案	蔓蓝公司实质是未经优酷公司同意就以完全不对等的对价获取优酷公司的竞争资源和竞争优势，具有明显的“搭便车”和“食人而肥”的特点，主观上存在明显恶意。优酷公司本应获取的收益包括 VIP 会员服务收益和分销收益等均难以实现，依靠其竞争资源和竞争优势争取到的用户注意力和与此相关的交易机会也面临减少或丧失	损害被抓取者利益，“搭便车”与“不劳而获”，具有主观恶意
蔓蓝与优酷二审案	蔓蓝公司不仅干扰了优酷公司视频网站的运营模式和盈利方式，也使得优酷公司的交易机会、会员收入及用户流量等受到实质影响，直接损害了优酷公司基于 VIP 视频服务所产生的经营收益	损害被抓取者利益，造成直接损害
优酷诉千影案	千影公司的行为可能导致优酷网用户的减少及会员的流失，使优酷公司获取的会员费及广告收入减少；千影公司本身除开发涉案 App 外无需承担其余成本，即可使用户实现上述观影功能，增加了千影浏览器的用户数量，增强了自身的竞争优势	损害被抓取者利益，损人利己
站酷诉纬聚案	纬聚公司利用“花瓣采集工具”诱导用户将站酷网的素材内容大量复制、上传至花瓣网，使用户无需浏览站酷网，即可在花瓣网查看、分享、下载相关素材内容，事实上造成了花瓣网对站酷网的实质性市场替代，攫取了原本属于站酷网的流量，直接影响站酷公司基于网站流量的广告收入等商业收益，对站酷公司造成了实质损害，超出了使用信息的合理限度	损害被抓取者利益，构成实质性替代，超出合理限度
快乐阳光诉帝业信息案	上述行为一方面可能导致芒果 TV 网站普通用户的减少及会员的流失，使快乐阳光公司获取的会员费及广告收入减少。帝业公司采用相关技术手段可直接播放来源于芒果 TV 网站的视频内容，亦占用了芒果 TV 网站的带宽资源，而其本身除开发涉案 App 外无需承担其余成本，即可使用户跳过广告观看相关视频内容，增加了帝业公司运营的涉案 App 的用户数量，增强了自身的竞争优势	损害被抓取者利益，损人利己
载和、载信与天猫一审案	借助消费者对原告平台服务质量的信任而增加了其网站的用户注册量及交易量，被告可从中获利。从原告利益角度来看，其主要竞争优势在于用户流量，若允许“帮 5 淘”购物助手继续以该种方式提供服务，必然会破坏原告的用户黏性，削弱其竞争力	损害被抓取者利益，破坏用户黏性，对原告商业产生不利影响

续表

案件	法院论证	是否损害经营者利益
载和、载信与天猫二审案	上诉人帮购软件的运行，最终与天猫商城商户直接进行交易的是载和公司而非消费者，这意味着天猫公司将无法掌握有关消费者的消费过程中所产生的数据信息，而这些数据信息对于电子商务类网站无疑具有巨大的商业价值。行为已严重破坏上诉人网站页面的完整性，使得被上诉人无法按照自己的意愿在自己网站上正常展示信息，已属于过度妨碍被上诉人正常经营的行为	比价助手使得天猫丧失一部分具有商业价值的信息，正常经营行为被妨碍

在现有的数据抓取不正当竞争案件中，对于经营者的损害有不同的分析，总结起来主要分为以下几类：

（1）增加经营者运行成本。在微梦诉蚁坊一审案中，法院就细致地分析了数据抓取行为如何增加了经营者的运行成本。法院认为，蚁坊公司被诉行为对微梦公司权益造成了损害：第一，根据《微博服务使用协议》以及民法权利义务对等的原则，微梦公司在对微博平台数据享有权益的同时必然要负担维护数据运行，保护用户数据安全或支付相应对价等义务，而蚁坊公司被诉行为，必然会影响微梦公司与用户间协议关于数据处理和安全等条款的履行；第二，蚁坊公司通过非正常的技术手段抓取微博平台公开数据，以及破坏或绕开微梦公司对非公开数据采取的保护措施而抓取非公开数据，且在鹰击系统中改变新浪微博的展示形式，显然改变了微梦公司为该部分数据设定的访问和展示规则，从而影响微博平台这一产品的正常运行；第三，蚁坊公司实时抓取大量微博平台数据，也会给微博平台服务器的正常运行造成额外负担，加大微梦公司的运营成本；第四，微梦公司就微博平台数据已与案外人开展合作，提供与蚁坊公司相仿的数据监测和分析服务，蚁坊公司被诉行为必然会影响微梦公司对外授权并获得相关收益。[①]

（2）构成直接损害。蚂蚁诉朗动一审案中，法院认为，企查查针对蚂蚁微贷公司清算信息的推送行为，企查查平台用户和其他数据消费者，基于对

① 北京知识产权法院（2019）京 73 民终 3789 号民事判决书。

企查查平台发布信息公信力的信任，将可能陷于错误认识的风险之下，并直接影响消费者的选择意愿，降低消费者对蚂蚁微贷公司的社会评价。正如本案查明的事实，企查查平台推送的针对蚂蚁微贷公司的清算信息引发了大量媒体报道，给公众造成了蚂蚁微贷公司面临清算的误导。因此，朗动公司的行为损害了经营者的声誉，造成了市场参与者和关联方的信息误导，可能损害各方参与者的合法利益。①

（3）强调“搭便车”“不劳而获”带来的损害。观澜诉医米案中，法院认为，本案中，被告大量获取并无偿使用原告数据的行为侵害了原告对此享有的经济利益，使得被告软件拥有了与原告基本相同的说明书数据库内容，用户并不需要通过原告软件去查看相关信息，掠夺了原告的用户，导致原告所能获得的流量减少，损害了原告因此而享有的市场竞争优势，扰乱了正常的市场竞争秩序，系不劳而获的行为，具有可责性。被告对相关说明书的收集、整合未作出贡献，却大量使用了这些数据，并以此获得商业利益，其行为违反了诚实信用原则和商业道德，具有不当性。②

5. 消费者利益

2017 年《反不正当竞争法》修订时，在第 2 条第 2 款中增加了“消费者的合法权益”的表述，体现了《反不正当竞争法》希望达成对竞争秩序、经营者利益和消费者利益的平衡，使得消费者利益成为衡量竞争行为是否违法的重要标准。但是，在数据抓取不正当竞争案例中，“消费者利益”被法院分析的数量并不高，在案件统计中占比 34%。（见表 6）

表 6　对是否损害消费者利益的分析

案件	法院论证	是否损害消费者利益
微梦蚁坊一审案	蚁坊公司对其进行存储可能导致用户个人信息的泄露和被侵害，而这必然影响微博平台数据安全而破坏微梦公司所提供服务的正常运行，也可能侵害用户作为消费者对其个人隐私等信息所享有的合法权益	损害，侵权行为导致个人信息泄露损害

① 杭州铁路运输法院（2019）浙 8601 民初 1594 号民事判决书。

② 上海市杨浦区人民法院（2021）沪 0110 民初 3349 号民事判决书。

续表

案件	法院论证	是否损害消费者利益
字节诉微梦一审案	影响了网络用户对其所选择的“今日头条”客户端的正常使用，且在一定程度上迫使存在相关信息检索需求的网络用户只能通过其他平台获取相关信息，增加了网络用户的选择成本，损害了网络用户的选择权，从而损害了相关网络用户的合法权益	损害，增加了网络用户选择成本
微梦诉云智联案	云智联公司对其进行抓取和展示可能导致此类用户个人信息的泄露和被侵害，而这必然影响新浪微博数据安全进而破坏微梦公司所提供服务的正常运行，也可能侵害用户对其个人隐私等信息所享有的合法权益。涉案 App 通过日常应援任务等功能鼓励用户和明星互动从而使得用户跳转至新浪微博，即便云智联公司所述成立，该行为本身的不正当性亦不能因其可能给微梦公司带来的正面影响而抵消	损害，侵权行为可能导致个人信息泄露损害，消费者利益一定的提升不能赋予行为正当性
大众点评诉百度二审案	如果获取信息投入者的利益不能得到有效保护，则必然使得进入这一领域的市场主体减少，消费者未来所能获知信息的渠道和数量亦将减少	损害，消费者长期利益受损
淘宝诉载和案	“帮 5 淘”购物助手提供的比价、优惠等服务迎合了消费者关于货比三家、物美价廉的购物需求，对消费者利益有一定的促进。该购物助手的具体行为方式同时也可能造成混淆服务来源、售后不良等后果，对消费者利益亦会产生一定的损害	损害与增长并存
金山与合一二审案	就短期来看，视频网站的主要商业模式可能因此而产生变化，从而对用户利益产生影响；就长期来看，这一情形可能导致视频网站丧失生存空间，必然会使得用户在互联网上获得视频内容的机会大大减少，从而客观上导致用户利益受到损害	损害，消费者长期利益受损
蔓蓝诉优酷一审案	蔓蓝公司涉案行为看似为其用户提供了性价比更高的服务，免去了用户购买各大视频网站会员服务的麻烦，提供了“一站式”的会员服务，但这种靠攫取他人利益牟利的行径，只会破坏良性的竞争环境和激励创作传播的机制，最终导致合法经营者没有动力通过经营活动来丰富互联网内容资源，改善互联网服务，最后殃及的还是网络用户	损害，消费者长期利益受损

续表

案件	法院论证	是否损害消费者利益
蔓蓝与优酷二审案	从长远看，也将逐步降低市场活力，破坏竞争秩序和机制，阻碍网络视频市场的正常、有序发展，并最终造成消费者福祉的减损	损害，消费者长期利益受损
载和、载信与天猫一审案	"帮5淘"购物助手提供的比价、优惠等服务迎合了消费者关于货比三家、物美价廉的购物需求，对消费者利益有一定的促进。然而，该购物助手的具体行为方式同时也可能造成混淆服务来源、售后不良等后果，对消费者利益亦会产生一定的损害	损害与增长并存
载和、载信与天猫二审案	上诉人行为对消费者利益的提升无法抵消其过度妨碍被上诉人网站正常经营对上诉人利益的减损，长期来看会对电子商务网站的商业投入和创新造成影响，破坏电子商务和比价、帮购等服务共存的生态，消费者最终利益可能无法长期持续	长期损害消费者利益

在"三叠利益"平衡分析模式中，消费者利益具有重要地位，但在数据抓取不正当竞争案件中，缺乏对消费者产生的利益增益的分析，影响判决的比重也远远低于经营者利益的比重。

就现有案件而言，法院在分析消费者利益时有两种类型：

（1）认为侵害了消费者个人信息。例如，在微梦诉云智联案中，法院认为，云智联公司对其进行抓取和展示可能导致此类用户个人信息的泄露和被侵害，而这必然影响新浪微博数据安全进而破坏微梦公司所提供服务的正常运行，也可能侵害用户对其个人隐私等信息所享有的合法权益。[①]不过，将消费者损害体现为用户个人信息的泄露，是否适合作为不正当竞争行为的判断标准也存有疑问。

（2）关注消费者长远利益。法院在消费者利益要素的使用过程中会假定一种情形，即消费者个人利益可能因抓取行为而获得短暂的提升。但从长期角度看，经营者会因为抓取行为没有动力来丰富资源内容，导致长期来看，消费者的个人利益会降低。例如，蔓蓝诉优酷一审案中，蔓蓝公司涉案行为看似为其用户提供了性价比更高的服务，免去了用户购买各大视频网站会员

① 北京市海淀区人民法院（2017）京0108民初24512号民事判决书。

服务的麻烦，提供了“一站式”的会员服务，但这种靠攫取他人利益牟利的行径，只会破坏良性的竞争环境和激励创作传播的机制，最终导致合法经营者没有动力通过经营活动来丰富互联网内容资源，改善互联网服务，最后殃及的还是网络用户。[①] 但这也说明，对于消费者利益的考虑更多是理论逻辑的推导，而不是通过具体的证据来实际证明。

6. 市场竞争秩序

市场竞争秩序是《反不正当竞争法》第 2 条所规定的“三叠利益”中的重要组成部分，并且是最为重要的组成部分。但是，在数据抓取不正当竞争案件中，法院很少分析市场竞争秩序，数量只占到所有案件的 20%，为所有要素中比例最低。（见表 7）

表 7　对市场竞争秩序的分析

案件	法院论证	是否损害公共利益
百度诉淘学案	同时会使相关用户误认为其具有相应的市场竞争能力，扰乱市场竞争秩序	损害
字节跳动诉搜狗案	被诉行为扰乱市场竞争秩序	损害
观澜诉医米案	不劳而获的行为扰乱了正常的市场竞争秩序	损害
字节诉微梦一审案	本案被告微梦创科公司的涉案行为造成相关网络用户无法完整地获取相关信息，主动设置障碍影响信息正常流通与互联网行业普遍遵循的开放、平等、公平、促进信息流动的原则相悖，损害了网络市场的竞争秩序	损害
字节诉微梦二审案	微梦创科公司仅对字节跳动公司的网络机器人设置了 Robots 协议限制，不会导致出现所谓的信息孤岛现象，其他机器人可以正常抓取，不会损害公共利益或竞争秩序	不损害
阿里巴巴诉码注案	乐观地讲，被赋予积极评价的企业，企业信息的广泛传播可以增加交易机会，有利于鼓励企业积累信誉，形成良性循环。无论码注公司是否能实现其构想，其为解决信息不对称问题的初衷值得赞赏，但就目前来看，由于缺乏市场的检验，尚无法得出码注公司作出的活性值有利于市场效率及社会利益的结论	未形成公共利益增益

① 北京互联网法院（2018）京 0491 民初 429 号民事判决书。

续表

案件	法院论证	是否损害公共利益
淘宝诉美景案	美景公司的行为破坏了淘宝公司的商业模式，削弱了淘宝公司的市场竞争优势，损害了淘宝公司的核心竞争力，扰乱了大数据行业的竞争秩序	损害
谷米诉元光案	被告利用网络爬虫技术大量获取并且无偿使用原告收集的实时公交信息数据的行为属于“不劳而获”“食人而肥”，具有非法占用他人无形财产权益，破坏他人市场竞争优势。主观上为自己谋取竞争优势，违反了诚实信用原则，扰乱了竞争秩序，构成不正当竞争行为	损害
大众点评诉百度二审案	百度公司超出必要限度使用涉案信息的行为对汉涛公司造成损害的同时，使得其他市场主体不愿再就信息的收集进行投入，破坏正常的产业生态，并对竞争秩序造成一定的负面影响	损害
淘宝诉载和案	长此以往，还有可能导致网络购物平台失去培育用户流量的动力，破坏网络购物这一行业的市场竞争秩序。认定“帮5淘”购物助手的涉案行为构成不正当竞争更有利于社会整体利益	损害，社会整体利益由“三叠利益”衡量
载和、载信与天猫一审案	虽然二上诉人的行为会给消费者带来一定的福利，但其过度妨碍被上诉人网站正常经营不仅有损被上诉人的利益，长此以往也会给电子商务网站的商业投入和创新带来负面影响，进而破坏电子商务和比价、帮购等服务共存的生态，消费者也难以获得长期持续的利益，有损公平竞争的市场秩序	损害

部分案件即便在论证中涉及市场竞争秩序，法院也很少就市场竞争秩序本身进行进一步分析。这使得“市场竞争秩序”更多成为法院分析最终的结论，而非分析的起点。

三、司法裁判规则归纳与评析

基于反不正当竞争法中的诸多要素，对于数据抓取不正当竞争司法的分析可以更清楚地看到法院如何理解这些要素，这些要素在行为违法性认定中所起的作用。不过，所有的分析要素最终都是为判断行为是否正当而服务的，而法院在实际判断中，往往结合了多种分析要素来进行。例如，按照《反不正当竞争法》第2条对于“三叠利益”的规定，法院应当至少分析市场竞争秩序、经营者利益和消费者利益，然后才能判断行为的违法性，但事实上既很少分析市场竞争秩序，同时也基本没有实质性分析。因此，法院的实际裁判往往侧重于其中的部分要素，并形成一定的分析模式。对这些裁判规则的梳理和评价，是进一步完善案件分析的基础。

（一）主要裁判规则

1. 实质性替代规则

实质性替代规则在2010年首次被法院通过对《反不正当竞争法》一般条款的解释而提出之后，包括大众点评诉百度案[①]、淘宝诉美景案[②]等在内的案件，都采用了这一规则。也正是对实质性替代规则的认可，在近期的一些规范性文件中，实质性替代规则也被作为判断数据抓取是否构成不正当竞争的基本规则。例如，国家市场监管总局发布的《禁止网络不正当竞争行为规定（公开征求意见稿）》、最高人民法院颁布的《关于适用〈中华人民共和国反不正当竞争法〉若干问题的解释（征求意见稿）》以及《反不正当竞争法（修订草案征求意见稿）》。这使得实质性替代规则成为通过总结司法经验发展法律规范的样本。

学界也普遍认为实质性替代规则具有积极意义。有学者认为，将实质性替代作为合法与非法抓取的行为边界，反映了对数据控制方的财产投入、数据使用者的竞争自由，以及公众自由获取信息的利益的综合平衡。[③]还有学者认为，实质性替代规则体现了“获取—利用”两分法的评价方式，能够明确各个环节行为的正当性边界，更能为市场行为提供清晰指引。[④]这也使得实质性替代规则成为被理论上广为接受的规则。

---

① 上海市浦东新区人民法院（2015）浦民三（知）初字第528号民事判决书、上海知识产权法院（2016）沪73民终242号民事判决书。

② 杭州铁路运输法院（2017）浙8601民初4034号民事判决书。

③ 周樨平:《数据爬取的不正当竞争认定规则研究》，载《南大法学》2023年第2期；刁云芸:《涉数据不正当竞争行为的法律规制》，载《知识产权》2019年第12期；林婧、陈琳:《数据抓取行为的反不正当竞争法规制》，载《电子科技大学学报（社科版）》2021年第6期；郑一丹:《ROBOTS协议下数据抓取行为规制研究——以〈反不正当竞争法〉为视角》，载《吉林工商学院学报》2020年第6期。

④ 孙晋、冯涛:《数字时代数据抓取类不正当竞争纠纷的司法裁判检视》，载《法律适用》2022年第6期。

最早提出实质性替代规则的案件是大众点评诉爱帮网案。在该案中，大众点评网认为爱帮网大量复制其网页信息，借此获取了不当的浏览量和竞争优势，违反了《反不正当竞争法》。北京海淀区法院在分析数据抓取行为是否构成不正当竞争时，主要从两个方面来展开：①

首先，由于爱帮网采用了垂直搜索技术，法院首先分析了该技术，并提出了以市场替代后果作为技术使用是否合法的判断依据。法院认为，垂直搜索引擎技术客观上会为网络用户提供更为准确的搜索服务，技术本身并不具有违法性。但使用垂直搜索技术的网站对于特定行业网站的信息的利用，应控制在合理的范围内，不得对该网站造成市场替代的后果。

其次，法院将该标准带入案件中，分析了爱帮网对于大众点评网内容使用上的结果。法院认为，爱帮网使用的源于大众点评网的内容中，商户简介和大众点评网完全一致，用户点评和大众点评网也没有实质性区别。通过爱帮网，用户可直接获取商户简介的全部内容和用户点评的绝大部分内容，基本实现获取信息的目的。虽然爱帮网注有“在大众点评发表”字样和链接标识，但爱帮网已对全部商户简介内容和绝大部分点评内容进行了充分展示，网络用户一般不会再选择点击大众点评链接标识。因此，爱帮网的商户简介和用户点评已经构成对大众点评网相应内容的实质性替代，必将不合理地损害汉涛公司的商业利益。在随后的上诉中，北京市第一中级人民法院认可了一审法院的判断理由。②

在大众点评诉爱帮网案之后，这一领域最有影响力的案件当属大众点评诉百度案。在该案中，百度公司作为搜索引擎服务提供商，在其经营的百度地图中使用了大众点评网的点评信息。当用户在百度搜索引擎上搜索相关商家时，百度地图的页面会显示部分来自大众点评网的完整点评信息。在使用这些信息时，百度有标注“来自大众点评”，并同时提供了链接，用户可点击该链接跳转到相应的大众点评页面。大众点评网认为百度地图的这种行为减少了用户对自己网站的访问，构成不正当竞争。法院在分析后认为，判断

---

① 北京市海淀区人民法院（2010）海民初字第24463号民事判决书、北京市第一中级人民法院（2011）一中民终字第7512号民事判决书。

② 北京市第一中级人民法院（2011）一中民终字第7512号民事判决书。

是否构成不正当竞争行为，需要考虑几个方面的要素：[①] 首先，百度公司使用涉案信息是否超出了必要的限度。理想状态下应当遵循“最少、必要”的原则，即采取对汉涛公司损害最小的措施。但是要求百度公司在进行商业决策时，逐一考察各种可能的行为并选择对汉涛公司损害最小的方式，在商业实践中是难以操作的。但如果存在明显有对汉涛公司损害方式更小的方式而未采取，或者其欲实现的积极效果会严重损害汉涛公司利益的情况下，则可认定为使用方式已超过必要的限度。

其次，认定百度公司通过搜索技术抓取并大量全文展示来自大众点评网的信息已经超过必要的限度。具体表现为：首先，已经实质替代了大众点评网的相关服务，其欲实现的积极效果与给大众点评网所造成的损失并不符合利益平衡的原则。其次，百度公司明显可以采取对汉涛公司损害更小，并能在一定程度上实现积极效果的措施。因为百度地图在早期版本中所使用的来自大众点评网的信息数量有限，且点评信息未全文显示，这种使用行为尚不足以替代大众点评网提供用户点评信息服务，也能在一定程度上提升用户体验，丰富消费者选择。

除了这些典型案例之外，在分析数据抓取是否构成不正当竞争案件中，有不少案件都采用了实质性替代规则。例如，视国际诉视畅案[②]、爱奇艺诉千杉案[③]、乐视诉优酷案[④]、站酷诉纬聚案[⑤]、微梦诉复娱案[⑥]、微梦诉字节案[⑦]等，由此可见在数据抓取不正当竞争案件实质性替代规则的接受程度。

2. 破坏技术限制措施规则

因为破坏技术限制措施而被认定为不正当竞争行为在数据抓取案件中也是较为被广泛采用的标准。现行《反不正当竞争法》第 12 条规定，当数据

---

① 尽管学界将大众点评网诉百度案作为法院采用“实质性替代”标准的案件，但该案中法院首先强调的是数据使用的“最少、必要”原则，并最终认定百度的数据使用超出了这一限度。因此，更合理的归纳，应该是法院所创建的“最少、必要”标准，而不是“实质性替代”标准。

② 上海知识产权法院（2015）沪知民终字第 326 号民事判决书。

③ 上海市浦东新区人民法院（2015）浦民三（知）初字第 143 号民事判决书。

④ 北京市海淀区人民法院（2016）京 0108 民初 12293 号民事判决书。

⑤ 北京市朝阳区人民法院（2017）京 0105 民初 46234 号民事判决书。

⑥ 北京市海淀区人民法院（2017）京 0108 民初 24510 号民事判决书。

⑦ 北京市高级人民法院（2021）京民终 281 号民事判决书。

利用者爬取数据的手段以及利用数据开发的衍生性产品妨碍和破坏了原告提供的产品和服务的正常运行，则认为构成不正当竞争行为。但这一条的适用也存在疑问。因为在互联网背景下，对数据的抓取和利用通常都会影响数据持有经营者的经营，如果以此认定不正当竞争行为，会使得数据利用的空间变得太过狭窄。《反不正当竞争法（修订草案征求意见稿）》第18条第1款第1项规定："经营者不得实施下列行为，不正当获取或者使用其他经营者的商业数据，损害其他经营者和消费者的合法权益，扰乱市场公平竞争秩序：（一）以盗窃、胁迫、欺诈、电子侵入等方式，破坏技术管理措施，不正当获取其他经营者的商业数据，不合理地增加其他经营者的运营成本、影响其他经营者的正常经营……"也可见，以破坏技术限制措施来认定构成不正当竞争行为的确是一个重要的方式。

法院通常将违反平台设置的限制措施而爬取数据的行为认定为具有破坏性。突破平台设置的登录限制、IP频率访问限制、验证码等技术措施，或者违背Robots协议爬取数据的行为会被认定为不正当。理由是，这会破坏平台的访问运行机制，平台对这种未经授权的爬虫只能投入更多的成本与其对抗；会对平台服务器造成远超正常用户访问的负担，加大原告的运营成本；会影响原告与用户间协议关于数据处理和安全等条款的履行，也会影响平台对外授权并获得相关收益。爬取之后利用数据的行为如果破坏了原告提供的产品和服务的原貌，也会被认定为具有破坏性。[①]

例如，在腾讯诉银光案中，法院认定，原告作为微信软件的运营者，负有保护微信数据安全的责任。原告在保护微信产品数据安全方面投入巨大的人力、物力、财力，采取了多重技术措施防范他人非法获取数据。原告作为微信的运营者，通过《腾讯微信软件许可及服务协议》《微信个人账号使用规范》《微信隐私保护指引》等规范向微信用户作出数据安全保护承诺，微信用户向微信平台提供信息是基于其对微信平台信息安全保护能力的信赖。涉案软件具备的收集、存储及监控微信数据的功能导致除了微信运营者即原告以外的其他非微信运营者接收到微信的信息数据，导致这部分数据存在较

① 周樨平：《数据爬取的不正当竞争认定规则研究》，载《南大法学》2023年第2期。

高于其他数据的风险。此种风险已经威胁到微信平台的安全运行。显然妨碍了原告对微信数据安全的维护。[①]

此外，在微梦诉云智联案中，法院认为，云智联公司抓取的涉案数据包括微梦公司已设置了访问权限的非公开数据，该部分数据包括新浪微博用户登录账号后才可访问或分享的部分涉案数据，以及因明星自身所作限制使得用户即便登录新浪微博账号亦无法从新浪微博产品前端获取的部分涉案数据。在云智联公司与微梦公司不存在合作且云智联公司自认其未获得明星许可使用其在新浪微博上的涉案数据的情形下，云智联公司要获取该些非公开数据，仅能利用技术手段破坏或绕开微梦公司所设定的访问权限，此种行为显然具有不当性。[②]

（二）既有裁判规则的评价

1. 实质性替代规则

在实质性替代规则越来越被接受，而成为判断数据抓取行为是否正当的基本规则的同时，其内涵、适用条件等问题却在很大程度上被忽略。“替代”的本质就是竞争，实质性替代转换为一般化的表达方式的话，就是指“更为直接的竞争”。而在反不正当竞争法语境下，以是否存在直接竞争来定义是否构成不正当竞争，无疑存在疑问，因为这一规则在本质上并没有提供合适的判断标准。“不正当竞争行为”的判断中，“不正当”和“竞争”是两个要素。在广义竞争关系和狭义竞争关系的争论中，竞争关系也主要是作为前提条件来理解的——如果不存在特定的竞争关系，就不应当通过反不正当竞争法来寻求救济。也就是说，直接竞争关系仅仅是对竞争关系的分析，并没有涉及竞争行为是否正当的问题。不能说因为有直接竞争关系，因此就构成了不正当竞争。

进一步说，单纯从竞争关系来理解不正当竞争没有任何分析性的意义，如果实质性替代可以作为判断数据抓取行为是否正当的标准，那么几乎所有的反不正当竞争案件中都包含了这一标准。例如，商业混淆行为也可以用

① 广东省广州市天河区人民法院（2020）粤 0106 民初 36378 号民事判决书。
② 北京市海淀区人民法院（2017）京 0108 民初 24512 号民事判决书。

实质性替代规则来进行解释：因为经营者采用了和具有一定影响力的商品相同或类似的名称、包装、装潢，会造成实质性替代，所以具有违法性。而从《最高人民法院关于适用〈中华人民共和国反不正当竞争法〉若干问题的解释》第 13 条的规定中也可以解读出这一意义。根据这一规定，“经营者实施下列混淆行为之一，足以引人误认为是他人商品或者与他人存在特定联系的，人民法院可以依照反不正当竞争法第六条第四项予以认定……”其中所强调的“足以”，也完全可以理解为能够“实质性”地造成相关产品之间的替代。但这种解释上的广泛性并不能说明实质性替代规则的有效性，可以成为超越数据抓取行为的、具有普适性的规则，恰恰相反，是因为这一规则仅涉及竞争关系而没有对正当性进行分析，而竞争关系是不正当竞争行为所共同拥有的特质。

实质性替代当然也强调了替代的程度问题。有学者就认为，实质性替代的构成应当首先考虑“量”，被爬取数据仅为被爬取方网络平台的特定领域的小部分（如明星微博账号数据）和平台大部分数据被爬取，可能带来的损害后果显然不同，即使结合其他因素认定爬取部分数据构成不正当竞争，在赔偿责任上也应体现区分度。[①] 但事实上，司法案件中法院并没有要求原告证明真正的替代程度。从因果关系的角度来说，要证明这一情况几乎是不可能的。也因此，尽管“实质性”替代隐含了替代程度的意思，但因为构成直接竞争，就推定其必然导致很大程度上的替代。例如，在微梦诉云智联案中，法院认为，涉案 App 的部分版本抓取涉案数据后在涉案 App 中进行直接、完整地展示，基于正常的阅读习惯，当用户在涉案 App 中浏览完相关内容后再回到新浪微博查阅相关内容的概率很低。因此，就该部分涉案数据而言，涉案 App 已对新浪微博构成实质性替代。[②] 这里所说的“基于正常的阅读习惯，当用户在涉案 App 中浏览完相关内容后再回到新浪微博查阅相关内容的概率很低”实际上就是一种推断，也并没有证据来对替代的程度予以证明。因此，从根本上说，“实质性替代”是以会发生替代的结果（损害结果）

① 郭颖君、费兰芳：《竞争法语境下数据爬取的司法理念调适》，载《电子知识产权》2022 年第 12 期。

② 邱福恩：《商业数据的反不正当竞争保护规则构建》，载《知识产权》2023 年第 3 期。

来认定行为的不正当性。但同样地，损害结果的存在并不能推导出行为的不正当性，因为正当的竞争同样会造成竞争对手的损害。

2. 破坏技术措施规则

破坏技术限制措施规则以是否存在特定的保护措施，而竞争者是否以破坏性的手段来获取数据为基础。但是，以此为认定数据抓取行为是否正当的标准存在以下问题：

首先，破坏技术措施规则忽视了被保护的数据本身是否应当被保护。如果忽略这一前提，只要采用了技术措施就会被认定不正当的话，那么数据持有人一定会采用技术措施来限制其他经营者的抓取行为。通过技术措施来保护其数据不被复制和利用，也必然会阻碍数据的流通和利用。即便对于著作权这种赋权保护的知识产权而言，技术保护措施也存在此类问题。虽然技术保护措施有利于对权利人提供更强的保护，但同时也会对合理使用、法定许可，甚至保护期制度造成冲击，侵蚀公共领域。①

《反不正当竞争法（修订草案征求意见稿）》第 18 条第 1 款第 1 项的规定中，虽然将破坏技术管理措施限定在“盗窃、胁迫、欺诈、电子侵入”等方式上，并规定了“不合理地增加其他经营者的运营成本、影响其他经营者的正常经营”的后果。但这一规定仍然存在定位不明、保护法益不清的问题。因此，即便增加“盗窃、胁迫、欺诈”等获取手段不正当的法律定性，也仍然应当对适用该标准的数据范围作出一定的限定，以避免经营者动辄通过技术管理措施限制他人对其商业数据的获取，对数据的流通利用产生不利影响。② 因此，有学者认为，破坏技术措施规则的出发点是否定数据权利思维，强调只有“破坏性”的数据利用行为才能被认定为非法，使数据资源具有更多的开放与共享空间。但是将违反平台设置的限制措施而爬取数据的行为一般性地认定为非法，而并不对其造成破坏的真实性以及破坏程度进行考察以及设定标准，则可能导致平台强化对数据的控制权，使平台能够自主决定数据是否可以被他人获取。因此，如何认定“破坏性”，仍有进一步探讨

---

① 邱福恩：《商业数据的反不正当竞争保护规则构建》，载《知识产权》2023 年第 3 期。

② 邱福恩：《商业数据的反不正当竞争保护规则构建》，载《知识产权》2023 年第 3 期。

的空间。[①]

其次，不加限定的破坏技术措施规则，会和权益保护的模式以及行业惯例产生冲突。凡是能够宣示权利人主张权利的意愿并且可以被识别的措施，即可成为保护措施，这既包括ID、密码等认证技术，也包括各种“反爬虫”的限制措施以及Robots协议等。如果这样理解，平台就可以通过“保护措施”来宣示“权利”，从而将不符合自己意志的爬取行为宣布为违法，这可能会比有限权利保护的做法更加激进。[②]而且，在有公认的商业道德认可下，技术限制措施才具有正当性，这在部分案例中也有体现。例如，字节诉微梦二审案中，法院认为，《自律公约》仅可作为搜索引擎服务行业的商业道德，而不能成为互联网行业通行的商业道德。[③]在案证据能够证明，除微梦公司外，其他网站的Robots协议也存在以主体进行抓取限制的情形，特别是字节跳动公司在其网站上也明示了其他网站可以通过Robots协议禁止其抓取的内容。由此可知，包括字节跳动公司在内的互联网企业对于网站经营者通过Robots协议来限制其他网络机器人的抓取行为都是认可和遵守的。因此，通过Robots协议对网络机器人进行限制并不当然违背互联网行业的商业道德。将技术措施与商业道德相联系，进而作为数据抓取行为的正当性判断的基础，这一逻辑更符合反不正当竞争法的原理。

四、《反不正当竞争法》的规制路径

就现有案例而言，数据抓取不正当竞争案件中，法院主要考虑平台经营者的利益，强调避免“搭便车”，数据共享的社会价值和平台经营者控制数据对竞争的潜在限制却很少被提及，考量因素的选择具有很强的主观性，一定程度上简化了竞争行为的正当性评判。[④]相关的裁判规则强调损害结果，侧重对竞争者的保护，对于行为不正当性的认定存在明显不足。但与此同

① 周樨平：《数据爬取的不正当竞争认定规则研究》，载《南大法学》2023年第2期。

② 周樨平：《数据爬取的不正当竞争认定规则研究》，载《南大法学》2023年第2期。

③ 北京市高级人民法院（2021）京民终281号民事判决书。

④ 郭颖君、费兰芳：《竞争法语境下数据爬取的司法理念调适》，载《电子知识产权》2022年第12期。

时，现有的案例也非常好地体现了法院在这一领域的不断探索，尽管目前所形成的主流裁判规则仍然存在不够完善的地方，但对案件的分析以及由此引发的各种争议、研究，也为更加深入地构建分析框架奠定了基础。

总体而言，对于数据抓取不正当竞争案件来说，由于可能涉及的具体情况非常多样，适用《反不正当竞争法》一般条款需要综合考虑各种因素，以最后评判行为是否是不正当竞争行为。本研究认为，对数据抓取正当性判断的根本在于抓取是否超过了合理限度。而在判断合理限度时，则需要结合具体的场景去考虑数据抓取的数量、质量、数据类型、是否加重相关经营者负担等情况进行综合判断。

进一步而言，本研究提出通过《反不正当竞争法》一般条款来判断数据抓取是否构成不正当竞争时，可以通过“两步走”规则进行分析：第一，判断相关领域是否存在数据抓取上公认的商业道德，如果有，则依据该商业道德认定是否为不正当竞争行为。第二，基于“合理限度”判断数据抓取的正当性。在这一步中，首先是数据通常可以被第三方所使用，亦即数据可以被抓取；其次，是否超出了合理抓取的限度，则要结合具体场景，考虑一些基本分析要素来最终予以判断。

（一）第一步：是否有明确的商业道德

《反不正当竞争法》第2条第1款规定：“经营者在生产经营活动中，应当遵循自愿、平等、公平、诚信的原则，遵守法律和商业道德。”可见，《反不正当竞争法》中的“不正当”竞争行为本质上具有道德批判性，是对商业道德的违反。因此，如果对于什么是相关领域中的商业道德有一定的共同认识，那么基于此进行判断不仅符合反不正当竞争法的基本逻辑，同时也能够给市场提供足够稳定的预期，避免因为适用一般条款时通常所存在的不确定性的问题。

正如前文所言，在部分案件中，法院如果认为相关领域已经形成了公认的商业道德或行业惯例，则依此来认定行为的不正当性。在这种判断中，法院通常会分析自律公约、行业标准等规范。例如，在字节跳动诉微梦一审案中，法院认为，《自律公约》是在中国互联网协会组织下，由部分会员提出草案，并得到包括新浪公司在内的互联网企业广泛签署的行业自律公约，反映了互联网行业的行业惯例和商业规则，因此，可以将《自律公约》作为认定互联网行业公认商业道德的参考。[①] 此外，在蚂蚁诉朗动一审案中，法院认为，《征信管理条例》规定，征信机构应当采取合理措施，保障其提供信息的准确性。国家标准化管理委员会先后于2017年和2018年出台了《信息技术大数据术语》（GB/T 35295—2017）、《信息技术数据质量评价指标》（GB/T 36344—2018）两部国家标准，均明确数据产品和服务提供中对于数据准确性和一致性的要求。国家网信办及各行业协会先后出台了《中国大数据行业自律公约》《数据流通行业自律公约》《大数据标准化白皮书》等行业自律性文件，进一步明确了数据准确性是大数据行业发展的商业道德。[②]

但即便相关领域存在行业自律公约、行业标准等，仍然可能在是否构成"商业道德"上产生不同的认识。例如，字节诉微梦二审案中，法院认为，互联网搜索引擎发展过程中，已经形成的比较明确的商业道德，《自律公约》不能被扩张适用为互联网行业通行的商业道德。[③] 在这里所提及的不同商业道德，实质上当然是在强调商业道德的适用范围。如果争议行为超越了相关商业道德的适用范围，那么该商业道德就无法用于判断行为的正当性。在字节诉微梦二审案中，法院最后认定，包括字节跳动公司在内的互联网企业对于网站经营者通过Robots协议来限制其他网络机器人的抓取行为都是认可和遵守的。因此，通过Robots协议对网络机器人进行限制并不当然违背互联网行业的商业道德。[④] 但该案无疑也说明，相关领域的商业道德可能存在争议，在缺乏一致认识的情况下，存在自律公约、行业标准本身也并不能解决行为正当性判断。

当然，总体上而言，由于互联网行业发展的时间较短，对于商业道德的共识基础还较为薄弱。因此，总体上能够直接通过自律公约、行业标准来解决争议的情况并不多。

---

① 北京知识产权法院（2017）京73民初2020号民事判决书。

② 杭州铁路运输法院（2019）浙8601民初1594号民事判决书。

③ 北京市高级人民法院（2021）京民终281号民事判决书。

④ 沙丽、戴敏敏：《从数据垄断到数据开放——数字经济时代数据权益司法保护的"十字型"决策》，载《数字法治》2023年第5期。

（二）第二步：基于“合理限度”标准的分析

1. 数据的可抓取性

更多的数据抓取纠纷，需要在《反不正当竞争法》一般条款下，基于更为合适的方式去分析行为对于经营者和消费者的影响，以及最终对于竞争秩序的影响。此时，数据抓取是否超越“合理限度”是判断行为是否不正当的根本。而这一分析的基础，首先强调的是数据可以被抓取，可以被分享。

数据的特性决定了数据可以同时被分享使用，因此，促进数据的流通并更大程度地产生社会价值应为数据抓取不正当竞争案件判断的基础。在此前提下，之所以不能绝对化地对数据进行保护主要有两方面原因：

一方面，对不正当竞争领域为数据赋权存在普遍的批评，认为《反不正当竞争法》作为行为法应当采用竞争法的行为判断标准来规制数据保护问题，采用权利保护过度强调了经营者竞争成果的保护，忽略了消费者基于竞争享有的利益。[①] 依据传统侵权保护的私法逻辑，会对数据抓取行为带来的多元利益的实现和平衡缺乏足够的关注，混淆竞争法作为行为法的特征。[②] 另一方面，反不正当竞争法下的数据并不构成权利。数据确权问题是法学界讨论极为热烈的话题，广泛涉及民法、知识产权法、竞争法、个人信息保护法等诸多领域的法律规范，但目前也并没有达成共识。[③] 由于数据生产与使用上往往会涉及用户、原始数据企业、第三方数据企业等多方利害关系人，很难明确界定权利人。而作为权益进行保护时边界原本就不清晰，如果进行绝对化的保护，必然使得这些权益被转变成了权利，和其性质不符。在这一意义上，规制的难点在于如何对新增利益进行合理分配，以避免“搭便车”和“牺牲者”行为导致的参与动力不足、阻碍变革进程等现象的发生。[④] 也就是说，是去判断合理抓取的程度。但对数据产品进行一定的抓取与利用具

① 张占江：《不正当竞争行为认定范式的嬗变——从“保护竞争者”到“保护竞争”》，载《中外法学》2019 年第 1 期。

② 陈兵：《保护与竞争：治理数据爬取行为的竞争法功能实现》，载《政法论坛》2021 年第 6 期。

③ 相关论文可参见梅夏英：《数据的法律属性及其民法定位》，载《中国社会科学》2016 年第 9 期；王利明：《数据何以确权》，载《法学研究》2023 年第 4 期。

④ 包晓丽：《二阶序列式数据确权规则》，载《清华法学》2022 年第 3 期。

有其基础。

进一步而言，这一立足点的基本逻辑在于，对于数据抓取不能以财产权或者变相的财产权的方式予以保护，而需要更大范围地促进竞争，给市场自由竞争、自由模仿更大的空间。无论为数据赋予财产权性质的保护，还是增设新的非财产权性质的保护，[①]或是依据行为规制的路径对数据抓取行为进行规制，对数据使用的制度构造都以促进数据的流通和使用，促进数字经济的发展为前提。然而，参照域外对数据赋权的经验可以看到，互联网公开数据产品不需要赋权来进行激励，数据的增长成了既定事实，没有证据表明不给予数据赋权保护会使数据生产缺乏激励。[②]随着时代的发展，对数据采用赋权保护的思路虽然在短期内可以明确数据使用行为的边界，但互联网互联互通的特点使得非独创性互联网公开数据不应获得具体的权利保护，难免使法院在规制过程中出现过度保护的情形。法院认为数据作为受竞争法保护的权益，将数据抓取行为产生的损害作为一般条款的损害要件和不正当性要件，就是过度保护数据的典型，使得经营者权益被过度考虑，消费者利益和公共利益缺位，保护市场竞争被异化为保护经营者利益。

对于破坏技术措施的问题同样如此。法院认为破坏技术限制和违反用户协议的行为不正当导致了整个数据抓取行为的不正当，实际上已经区分了抓取和使用两个阶段的行为正当性判断。在视畅与央视国际二审案中，法院认为，央视国际公司已多次公开发表声明保留权利，明确表达了其对所占有涉案授权资源权利独享、限制互联网传播的意愿，故无论央视国际公司是否已在事实上采取有效技术措施关闭了分享功能，开幕式节目均不应视为可供社会公众任意分享、利用的互联网公共资源。[③]也就是说，在经营者声明保留权利的情况下，是否采取技术措施不影响资源属性。

事实上，如果回溯既有案例可以看到，“合理限度”规则在部分案件中

① 付新华：《企业数据财产权保护论批判——从数据财产权到数据使用权》，载《东方法学》2022 年第 2 期。

② 李晓宇：《大数据时代互联网平台公开数据赋权保护的反思与法律救济进路》，载《知识产权》2021 年第 2 期。

③ 上海知识产权法院（2015）沪知民终字第 326 号民事判决书。

同样来源于既有的司法经验。在大众点评诉爱帮网案中，法院认为，爱帮科技公司作为提供搜索、链接服务的网络服务商，应遵守法律规定和相关行业规范，对于特定行业网站的信息的利用，须控制在合理的范围内。① 在这一案件中，对“合理的范围”就构成了行为正当性判断的基础。② 在站酷诉纬聚案中，对于纬聚公司而言，提供用户搜集信息的渠道和信息存储空间应当是自由竞争的权利，但使用他人搜集整理的信息的行为应当以必要原则为限，采取对站酷公司损害最小的措施，在互联网行业已经存在以缩略图展示图片、设置跳转链接等技术手段汇集信息的情况下，纬聚公司直接将其他网站内容完整复制上传至其服务器，复制内容多达240余万条，且一直保持高速增长的态势，显然已经超出了其提供收集整理信息这一技术服务的必要限度。③ 而在大众点评网诉百度案中，在如何超过必要限度上，法院给出了更为具体的两个理由：一是这种行为已经实质替代了大众点评网的相关服务，其欲实现的积极效果与给大众点评网所造成的损失并不符合利益平衡的原则。二是百度公司明显可以采取对汉涛公司损害更小，并能在一定程度上实现积极效果的措施。④ 因此，从这些案件的判决意见来看，相关司法裁判规则也完全可以归纳为“合理限度”规则。

2. 具体场景中考虑行为的合理性

具体场景下判断是否存在数据抓取超出合理限度的情况。是否超越合理限度进行了数据抓取需要个案分析，很难明确给出结论，需要对数据的质和量等都有所分析。如果抓取部分虽然少却是非常核心的内容，那么也更可能构成不正当竞争。⑤ 这些都需要具体情况具体分析。当然，必须说明的是，对这些具体情况的分析往往只能遵循一些基本的分析框架，很难非常明确地得出结论。下面列举一些最为重要的考虑因素。

（1）公开数据还是非公开数据。公开数据相比于非公开数据的合理抓取

---

① 北京市第一中级人民法院（2011）一中民终字第7512号民事判决书。

② “合理限度”规则在其他案件中也有体现，如优酷诉蔓蓝案，北京互联网法院（2018）京0491民初429号民事判决书。

③ 北京市朝阳区人民法院（2017）京0105民初46234号民事判决书。

④ 上海知识产权法院（2015）沪知民终字第326号民事判决书。

⑤ 王文敏：《反不正当竞争法中的禁止盗用规则及其适用》，载《现代法学》2021年第1期。

范围应该更大。原因在于，公开数据的公开本身就包含了对数据流通中丧失掌控权的容忍。数据的公开和流通在很多时候会给经营者带来实际的利益，但同时也会因此而失去一定的控制权。[①] 以大众点评为例，用户的点评数据不仅平台经营者和平台内商家可以看到，其他消费者、非平台经营者也可以看到。正是因为点评数据其他人可以看到，才使得相关信息的广泛性、代表性和客观性得到更多的认可，因此吸引更多的消费者使用这一平台，而使用的消费者增加又能吸引更多的平台商家加入大众点评，由此产生网络外部性，让平台得以发展。而公开的信息在一定程度上也因此进入公共领域，成为可以被获得、利用的信息。因此，也可以说，大众点评的经营方式中，在一定程度上包含了对收益与成本的权衡考虑。

数据是否公开与数据抓取时是否获得授权，是否破坏技术保护措施，进而构成不正当竞争也密切相关。通常来说，对于公开数据，被抓取网站并不会仅因为数据被他人抓取的行为遭受损失，法院如果单纯以经营者双方是否达成合意、是否破坏技术限制、违反用户协议判断抓取行为是否具有不正当性，则会导致对公开数据的过度保护。此时，可能在基本法律规则上使得对于公开数据和非公开数据的保护失去了区别。而对于非公开数据，因为其并不向不特定群众公开，要按照企业所期待的方式才能获得数据，那么，应更倾向于按照被抓取方所设置的技术限制与用户协议的范围进行抓取。抓取行为如果突破了企业所设置的保护，虽然可能使得该数据的流通更为广泛，但是会使得市场上充斥着突破他人设置的数据获取限制的行为，损害市场竞争秩序以及用户的利益。

（2）衍生数据还是原生数据。这一区分的核心是考虑各方主体对于数据的贡献度。一般来说，衍生数据包含了相关经营者更多的投入、更多的创造性，因而需要更多地肯定其贡献。通常来说，平台在进行一手数据收集后，会根据公司经营战略、产品需求等对数据进行分析、加工。经过分析加工的数据属于一定意义上的“劳动成果”，具备无形财产的属性，对该类数据的

---

① 当然，如果数据处于保密状态，符合商业秘密保护的条件，那么从法律适用的角度来说，首先是依据具体行为规定来优先适用法条。

爬取行为则可以认定为“未经许可使用他人劳动成果”，虽然这种劳动成果不属于法定权利，未经许可使用的行为不能构成反不正当竞争法严格意义上的“搭便车”行为，但数据抓取方应当充分尊重被抓取方在信息的分析、加工过程中的辛勤付出。[①]而其他竞争对数据的抓取与利用，在很大程度上会损害衍生数据经营者的利益，而此合理抓取的范围也会因此而更窄一些。

淘宝诉美景案是第一起针对非公开数据、衍生数据的案件。[②]在该案中，淘宝公司是零售电商数据产品“生意参谋”的开发者和运营者，面向淘宝网、天猫商家的店铺运营提供数据化参考。美景公司开发和运营“咕咕互助平台”软件和“咕咕生意参谋众筹”网站。美景公司通过吸引已订购“生意参谋”产品的淘宝公司用户下载“咕咕互助平台”软件，通过分享、共用子账户，已订购“生意参谋”的用户可以获得佣金；美景公司也从“生意参谋”的有偿共享过程中获得分成。一审法院认为，淘宝公司对于“生意参谋”数据产品享有竞争性财产权益。基于互联网产业既有的信息共享、互联互通的特质，从有利于促进互联网产业发展出发，如果美景公司是在合法获得“生意参谋”数据产品基础上通过自己的创新劳动开发出新的大数据产品且能够给消费者带来全新体验，这样的竞争行为难谓不正当。但本案中，美景公司未付出自己的劳动创造，仅是将“生意参谋”数据产品直接作为自己获取商业利益的工具，其使用“生意参谋”数据产品也仅是提供同质化的网络服务。此种据他人市场成果直接为己所用，从而获取商业利益与竞争优势的行为，明显有悖公认的商业道德，属于不劳而获“搭便车”的不正当竞争行为，如不加禁止将严重挫伤大数据产品开发者的创造积极性，阻碍互联网产业的发展，进而会影响到广大消费者福祉的改善。[③]二审法院对此予以认可。

（3）是否增加了运维成本。在数据抓取过程中，抓取所使用的技术也会

---

① 刘继峰、张雅：《反不正当竞争法视角下数据抓取行为违法性的认定》，载《西北工业大学学报（社会科学版）》2021 年第 4 期。

② 该案的一个争议焦点是“生意参谋”所使用的用户数据是否具有合法性。本案也是《网络安全法》生效后，法院首次对平台的个人信息收集、使用条款进行分析的案件。

③ 杭州铁路运输法院（2017）浙 8601 民初 4034 号民事判决书。

对竞争带来很大影响。特别是相关抓取行为如果给持有数据的经营者带来显著的运维成本，则会干扰到经营者正常的经营活动，损害其利益；相关的消费者也会因为数据抓取而无法获得正常的服务，损害自身利益。当然，对于运维成本的增加需要达到一定的程度，即可能干扰到经营者的正常经营活动。否则，稍微增加运维成本就构成违法的话，会导致实质上禁止抓取的效果。

对于运维成本的考虑，在不少数据抓取案件中都有所考虑。例如，微梦诉云智联案中，法院强调，云智联公司被诉行为，必然会影响微梦公司与用户间协议关于数据处理和安全等条款的履行。使用此种非正常甚至破坏性的技术手段抓取涉案数据时，必然会加重新浪微博服务器的运行压力甚至导致产生安全或其他技术隐患，从而增加微梦公司对此应予投入的运营维护成本。[①] 而运营维护成本的增加，会损害被抓取者的利益，影响产品正常运营，减少用户流量和商业收益。此外，在微梦诉蚁坊一审案中，法院也认为，蚁坊公司通过非正常的技术手段抓取微博平台公开数据，以及破坏或绕开微梦公司对非公开数据采取的保护措施而抓取非公开数据，且在鹰击系统中改变新浪微博的展示形式，显然改变了微梦公司为该部分数据设定的访问和展示规则，从而影响微博平台这一产品的正常运行。[②]

这些案件中的判决都表明，抓取行为可能对数据持有经营者造成很大的不利影响，从而成为行为是否正当的判断因素。但也有学者认为，数据爬取行为或多或少都会增加其他经营者的运营成本，因此这一因素的认定相对而言门槛较低，且具有较大的不确定性；在严重程度的举证方面，由于没有具体的认定标准，举证责任也并不明确，多数案件中原告并未就此进行明确举证。[③] 这一意见具有合理性，但并不构成反对将运维成本纳入不正当行为分析的考量因素之中。首先，并不是所有的数据抓取行为都会“显著”增加经营者的运营成本，也不需要对所有影响运营成本的抓取行为都予以禁止。如前文所言，将成本增加限定在具有一定的显著性，更能够区分合理的和不合

① 北京市海淀区人民法院（2017）京 0108 民初 24512 号民事判决书。
② 北京知识产权法院（2019）京 73 民终 3789 号民事判决书。
③ 邱福恩：《商业数据的反不正当竞争保护规则构建》，载《知识产权》2023 年第 3 期。

理的数据抓取。其次，由于目前并未明确是否应将增加运维成本纳入不正当竞争行为的考虑中，而仅仅是在部分司法案件中有所涉及，必然导致相关证明规则较为模糊。实际上，完全可以通过对举证条件上的明确和细化来完善规则。

这些考虑因素，目前主要是基于对既有司法案例的归纳而得出，在具体场景中，并不局限于此。但不管如何，对这些因素的考虑和分析，都是为了最终去判断数据抓取行为是否超出了“合理限度”。相比之下，当前最为流行的实质性替代规则则将关注点更多地限定在竞争后果上，很大程度上偏离了对“不正当”的判断。从这一意义上来说，合理限度规则，更符合反不正当竞争分析的基本逻辑。

数据资产交易的司法保护问题研究

课题组成员

主持人： 黄丽华　复旦大学管理学院教授

执笔人： 吴蔽余　上海智元新创技术有限公司公共事务副总经理

林梓瀚　上海数据交易所研究院研究员

参与人： 杨　力　上海交通大学凯原法学院教授

许多奇　复旦大学法学院教授

卢　勇　上海数据交易所副总经理、上海市数商协会秘书长

顾　权　上海市高级人民法院商事审判庭（破产审判庭）副庭长

张晓霞　上海市嘉定区人民法院嘉北人民法庭庭长

内容摘要： 本课题以司法保护实践作为问题的切入点，对数据资产交易问题进行研究。本课题首先对“数据资产”进行了语义上的概念明晰梳理，明确数据资产是满足特定条件的数据资源和数据产品，不仅可以被使用、消费和交易（符合技术定义），也可以被入表、计量和估值（符合社科定义）。其次，本课题梳理并研究国内外司法实践的现状、优势和不足。现有的司法实践通过不同的路径（合同法、著作权法、竞争法）对数据资产交易进行司法保护，已经积累了大量的案例材料。复次，本研究对数据资产交易保护进行国内外司法实践对比研究，总结经验和启示。通过研究美国、欧盟、东盟等域外国家地区关于数据权益的立法与实践，并将我国与域外数据要素市场的法律规制进行对比，从而在发现二者之间差异的基础上，找到二者之间存在的共性与趋势，为我国有效规范数据财产权益提供启发。再次，本研究对数据产权的设计思路、数据流通交易基本逻辑、数据要素流通价值链的考察

可以更好地揭示数据产权制度的相关“法理”，从而为数据资产交易的司法保护提供依据。最后，本研究对数据资产交易的“五难”进行了总结，并从经济学“交易成本”理论出发进行了理论和实践的解释，从而提供具有规范性和引导意义的法律工具包，构建完善的司法保护机制。

关键词：数据资产交易　司法保护机制　数据交易“五难”

一、导言：概念的澄清

近年来，数字经济蓬勃发展，数据要素作用日益彰显。为了顺应时代潮流，我国数据立法方兴未艾，前后出台了《网络安全法》《数据安全法》《个人信息保护法》及配套的规范性文件，以保障数据要素高效、安全地流通。但是，对于数据资产相关的权益保护由于理论和实践中的争议过大，在立法上一直处于空白，有待理论界和实务界进一步探索。然而，立法的空白并不能造成司法的缺位。在当下的司法实践中，各地法院对数据资产的权益纠纷已进行了有益的探索，形成若干司法裁判，这在一定程度上填补了立法上的空白。在此基础上，可进一步深入研究，以期深化对相关问题的认识，形成较为完善的司法裁判标准或为立法提供参考。

关于什么是“数据资产”，是一个有待明确的前提，也是本研究破题的关键。技术视角（主要是数据科学）和社科视角（主要是会计学）对于数据资产有不同的理解。技术视角认为，数据资产是企业将数据端与应用端进行隔离，将数据端以主题目录和功能管理的形式进行呈现，并命名为“数据资产”。以“星环科技”数据资产目录软件为例，其对数据资产管理软件的功能定义为“支持主流数据源的元数据和血缘信息的自动采集、更新、版本管理，统一异构多源的元数据管理来完成全局化的数据资产管理流程”。社科视角认为，数据资产是一种能计入资产负债表的企业资产，应符合“会计准则”中关于资产的定义，即“资产是指企业过去的交易或者事项形成的、由企业拥有或者控制的、预期会给企业带来经济利益的资源”。2023 年 8 月，财政部印发《企业数据资源相关会计处理暂行规定》，将符合无形资产或存货条件的数据资源纳入资产负债表，也就是认定为数据资产。不过，技术视角和社科视角对于我们破题“数据资产交易”并无直接帮助，更值得考察的是，在数据要素行业实践中，市场主体在何种意义上使用数据资产，它与数据资源、数据产品的关联和区别是什么。具体而言，数据要素在生产、加工、流通、使用过程中将经历数据资源、数据产品、数据资产等形态演变。

首先，数据资源是对原始数据进行清洗、标注、存储等处理后形成的可获取、可利用的数据集合。从加工程度上看，数据资源是数据要素的一种粗加工状态，此时数据要素可能尚未呈现出明确的使用价值。

其次，为了让数据资源进入可流通、可使用的状态，数据资源需要根据用户需求进一步加工，并增加服务终端后形成可服务、可交付的数据产品。数据加工研发者需要投入实质性加工或创新性劳动，将劳动、技术等生产要素与数据要素进行结合，赋予数据要素可以投入生产经营活动的使用价值。在数据产品化的过程中，满足用户需求是核心。如果用户需求是用数据训练人工智能模型，那么合适的数据产品就是符合模型标注要求的语料库数据集。如果用户需求是便利获知企业的征信信息，那么合适的数据产品就是融合了信贷关系数据、资金流动数据、企业用电数据等相关数据，并能以查询方式返回征信评分的数据服务。如果用户需求是第一时间得到关于投资的辅助决策，那么合适的数据产品就是将金融市场实时交易数据、历时交易数据和经过自然语言识别处理的行业资讯、企业财报等数据引入分析模型，并将分析结果按照用户定制以可视化、智能化形式呈现的数据应用。

最后，从数据产品到数据资产，还需剔除那些缺乏多个使用场景、使用价值时间短、相关成本或收益无法计量的数据产品。换言之，数据资产是满足特定条件的数据资源和数据产品，不仅可以被使用、消费和交易（符合技术定义），也可以被入表、计量和估值（符合社科定义）。本研究认为，所谓数据资产就是具备使用价值和经济价值的数据资源和数据产品。这一定义符合行业实践，也为从法学角度特别是司法保护角度切入数据资产交易主题提供了基础。

本研究包括如下内容：首先梳理并研究国内外司法实践的现状、优势和不足。其次，对数据资产交易保护进行国内外司法实践对比研究，总结经验和启示。再次，对数据产权的建构和司法保护进行研究。最后，回到相关实践，对数据资产交易的“五难”进行总结，并从经济学“交易成本”理论出发进行了理论和实践的解释。结合司法保护的实践，本研究提出了相应的启示和建议。

二、域内数据资产交易的司法保护

（一）《民法典》合同编的适用

在数据场外交易时，企业双方常以签订信息授权许可合同的方式进行，在此情形下产生的纠纷主要依据《民法典》合同编相关的规定进行处理。

在上证所信息网络有限公司诉新华富时指数有限公司合同纠纷案[①]中，法院认为，双方之间签订的证券信息许可使用合同及附件均系双方真实的意思表示，因此以合同纠纷案件立案。《证券信息许可使用合同》第5条约定，未经原告书面许可，被告不得对上证所证券信息进行永久储存或使用，且该条款对“使用”的含义作了明确的解释：“包括但不限于复制、传播、编辑、转让、许可他人使用和开发衍生产品。”被告未经原告许可与新加坡交易所共同开发上市了中国A50指数期货，实质就是利用原告按约提供的上证所实时股票行情开发了衍生产品，该种行为显属违反合同约定。在北京阳光数据公司诉上海霸才数据信息有限公司技术合同、不正当竞争纠纷案[②]中，阳光公司与霸才公司亦签订了合法有效的SIC实时金融信息数据分析格式使用协议。协议约定霸才公司不得利用数据分析格式作分析软件之外的其他用途，不得以任何方式转发SIC实时金融信息，但霸才公司未经阳光公司许可，获取SIC实时金融信息电子数据库中的相关信息，并为商业目的向其客户有偿即时传输。法院认为其行为违反了经营者在市场交易中应当遵守的诚信原则和公认的商业道德，损害了阳光公司的合法权益，其行为不仅构成违约，同时构成同行业间的不正当竞争。

---

① 上海市浦东新区人民法院（2006）浦民二（商）初字第2963号民事判决书。
② 北京市高级人民法院（1997）高知终字第66号民事判决书。

但值得注意的是，以上两起案例中皆涉及违约责任与侵权责任的竞合。在第一个案例中，双方因《证券信息许可使用合同》的履行发生争议，故归入合同纠纷案件处理无疑。但指数公司超出合同许可范围使用实时股票行情信息，也侵犯了行情信息的权利人（上证所）及其授权的证券信息独家全权经营机构（信息公司）的合法权益，构成侵权行为。故被告的行为同时符合违约行为和侵权行为的构成要件，形成了违约责任和侵权责任的竞合。由于原告选择以合同纠纷起诉，法院最终也以合同纠纷处理，判处解除双方签订的合同及其附件。第二个案例中，同样构成侵权责任和违约责任的竞合，鉴于原告主张侵权之诉，法院遂判处霸才公司承担相应的侵权赔偿责任。

（二）依《著作权法》保护

以著作权路径保护数据权益，首先需要判断数据资产是否满足作品的要求，在此基础上，需要判断一方对数据资产的使用是否侵犯另一方的著作权。

数据资产作为作品进行保护应满足《著作权法》规定的作品构成要件。在万得公司等诉同花顺公司等侵害著作权及不正当竞争纠纷案[①]中，法院认为，根据著作权法的基本原理，思想和表达应予区分，表达受《著作权法》保护而思想并不受保护，上海万得公司所主张的客体，即指标体系为主干的对金融信息选取、定义、组织呈现的方式以及设计的函数体系，更接近于思想而非表达，因此不应认定为作品。而在济南白兔公司诉佛山鼎容公司著作权侵权纠纷案[②]中，法院认为，白兔公司对原国家商标局商标公告中的商标信息内容进行提取、分类和整理，并对商标标志中所含的文字、数字等进行进一步提取和整理，同时还对商标信息后续的变更情况进行汇总，加入自定义的字段信息，其对商标数据的编排和整理体现出独创性，白兔公司的涉案数据库构成汇编作品，可受《著作权法》保护。

在满足独创性的基础上，需要判断是否存在著作权侵权行为。在腾讯科技（深圳）有限公司等诉国鼎网络空间安全技术有限公司不正当竞争纠纷

① 上海市高级人民法院（2017）沪民终 39 号民事判决书。

② 广东省佛山市中级人民法院（2016）粤 06 民终 9055 号民事判决书。

案[①]中，法院首先肯定了腾讯公司五款网络游戏涉及的众多美术形象的独创性。其次认为祺韵公司未经腾讯公司许可，在网络上下载涉案五款网络游戏软件上传到5G芝麻平台，以云计算为基础，通过交互性的在线视频流，使游戏在云端服务器上运行，并将渲染完毕后的游戏画面或指令压缩后通过网络传送给用户，致使社会公众可以在其选定的时间和地点上获得并运行涉案五款网络游戏，侵犯了腾讯公司作品的信息网络传播权。

通过对以上案例分析可知，如果数据资产满足作品的要求，可依据著作权法路径进行保护。

（三）适用《反不正当竞争法》进行权益保护

法院判定相关主体是否构成数据权益不正当竞争行为时，主要通过主体要件，即是否存在竞争关系或享有数据权益；行为要件，即是否存在违规、违反诚信原则或商业道德的行为；结果要件，即是否构成实质性替代损害他人数据权益或破坏市场竞争秩序，进行综合判断。

近年的司法实践中，法院愈加倾向适用《反不正当竞争法》来保护数据资产主体的相关权益，形成了大量的案例。通过对相关案例进行汇总分析，主要存在以下四种涉及数据资产交易的不正当竞争行为：

第一类涉及数据资产交易的不正当竞争行为是虚假宣传。在上海汉涛信息咨询有限公司诉爱帮聚信（北京）信息技术有限公司不正当竞争纠纷案[②]中，法院认为：首先，双方举证均不足以证明爱帮网或大众点评网为行业内最大、最全、最专业、最高质量的服务网站，根据民事诉讼证据规则，可以认定双方均构成虚假宣传。其次，爱帮网对大众点评网的点评内容使用，已达到了网络用户无需进入大众点评网即可获得足够信息的程度，超过了适当引用的合理限度，事实上造成爱帮网向网络用户提供的涉案点评内容对大众点评网相应内容的市场替代，对汉涛公司的利益产生实质性损害。其行为是有竞争目的的市场竞争行为，违背了公认的商业道德，扰乱了网络环境下的经济秩序，对市场竞争产生了损害，已构成《反不正当竞争法》所禁止的不

① 北京市海淀区人民法院（2019）京0108民初52890号民事判决书。
② 北京市第一中级人民法院（2011）一中民终字第7512号民事判决书。

正当竞争行为。

第二类不正当竞争行为是商业贿赂。在安徽美景信息科技有限公司、淘宝（中国）软件有限公司商业贿赂不正当竞争纠纷案[①]中，美景公司未经授权亦未付出新的劳动创造，其引诱淘宝公司生意参谋用户违约分享账户，由此不正当获取淘宝公司投入大量人力物力获取研发的大数据后分销牟利，其行为扰乱了市场竞争秩序，破坏了淘宝公司的商业模式与竞争优势，构成不正当竞争。

第三类不正当竞争行为是侵犯商业秘密。数据信息作为商业秘密保护需要满足非公开性、商业价值性和保密性要件。在衢州万联网络技术有限公司诉周某民等侵犯商业秘密纠纷案[②]中，原告所主张的商业秘密系涉案网站数据库中的用户信息，包括客户名单数据表中的注册用户名字段、注册密码字段和注册时间字段等信息。法院认为，首先，涉案网站数据库中的海量用户信息不容易为相关领域的人员普遍知悉和容易获得；其次，上述用户信息证明了涉案网站作为游戏网站具有较大的用户群和访问量，而网站的访问量又与网站的广告收入等经济利益密切相关，因此上述用户信息能为原告带来经济利益，具有实用性；最后，原告为涉案网站的数据库设置了密码，并且该密码只有主要技术人员知晓，可认定为对上述用户信息采取了保密措施。因此，涉案网站数据库中的用户信息属于商业秘密，受法律保护。

应当注意的是，商业秘密本身具有明确的构成要件，其适用应遵循严格的限制，对于非秘密性的数据信息无任何适用的空间。

第四类数据资产不正当竞争行为是互联网不正当竞争。主要表现为经营者利用技术手段，实施妨碍、破坏其他经营者合法提供的网络产品或者服务正常运行的行为。[③]如在北京微播视界科技有限公司诉上海六界信息技术有限公司等不正当竞争纠纷案[④]、北京微梦创科网络技术有限公司诉云智联网络

---

① 浙江省杭州市中级人民法院（2018）浙01民终7312号民事判决书。

② 上海市高级人民法院（2011）沪高民三（知）终字第100号民事判决书。

③《反不正当竞争法》第12条第2款。

④ 浙江省杭州市中级人民法院（2022）浙01民终1203号民事判决书。

科技（北京）有限公司不正当竞争纠纷案[①]和深圳市谷米科技有限公司诉武汉元光科技有限公司等不正当竞争纠纷案[②]中，被告皆是通过不当技术手段获取原告的数据，法院认为其数据抓取行为和后续数据使用行为应当认定不具有正当性，实为一种“不劳而获”“食人而肥”的行为，具有非法占用他人无形财产权益，破坏他人市场竞争优势，并为自己谋取竞争优势的主观故意，违反了诚实信用原则，扰乱了竞争秩序，构成不正当竞争行为。

经营者对其开发的数据资产具有相应的财产性权益，在《民法典》等相关立法尚未将数据资产作为一项独立的财产权进行保护的前提下，将数据资产交易过程中的不当行为纳入《反不正当竞争法》保护范畴，是目前数据资产司法保护的主流路径。

三、域外数据资产交易的司法保护

（一）美国法

美国最先以 ebay 案（eBay Inc. v. Bidder's Edge Inc.）形成判例，认为在利用爬虫等自动化技术收集使用他人网站数据的情形下，原告无需证明具体损害即可依动产侵害而获得禁令救济。这一观点也受到了后续判例的挑战，在 Ticketmaster v. Tickets. com 案中，地区法院提出在网络环境中适用侵权，应当具备实际损害要件，并最终得到了加州最高法院的承认。备受关注的 hiQ 案（hiQ Labs Inc. v. LinkedIn Corp.）从数据抓取者的角度认为，数据控制者不得随意禁止不具有竞争关系的其他人对其公开数据的获取与使用。

美国判例法的实践受到学界较多的批评和反对，说明动产侵害制度本身难以直接为数据资产权益提供令人满意的保护方案，不应将这种保护上升至绝对权的强度，而应考虑将社会公众和非竞争者排除在数据财产权益可以对抗的范围之外。

不过，美国对于数据交易总体持开放态度，鼓励市场自由交易。国家对数据交易监管较为宽松，仅对几个特殊领域的数据利用和再利用通过立法

---

① 北京知识产权法院（2020）京 73 民终 2980 号民事判决书。

② 广东省深圳市中级人民法院（2017）粤 03 民初 822 号民事判决书。

进行规范。如征信领域的《公平信用报告法》（*Fair Credit Reporting Act*，简称 GLBA）、金融领域的《金融服务法现代化法案》（*Gramm-Leach-Bliley Act*）和《金融消费者保护法》（*Consumer Financial Protection Act*）、医疗领域的《医疗保险流通与责任法》（*Health Insurance Portability and Accountability Act*，简称 HIPAA）、通信领域的《电子通信隐私法》（*Electronic Communications Privacy Act*）和《电信法》（*Telecommunications Act*）以及教育领域的《家庭教育权与隐私权法》（*Family Educational Rights and Privacy Act*）等。在这些联邦立法中，部分聚焦于规范个人数据的收集、使用、共享等行为，而有些则着力解决数据安全问题，即意在保护个人数据免受未经授权和超过授权范围的访问和使用。① 如 GLBA 规定，金融消费者对金融机构如何使用和共享其个人数据具有一定的控制权，除非告知消费者能够“选择退出”，否则金融机构不得将非公开个人信息共享给第三方，更不能将用户账号或信用卡号分享给第三方用于直接营销；HIPAA Sec. 262 的摘要部分对个人健康电子医疗信息的交易标准作出明确指示，要求美国卫生与公众服务部部长必须采用私营标准制定组织已批准的标准，既要促进某些电子医疗交易，又要解决电子健康信息系统的安全问题。以上制定法对个人数据的交易适用同意规则，通过适用“选择退出”机制既能有效保护个人信息，又能促进数据交易流通。

除特定行业立法外，部分州对于消费者数据也作了相关规定。如《佛蒙特州数据经纪人法》《加州隐私权法》（*California Privacy Right Act*，简称 CPRA）等。以 CPRA 为例，该法作为《加州消费者隐私法案》（California Consumer Privacy Act）的 2.0 版本于 2023 年 1 月 1 日生效。CPRA 第 1798.100–1798.135 节侧重于对消费者个人数据的保护，通过规定收集个人信息的企业的一般职责，消费者的删除权、更正权、访问权、知情权、选择权等增强了数据交易的透明度。第 1798.140—1798.148 节则侧重于促进数据交易流通，该部分规定了相关术语的定义，将受 CPRA 规范的企业的范围限定在②：（1）在上一年度

① 何渊主编：《数据法学》，北京大学出版社 2020 年版，第 64 页。

② California Consumer Privacy Act, https://www.oag.ca.gov/privacy/ccpa.

通过收集、销售消费者信息所获总收入超过2500万美元；（2）每年单独或联合购买、出售或共享10万名或更多消费者或家庭的个人信息；（3）50%或以上的年收入来自出售或共享消费者的个人信息。CPRA谨慎衡量了大企业及中小企业在隐私权保护上所需承担的不同责任水平，进一步降低了中小企业的隐私合规压力，[①] 更有利于促进企业间数据交易。此外，该法还规定了对于企业施加的义务的豁免情形以及不受该法规范的个人数据的范围，如存在收集销售去标识化处理或汇总消费信息以及收集、出售或共享消费者的个人信息的行为发生在加州之外等情形，相关企业可以不承担CPRA规定的相关职责。除加州之外，内华达州、缅因州、纽约州等州也相继启动了关于消费者数据保护与交易的立法。

（二）欧盟法

欧盟在面对数据财产权益问题时，通过数据库立法，设立数据库权的方式对数据加以保护。但是，随后的司法实践中并未广泛支持数据库权，而是基于避免权利滥用和过度保护限缩了数据库权的适用，可参见Fixtures Marketing系列案与British Horseracing Board Ltd. v. William Hill Organisation Ltd.案等。数据库权制度出台较早，已无法适应当今的数据权益保护，欧盟委员会提出考虑在非个人数据之上设立数据生产者权利，但招致广泛反对，反对理由包括与知识产权制度重叠冲突、阻碍信息流通、破坏现有法律和政策体系等。

《通用数据保护条例》（GDPR）由11章共99条组成，通过严苛的规定对个人数据安全进行保障。GDPR一方面扩大数据主体，如规定了数据的访问权、纠正权、被遗忘权、限制处理权及可携带权等权利，并明确了以同意作为数据处理的合法性基础。其中，数据主体的被遗忘权是GDPR最引人注目的设计，也是数据权利主体权利扩大的最直接的体现。同时，GDPR第20条中规定的个人数据可携带权也日益引起讨论，其主要内容为“数据主体将个人数据无障碍地从一个数据控制者转移到另一个数据控制者的权利”，强化了个人对其个人数据的控制，打破平台数据垄断。我国《个人信息保护

① 张继红、文露：《美国〈加州隐私权法案〉评述》，载《中国信息安全》2021年第3期。

法》第45条第3款也引入了这一权利设计，一定程度上破除了互联网平台数据垄断的现象。另一方面，GDPR也相应地增加了数据控制者、管理者义务，如要求数据控制者、管理者建立数据保护官制度，并规定了对数据泄露的通知制度等。①

GDPR正式生效后，由于GDPR着重保护个人数据安全，为了促进非个人数据在欧盟成员国之间自由流动与使用，欧盟出台《非个人数据自由流动条例》。当前欧盟有成员国要求一些数据只能在特定地域进行处理，数据处理服务提供商出于商业秘密保护需求也往往限制相关数据流动，这些行为严重妨碍了欧盟境内数据的自由流动。为消除数据自由流动的障碍，《非个人数据自由流动条例》要求成员国政府删除现有的数据本地化要求，引入新的数据本地化要求或对现有数据本地化要求进行修改。为避免成员国政府对本地化要求的滥用，《非个人数据自由流动条例》明确规定成员国政府仅能以"公共安全"作为数据本地化要求的理由并对"公共安全"包括的内容范围进行了清晰划定，同时提出即使出于"公共安全"需要，数据本地化要求也必须符合比例适当原则。②

除欧盟成员国和政府主管当局的限制外，非个人数据自由流动还受困于数据处理服务提供商的限制，妨碍数据处理服务的用户将其数据从一个服务提供商迁移到另一个服务提供商或迁回自己的系统，因此，《非个人数据自由流动条例》规定了"数据可迁移性"要求。③不过出于市场竞争性与活跃性考虑，《非个人数据自由流动条例》未制定"数据可迁移性"强制性条款，仅强调市场主体以行业自律的方式明确数据迁移的具体信息和操作要求，最终形成本行业在欧盟层面的行为准则。

2022年6月23日，欧盟《数据治理法案》正式生效。其确定了系列增加数据要素流通信任度的机制，包括公共数据再利用、数据中介、数据利他主义以及数据创新委员会等新机制，以打破公私部门之间（G2B）及私营部

---

① 王乐枭、李凯、张晓晴：《欧盟GDPR对个人信息保护影响评估实践研究》，载《中国新通信》2022年第17期。

② 林梓瀚：《基于数据治理的欧盟法律体系建构研究》，载《信息安全研究》2021年第4期。

③ 宋健宝：《欧盟〈非个人数据自由流动条例〉概要》，载《人民法院报》2019年7月26日。

门之间（B2B）的数据要素流通壁垒，其中公共数据再利用、数据中介机制尤为重要。《数据治理法案》建立新的公共数据再利用机制，对《开放数据指令》进行了补充，将商业秘密、第三方持有知识产权数据、个人数据纳入可再利用的公共数据范畴。除制定禁止排他性协议以及再利用条件外，《数据治理法案》明确公共部门可以收取商业秘密等数据再利用的费用。为满足该类数据查询需求，法案要求各成员国建立单一信息点，并要求欧盟委员会建立欧洲单一访问点。

囿于当前欧盟区域内各主体对数据流通安全等各种问题的不信任，《数据治理法案》建立数据中介机制并对数据中介服务提供商进行了定义，其是指能为数据持有者和潜在用户之间提供中介服务，包括提供技术或其他手段来实现中介服务的从业机构。数据中介服务机构面向多元主体，搭建起企业与企业之间、个人与企业之间数据要素流通的桥梁，并通过在欧盟委员会登记等方式强化背书，提高其服务的可信度。

（三）东盟法

在东盟层面，东盟主要确立了“数据跨境流动示范合同条款”用以规范东盟区域内的数据跨境流动。为加强东盟境内个人数据安全保护，促进东盟数字经济的发展，2018 年，东盟发布了《东盟数字数据治理框架》（*ASEAN Framework on Digital Data Governance*）。该框架提出四大战略重点方向，分别是数据生命周期系统、数据跨境流动、数字化和新兴技术以及法律法规和政策，同时，基于四大战略重点方向提出四项重要倡议，分别是东盟数据分类框架、东盟数据跨境流动机制、东盟数字创新论坛以及东盟数据保护和隐私论坛。[①]《东盟数字数据治理框架》强调建立东盟数据跨境流动治理机制，并要求成员国减少对数据流动不必要的限制，从而增强数据跨境流动的确定性。2019 年 11 月，东盟通过了《东盟跨境数据流动机制的关键方法》（*The Key Approaches for the ASEAN Cross Border Data Flows Mechanism*），提出建立东盟示范合同条款和东盟数据跨境流动认证两种机制。

① 林梓瀚：《东盟数据跨境流动制度研究：进程演进与规则构建》，载《世界科技研究与发展》2024 年第 5 期。

2021 年 1 月，为进一步落实《东盟数字数据治理框架》，东盟发布《东盟数据跨境流动示范合同条款》（*ASEAN Model Contractual Clauses for Cross Border Data Flows*，简称 MCCs）。MCCs 根据数据传输方式的不同，提供了“数据控制者到数据处理者”及“数据控制者到数据控制者”两种合同模板，在合同中通过必备条款、可选条款以及选择相关条款明确了数据跨境流动双方的责任、所需的数据保护措施和相关义务。[①] 与欧盟的 SCCs 相比，东盟 MCCs 缺少欧盟 SCCs 的另外两种场景的模板，即“数据处理者到数据处理者”和“数据处理者到数据控制者”。东盟的 MCCs 只是自愿性标准和指导性范本，东盟鼓励各成员国将 MCCs 作为数据跨境流动的最低标准。MCCs 的使用并不要求成员国将其直接内化为国内法或修改成员国现有的法律，仅仅将其作为最低要求的非约束性条款。对于 MCCs 合同条款的修订，合同双方可依据 2016 年《东盟个人数据保护框架》规定的原则或成员国法律的要求，通过书面协议修订 MCCs，同时，在不与 MCCs 相矛盾的情况下，也可以通过书面协议协商添加条款。尽管 MCCs 是为了东盟成员国之间的数据跨境流动而设计，但是东盟不排斥企业在东盟成员国以外适用 MCCs。除施行 MCCs 外，东盟也承认国际标准化组织有关安全和隐私技术的系列标准以及亚太经合组织跨境隐私规则、亚太经合组织数据处理者隐私识别体系等机制。[②]

四、数据产权理论建设与司法保护

《中共中央、国务院关于构建数据基础制度更好发挥数据要素作用的意见》（以下简称《数据二十条》）提出要建立“以数据产权、流通交易、收益分配、安全治理为重点”的数据基础制度，其中，数据产权在基础制度体系中无疑具有特殊的重要意义。通常认为，数据产权不明晰是阻碍我国数据要

---

① The ASEAN Secretariat：ASEAN Model Contractual Clauses for Cross Border Data Flows，https://asean.org/wp-content/uploads/3-ASEAN-Model-Contractual-Clauses-for-Cross-Border-Data-Flows_Final.pdf.

② 林梓瀚、黄丽华：《全球主要经济体数据跨境流动规则研究》，载《中国信息安全》2023 年第 10 期。

素市场发展的重要原因。根据制度经济学原理，在交易成本为零时，无论如何界定产权，都不影响市场效率；在交易成本不为零时，不同的产权制度会影响资源配置的效率，需要产权界定来推动市场。但是，不明智的产权界定也可能造成“反公地悲剧”，造成高昂的交易成本。《数据二十条》创造性地提出数据资源持有权、数据加工使用权、数据产品经营权结构性分置，可谓“意料之外，情理之中”，展现了在数据要素市场这一新兴领域，学术、实践、政策螺旋推进，又通过政策推进牵引的特点。如何理解和实现数据产权结构性分置，是《数据二十条》留给学界和业界解释的迫切问题。

本研究首先回顾了数据产权制度设计的三种典型思路和“回应赋权”思路，分析了两权分离的局限性；其次从数据要素流通实践中提炼出架构逻辑和市场逻辑两种逻辑结构，并在市场逻辑的基础上建构数据要素流通价值链模型；最后基于数据要素流通价值链，在“创生赋权”的设计思路下为数据产权结构性分置提供一种解释，并阐发其司法保护的可能途径。

（一）数据产权制度的设计思路

1. 数据产权制度设计的典型思路

从现有的学术文献来看，数据产权制度设计的主要思路可以概括为实用论、赋权论、结构论三种。其中，实用论的数据产权制度的出发点是“实用主义”，即回避数据所有权（data ownership）的复杂问题，而将关注重点放在通过产权制度所欲达到的效果，特别是降低成本、提升效率的经济效果。与实用论相关的研究主要有从市场参与者关系出发的“关系界权”[①]、从互联网平台架构出发的“架构财产权”[②]。赋权论的数据产权制度的出发点是既有的权利类型不能满足数据要素流通交易这一新兴领域需要，主张赋予新的权利类型。赋权论主张创设新型财产权，如为数据经营者赋予数据经营权、数据资产权[③]，或主张创设新型知识产权，如在数据上设立有限排他权[④]。结构论的数据产权制度的出发点是数据作为新型生产要素具有复杂的权益构成。结

① 戴昕：《数据界权的关系进路》，载《中外法学》2021年第6期。

② 胡凌：《数字经济中的两种财产权 从要素到架构》，载《中外法学》2021年第6期。

③ 龙卫球：《数据新型财产权构建及其体系研究》，载《政法论坛》2017年第4期。

④ 崔国斌：《大数据有限排他权的基础理论》，载《法学研究》2019年第5期。

构论认为，数据权利不仅可以进行分置，如将数据所有权和数据用益权分置[①]，而且可以抽绎出更为复杂的权利结构，如建构“权利束”“权利块”模型等。

上述三种思路为进一步设计数据产权制度提供了有益的启示。数据产权制度的设计，尚需进一步结合数据要素市场实践的需求，对实践逻辑有更加深入的认知。对于数据要素这一更多依赖实践探索而非理论推演的新兴领域而言，数据产权相关研究必须经历从实践到理论，再从理论到实践的迭代过程。从实践看，我国数据要素市场的初步探索体现了“回应赋权”的数据产权设计思路。

2.“回应赋权”设计：两权分离及其局限

“回应赋权”设计的出发点是，数据产权是公共政策回应实践困境的产物，是被动为之的制度回应。

我国近三年发布的政策文件，基本反映了关于数据产权设计回应实践的认知过程。2020 年 3 月，《关于构建更加完善的要素市场化配置体制机制的意见》中明确提出“研究根据数据性质完善产权性质”，反映了数据要素流通因为数据产权不明而受到阻碍这一认知。当数据所有权的思路不能反映数据要素主体多元、利益多元的新特性，不能满足复杂的数据要素市场实践需要时，所有权—使用权两权分离的思路被提出。2021 年 12 月，国家发展改革委等部门《关于推动平台经济规范健康持续发展的若干意见》中指出，“试点探索‘所有权与使用权分离’的资源共享新模式”。2022 年 3 月，国家发展改革委发布的《数据基础制度若干观点》中，在数据产权制度方面进一步沿用了上述二分法，并将“所有权”替换为较少争议的“持有权”，提出“建议探索建立现代数据产权制度，推动数据持有权、使用权等相关权利有序分离与流通，满足数据流通使用需求”。

如果说“所有权”延续了物权模式，强调占有、使用、收益、处分等复合权能，那么“持有权”则基于数据要素的新特点，仅强调“占有”或“控制”的较弱权能，并将持有和使用作了分离处理。对使用权的突出强调意味

① 申卫星：《论数据用益权》，载《中国社会科学》2020 年第 11 期。

着数据作为生产要素，应该鼓励投入市场流通，发挥其使用价值。所有权不应该成为数据流通的障碍。

两权分离的数据产权制度初步解决了数据流通交易中的确权难题，让数据流通具体化为数据使用权的流通。然而实践中，数据要素流通的主要形式是数据产品，数据产品的供给不足是我国数据交易市场最显著的问题之一。数据供给不足与数字经济时代数据量的惊人增长之间存在令人费解的鸿沟，具体体现为大量具有较高价值的公共数据、国企数据、互联网平台数据没有成为可交易的数据产品。在两权分离的产权制度下，数据产品无法被归于持有权或使用权的名下，产权不能为加大数据产品供给和流通进行确权激励和权益保护，市场参与者基于自身利益没有意愿推进数据要素流通使用，在整体上背离了社会公共利益，这意味着存在市场失灵。

因此，“回应赋权”不能为数据要素市场提供令人满意的产权设计方案，必须再次经历从实践到理论的过程，明晰数据要素究竟通过何种逻辑流通，究竟要创造何种产权制度来打通数据要素流通价值链。这便产生了“创生赋权”的产权设计思路。

（二）数据要素流通实践的架构逻辑和市场逻辑

从数据要素流通的实践经验来看，有两种典型的逻辑结构，本研究将其概括为架构逻辑和市场逻辑。一般而言，组织内部数据流通和组织间数据共享遵从架构逻辑，而组织间数据交易遵从市场逻辑。

1. 数据要素流通实践的架构逻辑

架构逻辑的含义是指数据要素流通主要通过封闭的组件及其相互连接形成的架构实现。莱斯格（Lessig L.）在《代码 2.0：网络空间中的法律》中提出“代码即法律”①，可视为对架构逻辑的“原型”阐述。所谓“代码即法律”，即认为代码所形成的虚拟架构空间对主体行为和权益进行了事实控制和规范，形成了比之传统的法律和社会规范（也即“软法”）更具强制性的“硬法”。互联网平台是组织内架构逻辑的典型代表。比如，新浪微博平台通

---

① ［美］劳伦斯·莱斯格：《代码 2.0：网络空间中的法律》，李旭、沈伟伟译，清华大学出版社 2009 年版，第 6 页。

过《开发者协议》和OpenAPI接口，为存储在平台内的海量数据设置了流通架构。如果合作者遵守架构规则，则被纳入新浪微博平台所构建的架构逻辑中。如果合作者不遵守架构规则，则被排斥于架构之外。欧盟积极推动的“国际数据空间”（International Data Space，简称IDS）是组织间架构逻辑的典型代表。根据IDS的设计，成员企业之间通过统一技术标准的数据接口，即“连接器”（connector）来实现可控的数据流通，并期望通过组织间数据分享的架构逻辑建立欧洲“单一数字市场”。

从实践来看，架构逻辑的缺陷主要有以下三个方面。首先，架构逻辑具有自限性，天然排斥跨架构的数据流通。其次，架构逻辑的实现需要投入高成本，包括技术成本和组织成本，当架构达到一定规模时成本不容小觑。最后，架构逻辑无法提供动力机制，无法为参与者扩大数据要素供给、促进数据要素流通提供激励手段。

2. 数据要素流通实践的市场逻辑

市场逻辑的含义是指数据要素流通主要通过市场标的物、市场参与者、交易渠道、动力机制等实现。对于电子市场，格拉内多斯（Granados N.）等人指出了产品特征、竞争性推动力、法律推动力、信息技术等对市场形态的塑造意义。[①] 具体而言，数据要素流通的市场逻辑将数据产品作为市场标的物，将数据供需双方、交易机构和相关数商作为参与者，通过信息技术形成交易渠道，通过法律推动力和竞争性推动力形成动力机制。市场逻辑虽不可取代架构逻辑，但可以弥补其缺陷：其一，与架构逻辑的自限性相比，市场逻辑具有开放性，致力于不断突破政治、地理等壁垒，建构“全国统一大市场”乃至“全球市场”。其二，与架构逻辑固有的技术或组织成本相比，市场逻辑的主要成本形式是交易成本，可以通过优化交易渠道不断降低交易成本。其三，与架构逻辑缺乏动力机制相比，市场逻辑天然具备动力机制。

从实践看，海外比较典型的数据市场有两类：其一是依托云服务的数据交易平台模式，典型如AWS、Snowflake、Dawex、JDex等；其二是依托

① Granados N., Gupta A., Kauffman R. J., *Identifying Facilitators and Inhibitors of Market Structure Change: A Hybrid Theory of Unbiased Electronic Markets*, Proceedings of the 38th Annual Hawaii International Conference on System Sciences, 2005: 4.

数据信托的个人数据信息管理系统模式，典型如Mydata、Digi.me、Dcentr、Mydex等。这两类数据市场都拓展了架构逻辑，在平台上引入信息披露、交易撮合等动力机制，但是依然没有超越架构逻辑的自限性。海外典型的数据市场还不能称为完全的市场逻辑，而是一种过渡状态。

我国自提出“国家大数据战略”开始，逐步明确了将市场作为数据要素流通配置的主要手段。实践表明，市场逻辑更符合我国这样数据资源极其丰富但是又分布极其不均衡的数据大国的需求。自2015年至今，我国已经先后设立了50余家由政府支持的各类数据交易机构。虽然数据要素市场仍然处于发展初期，但是我国数据要素市场的基本形态和建设方向已经明晰，即以政府支持建设的数据交易机构为枢纽，打造全国统一多层次数据要素市场，培育全链数商生态，促进数据流通交易，推动数据资产化进程。在这一具有鲜明中国特色的数据要素市场表述中，市场逻辑表现得更为充分。

3. 基于市场逻辑的数据要素流通价值链

黄丽华等基于数据流通视角提出了数据价值链，反映了数据从原始数据、数据资源、数据产品到数据资产的逻辑过程。[①]在此基础上，可以从数据要素流通的全流程视角对数据价值链进行拓展，形成数据要素流通价值链模型。

根据数据要素流通价值链模型，企业获得数据来源至少有三个途径：（1）通过自有的信息系统生成数据，形成自持的原始数据；（2）通过公共数据开放或授权运营获取数据；（3）通过数据交易市场采购获取数据。企业把不同来源的数据经过必要的加工、整合和处理，在物理上按照一定的逻辑归集后达到“一定规模”，形成可重用、可应用、可获取的数据集合，就形成了数据资源。从原始数据到数据资源的过程也可称之为数据资源化阶段。企业数据资源化需要在企业数据战略的指导下，构建起数据能力体系和数据治理体系，在企业内部形成与数据驱动型业务模式相适配的人才、技术、组织和系统。企业形成数据资源后，可以登记形成资源性数据资产。

① 黄丽华等:《关于构建全国统一的数据资产登记体系的思考》，载《中国科学院院刊》2022年第10期。

企业通过自己组织或有效授权给外部机构，可以形成可服务于内外部用户的以数据为主要内容的数据产品。数据产品由数据内容和服务终端组成，也可能包括算法模型，其实践中的常见形态为数据集（如数据包和数据库同步）和数据服务（如包含数据内容的API接口、SaaS终端、模型、核验和数据报告）。数据产品的研发除了需要调研内外部客户的需求以外，还需要和第一个测试客户（pilot customer）紧密合作，共同研发出满足需求的数据产品，并按照可重复使用、可持续供给的要求进行必要的技术环境配置或部署。一旦形成产品，企业需要就数据产品是自用、共享、开放，还是对外交易作出战略上的选择。一旦企业将数据产品对外交易作为发展战略后，为了市场的安全性、流动性和可信性，数据交易机构需要对数据产品及其供给方在交易平台上进行登记注册，并进行必要的审核评估。买卖双方达成交易意向并正式签署交易合约后，交易系统记录相应的交易合约和交易结果。从需求端看，数据产品通过流通市场进入需方的使用环节，成为企业获得外部数据的重要来源。从供给端看，企业形成数据产品后，可以登记形成经营性数据资产。

数据成为资产意味着企业在数据要素流通价值链中实现了对数据资源和数据产品的有效控制和价值挖掘，也意味着企业对数据资产拥有相关权益。这提醒我们将数据产权结构性分置嵌入数据要素流通价值链，从而引入“创生赋权”的设计逻辑。

（三）“创生赋权”：数据产权结构性分置

1.“创生赋权”设计的基本思路

“创生赋权”意味着数据产权的制度设计是适应、完善数据要素流通过程的产物，是立法者在数据要素流通关键节点上积极主动的权利“创生”。为了实现并促进数据要素流通，制度为数据要素流通价值链上主要参与者赋予控制数据流通的“阀门”。这些“阀门”就是数据产权。作为对比，欧盟国际数据空间（IDS）提出了数据主权（data sovereignty）的概念，其主要内涵是强调数据所有者（无论是个人还是企业）对于其数据在数据空间内的流动有完全的控制权，可以自主决定是否流通、向谁流通、如何流通等。数据主权主要是通过技术手段实现的架构逻辑内的数据控制，但是面对跨架构的市场逻辑，特别是面对数据要素流通价值链中的各类复杂情形时，数据主权就不敷使用。

《数据二十条》创造性地提出“建立数据资源持有权、数据加工使用权、数据产品经营权等分置的产权运行机制”，提供了市场逻辑内数据流通的“阀门”。需要注意的是，这一运行机制的前置表述为“根据数据来源和数据生成特征，分别界定数据生产、流通、使用过程中各参与方享有的合法权利”。换言之，不将参与者及其构成的数据生产、流通、使用过程梳理清楚，也即不将数据要素流通价值链梳理清楚，就不能理解三权结构性分置的具体含义。

“创生赋权”可以通过一个具体案例阐明。以在上海数据交易所挂牌的数据产品“企业电智绘”为例，其供应主体为某电力公司，功能描述为“通过输入企业名称、统一社会信用代码，查询当前企业用电行为情况”。对于这样一款数据产品，为了进行确权保护，需要在数据要素流通价值链上考察其需要赋权的关键节点。某电力公司在提供市场服务的过程中系统生成了企业电力数据，有形成并控制数据资源的需求，因此可以赋予数据资源持有权。公司基于数据资源，研发形成数据产品“企业电智绘”后，有通过上海数据交易所进行市场交易并保障经营获益的需求，因此可以赋予数据产品经营权。需求方购买数据产品，查询相关企业用电评分，有持续加工使用相关数据的需求，因此可以赋予数据加工使用权。

2. 数据产权结构性分置

数据产权结构性分置体现了“实用论”“赋权论”和“结构论”相结合的思路：数据产权的“结构性”分置体现在，三权之间不是相互派生关系，而是在数据要素流通价值链中的结构性关系；数据产权被“创生”出来，是为了促进数据流通使用的“实用性”目的；数据产权是立法者在数据要素流通关键节点上“赋予”市场主体的。限于篇幅，本研究暂不从教义角度论述数据产权的权能、冲突和救济等问题，而是聚焦于论述数据产权结构性分置的“创生”思路。

首先，数据资源持有权的确权途径是数据资源登记。可以登记的数据资源根据来源可以分为公共数据、企业数据两类，两类数据都可以由企业汇聚，形成具有资产价值的数据资源。对于授权运营的公共数据，可以探索在公共机构授权下，被授权企业进行数据资源登记，并与公共机构分享数据资源持有权；如果企业通过爬取或下载开放的公共数据，不宜登记取得数据资源持有权，企业可以获得数据加工使用权。对于内部信息系统生成的企业数据，可以进行数据资源登记，由企业取得数据资源持有权。对于通过交易市场采购的数据，不宜登记取得数据资源持有权，企业可以获得数据加工使用权。数据资源持有权体现了对数据资源原始持有者的权益保护，体现了从源头上促进数据资源不断更新和信息披露、便利国家数据资源普查的公共利益。资源性数据资产更明确地体现为数据资源持有权资产，可以在主体间转让和出质。确权、转让和出质登记将形成数据资产凭证，发挥公示、存证、对抗等效力。

其次，数据产品经营权的确权途径是数据产品登记。对于有权加工使用数据的企业，无论自行加工还是委托加工形成数据产品，只要付出了实质性加工和创新性劳动，并满足可交易数据产品条件，都可以登记取得数据产品经营权。数据资源持有权并不是数据产品经营权的前置条件，这就让市场主体免除了必须“持有”数据才能“经营”数据产品的负担。但是数据来源合法性、数据产品可交易性、数据流通合规性等准入要求依然需要满足，这就要求数据产品登记确权。实践中，场内数据产品登记确权可以在数据交易机构进行，并将登记系统和交易系统进行衔接。对于大量场外交易的数据产品，实践中暂时缺乏明确的登记确权机构。发生数据产品纠纷时，通常只能诉诸《反不正当竞争法》进行保护，具有消极滞后性。在不久的将来，登记取得数据产品经营权可以成为场内、场外数据要素市场的共同准入条件，从而将场内交易的合规标准和质量标准拓展适用到场外，达到“规范引导场外交易”的政策目标。数据产品经营权体现了对各类数据产品经营者的权益保护，既是对数据要素主要通过产品形态流通的市场逻辑的认可，也为规模化的数据产品“承销”模式提供了权利基础。经营性数据资产更明确地体现为数据产品经营权资产，可以在主体间转让和出质。确权、转让和出质登记同样将形成数据资产凭证。

最后，数据加工使用权不宜设置确权登记要求。从“原始取得”看，数据资源持有者自然拥有数据加工使用权，并可以将数据加工使用权以开放、共享、交易等多种方式赋予特定或不特定主体。从“继受取得”看，最常见的获取数据加工使用权的方式是公开爬取数据和通过合约取得数据。对于公开爬取数据，只要遵循 Robots 协议和其他行业规则，没有采用非法侵入计算机信息系统和非法获取计算机信息系统数据等非法方式，就可以取得数据加工使用权。对于通过合约取得数据，主要包括数据交易合约、可信隐私计算合约、委托加工合约等类型。在数据交易场景下，数据购买方可以要求数据供给方按照合约要求，在一定持续时间内、按照议定价格、供给符合合规要求和质量要求的数据产品，并要求供给方对数据传输的技术能力提供支持。在可信隐私计算场景下，“原始数据不出域，数据可用不可见”成为可能，数据购买方仅需获得数据加工使用权，不需要实际接收或控制数据，就可以在“沙箱”环境下获得数据的信息价值。在委托加工场景下，被委托人应当按照合约要求的目的、期限、质量要求、产品形式和功能要求，为委托人的利益而加工数据。上述合约都保证了数据加工使用权的获取。相比于数据资源持有权和数据产品经营权，数据加工使用权的显著不同在于不能作为资产性权益，也无需登记机构颁发确权凭证。理由在于，数据加工使用权是一种灵活的、有限的“防御性权利”，可以为市场主体免除必须“持有”数据才能“加工使用”数据的顾虑，以明确的实用性目的导向促进更大范围、更少束缚的数据流通使用。

（四）小结：数据产权的司法保护

本研究区分了“回应赋权”和“创生赋权”两种数据产权制度的设计思路，认为被动回应实践困境所产生的持有权—使用权两权分离只能作为一种“权宜之计”，并不能解决市场失灵问题。为了让数据要素充分流通起来，就需要从实践中总结经验，明确市场逻辑相比于架构逻辑是更适合我国国情的选择，并将实践提升为理论，基于市场逻辑为数据流通设计价值链模型，进而从理论下降到实践，用“创生赋权”的思路，在价值链中的关键节点设置数据资源持有权、数据加工使用权和数据产品经营权。

从司法保护的角度看，本研究有三个方面的启示。第一，数据产权的司法保护应当尊重数据要素市场的内在逻辑，即基于市场逻辑的数据要素流通价值链，这是法律干预、司法裁判的前提。当缺乏明确的立法依据时，可以依据公共政策、内在逻辑融入法理。第二，数据产权的司法保护应当充分利用各种社会资源。我国数据要素市场建设已经从自发无序的阶段进入了统筹发展的全国统一多层次数据要素市场阶段，应该发挥国家级数据交易机构的确权登记功能，为场内、场外数据交易提供具有公信力的资产登记凭证，引导市场规范发展。第三，数据产权的司法保护应当给新兴领域的自发探索、发展留下充足空间，避免因为司法而扼杀创新。“创生赋权”意味着数据产权依然是动态的、发展的，政策制定者和市场参与者都应保持创新意识，让数据要素市场“在实践中完善，在探索中发展”。

五、数据交易“五难”与司法保护

我国自2015年提出“国家大数据战略”以来，以兴建贵阳大数据交易所、上海数据交易中心等机构为标志，已经在数据要素市场建设上进行了多年探索。2021年11月25日，上海数据交易所揭牌成立，提出聚焦数据交易“五难”关键共性问题，形成系列创新安排。所谓“五难”，即确权难、定价难、互信难、监管难、入场难。“五难”作为数据要素市场早期探索经验的总结凝练，一经提出，便成为行业的核心议程。“五难”提出的时间节点处在新一轮“重启”阶段的开始，具有承前启后的意义，并为此后各地继续兴建数据交易机构提供了参考依据。2022年年底发布的《数据二十条》通过系统构建数据产权制度、流通交易制度、收益分配制度、安全治理制度等“数据基础制度”，为数据要素市场搭建了“四梁八柱”。《数据二十条》从更为宏阔的视角为“五难”提出了制度化对应框架。具体而言，数据产权制度对应了“确权难”，流通交易制度对应了“入场难”“互信难”，收益分配制度回应了“定价难”，安全治理制度对应了“监管难”。在新的顶层设计下，“五难”问题有了新思路，但是距离真正解决依然有一定差距。

本研究认为，“五难”可以视为交易成本这一基本问题的五个不同侧面。交易成本（transaction cost），又称交易费用，是在市场交易过程中发生的界定、搜寻、协商、执行、监督等各类成本。交易成本就像摩擦力，按照科斯在《社会成本问题》中的见解，一个不存在交易成本的理想世界中，任何初始安排都不影响有效率的资源配置的实现。真实世界中不可避免地存在各类交易成本，既需要制度、法律对资源配置进行优化安排，也需要平台等机构作为润滑剂，降低市场的交易成本。在数据要素领域，以“五难”为代表的交易成本呼吁一个更有效率的市场。《数据二十条》将“促进数据合规高效流通使用、赋能实体经济”这一表述作为主线，可谓切中“交易成本”的关键。降低交易成本既是政策的目标，也是数据交易机构应当提供的主要社会价值，是数据交易机构设计其功能与服务的主要依据。

（一）确权难

“确权难”已经给市场带来了可识别的“失灵”：其一，不知道能否采集、使用、流通数据，很多高价值数据沉淀在社会、企业或政务部门，成为待开采的数据金矿或待打通的数据孤岛；其二，主要依靠合同约定数据上的权利责任，或依靠反不正当竞争法进行事后个案保护，无法建立数据上的普遍规则，特别是数据财产权规则。从交易成本角度看，确权难体现为两大成本：第一类是权利确认（affirmation of rights）成本，第二类是权利界分（delimitation of rights）成本。

权利确认成本背后的认知是，确权是对数据产权基于法律依据进行确认。由于数据产权或权利无法被涵盖进既有的立法教义体系中，从法理的角度运用类比、发现、重构等方式厘清相关法律教义，找到数据确权的法律依据并运用到实践中，成本很高。物权法中的“所有权”由于要求完整的占有、使用、收益、处分权能，无法适用到数据。知识产权法中的著作权、软件著作权、专利权虽然都与数据有相通之处，但是也不能直接适用。我国《民法典》第127条规定：“法律对数据、网络虚拟财产的保护有规定的，依照其规定。”目前，数据确权处于“法无依据”的状态，给数据要素市场带来了诸多不确定性和流通风险，体现为较大的权利确认成本。权利界分成本背后的认知是，确权是从公共政策和促进效率的实用主义动机出发对权利进行分置界定。可以类比农地产权改革，在立法出台之前，政策上已经开始试行农地所有权、承包权、经营权分置。农地三权从权利界分的角度，承认集体所有权，落实成员承包权，但是又分离出可流通、可收益的“经营权”作为用益物权，实用地满足了促进农地合法流转、实现合作经营、规模化经营的现实需求。[①] 农地产权分置和登记、抵押等制度结合起来，共同保障了确权的落地。

《数据二十条》指出：“建立数据资源持有权、数据加工使用权、数据产品经营权等分置的产权运行机制。”这一表述显然更符合权利界分而非权利确认的思路。数据产权结构性分置必然要基于实用主义的原则，以“创生赋权”的逻辑进行推进。“确权难”问题遂转变为：如何逐步建构三类数据产权内涵外延，增进其完备性（即是否还需要引入其他产权）、场景公正性（金融场景、医疗健康场景、人工智能场景等）、可操作性（如何登记确权、明确确权的责任义务后果）等。参考既有要素产权的思路，数据产权将生发一条“形成—确认—登记”的闭环链条。值得注意的是，这一链条上的主要环节，都可能存在机构、规范等建构和运作成本，应当一体考察制度成本和制度收益。

（二）定价难

价格作为一种信息，能够反映商品的价值（马克思主义经济学）、市场供需均衡关系（古典经济学），也可能由于有限理性、机会主义等原因扭曲地反映上述信息。数据要素具有有别于传统、有形商品的新特性，从而放大了有限理性、机会主义的范围，使得数据价格与数据价值、供需关系的偏离更大，更充满了商业博弈的不确定性，这是“定价难”的主要原因。[②]

具体而言，数据要素具有三大新特性：第一，主体多元性，这意味着数据定价涉及多主体之间协同生产和使用数据时进行收益分配的问题；第二，

---

① 孙宪忠：《推进农地三权分置经营模式的立法研究》，载《中国社会科学》2016 年第 7 期。

② 吴蔽余、黄丽华：《数据定价的双重维度：从产品价格到资产价值》，载《价格理论与实践》2023 年第 7 期。

形态可塑性，这意味着数据定价涉及不同使用场景和不同数据形态下数据价值的差异性；第三，价值时变性，这意味着数据价值和需求有特定的时效，有些数据在刚产生时价值很大，但是很快就失去价值，有些数据则在积累了较长时间后才开始显现出价值。上述新特性让数据成为非标品，并由于价值的不可计量而反映为价格的不可标准化。

实践中，数据交易的“定价难”体现为“议价成本”高昂，数据交易效率因为“定价”的主观性、策略性、限制性而受到影响。第一，数据作为非标准品和低频交易标的，且具有无限复制（复制成本接近于0）的特征，很难形成一个公允价格，因此数据供方在定价上具有很大的主观性。第二，数据需求方的支付意愿（willingness to pay）与需求方自有数据、业务场景和技术能力关联度很高，因此“价格歧视”或“价格面议”成为一种常见策略，广泛存在于数据交易实践中。第三，一些数据能否定价、如何定价还受限于法律和政策条件，特别是公共数据、个人数据的定价问题，还存在较多限制。数据很难用成本加成的传统方式进行定价，每一笔数据交易都要在主观性、策略性、限制性的丛林中穿行，在同行可比价格和预算约束中获得可能的价格区间，并在动态博弈中得到每笔数据交易的价格。

《数据二十条》指出：“支持探索多样化、符合数据要素特性的定价模式和价格形成机制，推动用于数字化发展的公共数据按政府指导定价有偿使用，企业与个人信息数据市场自主定价。”这一表述传达出两个信息：其一，数据定价与数据要素特性有关，应当让实践再多“飞一会”。其二，数据定价可能没有模式统一的解决之道，应当按照分类分级、分场景的思路解决数据定价问题，并将公共数据作为突破口。数据流通目前看来存在数据资源、数据产品、数据资产等不同形态，它们的定价模型、议价成本都有所不同，依然是重要的课题。

（三）互信难

“信任”的本质是为了提供在信息不对称下达成合作的条件。在双人简单博弈的经典场景中，由于不存在“信任”，因此主体不能作出最大化自身福利的选择。“互信难”在经济学上可以表达为逆向选择和道德风险两类情况。逆向选择理论提示我们，在交易达成前由于供给方比需求方掌握更多对于产品的信息，因此可能降低产品质量，最终“劣币驱逐良币”。道德风险理论提示我们，在交易达成后由于需求方得到了合约的兜底，可能改变自身行为，作出增加自身效用、减损相对方效用的行为。

数据交易是一个典型的信息不对称场景，在事前、事中、事后的不同阶段，交易主体之间都可能面临互信难题。比如，事前能否信任数据供方的资质，确保供给数据来源合法、合规，并且让需方在不接触到数据的时候就获知数据价值；事中能否信任供方按约定持续交付符合质量要求的数据、信任需方采取数据安全和隐私保护措施；事后能否信任需方继续遵守合同约定，不超出约定留存或转卖数据。在理想的、互信的数据交易情景中，数据供方将按照合约约定持续供给符合质量要求的、满足互操作性的数据产品，以符合需方的技术能力和场景要求；数据需方也将按照约定给予供方对价，并严格按照合约中的限制条件、限制期限使用数据产品，特别是不得非经授权转卖数据。这一理想与现实之间的差距就是互信的交易成本。

《数据二十条》指出：“建立数据可信流通体系，增强数据的可用、可信、可流通、可追溯水平。”这一表述指明了“互信难”问题将通过平台和技术共同建构的体系迈向解决。一方面，可以建立依托平台的信任体系，将场外交易双方信任问题转化为场内交易包含平台的三方信任问题，通过有公信力背书的数据交易机构（平台），让合约在数据交易机构的监督和保障下履行。另一方面，可以建立依托技术的信任体系，区块链等信任技术将双方信任问题转化为技术问题，如实存证交易双方的身份和交易记录，形成一个去中心化与中心化相结合的解决方案。值得注意的是，平台信任与技术信任也有其成本，依然要在成本—收益框架下予以考察。

（四）监管难

监管（regulation or supervision）是一个多义词，具有监督管理、规则制定、风险防范等多重含义。中文语境中的监管应从全能型政府向监管型政府过渡的改革进程中理解，监管主要是由政府提供的公共产品，重点体现于市场监管、金融监管、安全生产监管以及食品药品和疫苗监管等领域。[①] 以金融监管为例，我国《证券法》规定了国务院证券监督管理机构（也就是证监会）这一监管机构，并明确了审慎监管的基本原则。随着金融市场自身的发展，证监会的集中统一监管逐渐向合作监管转移，具体表现就是"注册制"对"核准制"的全面替代。"注册制"将证券发行的审核主体由证监会下放到证券交易所，并以充分的信息披露取代了僵化的实质性门槛，展现了更为科学的监管理念。虽然现行《证券法》对于证券交易所的职能表述依然是"实行自律管理"，但是主要交易所无疑已经将自律监管（一线监管）作为自身重要职能，并在官网上主动发布"监管信息公开"事项，包括上市公司监管、交易行为监管、会员监管等。

在数据这一新兴领域，很多机制、机构设计都在参考金融领域，但是二者有显著不同。从监管角度看，最大的不同在于数据很难由单一政府部门监管。我国《数据安全法》规定，各主管部门承担本行业、本领域数据安全监管职责，国家网信部门负责统筹协调网络数据安全和相关监管工作。虽然我国国家数据局已经挂牌成立，但是主要承担统筹数据基础制度建设、协调数据资源跨部门协作的职能，并非一个类似证监会的集中统一监管部门。数据领域将在很长时间内呈现"多头监管"的局面。比如，一项涉及交通信息的数据产品流通，就会面临交通、网信、公安、国安、国资、市场等部门的监管，多头监管可能会造成监管资源的浪费或过度监管，也可能在监管重叠之处造成灰色地带或监管不足。此外，数据的虚拟性、易复制传播性、信息主体—数据处理者分离的特性也造成了对流通交易行为监管的困难。上述过度、不足以及困难都指向了较高的监管成本。数据涉及国家安全、公共利益、市场秩序、个人隐私，不监管不行，但是"监管难"客观存在，这就要求创新监管体制机制，更加强调协同监管、自律监管的重要性。

《数据二十条》指出，"突出国家级数据交易场所合规监管和基础服务功能"，"强化分行业监管和跨行业协同监管，建立数据联管联治机制，建立健全鼓励创新、包容创新的容错纠错机制"。上述表述不仅明确了国家数据交

---

① 马英娟：《监管的概念：国际视野与中国话语》，载《浙江学刊》2018 年第 4 期。

易所的首要功能是协同监管框架下的自律性合规监管，也明确了“创新容错”作为监管的原则。不过，数交所如何发挥相应功能，如何用“安全港规则”“监管沙盒”等手段实现创新容错，依然需要探索。数据领域的监管必然是渐进发展的。参考审慎监管这一金融监管基本原则，它凝聚了百余年来银行各类风险教训的总结，并浓缩为1997年巴塞尔委员会发布的《银行业有效监管核心原则》这一文献中的十条原则。数据监管无疑也将在发展中获得其原则和内涵，并实现监管成本和监管收益（即风险防范）之间的平衡。

（五）入场难

“场内交易”和“场外交易”的区分最早出现于金融市场。由于监管要求，场内、场外市场除了是否在交易场所内进行这一地点区别外，还在监管要求、业务范围、竞价方式、参与者资质等方面有较多区分。以新三板为例，2015年之前，新三板市场处于场外交易。2015年证券业协会发布的《场外证券业务备案管理办法》明确规定，“场外证券业务是指在上海、深圳证券交易所、期货交易所和全国中小企业股份转让系统以外开展的证券业务”，通过反向列举的方式正式将新三板（股份转让系统）划入场内交易。2021年新三板升级为“北京证券交易所”，进一步巩固了场内交易的身份。对于场外交易，《场外证券业务备案管理办法》明确了业务备案的要求，证券业协会建设证券业务报告系统接收备案材料，场外机构需在业务首次开展前进行首次备份，并履行定期报告、重大事项报告、业务变更报告等义务。在金融场景下，场内交易相比于场外交易有非常明显的优势（特权），并不存在其他要素市场、特别是数据要素市场的“入场难”问题。

除了金融市场外，其他要素市场似乎都存在“入场难”问题。以林权交易为例，2008年《中共中央、国务院关于全面推进集体林权制度改革的意见》中规定：“加快林地、林木流转制度建设，建立健全产权交易平台，加强流转管理，依法规范流转，保障公平交易，防止农民失山失地。”此后，各地建立起从国家级（中国林业产权交易所）到县乡级的千余个多层次场内交易市场。2012年在浙江的实证研究表明，半数小规模林农有产权流转行为，但是只有一小部分发生在场内，在分析了各种可能原因后发现：林农不了解交易中心是“入场难”的最主要原因，而非其他自然、经济、社会原因。我国 2015 年以来开始建立的数据交易机构也长期面临“入场难”问题，数据规模的迅猛增长并未带来场内交易规模的繁荣，除了市场主体对数据交易机构的“认知”问题外，场内是否解决了市场主体的需求或痛点，是否降低了数据交易成本，是否入场本身即意味着较高的交易成本，是值得关注的问题。

《数据二十条》指出：“构建促进使用和流通、场内场外相结合的交易制度体系，规范引导场外交易，培育壮大场内交易。”规范引导“场外交易场内化”，并不是通过行政手段要求场外交易必须转入场内（当然，对于合规性要求高的特定场景，优先进场是必要的），而是通过国家投入可信、合规基础设施建设，真正实现更低交易成本的场内交易。换言之，“入场”不是目的，而是降低交易成本的手段。如果将手段—目的倒置，就误解了国家建设数据交易机构的初衷。场内交易的“许诺”是更低的确权成本、定价成本、互信成本和监管成本，并且以较低的入场成本实现上述许诺。

（六）针对解决数据交易“五难”的若干思考

《数据二十条》确立了数据的三权，但是对于数据三权的权能尚未进行实质性的解释，同时针对数据三权也未形成正式的基本民事法律制度。因此，关于数据权属的明晰以及未来的确权路径还有待探索。至于数据的定价问题，由于数据产品目前尚不具备标准化，因此面对不同的应用场景，其凸显出来的价值也有所差异，因此形成公允的市场定价难度较大。未来我国在进行探索时，可借鉴域外相关经济体关于数据产权、数据定价的相关实践，如欧盟等。欧盟通过立法的形式推动构建公共数据再利用收费模式、用户设备数据权属界定等产权与收益分配机制，从而促进数据要素在欧盟境内的自由流通，繁荣欧盟区域的数据要素市场。[①] 与欧盟相比，我国在数据产权、数据定价的相关立法较为滞后，难以实质性推动数据要素的流通交易。目前我国未有专门立法以促进数据要素的流通交易，对于数据产权和收益分配机

① 林梓瀚、秦璇：《欧盟基于数据要素流通的立法建构与举措嬗变》，载《信息安全研究》2024 年第 3 期。

制的讨论尚未以法律制度正式确立下来，相关的立法也只是主要集中在地方性法规层面，如《上海市数据条例》等。因此，针对确权难、定价难等问题，我国应加快在国家层面对于数据流通交易的相关立法，完善产权制度与收益分配机制。针对个人与企业、个人与公共部门、企业与企业、企业与公共部门之间基于不同情形设置不同的确权授权、收益分配方式，从而促进数据要素的自由流通，繁荣数据要素市场。

数据具备可复制性、可传播性、可融合性强的特点，大数据时代，对数据的监管难度进一步加大，而数据的监管难又进一步导致了数据交易市场中交易双方互信难的问题。针对数据交易的监管难与互信难，有三个层面的举措可以进行尝试。第一个层面是顶层立法，建立完善的法律和事后顶格处罚的监管规则。目前，我国通过《网络安全法》《数据安全法》《个人信息保护法》等顶层法律明确了数据的安全红线，但是顶层法律“宜粗不宜细”的特点导致相关规定较为原则性。因此，在现有顶层立法的框架下，进一步完善数据的监管立法，如明确监管路径、监管方式、监管周期以及监管处罚结果，其中对于监管处罚结果可参考全球现行法律法规，如欧盟《通用数据保护条例》（GDPR）等，对事后违法行为进行顶格处罚，提高违法成本。第二个层面，是针对数据交易双方的，主要是提高交易双方的数据交易“能力”。提高数据管理和交易相关从业人员的素质和意识，增强交易双方对数据安全和隐私保护的重视，减少数据交易可能带来的风险。同时，鼓励数据交易双方制定内部数据伦理准则，规范数据交易的行为，增加参与者的互信度，并通过道德激励和惩罚机制来促进行业自律。第三个层面主要是技术层面，利用现行技术手段增强数据交易安全，并开展数据安全监管。一方面，采用加密技术、数据脱敏技术等手段来保障数据的安全性和隐私性，从技术上降低数据交易可能带来的风险。另一方面，通过区块链、数据水印等技术实现数据交易的可溯源，增强数据交易安全的监管，增加交易双方的互信。

面对入场难的问题，《数据二十条》提出“统筹优化数据交易场所的规划布局”，同时强调“构建多层次市场交易体系”，明确了国家级数据交易场所、区域性数据交易场所与行业性数据交易平台等不同层次的交易机构。如上所述，通过引导场内交易，目的是旨在通过国家投入可信、合规基础设施建设，真正实现更低交易成本的场内交易。换言之，“入场”不是目的，而是降低交易成本的手段。因此，一方面，严控交易场所数量，提高数据交易所的服务质量，进一步规范引导入场交易。另一方面，降低数据交易入场成本，提高数据交易的效率，从而引导入场交易。目前，大量的数据入场交易需要提供相应的数据安全合规报告、数据价值评估报告等，增加企业入场的成本。企业处于“未曾收入便有支出”的境地，因此可以转换入场交易逻辑，如探索企业“合规承诺”的规则方式规范入场交易等。

（七）小结：数据资产交易的司法保护

时至今日，数据要素市场并未走出“五难”。虽然以上海数据交易所为代表的数据交易机构为破解“五难”作出了很有意义的探索，但是仍然应当看到：数据要素整体市场仍然被认为处于“冷启动”时期，数据交易依然被认为是“棘手”的交易。如果我们只盯着场内交易金额、交易规模这些“虚荣指标”，而忘记数据交易机构在治理维度、市场维度、技术维度中的特定功能，忘记数据交易机构在降低数据交易成本方面理应承担的公共责任，它的存在意义就岌岌可危。降低交易成本的程度可以成为一个“北极星指标”，以检验数据交易机构的建设成效、指导数据交易机构的服务设计。为破解数据要素市场的“五难”问题，本研究也进行了若干思考。针对确权难、定价难，建议参考欧盟等地的立法完善产权和收益制度；针对监管难、互信难，建议从顶层制度、企业规则以及技术手段三个层次进行应对；针对入场难，建议控制数据交易所数量，提高数据交易所服务质量，降低入场交易成本等。

从司法保护的角度看，本研究具有三个方面的启示。第一，司法保护是降低交易成本的重要方面。按照英国经济学家科斯在《社会成本问题》中的见解，如果产权的初始界定不能带来有效率的资源配置结果，那么司法等制度手段就应“模仿”市场，将资源配置给能够最有效利用的一方，对于“五难”中的各种争议，也应从交易成本的角度出发厘定司法的功能。第二，“五难”意味着数据要素市场的主要环节中立法规则都是缺失的，这并不意味着司法无从介入。如果一种基于演绎法的“大前提—小前提—结论”式的司法推理无法在数据要素市场相关的疑难问题中适用，那么基于归纳法的“汇聚个案—分类概括—规则归纳”的判例法式司法推理则可能有适用的空间，并提炼出一批“指导性案例”“参考性案例”以形成案例库。第三，数据资产交易的司法保护应当更加重视技术手段的运用，比如区块链技术，用于证据存证、鉴定、公证等事项；应该充分发挥数据交易所等社会机构的协同治理功能，将调解前置、合规前置，并降低纠纷解决的制度成本。

六、结论

本课题的创新之处在于，首先，在当下立法对数据资产交易存在缺位的情形下，以司法实践作为问题的切入点进行研究。本课题首先对“数据资产”进行了语义上的概念明晰梳理，明确数据资产是满足特定条件的数据资源和数据产品，不仅可以被使用、消费和交易（符合技术定义），也可以被入表、计量和估值（符合社科定义）。所谓数据资产就是具备使用价值和经济价值的数据资源和数据产品。这一定义符合行业实践，也为从法学角度特别是司法保护角度切入数据资产交易主题提供了基础。

其次，本课题梳理并研究了国内外司法实践的现状、优势和不足。现有的司法实践通过不同的路径对数据资产交易进行司法保护，已经积累了大量的案例材料。但需要明确的是，各种路径都存在相应的优势和不足，如著作权保护路径中，数据集合主要是通过算法或者计算机系统自动生成，通常难以构成“选择或编排的独创性”，通过汇编作品进行保护存在法律障碍；竞争法路径中，《反不当竞争法》一般条款的适用，只是解决眼下问题的权宜之计，不利于司法的安定性和实际权益的明晰。通过对上述问题更加深化的研究和讨论，为完善数据资产交易的司法保护奠定理论基础。

复次，本研究对数据资产交易保护进行国内外司法实践对比研究，总结经验和启示。通过梳理美国、欧盟、东盟等域外国家地区在调整数据财产权益方面的实践，可以在发现二者之间差异的基础上，找到二者之间存在的共性与趋势，为我国有效规范数据财产权益提供启发。

再次，本研究对数据产权的建构和保护提出了具有一定原创性的研究。《数据二十条》指出："探索数据产权结构性分置制度。建立公共数据、企业数据、个人数据的分类分级确权授权制度。根据数据来源和数据生成特征，分别界定数据生产、流通、使用过程中各参与方享有的合法权利，建立数据资源持有权、数据加工使用权、数据产品经营权等分置的产权运行机制。"这一政策表述虽然还没有上升到立法语言和司法实践，但是无疑将对未来的立法、司法产生指导意义。对数据产权的设计思路、数据流通交易基本逻辑、数据要素流通价值链的考察可以更好地揭示数据产权制度的相关"法理"，从而为数据资产交易的司法保护提供依据。

最后，本研究对数据资产交易的"五难"进行了总结，并从经济学"交易成本"理论出发进行了理论和实践的解释。所谓"五难"即确权难、定价难、互信难、监管难、入场难，这"五难"对于数据资产交易的司法保护有很强的指导意义，同时针对数据交易"五难"问题，本研究提出了未来解决该问题的若干思考。对于数据资产交易这样的新兴领域，司法保护不仅要在既有的财产法、知识产权法、竞争法框架中获得类比参考，也应当深入新兴领域内部，了解其内部机制和系统运作逻辑，提供具有规范性和引导意义的法律工具包，构建完善的司法保护机制。

涉侵害数据形态权益黑灰产司法防治研究

课题组成员

主持人： 苏敏华　上海对外经贸大学法学院副教授

执笔人： 唐　震　上海市松江区人民法院副院长

徐洋洋　上海市嘉定区人民法院刑事审判庭审判员

熊箐芸　上海对外经贸大学法学院硕士研究生

张雪晴　上海对外经贸大学法学院硕士研究生

卢映彤　上海对外经贸大学法学院硕士研究生

唐　哲　上海对外经贸大学法学院硕士研究生

刘嘉瑶　上海对外经贸大学法学院硕士研究生

内容摘要： 课题从数据形态权益的概念出发，以数据形态权益的性质、分类和法律特征为切入点，具体分析了侵害数据形态权益黑灰产的特点，阐述了对涉侵害数据形态权益黑灰产进行司法防治的必要性。

因当前涉侵害数据形态权益黑灰产犯罪生态中，上游负责收集提供、分享各种网络黑产资源，中游负责开发定制、研发黑产工具，下游负责将黑产活动“成果”进行交易变现，涉侵害数据形态权益黑灰产行为多样，涉及的刑法罪名多样，罪与非罪、此罪与彼罪的界限均有待厘清。课题着重分析了计算机系统相关犯罪、帮助信息网络犯罪活动罪、侵犯公民个人信息罪的相关法律适用疑难问题。

课题最后就侵害数据形态权益黑灰产司法防治提出了如下对策：更新司法理念，坚持刑法谦抑理念，落实法秩序统一原理；拓展适用公益诉讼、引入技术专家等制度；适时设立专门法院，或通过专项合议庭集中管辖涉数据形态权益案件，强化司法保障。

关键词：侵害数据形态权益　黑灰产　司法防治

习近平总书记指出："网络犯罪已成为危害我国国家政治安全、网络安全、社会安全、经济安全等的重要风险之一。"[①] 计算机信息系统中的数据与公民个人信息、财产利益以及知识产权等相结合，使得"数据"的范围极速扩张。当传统犯罪向互联网迁移以后，其形态的复杂性和社会危害性都在显著提升。目前，以数据为犯罪对象、犯罪工具的危害行为日趋增多，涉侵害数据形态权益的黑灰产业不断扩大，甚至形成产业链，严重危害网络安全和秩序，损害人民群众合法权益。针对网络犯罪中的数据黑灰产相关犯罪，要求多元主体协同共治，司法防治更是其中关键环节。

一、涉侵害数据形态权益黑灰产概述

（一）数据形态权益的性质

2022 年 12 月 19 日，《中共中央、国务院关于构建数据基础制度更好发挥数据要素作用的意见》（以下简称《数据二十条》）发布，强调数据作为新型生产要素，在数字化、网络化、智能化进程中发挥着基础性作用，已深入渗透到生产、分配、流通、消费和社会服务管理等各个环节，对生产方式、生活方式和社会治理方式产生了深远影响。该意见提出，要积极探索建立数据产权制度，逐步构建具有中国特色的数据产权制度体系。2023 年 8 月，财政部又发布了《企业数据资源相关会计处理暂行规定》，这标志着数据这一数字经济时代的核心要素，已经从自然资源转变为经济资产。经过十多年数字经济迅猛的发展和法治建设的不断推进，我国已经构建了一个内容充实的数据权益体系。《数据二十条》明确了数据的分类，包括公共数据、企业数据和个人数据，并提出建立相应的分类分级确权授权制度，这是基于权利主体的分类方式。在权益层面，数据不仅承载着财产权，还涉及人格权、知识产权等民事权益。具体而言，《民法典》将个人信息置于第 111 条，介于

① 习近平：《习近平谈治国理政》（第四卷），外文出版社 2022 年版，第 293 页。

具体人格权和身份权之间，主要体现为人格权益的客体。同时，数据作为信息载体，在《民法典》第127条中与虚拟财产并列，因此，数据作为生产要素当然可以成为财产权的客体。[①]同时，数据作为载体所承载的财产性权益，可能涵盖知识产权、网络虚拟财产，以及部分无法归类为商业秘密的商业信息和数据；而数据中的个人信息，则可能与隐私权、名誉权、姓名权、名称权等精神性人格权存在交叉重叠。[②]相应地，从可能造成的法益损害来看，涉数据权益犯罪侵害的不仅有财产权益、人身权益，也可能影响社会秩序，侵害公共安全，甚至国家安全，最终影响社会的和谐稳定，必须加以有效规制。

（二）侵害数据形态权益黑灰产的特征

1. 体量庞大、形态多样

早在2017年，相关机构的研究已揭示，黑灰产规模已逼近千亿元，而相较之下，我国网络安全产业的规模仅为450亿元。[③]时至今日，这个规模只增不减。同时，其形态呈现多样性。比如，绕过平台反作弊机制，通过多平台登录大量账号实现快速引流、利用编程解码技术制作脚本、避开企业安全防御机制修改系统数据等，暗网和境外通讯软件在网络犯罪中的应用明显增多，专业化特征显著，[④]形态变化多样。

2. 高技术化、隐蔽性强

涉及侵害数据形态权益黑灰产的犯罪手段不断迭代更新、技术专业性显著增强。犯罪分子多通过加密通讯、隐蔽上网沟通，往往在其使用的软件或者电子设备上加载自毁功能，使其隐蔽性非常之高。因网络的无界性也导致了涉侵害数据权益黑灰产跨国、跨境犯罪频发，对这类案件的证据收集带来极大挑战。

① 顾全：《关于数字经济案件审判理念及类型化研究的思考》，载《上海法学研究》集刊2022年第17卷。

② 顾全：《关于数字经济案件审判理念及类型化研究的思考》，载《上海法学研究》集刊2022年第17卷。

③ 《我国网络黑灰产每年造成近千亿元损失》，载中国经济网，http://www.ce.cn/xwzx/gnsz/gdxw/201808/28/t20180828_30135817.shtml，最后访问时间：2024年5月21日。

④ 《〈上海网络犯罪检察白皮书（2022）〉和十大典型案例发布》，载腾讯新闻网，https://new.qq.com/rain/a/20230301A07JPO00.html，最后访问时间：2024年5月21日。

3. 链条化、生态化明显

目前，涉侵害数据形态权益黑灰产已经形成了上、中、下游分工协作的链条化犯罪模式。上游的黑灰产业主要通过非法途径获取大量用户信息，为赌博、诈骗等提供技术支持和结算工具；中游的黑灰产业则侵犯公民个人信息，利用能绕开或破坏信息网络平台安全的自动注册程序软件，为下游犯罪活动做准备；下游的犯罪则是利用上、中游黑灰产所做的犯罪准备，投入到各种违法犯罪活动中，如赌博、诈骗。[①] 网络黑灰产犯罪跨平台、跨地域且资金流向分散，甚至已经形成特殊的犯罪生态，对司法机关准确认定行为性质、精准打击相关犯罪带来极大挑战。

二、涉侵害数据形态权益黑灰产司法防治法律适用问题

当前涉侵害数据形态权益黑灰产犯罪行为多样，涉及的罪名多样，罪与非罪、此罪与彼罪的界限均有待厘清。课题组着重分析计算机系统相关犯罪、帮助信息网络犯罪活动罪（以下简称帮信罪）、侵犯公民个人信息罪的相关法律适用疑难问题。

（一）计算机信息系统相关犯罪的法律适用疑难问题

我国《刑法》对于计算机相关犯罪的规定，主要涵盖在刑法第 285 条、第 286 条和第 287 条中。第 285 条详细列举了非法侵入计算机信息系统、非法获取计算机信息系统数据、非法控制计算机信息系统以及提供侵入、非法控制计算机信息系统程序、工具等罪名；第 286 条则针对破坏计算机信息系统的行为进行了规定；而第 287 条则是提示性条款，指出利用计算机实施诈骗、盗窃、贪污、挪用公款、窃取国家秘密或其他犯罪时，应依照《刑法》进行定罪处罚。上述几个罪名有的与计算机信息系统有关，有的与计算机信息系统数据有关；从具体行为方式来看，则有侵入、获取、控制、破坏之分。

---

① 陈岑、曾为欢、周硕鑫：《网络账号黑产链的规制研究》，载《中国检察官》2022 年第 11 期。

1.“计算机信息系统”和“计算机信息系统数据”的区分

由于《刑法》第286条罪名为破坏计算机信息系统，指向的是系统，但第2款罪状描述为，违反国家规定，对计算机信息系统中存储、处理或者传输的数据和应用程序进行删除、修改、增加的操作，具体指向的是数据与程序，导致在判断某一行为究竟属于破坏计算机信息系统罪还是非法获取计算机信息系统数据、非法控制计算机信息系统罪时会存在争议。实践中，修改、删除计算机信息系统中的数据导致使用人不能正常使用的行为，如行为人修改账户密码数据、用户权限数据锁定电脑或手机等，究竟定性为破坏计算机信息系统罪，还是非法控制计算机信息系统罪的争议较大。

课题组认为，应明确破坏计算机系统罪的严重法益侵害特征，即只有对数据进行删除、修改、增加至“破坏”程度时，方可认定为破坏计算机信息系统罪。

所谓“计算机信息系统”，根据《最高人民法院、最高人民检察院关于办理危害计算机信息系统安全刑事案件应用法律若干问题的解释》（以下简称《办理危害计算机信息系统安全案件解释》），是指具备自动处理数据功能的系统，包括计算机、网络设备、通信设备、自动化控制设备等。也就是说，计算机信息系统实际上是软硬件设备的结合，而数据只是计算机信息系统中硬件软件处理的对象。但也要注意避免泛化概念，不能将计算机系统完全与信息网络相重合。从网络方面来说，则应当限制在计算机信息系统的网络当中，以区分计算机信息系统安全犯罪与帮信罪、非法利用信息网络罪等。

2.“侵入”“控制”与“破坏”行为的区分

常见的控制、侵入计算机信息系统的技术手段包括利用系统漏洞、绕过或攻破防火墙等，这些行为可能会对计算机信息系统的正常运行造成干扰，严重时甚至导致系统崩溃。在非法侵入计算机信息系统罪、非法控制计算机信息系统罪和破坏计算机信息系统罪中，“侵入”“控制”与“破坏”是区分这三者的核心客观行为要素，但在实际操作中难以准确界定。当前，相关鉴定机构在处理此类案件时，常常认为只要行为对计算机信息系统及其运行造成不利影响，即可视为具有破坏性。可见，控制、侵入与破坏行为在犯罪手段及危害后果上的相似性，使得对行为性质进行区分与认定成为审理难点。[①]如下通过两起案件来说明：

案例一：2019年3月，被告人熊某雇人开发了一款能干扰手机功能的“短信轰炸机”程序，并租用服务器进行运营。为扩大规模，熊某在服务器后台设置了多级代理配置，并借助苏某开发的“发卡网”进行推广。客户通过充值获得代理资格，进而发展新成员。熊某通过此种方式发展了包括陈某某在内的5名下线，共同获利58163.41元。公诉机关以破坏计算机信息系统罪起诉熊某，但熊某的辩护人认为其应定提供侵入、非法控制计算机系统程序、工具罪。最终，法院认定熊某构成破坏计算机信息系统罪。[②]

案例二：2020年5月初，被告人马某与孙某某商议编写并出售短信轰炸软件以谋取非法利益。孙某某负责租赁服务器并开发“CC短信轰炸机”软件，该软件能大量调用短信接口并向目标手机号码连续发送验证码。马某则负责搜集并更新微信公众号的短信接口信息，并维护软件后台。随后，两人通过网络销售软件激活码获得收益。他们利用该软件对舟山市民生警务平台发起验证请求66万余次，导致该平台发送验证码40万余条，直接经济损失达2万余元。同时，他们通过销售软件获利1万余元。此案经起诉和审理，最终认定马某等人犯非法控制计算机信息系统罪。[③]

两案行为基本一致，虽均涉及编写并出售“短信轰炸机”软件获利，但法院对两案的定性却有所不同。前案被认定为破坏计算机信息系统罪，主要依据是司法鉴定意见。该意见指出，送检的“短信轰炸机”通过请求第三方接口，对目标手机号进行短信推送和电话呼叫，从而干扰手机的正常使用。由于通讯功能是手机的核心，高频呼入会干扰手机的正常操作。法院认为，该软件通过不断请求第三方接口干扰手机功能，导致计算机信息系统无法正

① 陈兵、吕瑿清：《计算机信息系统类刑事案件的审理思路和裁判要点》，载微信公众号“上海一中法院”，2023年10月9日。

② 熊某、陈某某、苏某某等破坏计算机信息系统罪案，广东省清远市中级人民法院（2020）粤18刑终343号刑事裁定书。

③ 马某、孙某某非法侵入计算机信息系统罪案，浙江省舟山市定海区人民法院（2020）浙0902刑初333号刑事判决书。

常运行，因此构成破坏计算机信息系统罪。而后案则因软件具备非法控制计算机信息系统的功能，被认定为非法控制计算机信息系统罪。

（1）何为“侵入”。对此，最高人民检察院发布的指导案例卫某龙、龚某、薛某东非法获取计算机信息系统数据案（检例第36号）中指出：非法获取计算机信息系统数据罪中的“侵入”，是指违背被害人意愿、非法进入计算机信息系统的行为。其表现形式既包括采用技术手段破坏系统防护进入计算机信息系统，也包括未取得被害人授权擅自进入计算机信息系统，还包括超出被害人授权范围进入计算机信息系统。

（2）何为非法“控制”。目前法律和司法解释中并没有特别明确的规定，最高人民法院法官在司法解释的解读中指出，根据立法背景和立法目的，将“通过控制大量计算机信息系统形成僵尸网络”作为非法控制计算机的主要例证。[①] 而在僵尸网络（Botnet）的概念项下，“控制服务器”（Control Server）是指控制和通信的中心服务器，僵尸网络的“控制”行为，主要是通过一对多地向某目标网站进行分布式拒绝服务（DDos）攻击，或者是利用服务请求来耗尽被攻击网络的系统资源，从而使被攻击网络无法处理合法用户的请求。课题组认为，只有控制核心系统的行为才能认定为控制行为。

（3）何为破坏计算机信息系统罪中的“破坏”。从文义解释的角度出发，破坏指摧毁、损坏。从刑法条文的立法目的和法益保护的角度出发，破坏计算机信息系统罪侵犯的法益是计算机信息系统的整体运行安全。非法控制计算机信息系统罪侵犯的法益为计算机信息系统的保密性和控制性，保护的是计算机信息系统合法占用人、控制人的使用权或控制权。“破坏计算机信息系统”的本质特征应是对计算机信息系统功能造成了实质性损坏，使计算机信息系统不能正常运行。“非法控制计算机信息系统”的本质特征是对计算机信息系统占用人、控制人的使用、控制权进行了剥夺，使其不能按照自己的意志使用、控制计算机信息系统，从功能损坏、破坏的程度上来看要轻。这样把握才符合立法将第286条配置更重的法定刑的立法本意。

① 喻海松：《〈关于办理危害计算机信息系统安全刑事案件应用法律若干问题的解释〉的理解与适用》，载《人民司法》2011年第19期。

最高人民法院发布的指导性案例张某杰案表明了这一立场：2017 年 7 月起，被告人张某杰等四人经共同商议，旨在通过投放赌博网站广告获取收益。他们合作对存在安全漏洞的服务器进行搜索和筛选，并在目标服务器上植入木马程序以取得控制权。随后，他们使用特定软件与木马程序连接，获得了对目标服务器后台的浏览、编辑和删除等权限。为了提升赌博网站广告在搜索引擎中的曝光率，他们上传了包含赌博关键词并具备自动跳转功能的静态网页。据统计，被告人张某杰等人成功链接并控制了 113 台被植入木马程序的服务器。尽管公诉机关以破坏计算机信息系统罪对四人提起诉讼，但法院最终判定为非法控制计算机信息系统罪。法院认为，尽管被告人对目标服务器的数据进行了修改和增加，但这些行为并未导致信息系统功能的实质性损害或无法正常运行，也未对系统内的有价值数据进行不当操作。因此，被告人的行为不符合破坏计算机信息系统罪中对数据的删除、修改、增加等行为的定义。

因此，通过修改、增加计算机信息系统数据，对该计算机信息系统实施非法控制，但未造成系统功能实质性破坏或者不能正常运行的，不应当认定为破坏计算机信息系统罪，更可能属于非法控制计算机信息系统行为。申言之，客观上存在的删除、修改、增加、干扰行为并不是区分两罪的关键，关键在于这些客观行为的实施是导致计算机信息系统本身不能正常运行还是剥夺了计算机信息系统控制、使用人的控制、使用权。综上，上述“短信轰炸机”案，通过短信轰炸干扰了手机功能，但是并未造成手机系统功能的实质损坏，不宜认定为破坏计算机信息系统罪。

3. 破坏计算机信息系统罪“后果严重”的罪量问题

《刑法》第 286 条的前三款规定在行为结果上采取了不同表述，[①] 第 1 款

---

① 《刑法》第 286 条规定：“违反国家规定，对计算机信息系统功能进行删除、修改、增加、干扰，造成计算机信息系统不能正常运行，后果严重的，处五年以下有期徒刑或者拘役；后果特别严重的，处五年以上有期徒刑。

“违反国家规定，对计算机信息系统中存储、处理或者传输的数据和应用程序进行删除、修改、增加的操作，后果严重的，依照前款的规定处罚。

“故意制作、传播计算机病毒等破坏性程序，影响计算机系统正常运行，后果严重的，依照第一款的规定处罚。

“单位犯前三款罪的，对单位判处罚金，并对直接负责的主管人员和其他直接责任人员，依照第一款的规定处罚。”

是"造成计算机信息系统不能正常运行，后果严重的"；第 2 款是"后果严重的"；第 3 款是"影响计算机系统正常运行，后果严重的"。第 1 款和第 3 款都有影响计算机系统运行的表述，只是程度不同，而第 2 款完全没有这一表述，这种表述上的差异就带来了适用上的争议。

对于第 1 款和第 3 款适用的争议较小，一般认为：由于计算机病毒等破坏性程序是可被不特定人用于不同计算机信息系统，且专为破坏计算机信息系统而设计，其危险性和主观恶性较大。故第 1 款要求"造成计算机信息系统不能正常运行"，而第 3 款仅要求"影响计算机系统正常运行"。由于第 2 款罪状描述上没有与计算机系统正常运行相关的内容，理解与适用上的争议较大。

从法条内容分析，第 2 款主要保护的是数据和应用程序的真实性、完整性和可用性，同时保障他人对这些数据和应用程序的占有、使用和处分等权益。值得注意的是，第 2 款并未将计算机信息系统的"安全"或正常运行列为保护法益。若将第 2 款与第 1 款的保护法益视为相同，那么第 2 款的存在就失去了其独特的意义和价值。[①] 课题组认同这一观点，同时认为，破坏计算机信息系统的第 2 款应当是对数据可利用性下降的程度的规定。那么究竟下降到何种程度才应当认定为犯罪呢？从对该条三款进行体系解释的角度出发，因为第 2 款规定的数据都是为计算机信息系统所调用，故应当要求下降到"计算机系统调用这些数据后不能正常运行"的程度。具体而言，应当取第 1 款的较为严格限制条件，即造成计算机信息系统不能正常运行，而非第 3 款较为宽松的限制条件。实践中，应结合个案，澄清破坏计算机信息系统罪第 2 款的罪量条件问题，避免陷入"行为恶性比第 3 款更轻，但罪量要求却比第 3 款更低"的矛盾。

4. 准确认定提供侵入、非法控制计算机信息系统程序、工具罪

对于《刑法》第 285 条所规定的侵入、非法控制计算机信息系统程序、工具罪具体入罪模式，司法实践中，如何认定是否属于符合本罪规定的程序、工具是主要的难点。

---

① 张明楷：《破坏计算机信息系统罪的认定》，载《人民法院报》2022 年 3 月 3 日。

（1）提供专门用于侵入、非法控制计算机信息系统程序、工具的认定。《办理危害计算机信息系统安全案件解释》第 2 条规定，具有下列情形之一的程序、工具，应当认定为《刑法》第 285 条第 3 款规定的“专门用于侵入、非法控制计算机信息系统的程序、工具”：①具有避开或者突破计算机信息系统安全保护措施，未经授权或者超越授权获取计算机信息系统数据的功能的；②具有避开或者突破计算机信息系统安全保护措施，未经授权或者超越授权对计算机信息系统实施控制的功能的；③其他专门设计用于侵入、非法控制计算机信息系统、非法获取计算机信息系统数据的程序、工具。

实践中，为计算机信息系统犯罪设计的程序、工具种类多、数量大，难以通过法律或司法解释一一列举。如何认定“专门性”是其中的关键所在。从法理上看，“专门性”本身排斥“中性”。一个程序、工具，如果本身是“中性”的，为网络平台所普遍使用，不具有司法解释列举的前面两种功能，则不能认定为专门用于侵入、非法获取计算机信息系统数据的程序、工具。如果一项程序、工具专门用于侵入、非法控制计算机信息系统，其在功能上须具有法益侵害性，且符合法定的“专门性”认定规则。在司法认定中可以结合设计程序、工具的主观动机与程序、工具的主要用途和功能来评判其是否具有非法性和专门性。

以“恶意注册账号入刑首案”为例，2015 年年初，被告人汤某某通过购买注册机与 E 语言源代码，开发出“畅游注册机 .exe”软件，并在网络上进行销售以获利。这款软件可以自动生成注册信息，并利用第三方平台手机号向畅游注册平台服务器发送数据包，自动获取并发送手机验证码，实现批量注册。汤某某开发此软件的动机是恶意批量注册，该软件的运行干扰了畅游注册平台的正常操作流程，具备破坏性。最终，法院判定被告人汤某某等人构成提供侵入、非法控制计算机信息系统程序、工具罪。

最高人民检察院发布的叶某星、张某秋提供侵入计算机信息系统程序、谭某妹非法获取计算机信息系统数据案（检例第 68 号）就涉案程序“专门性”的认定给出了参考标准：一是结合被侵入的计算机信息系统的安全保护措施，分析涉案程序是否具有侵入的目的，是否具有避开或者突破计算机信息系统安全保护措施的功能；二是结合计算机信息系统被侵入的具体情形，查明涉案程序是否在未经授权或超越授权的情况下，获取计算机信息系统数据；三是分析涉案程序是否用途单一，无其他合法正当功能。[①]由此可见，只有当计算机信息系统设置了安全保护措施，涉案程序避开或者突破该措施侵入时才意味着技术性措施被突破，计算机信息系统被突破。假如不存在安全性保护措施，则意味着计算机信息系统对公众开放，也就无所谓被侵入。

（2）明知他人实施侵入、非法控制计算机信息系统的违法犯罪行为而提供程序、工具的认定。此种程序、工具拥有其他合法功能、用途，并非专门用于侵入、非法控制计算机信息系统，只是在不当使用时会产生危害后果。实践中大多数是网络游戏的外挂程序、翻墙软件等。司法机关对程序、工具的理解较为宽泛，不仅包括避绕电子商务网站监管措施的程序，也包括翻墙软件、虚拟机服务等。课题组认为，对于此种程序、工具，应当以技术问题为突破口，了解涉案技术背后的原理，并结合具体个案与证据来分析，必要时应委托专业鉴定机构来认定。

实践中，外挂的定性争议由来已久。如“金刚狼外挂案”，被告人陈某通过自主编写修改“绝地求生”网络游戏外挂程序源代码，制作出外挂程序“金刚狼”，该程序对正常的游戏流程与运行方式造成干扰，系破坏性程序，一审判决认定构成非法经营罪。二审认定“金刚狼”程序侵入了游戏程序的计算机信息系统，构成提供侵入、非法控制计算机信息系统程序、工具罪。[②]可见，一审法院与二审法院在法益保护上的侧重点不同：一审将焦点放在对游戏秩序的保护上；二审在对“金刚狼”程序运行原理进行精密地分析后，更加侧重保护计算机信息系统。课题组认为，尽管涉案程序对游戏环境造成了破坏，但鉴于游戏秩序本身的复杂性和抽象性，难以直接将其归类为市场经济秩序范畴，且游戏外挂不符合专营专卖这一非法经营罪的罪质特征。考

① 李剑：《专门用于侵入计算机信息系统的程序及打码行为的审查认定——以第68号检察指导性案例为视角》，载《中国检察官》2021年第14期。

② 陈某、田某等提供侵入、非法控制计算机信息系统程序、工具罪案，江苏省淮安市中级人民法院（2019）苏08刑终343号刑事判决书。

虑到“金刚狼”程序实际侵犯了计算机信息系统的安全，将其定性为提供侵入、非法控制计算机信息系统程序、工具罪更为贴切。人工智能时代的高速发展导致外挂平台“野蛮生长”，但并非所有的外挂都是违法的。课题组认为，有必要基于外挂技术原理、是否具有危害性进行类型化区分。以网络游戏外挂为例，可以明确区分为作弊类外挂、辅助操作类外挂和练级外挂。作弊类外挂，其工作原理在于突破游戏对玩家的限制，通过注入外挂程序并修改游戏代码，以实现诸如锁定生命值、自动瞄准、无限增加金钱等不正当功能；辅助类外挂则侧重于为游戏提供额外的便利功能或实现操作自动化，例如自动拾取物品等，它使得原本隐藏的游戏数据得以显示；而练级外挂，则是为达到特定目的，将原本需要玩家反复执行的动作交由计算机完成，替代玩家进行简单的判断和操作。[①] 因此，作弊类外挂属于“专门用于侵入、非法控制计算机信息系统的程序、工具”，而辅助操作类外挂、练级外挂只有突破游戏对玩家限制的情况下，才能被认定为“专门用于侵入、非法控制计算机信息系统的程序、工具”。因此，在认定外挂等程序、工具是否属于本罪程序、工具时应仔细甄别，避免违反刑法谦抑性原则。

在人工智能快速发展的今天，外挂平台与个人之间刑事责任分配亦是值得重视的问题。外挂平台往往采取分工合作的策略，将外挂制作过程细化为多个环节。在脚本制作模块，他们会招募专业人员负责脚本的撰写与修改，并对收购来的脚本进行严格筛选。筛选后的脚本会整合到平台控制的脚本引擎中，进而完成网络游戏外挂的制作。在这一过程中，人工的参与度逐渐降低，外挂制作的自动化程度逐渐提升。[②] 如“XO 外挂案”中，法院认定被告人卢某鹏构成提供侵入计算机信息系统程序罪，[③] 然而在整个外挂制作流程中，卢某鹏只负责在平台提供的脚本基础上对计算机语言进行修改，完成机械的重复性工作，不具有自主创作性，平台才是外挂制作的主导者，将个人

① 李勇、孟晋：《〈刑法修正案（十一）〉背景下网游外挂罪名适用》，载魏昌东、顾肖荣主编：《经济刑法》2021 年第 21 辑，上海社会科学院出版社 2022 年版，第 154 页。

② 刘艳红：《人工智能时代网络游戏外挂的刑法规制》，载《华东政法大学学报》2022 年第 1 期。

③ 程某、吴某俊、卢某鹏等提供侵入、非法控制计算机信息系统程序、工具案，山东省菏泽地区（市）中级人民法院（2020）鲁 17 刑终 292 号刑事裁定书。

与平台的责任等同起来似乎违反了罪责刑相适应原则。有鉴于此，课题组认为，在明晰外挂运行机理的基础上，还要从实质上分析个人与平台在外挂制作过程中的作用大小，合理分配刑事责任，防止出现个人与平台责任错位。

5. 既要善于借助专业机构辅助司法判断，也要严格进行司法审查

在张某秋提供侵入计算机信息系统程序、谭某妹非法获取计算机信息系统数据案（检例第 68 号）中，最高人民检察院指出：对有证据证明用途单一，仅用于侵入计算机信息系统的程序，若存在确凿证据，司法机关可依法认定为“专门用于侵入计算机信息系统的程序”；难以确定的，应寻求专业部门或司法鉴定机构的协助，进行必要的检验或鉴定，以确保判断的准确性和公正性。[①] 计算机信息系统、计算机信息系统数据、程序，到底有何作用，本身涉及计算机领域的专业判断，司法人员并非相关领域的专业人士，故借助专门机构、鉴定机构进行认定非常有必要。

对于由专业机构出具的鉴定结论，我们务必保持审慎的态度，不可盲目复制或全盘接受，否则极易造成误判。在“小白改机”一案中，虽然鉴定意见指出该软件能够利用 Hook 系统 API 的调用结果，修改 Android 系统中的手机串号、Android ID、设备品牌、型号、设备名等信息，并具备篡改其他应用在获取系统信息时的数据功能，显示出破坏性特征。然而，法院并没有盲从鉴定意见，法院认为，具有“破坏性”不代表必然要认定为破坏计算机信息系统罪，并依法作出了独立判断。课题组完全赞同法院严格审查、独立判断的做法。

6. 明确计算机类犯罪与财产犯罪交叉竞合时的处置原则

行为人采取计算机类犯罪手段，目的往往是获取钱款，有的是通过直接售卖计算机程序、软件获利，有的则更为复杂，通过损害第三方利益或者骗取第三方来获利，对于后者的定性，往往存在争议，试以三个案例来说明：

案例一：2017 年 5 月，徐某某开发出了一款名为“小白改机”的软件，主要针对“饿了么”等电商平台使用。随后，他招募了潘某等人作为代理

① 季超、孙树峰：《网络犯罪案件中电子数据取证与身份同一性认定探究——以最高人民检察院第十八批指导性案例为例》，载《武汉公安干部学院学报》2021 年第 3 期。

商，并通过网络销售该软件以谋取利润。购买该软件的用户，通过结合不同的手机号码等信息，能够利用同一部手机多次下单，从而大量骗取“饿了么”的首单优惠。2017年5月至案发，徐某某共计销售8000余人次，获利5万余元；潘某共计销售4900余人次，获利2万余元。[①]

该案公诉机关起诉罪名为破坏计算机信息系统罪，法院认定为提供侵入、非法控制计算机信息系统程序、工具罪。

案例二：[②] 自2014年年底，沈某在成果网上注册多个账号，通过张某等人在运营商的DPI过滤服务器植入具有域名、流量劫持等功能的程序，捕获不特定上网用户的实时上网流量功能，并实现网页重定向，完成域名跳转劫持。嗣后，通过成果网推广交易的电商误认为这些交易是成果网推广的，将本应支付给其他真实推广平台网站的返利费用和终端消费客户直接购买无需支付的推广费用全部先支付给成果网，再给沈某。截至案发，被告人通过上述方式骗取电商的推广返利费共计人民币270万余元。

该案公安机关以诈骗罪立案侦查，公诉机关以诈骗罪起诉，法院认定为诈骗罪。

案例三：2019年年底至2020年年底，张某在多款手机应用中嵌入了SDK模块。当用户安装并运行这些应用时，会触发张某编写的apk程序。当用户主动打开或通过其他途径启动甲购物App时，会被强制展示张某从另一购物App获取的推广活动页面，张某借此方式获得了锁佣期。在锁佣期内，用户自主购买的商品交易被甲购物App错误地认为是基于张某的合法推广，因此向张某支付了本不应支付的推广佣金，总计达数百万元。

一审认定张某某构成诈骗罪，二审认定其构成非法控制计算机信息系统罪。

上述三个案例暗刷流量、流量劫持的行为相似，定性完全不同。从行为

① 陈兵、刘华锋：《开发、提供具有篡改手机串码等数据功能的“改机软件”情节严重的构成提供侵入、非法控制计算机信息系统程序、工具罪——徐某某等人提供侵入、非法控制计算机信息系统程序、工具案》，载《上海法学研究》集刊2022年第4卷。

② 沈某等诈骗、非国家工作人员受贿、帮助毁灭证据案，上海市第一中级人民法院（2017）沪01刑终2140号刑事裁定书。

人的视角而言，目的都是为了获取收益，这种复合、交叉行为究竟如何定性，实践中存在一定的争议。

（1）充分关注数据、信息的财产属性、人身权属性等多重属性。从数据背后的权利与秩序来看，它涵盖了安全秩序、人格权利、知识产权和财产利益等多个方面。特别是数据的财产性利益属性，表现得尤为显著。王利明教授在《论数据权益：以“权利束”为视角》一文提出了数据权益的概念，他指出，数据不仅蕴含了财产权利（如无形财产），还涉及人格权益（如个人信息保护）以及知识产权（特别是具有独创性的数据）。[①] 因此，针对数据的不同内容，我们应当将其分解为不同的权益类型，并采取相应的保护策略，以确保各类权益得到充分的保障。课题组认为，应当充分认识到数据的财产性利益的属性，并运用刑法加以保护。

（2）准确识别、把握行为侵害哪些利益，尤其是要识别案件中“谁是被害人”的问题。落实到具体案件中，裁判者应当通过证据挖掘事实，首先明确相关危害行为损害了哪些法益，侵害了哪些权益，或者更直白地说，到底有哪些被害人。在上述争议案件中，涉及的疑似受侵害主体包括用户（终端消费者）和平台（电商）。裁判者应当更进一步追问，对于行为人植入相关程序或工具的行为，终端消费者的权益是否确实受到了损害，这包括计算机信息系统的安全秩序是否遭到破坏，以及消费者的财产是否遭受损失。通过这一步骤，锁定真正的被害人，确定被侵害的具体法益。

（3）同一行为或数个行为既侵犯计算机信息系统安全秩序，又侵犯财产权法益的，按照想象竞合或者牵连犯的刑法原理，择一重罪处理。正因为数据本身具有典型的财产属性，行为人实施的与计算机相关的犯罪行为，目的指向都是财产利益。如果行为人仅仅实施了一个行为，造成数个危害结果，属于刑法理论上的想象竞合犯，应当择一重处；如果行为人实施了数个行为，具有目的和手段，原因与结果的牵连，在《刑法》和司法解释未作特殊规定的情况下，应当择一重处；如果属于数个危害行为，具有多重法益侵害性，则应当数罪并罚，以做到充分评价。

---

① 王利明：《论数据权益：以“权利束”为视角》，载《政治与法律》2022 年第 7 期。

（二）帮信罪司法认定疑难问题

帮信罪是《刑法修正案（九）》增加的一个罪名，指行为人明知他人利用信息网络实施犯罪，为其犯罪提供互联网接入、服务器托管、网络存储、通讯传输等技术支持，或者提供广告推广、支付结算等帮助，情节严重的行为。帮信罪仅有一个量刑档次，即三年以下有期徒刑或者拘役，并处或者单处罚金，属于轻罪。

帮信行为入刑后，案件数量迅速攀升，近两年已跃升为判决数量居第三的罪名。从犯罪主体上看，该罪整体呈现低龄化、低学历、低收入的典型特征，其中，初次犯罪的人员占比较大，甚至有些电信诈骗犯罪组织开始将未成年人、在校学生作为重点招募对象。在犯罪手段和工具方面，主要是通过租赁、出售手机卡、银行卡等“两卡”进行，同时涉及支付结算、套现取现等活动。且犯罪手段不断翻新，呈现出多样化的特点；犯罪活动呈现链条化、层级化的结构，黑灰产业链中的各个环节分工明确、相互依赖、共享利益。特别是涉及“两卡”的帮信犯罪，已经形成了“卡农—卡商—卡头”的层级模式。[①]在理论上，帮信罪的定位究竟为何还存在不少争议，有的观点认为是帮助行为正犯化，有的认为是特殊的量刑规则，有的则认为是累积犯。实践中，由于帮信行为的主观明知认定难，往往会存在罪与非罪、此罪彼罪的争议，亟待解决。

1. 认定“明知他人利用信息网络实施犯罪”，应当坚持主客观相一致原则

实践中，大部分判决书在认定帮信罪“明知”的过程中，论证说理都过于简单，甚至陷入了因“明知”而“明知”的怪圈。课题组认为，认定“明知他人利用信息网络实施犯罪”应当落实主客观相一致的基本原则，避免客观归罪。要以客观证据为中心，结合其他证据来认定行为人是否属于“明知他人利用信息网络实施犯罪”，具体可以作以下类型化区分：

（1）对于提供支付结算形式的帮助行为，要具体考察行为人的行为异常情况的客观证据。本罪中的非法支付结算内涵外延较广泛，指的是未取得支

---

① 最高人民法院刑事审判第三庭：《关于帮信罪司法治理的调研报告》，载《人民法院报》2023年8月25日。

付业务许可的单位或个人，在收付款人之间帮助资金中转，提供资金转移服务。部分学者认为出租、出售“两卡”等均属于提供支付结算，但司法实践中提供“两卡”是否属于支付结算仍有争议。因此实践中，要禁止客观归罪，即使认为出租、出售“两卡”的行为属于提供支付结算，也不能仅以行为人有出售“两卡”获利的行为就认定为明知。要从认知能力，既往经历，交易对象，与信息网络犯罪行为人的关系，提供技术支持或者帮助的时间和方式，获利情况，出租、出售“两卡”的次数、张数、个数，以及行为人的供述等主客观因素综合判断。

依据司法解释和指导性文件的相关规定，当存在以下客观证据时，通常可以认定行为人明知：一是若行为人收到来自公安机关、银行、电信服务机构等相关单位的提示，告知其提供的“两卡”涉嫌犯罪，但行为人并未采取任何补救措施，而是继续放任出租、出售“两卡”；二是当涉案的“两卡”因涉嫌违法犯罪被相关机构冻结，行为人积极协助申诉解冻，或注销旧卡并办理新卡，继续用于出租、出售；三是若行为人曾因涉及“两卡”问题受到过处罚或信用惩戒，但之后仍继续出售、出租“两卡”。

（2）对于其他网络、技术帮助的行为，要考察行为人的行为本身是否异常及是否有明显超出正常范围的获利。对于技术型帮助行为，同样要结合行为人的认知能力、既往经历、交易对象与信息网络犯罪行为人的关系、提供技术支持或者帮助的时间和方式、获利情况以及行为人的供述等主客观因素综合判断。根据相关司法解释性文件，具备以下情况，一般可以认定行为人明知：一是提供专门用于违法犯罪的程序、工具或者其他技术支持、帮助的；二是行为人频繁使用隐蔽上网、加密通信、销毁数据等措施或者使用虚假身份，逃避监管或者规避调查的；三是为他人逃避监管或者规避调查提供技术支持、帮助的。

在判断行为人是否明知其提供的技术支持或服务被用于信息网络犯罪时，除非有确凿的客观证据表明行为人确实知道或应当知道此情况，并且行为人因此获得了显著超过市场正常水平的收益，否则基于“技术中立”原则，一般不能认定行为人明知。《刑法》第 287 条之二除了规定提供支付结算这一实践中最为常见的方式外，还包括广告推广，提供互联网介入、服务器托管、网络存储、通讯传输等技术支持。

行为人所提供的这些帮助行为，从外观来看，都属于正常的技术服务或商业服务范畴。在具体判断时，一方面要看有无证据证明行为人知晓自身是在为他人利用信息网络实施犯罪提供帮助，具体判断时还需要综合考虑行为人在整个涉案过程中所扮演的具体角色和地位，是与客户直接对接的“前台”人员，还是负责执行具体技术或劳务工作的“后台”人员。另一方面要看行为人有无因此获取额外的、明显超过市场正常水平的利益。实践中，一些基层技术员工，比如程序员，他们所从事的工作本身合法合规，且收入符合市场标准。如果他们在工作过程中并不清楚自己的行为实际上是在协助他人利用信息网络实施犯罪，那么在这种情况下，就不宜认定为帮信罪。

例如，王某是某技术公司的一名音视频开发程序员，他在入职该公司前就已经在相同领域工作，当时的月收入为税前 3 万元。加入这家公司后，他的月收入提升至税前 3.3 万元。作为程序员，王某的工作主要是根据公司前台提供的需求进行研发，并不直接与客户对接，因此他对终端客户的具体业务情况并不了解。公司为了确保客户信息的保密性，通常会对前端发送的需求信息进行打码处理。然而，有一天，公司大群里出现了一张未打码的需求图片，虽然这张图片并非针对王某的需求，但他出于好奇还是进行了搜索，结果发现可能与境外赌博公司有关。王某因此担心公司业务的合法性，两个月后选择了离职。王某到案后当天做了三次认罪供述。后王某翻供，称其并不知道公司是为境外赌博网站服务的。

本案中，能否因为王某发现的一张内容疑似不正常的图片，以及王某本人所做的三次有罪供述，认定王某构成犯罪？课题组认为不能。客观上，其从事的本来就是中立的技术性工作，市场上所有的直播软件都需要音视频有关的软件服务，而且王某作为一个程序员，3.3 万元是正常收入，没有任何额外的不正常收益；且发现图片后，两个月后即离职，其作为一个普通人，换工作需要时间、周期，不能要求他发现图片当日就离职。主观上，在发现未打码的截图之前，其不可能知道公司的业务有问题；在发现未打码的截图后，其也只是怀疑，并不明确地知道公司业务就是为境外赌博公司服务，其作为最基层的业务员，也无从开展调查。基于以上主客观情况，不认定王某构成犯罪，才符合主客观相一致的基本原则和宽严相济的刑事政策。

2. 行为人认罪后翻供的，客观对待认罪口供，尤其要加强对客观证据的审查

由于网络黑灰产犯罪具有多层次、多链条的特点，相关链条上的行为人，特别是幕后和重罪行为人，往往未能归案，故认定帮信罪实践中非常倚重口供，甚至存在过度依赖口供的情况。过度依赖口供可能导致公安机关在侦查过程中，过于追求获取明知的口供。这类案件从外观上看，行为人作了多次认罪口供，如果不加分析，不审查翻供的辩解与理由，仅凭认罪口供定罪，很可能导致错案。在推进以审判为中心的刑事诉讼改革制度背景下，需要强化以客观性证据为中心的刑事诉讼证据体系。司法人员在帮信罪办理过程中，应当以客观性证据为中心，即依据客观性证据所揭示的案件事实情节，结合其他证据进行综合认定。当证据间存在矛盾时，应将客观性证据作为认定案件事实的核心依据，切忌以行为人某一次认罪的供述对案件盖棺定论。

总而言之，如果行为人供述又翻供，证据出现矛盾时，应仔细审查行为人翻供的原因，如果有罪供述是办案人员采用威胁、引诱、欺骗的方式获取的，或者行为人能够对翻供作出合理解释、合理辩解，且没有客观证据证明行为人明确知道他人利用信息网络犯罪的，不宜认定行为人明知。

3. 强化对推定明知事实基础的审查，确保符合经验法则

有观点认为，明知推定规则是依据基础事实对待证事实进行逻辑推理，从而得出的内心确信。然而，这种推理方式有时可能会让人产生“以民事案件审理标准来裁判刑事案件”的感觉。[①] 实践中，推定明知的运用有时较为随意，尤其是一旦获得了行为人曾经做过认罪的口供，则司法人员往往忽视了基础事实中的问题，倾向于更大胆地进行推定。

推定是由已知事实推断未知事实的方法。通过刑事推定认定行为人“明

① 王勇、马秦越：《帮信罪明知推定规则的包容性规制》，载《政法学刊》2023 年第 2 期。

知他人利用信息网络实施犯罪”，在实践中广泛运用，也得到帮信罪相关司法解释和解释性文件的确认。刑事推定应当遵循下列一般规则：

（1）确保作为推定前提的基础事实的可靠性。推定的基础事实应当由证据证实，且达到证据确实充分的证明标准。不能片面地依赖于某一项甚至某几项基础事实，而应结合行为人提供帮助的对象、方式、频次，行为人与被帮助对象的关联情况、亲疏程度等综合进行审查判断。

（2）推定要符合经验法则和逻辑规则，不能违背常识常理。比如，当行为人跨省份或与他人结伙，批量办理、收购、贩卖“两卡”，并持续进行多次、长时间的行为时，可以高度推测其明知他人正在利用信息网络进行犯罪活动，并为此提供了帮助。

（3）推定的事实允许反驳。推定事实本质上是一种高度可能性，它与事实清晰、证据确凿、无合理怀疑的情况仍存在显著差异。因此，应允许辩方对此提出反驳。若辩方能够提供证据证明基础事实的不真实性或推定的依据不合理，那么推定的事实便可以被推翻。

（4）不允许“二次推定”。事实推定本身反映的是一种高度可能性，与确凿的事实认定存在一定差异，而“二次事实推定”则是推定基础上的再次推定，完全无法达到事实清楚，证据确实充分的证明标准，故应禁止“二次推定”。

4. 准确区分帮信罪与相关犯罪

（1）与信息网络犯罪共同犯罪的区分。与帮信罪关联的犯罪是所有利用信息网络实施的犯罪，包括电信诈骗、网络赌博、网络色情相关的犯罪，具体罪名涉及诈骗罪、开设赌场罪、传播淫秽物品牟利罪等。帮信罪是轻罪，最高量刑为三年，而相关的信息网络犯罪，无论是诈骗罪，还是开设赌场罪、传播淫秽物品牟利罪等，最高刑都比帮信罪重很多，相对而言都是重罪。实践中应当关注以下方面：

一是考察具体的帮助行为方式及被帮助对象是否属于信息网络犯罪。若帮助行为符合《刑法》第287条之二的规定，则可能构成帮信罪；反之，若不符合该条规定，则帮信罪不成立，而可能构成相关犯罪的共同犯罪。此外，被帮助对象必须为信息网络犯罪，帮信罪才可能成立；若被帮助对象实施的是线下诈骗或开设赌场等行为，则帮信罪不成立，而可能构成相关犯罪的共同犯罪。

二是考察行为人的主观认知程度。行为人仅仅知道、应当知道他人利用信息网络实施犯罪，提供支付结算等帮助的，属于帮信行为。行为人明确知道他人实施的是诈骗行为、开设赌场行为、传播淫秽物品牟利行为，而提供各种形式帮助，无论是否获利，则只可能成立相关犯罪的共犯，而不可能成立帮信罪。

三是考察相关行为是否存在多层级、多环节、多链条，以及行为人在其中的地位和作用。一般而言，若信息网络犯罪呈现多层级、多环节、多链条的特点，而行为人提供的技术支持、支付结算等环节与信息网络犯罪之间还存在其他层级、环节或链条，且行为人与前端犯罪行为人没有直接沟通或联络，那么这种行为通常构成帮信罪。然而，如果行为人直接与信息网络犯罪分子进行明确的沟通、联系，并清楚了解被帮助对象的行为方式及可能产生的后果，双方之间的犯罪意图沟通明确，那么即使行为人提供的是技术支持、支付结算等帮助行为，也将被视为共同犯罪，而非帮信罪。

（2）与非法利用信息网络罪的区分。由于两罪在构成要素中存在交叉重合，实践中确实存在界限不明晰的问题。具体而言，两罪在行为模式上具有一定的重合性，帮信罪规定了“为其犯罪提供互联网接入、服务器托管、网络存储、通讯传输等技术支持”的行为方式，非法利用信息网络罪行为方式之一为“设立用于违法犯罪活动的网站、通讯群组”。当行为人实施了为他人搭建、制作、出售、出租网站，且网站平台系用于信息网络犯罪活动的行为时，在一定程度上可能会发生竞合，对于该类行为，有的法院认定为非法利用信息网络罪，而更多法院认定为帮信罪。

例如，在上海匠恒实业有限公司等帮助信息网络犯罪活动罪一案[①]中，被告单位在明知他人利用线上平台从事非法吸收钱款的情况下，仍为其提供MT4平台搭建及日常维护服务等技术支持，法院认为被告单位构成帮助信

① 上海市金山区人民法院（2022）沪0116刑初650号刑事判决书。

息网络犯罪活动罪。而在徐某非法利用信息网络一案[①]中，被告人徐某在他人指示下，构建了专门用于违法犯罪的网站，并从中获得11500元报酬。随后，该网站被不法分子用于诈骗活动，诱使被害人通过该平台进行外汇买卖交易，导致被害人被骗取超过10万元人民币。法院经审理，认定被告人徐某利用信息网络，搭建并运营了用于违法犯罪的网站，其行为构成非法利用信息网络罪。在最高人民法院发布的典型案例——谭某羽、张某等非法利用信息网络案中，一审法院认为，行为人明知他人利用信息网络实施犯罪，仍为其犯罪提供广告推广帮助，情节严重，破坏了国家对正常信息网络环境的管理秩序，因此被认定为帮信罪。然而，在二审法院的审理中，虽然认可了被告人为他人实施诈骗等违法犯罪活动发布信息的行为属于帮助信息网络犯罪活动的范畴，但法院认为其本质上更接近于非法利用信息网络的行为，应以非法利用信息网络罪定罪处罚。[②]可见，司法实践中必须审慎区分两罪，准确适用法律。一般而言，在区分非法利用信息网络罪和帮信罪时，可以从以下几个维度着重考虑：

一是两罪的危害本质特征不同。前者立法属于“预备行为实行化”，其核心在于传播信息，将相关犯罪的预备行为提升为独立罪名。只要实施了发布违法犯罪信息的行为，即便尚未实际进行犯罪或确定着手，非法利用信息网络罪的成立也不受影响。刑法对此采取提前介入的策略，将那些潜在危险性较高的网络犯罪预备行为单独处罚，以遏制网络犯罪的扩张和蔓延；[③]后者系“帮助行为正犯化”，其本质上系相关犯罪的帮助行为，系帮助犯，受共犯的实行从属性原理约束，它要求被帮助对象已实际开始实施犯罪[④]。但由于网络犯罪中的帮助行为可以广泛支持多个犯罪行为，且上下游犯罪难以全部查处，若仅作为帮助犯处理，在主犯未归案时，惩治工作将面临困难。因此，《刑法》将帮助行为视为独立犯罪，以增强对其惩治的规范性和实

---

① 上海市长宁区人民法院（2020）沪0105刑初820号刑事判决书。

② 江苏省宿迁市中级人民法院（2018）苏13刑终203号刑事判决书。

③ 宋鹏、杨金玲：《“帮助”信息网络犯罪活动的界定与甄别》，载《检察日报》2021年4月21日。

④ 陈洪兵：《非法利用信息网络罪“活”而不“泛”的解释论思考》，载《青海社会科学》2021年第1期。

效性。[①]

二是二者的行为手段是否依赖网络方面不同。前者的行为要素与网络空间紧密相连，包括设立犯罪网站、通讯群组以及发布信息等行为，均通过网络实施。而后者的行为则具有更广泛的实施空间，既可以在网络空间中进行，也可以脱离网络空间，比如广告推广和支付结算等行为，[②]完全可以通过现实空间的具体操作来实现，无需依赖网络。这一区分的重要性在于，前者更类似于一个特定的罪名，当行为性质在“发布消息”和“广告推广”之间难以明确区分时，应优先适用非法利用信息网络罪，因为它是纯依靠网络的特殊罪名。在两罪界分实在困难的情况下，宜优先适用非法利用信息网络罪。[③]

三是主观明知的范围、程度不同。根据《刑法》第287条之一的罪状规定，通过互联网平台创建主页、建立通讯通道传播犯罪方法等行为，均可视为为实施后续犯罪所做的预备行为。在非法利用信息网络罪中，行为人的主观故意体现在对信息网络的非法利用上，当行为人实施相关行为时，已具备明确的非法意图。相比之下，帮信罪中的明知则特指犯罪主体明知自己为他人通过信息网络进行犯罪提供帮助，其主观要件的认定严格程度高于非法利用信息网络罪。

例如，在前述提到的谭某羽、张某等人非法利用信息网络罪一案中，张某和谭某羽为了谋取不法利益，为他人在网上发布刷单等诈骗短信。张某负责购买服务器，谭某羽负责联系有需要的上家并接收费用。从主观方面分析，根据其发布的内容、信息，张某、谭某羽所持有的是非法利用信息网络去犯罪的故意而非提供帮助的故意。[④]

（3）与掩饰、掩瞒犯罪所得、犯罪所得收益罪的区分。帮信罪与掩饰、

---

① 方玉、朱伟、石魏：《非法利用信息网络罪、帮助信息网络犯罪活动罪及诈骗罪共犯的准确界分》，载《人民法院报》2022年3月31日。

② 陈洪兵：《非法利用信息网络罪“活”而不“泛”的解释论思考》，载《青海社会科学》2021年第1期。

③ 窦立博：《精准界分非法利用信息网络罪和帮助信息网络犯罪活动罪》，载《检察日报》2021年6月1日。

④ 江苏省宿迁市中级人民法院（2018）苏13刑终203号刑事判决书。

隐瞒犯罪所得、犯罪所得收益罪，前者为轻罪，仅有三年以下一个量刑档次；后者则有三年以下和三年到七年两个量刑档次。实践中，两罪之间存在界限不清的问题，亟待明确。

一是参与犯罪的阶段不同。掩饰、隐瞒犯罪所得罪中的掩饰、隐瞒行为是事后帮助行为，只有在犯罪既遂后通过窝藏、转移等方法掩饰、隐瞒犯罪所得的，才构成该罪，而在犯罪既遂之前的帮助行为不构成该罪。

在处理网络犯罪案件时，实行犯控制被害人钱款构成既遂，在这种情况下，如果有确凿的证据显示，行为人在侵财犯罪人控制被害人钱款之后，为他们提供了支付结算的帮助，那么这种行为应被认定为掩饰、隐瞒犯罪所得罪。[①] 此外，根据《最高人民法院刑事审判第三庭、最高人民检察院第四检察厅、公安部刑事侦查局关于“断卡”行动中有关法律适用问题的会议纪要》第 5 条，仅仅向他人出租或出售信用卡就可能构成本罪。若行为人还涉及代为转账、套现、取现，或配合他人进行上述行为并提供刷脸等验证服务，那么这些行为则可以掩饰、隐瞒犯罪所得罪论处。

二是犯罪对象不同。掩饰、隐瞒犯罪所得罪的犯罪对象是“犯罪所得”，即“通过犯罪直接得到的赃款、赃物”。帮信罪的帮助对象是信息网络犯罪实施者，该罪不要求网络犯罪实施者支付结算的钱款是犯罪所得。因此，根据上游犯罪违法所得的属性，可以区分掩饰、隐瞒犯罪所得罪与帮信罪。若帮助信息网络犯罪活动行为人转账资金并非犯罪所得，则可先行排除掩饰、隐瞒犯罪所得罪的适用。

三是主观明知的内容、程度不同。帮信罪主观上是明知他人利用信息网络实施犯罪，知道帮助对象利用其帮助行为实施犯罪，但不知道性质不影响明知的认定。掩饰、隐瞒犯罪所得罪对资金性质和犯罪数额往往有更加明确的认识，主观明知的认识程度高于帮信罪。

（三）侵犯公民个人信息罪的司法认定疑难问题

侵犯公民个人信息罪，是指违反国家有关规定，非法获取、提供或出售

---

① 上海市第一中级人民法院课题组：《网络支付结算型帮助行为的刑法规制——兼论帮助信息网络犯罪活动罪的理解与适用》，载《中国应用法学》2022 年第 1 期。

能够识别特定自然人身份或反映特定自然人活动的信息，情节严重的行为。公民个人信息已经成为电信网络诈骗犯罪的“基本物料”，犯罪分子经常通过非法手段获取个人信息，用以注册手机卡、银行卡等，进而作为实施诈骗的工具。同时，他们还会利用这些信息进行诈骗对象的精准画像，以实现更高效的诈骗，可谓互联网时代的“百罪之源”。本罪在司法适用上主要的争议问题包括如何把握个人信息的特征、计算信息数量、确定违法所得等。

1. 准确把握个人信息的特征

根据《最高人民法院、最高人民检察院关于办理侵犯公民个人信息刑事案件适用法律若干问题的解释》（以下简称《办理侵犯公民个人信息刑事案件解释》）第 1 条，[①] 我国《刑法》中的个人信息定义主要采取了“可识别性”标准，具体包括身份识别信息和活动情况信息。尽管法律明确将识别性作为重要标准，但这一标准在司法实践中存在不同认识，具体体现在对部分关联信息的认识和判定上。结合本罪的相关法律规定和司法解释，应当从以下几方面把握公民个人信息的认定标准。

（1）可识别性。生活中，为了识别特定的自然人，我们需要掌握足够多的关于该对象的信息。然而，并非所有信息都能被视为《刑法》所保护的公民个人信息，我们需要仔细界定信息的识别性。例如，IP 地址这一与计算机系统紧密相关的信息，在是否属于个人信息的问题上，司法实务中存在较大争议。有观点认为，IP 地址只能与特定计算机相关联，并不能直接识别出用户身份[②]，不应当作为公民个人信息。但大多数观点和司法判决则倾向于将 IP 地址认定为个人信息。在陈某诉某公司个人信息保护案[③]中，法院认为，当 IP 地址与陈某的电话号码等实名认证信息相结合时，能够精确地识别出陈某在某一区域的位置。此时，这个区域位置不仅仅是设备连接网络时的 IP

① 《办理侵犯公民个人信息刑事案件解释》第 1 条规定：《刑法》第 253 条之一规定的“公民个人信息”，是指以电子或者其他方式记录的能够单独或者与其他信息结合识别特定自然人身份或者反映特定自然人活动情况的各种信息，包括姓名、身份证件号码、通信通讯联系方式、住址、账号密码、财产状况、行踪轨迹等。

② 杨楠：《个人信息“可识别性”扩张之反思与限缩》，载《大连理工大学学报（社交科学版）》2021 年第 2 期。

③ 湖北省黄冈市中级人民法院（2021）鄂 11 民终 3136 号民事判决书。

地址，还代表了陈某在某一时刻或时间段所处的城市地理位置，这可以视为陈某的行踪信息。因此，某公司收集的陈某使用设备 IP 地址所形成的城市位置信息，应当被认定为陈某的个人信息。

手机号码、公司信息是否属于公民个人信息？以张某、王某、韦某等侵犯公民个人信息案为例，2017 年 11 月起，被告人张某、王某、韦某、张甲等人共谋在广西南宁市兴宁区一出租房内实施网络诈骗活动，他们分工合作，通过非法手段从网上获取企业信息和法定代表人通讯录，随后冒充公司负责人骗取公司财务人员的信任。他们以退还“合同保证金”为幌子，骗取公司财产。在案件调查中，公安机关依法从缴获的电脑中提取了涉案信息，其中包括公司名称、法定代表人姓名、注册资本及手机号码等公民信息共计 11628 条。①

课题组认为，对于手机号码、公司信息、未实名认证的账号等是否认定为公民个人信息，应当坚持实质的可识别性标准。即判断某项信息是否属于个人信息，应考虑两条路径：一是识别，即从信息到个人，通过信息的独特性能够直接识别出特定的自然人。二是关联，即从个人到信息，若已知某一自然人，其相关活动所产生的信息也应被视为个人信息。只要信息满足上述任意一个条件，都应认定为个人信息。若手机号码与公民姓名或其他信息有所关联，并能据此识别出具体个人，那么根据具体情况，该手机号码便可被视作个人信息。

关于公司信息，如公司名称、注册资本、法定代表人姓名及公司电话等，从表面上看，它们属于公司层面的公开信息，通常用于公示和公开，并不直接归类为个人信息。然而，如果这些信息能够单独指向并识别出特定的自然人，且包含与公民身份相关的要素，那么这些具有身份指向性的识别信息应被认定为个人信息。因此，在判断这些信息是否属于个人信息时，关键在于它们是否能够用来单独识别出特定的自然人。

（2）厘清公开信息的属性。对于侵犯已公开个人信息的行为是否构成侵犯公民个人信息罪，实务中存在争议。在已公开个人信息案件的认定上，实

① 广西壮族自治区宾阳县人民法院（2018）桂 0126 刑初 486 号刑事判决书。

务中仍存在定性结论不统一、论证说理不精细、规范援引不正确等问题。

为确保法律体系内在的统一性，《刑法》在界定公开信息时应参照前置法中的相关规定。一方面，应明确公开信息可由公民自由处理，任何人都有权获取或提供此类信息。例如，企业法定代表人的公开信息属于社会公示范畴，因此获取或提供这些信息并不构成犯罪。另一方面，对于个人信息的处理应进行类型化区分，并设定合理的界限。如果行为人获取或出售的是权利人自愿、主动公开的个人信息，通常不会构成犯罪；但若非权利人自愿、主动公开的信息，行为人获取或出售则可能构成侵犯公民个人信息罪。这样的区分有助于确保法律适用的准确性和公正性。

（3）法益关联性。侵犯公民个人信息罪属于《刑法》第四章侵犯公民人身权利、民主权利罪中的罪名，保护的法益也属于人身权利、民主权利大类，其核心在于维护公民的个人人格尊严与自由，特别是个人信息安全。[①] 不同种类的公民个人信息所承载的法益各有侧重。例如，敏感信息直接关系个人的人身和财产安全，一旦被非法获取、出售或提供，极易导致盗窃、诈骗等犯罪的发生，因此具有更高的社会危害性。《刑法》在保护这些权益时，需要在前置法的基础上作出独立的违法性判断。这需要我们结合本罪所保护的法益，从人格尊严、人身自由以及个人信息安全等方面，具体衡量公民个人信息的范围。落实到具体案件中，应秉持刑法的谦抑性原则，确保刑法干预的必要性和合理性。

2. 明晰易混淆个人信息的类型

财产信息和交易信息分属于敏感信息和重要信息，在定罪数量的起点要求上不同，因此准确区分二者是认定罪与非罪、情节严重与否的关键。交易信息是指能够揭示交易双方、标的及价格等方面的信息，指向的是特定物品的变动状况，与反映特定公民财产现状的财产信息存在明显区别。以房产网签信息为例，虽然它能反映出公民买卖房产的具体细节，但无法确切判断公民是否真正持有该房产，以及后续是否再次进行交易。因此，这类信息应被

---

① 高富平、王文祥：《出售或提供公民个人信息入罪的边界——以侵犯公民个人信息罪所保护的权益为视角》，载《政治与法律》2017 年第 2 期。

归类为交易信息，以更准确地反映房产交易的实际情况。[①] 值得注意的是，财产信息不等于涉财产信息，判断的关键为是否危及人身财产安全，同时还要考量信息获取渠道、交易价格、信息流向等因素。对于房地产中介等将房产信息非法提供给装修公司，主要用于推销业务，不太可能涉及侵犯人身、财产权利的，通常不宜将相关信息纳入“财产信息”范畴。

3. 明确个人信息数量的认定规则

在侵犯公民个人信息罪的情节认定上，应当优先认定案件“信息数量”而后审查“违法所得数额”。

（1）信息数量的认定。在信息网络社会中，涉案公民个人信息数量往往极为庞大，相关交易也主要依赖邮件、网盘等线上渠道进行。实践中，经常出现交易双方达成协议后，卖家已将全部信息交付，但买家仅下载部分信息的情况。在确定作为定案依据的公民个人信息数量时，选择以交付数量还是实际下载数量为基准，直接关系到对被告人的刑罚裁量，有时甚至关乎罪与非罪的判定。因此，在处理此类案件时，必须谨慎选择起算基准，以确保刑罚的公正性和合理性。[②] 在方某侵犯公民个人信息案[③]中，被告人方某违反公司规定，制作虚假服务合同，欺骗公司审核通过后，违规向陈某出售公司信息发布账号，供陈某用于下载求职者简历。经统计，涉案虚假合同中简历可下载数量为 52115 条，实际下载数量为 46022 条。审理中，辩护人提出应当以实际下载数量作为涉案公民个人信息数量，二审法院最后以涉案合同内包含的简历数量作为定案依据，即是否实际下载，不应影响出售数量之认定。

对于线上交易完成后卖家已经完成全部信息的交付而行为人只下载了部分信息的情形，课题组认为，侵犯公民个人信息罪在《刑法》中设置于第四章侵犯公民人身权利、民主权利的第 253 条之一中，位于侵犯通信自由罪和私自开拆、隐匿、毁弃邮件、电报罪之后，由此，可以推断侵犯公民个人信息罪所保护的法益与上述罪名具有一定的相似性，主要涉及公民的人格尊严

① 周光权：《侵犯公民个人信息罪的行为对象》，载《清华法学》2021 年第 3 期。

② 陈兵：《涉公民个人信息类刑事案件的审理思路和裁判要点》，载微信公众号“上海一中法院”，2023 年 9 月 18 日。

③ 上海市第一中级人民法院（2019）沪 01 刑终 98 号刑事判决书。

和个人信息自由。具体而言，侵犯公民个人信息罪所侵害的是公民个人信息应享有的合法采集、流通和使用的权利。这一罪名的设置旨在维护公民个人信息的安全与合法使用，保障公民的基本权益不受侵犯。[①]行为人通过网络等方式交付公民个人信息，被交付的公民个人信息已经处于失控状态，事实上已经侵害了公民个人信息的合法采集、流通和使用权利的法益，故应当以是否交付完成作为认定标准。

（2）违法所得认定。侵犯公民个人信息罪中“违法所得”的准确认定，涉及是否应扣减为犯罪支付的“成本”问题。在张某某、张某侵犯公民个人信息案中，二被告人对违法所得认定数额不服故而提起上诉，二审法院认为本罪中“违法所得”是指非法出售公民个人信息所获取的全部收益，包括但不限于实际赚取的利润，也不应扣除成本。课题组认同这一判决结论，刑法中的“违法所得”通常指的是被告人因实施违法犯罪活动所获得的全部财物。本案中张某出资非法从张某某手中购买公民个人信息后，直接加价非法出售给李某等人，将获取的对价认定为违法所得，符合立法原意。从以往司法解释及规范性文件规定来看。对于某些需要特定资质的经营活动，如果行为人因缺乏相应资质而涉嫌非法经营罪，一般会区分“违法所得”与“非法经营数额”。也就是说，在认定非法经营罪的违法所得时，通常会扣除犯罪成本。然而，对于那些刑法明确禁止且不允许进行的活动，构成相应犯罪的，通常只考虑“违法所得”，而不涉及“非法经营”的问题，因此一般无需扣除犯罪投入或成本。

三、涉侵害数据形态权益黑灰产司法防治对策

（一）更新司法理念，有据、有力、有节地打击犯罪

刑法思维与民法思维不同，前者是穿透思维，看实质；后者是形式思维，注重关系。在继续落实刑法实质思维，注重穿透审查的同时，要关注到，数据作为数字时代全新的生产要素，数据权益是同时存在于传统物理与

① 郑旭江：《侵犯公民个人信息罪的述与评——以〈关于办理侵犯公民个人信息刑事案件适用法律若干问题的解释〉为视角》，载《法律适用》2018 年第 7 期。

新型网络双层空间的权益，因而对数据权益的保护理念也应及时更新。我们需要尽快反思、调整传统观念，树立与数字时代相适应的、以保护和促进数据应用为导向的数字经济审判理念与裁判思路。[①]

1. 坚持刑法谦抑理念，进一步厘清数据权益类型与保护边界

数据权利本身具有多重属性，兼具人格权及财产权属性，数据权益同理。就数据本身而言，一个数据行为可能牵涉多个层次的数据安全，这些数据安全背后蕴含着不同的法益属性，因此，数据安全的法益保护呈现出多样性。[②] 以个人数据为例，首先，个人数据直接关系到数据主体的个人利益，这也是个人信息保护法存在的根本原因[③]；其次，个人数据的应用与社会整体利益紧密相连，因为作为社会成员的个体利益与社会整体利益是相互依存的；此外，国家安全利益这一特殊公共利益也与个人数据存在着紧密的关联。[④] 若要将这些利益转化为刑法所保护的法益，就需要在集体法益与个人法益之间寻求平衡。

以是否造成数据形态权益的实际损害后果为界限，当未出现损害后果时，单纯依赖被侵害人的私力救济手段来应对此类危险行为，显然难以有效规制潜在风险。同时，个体在举证过程中面临的难度也极为显著，这无疑增加了保护数据形态权益的难度。因此，需要引入公力救济相关手段，采取一定的法律措施和制度保障来应对此类问题，确保数据形态权益得到有效保护；而在已经造成损害后果的情况下，则可根据所存在的证据进一步对救济途径进行分流，若证据足以证明侵犯了公民的隐私权或其他人格权益，则可以采用私力救济以民事诉讼来其维护合法权益。然而，考虑到数据形态权益的高技术特性，当被侵害人面临举证困难时，我们应给予其倾斜保护，通过引入行政救济机制来提供更加全面和有效的救济途径。[⑤] 这样的分流方式有

① 顾全：《关于数字经济案件审判理念及类型化研究的思考》，载《上海法学研究》集刊 2022 年第 17 卷。

② 张勇：《数据安全法益的参照系与刑法保护模式》，载《河南社会科学》2021 年第 5 期。

③ 高富平：《论个人信息保护的目的——以个人信息保护法益区分为核心》，载《法商研究》2019 年第 1 期。

④ 上海市杨浦区人民检察院、上海市青浦区人民检察院联合课题组：《数据安全法实施与检察职能发挥》，载《上海法学研究》集刊 2022 年第 23 卷。

⑤ 王锡梓：《个人信息权益的三层构造及保护机制》，载《现代法学》2021 年第 5 期。

助于更好地保障公民的数据形态权益，确保受损权益得到及时有效的修复，但是在具体实践中不仅要坚持刑法谦抑性原则，避免过度适用刑法，还要务必坚持比例原则，坚持刑法在规制涉及数据权益黑灰产违法犯罪行为中的事前监督以及最后一道防线的作用，为民法、行政法参与网络黑灰产犯罪治理提供相应空间。对数据及数据形态权益进行刑法规制的前提是确实存在严重的危害后果，确保核心的数据法益得到保护，同时不会肆意地扩张刑法的适用范围。

2. 坚持法秩序统一性原理，实现民事、行政、刑事责任的无缝衔接

我国目前对于数据权益的保护分布在宪法、民法、行政法、刑法、经济法等各个法律部门之中。数据形态权益黑灰产业涉及的法律关系错综复杂，其导致的危害后果也各不相同。然而，当前的研究重心多放在刑事责任的认定上，[①] 对民事责任和行政责任的确认则相对不足。实际上，民事、行政、刑事三种责任在违法性程度的认定上存在差异。若要全面有效地治理数据权益黑灰产业，则需要构建一个无缝衔接的责任认定体系，形成全方位治理格局。

实务中，涉侵害数据形态权益黑灰产犯罪案件处置过程中常常牵涉刑民交叉、行刑交叉的疑难复杂问题，合法、高效地处置涉侵害数据形态权益黑灰产犯罪案件中的刑民交叉、刑行交叉问题具有重要现实意义。处理涉侵害数据形态权益黑灰产犯罪的刑民交叉、刑行交叉案件，应遵守法秩序统一性原则，保持侵害数据形态权益黑灰产违法犯罪行为在行政法、民法、刑法规制上的相互统一，杜绝相互矛盾之处。

（二）完善相关制度，确保司法效果

1. 拓展适用公益诉讼，维护社会公共利益

《民事诉讼法》第58条规定了公益诉讼制度，明确检察机关在履行职责中发现破坏生态环境和资源保护、食品药品安全领域侵害众多消费者合法权益等损害社会公共利益的行为，在没有相关机关和组织提起公益诉讼的情况下，可以向人民法院提起诉讼。同时确立了检察机关支持起诉制度。2018

---

① 余圣琪：《数据权利保护的模式与机制研究》，华东政法大学2021年博士学位论文。

年最高人民法院、最高人民检察院发布的《关于检察公益诉讼案件适用法律若干问题的解释》正式确立刑事附带民事公益诉讼;《个人信息保护法》第70条明确规定，当个人信息处理者违反本法处理个人信息，侵害多人合法权益时，人民检察院等部门可以向人民法院提起诉讼，为涉侵害数据形态权益黑灰产业源头的有效治理提供了契机。比如，公民数字化的个人信息一旦泄露，往往涉及庞大的数据量，这种泄露已经超越了单纯的个体权利侵害，上升到了公共利益受损的层面。通过刑事诉讼叠加公益诉讼，不仅能够有效地打击犯罪行为，而且在刑事被告人与附带民事公益诉讼被告为同一人的情况下，还能更加高效地实现民事裁判结果。[①]

最高人民法院发布的指导性案例192号李某祥侵犯公民个人信息刑事附带民事公益诉讼案，该案系一起侵犯公民个人信息案，检察院以社会公共利益受到损害为由，向法院提起刑事附带民事公益诉讼。法院判决认定被告人构成侵犯公民个人信息罪的同时，认定李某祥非法获取并向他人提供公民个人信息的侵权行为，侵害了众多公民的个人信息安全，损害社会公共利益，应当承担相应的民事责任。侵害数据权益的黑灰产犯罪，如果具体侵害某一法益应当依法定罪处刑，同时损害公共利益的，可以提起附带民事公益诉讼，充分用好公益诉讼这一制度工具。

2. 引入技术专家制度，解决专业判断难题

鉴于涉侵害数据形态权益的黑灰产业具备高度的专业性和技术性，这些产业涉及的技术领域对于普通大众而言比较陌生。因此，为了确保能对案件进行准确、专业的分析和判断，在理解和认定相关事实的过程中，引入技术专家显得尤为必要。[②]

《刑事诉讼法》第197条确立了具有专门知识的人可依申请出庭。最高人民检察院《人民检察院办理网络犯罪案件规定》(以下简称《办理网络犯罪案件规定》)确立了检察技术人员及有专门知识的人参与办理网络犯罪的制度，针对需要专门审查的鉴定意见、电子数据等技术性证据材料，应当需

① 刘加良:《刑事附带民事公益诉讼的困局与出路》，载《政治与法律》2019年第10期。
② 徐丽:《知识产权诉讼中专家辅助人制度研究》，北方工业大学2023年硕士学位论文。

要检察技术人员及具有专门知识的人对上述证据进行审查并提出意见。这就为在涉数据形态权益黑灰产的治理之中引入技术专家构建了制度框架。

在当前的制度框架下，我们可以借助技术专家的力量来协助侦查人员调查取证工作，比如根据《办理网络犯罪案件规定》第25条的规定，当人民检察院在自行侦查过程中需要技术支持和安全保障时，应由人民检察院的技术部门和警务部门派遣专业人员提供协助。同时，技术专家在协助侦查的过程中，还可以对相关的技术性证据材料进行鉴定，对鉴定意见或专门性问题提出专业见解，并在庭审过程中进行必要的操作，对专门性问题进行解释，[①]以提高针对涉及数据形态权益黑灰产相关案件处理的专业化水平，填补知识盲区。

（三）加强司法保障，提升司法质效

在现有的架构下，也可以在法院内部设立专门的涉网络审判庭，负责审理辖区内涉及网络的相关案件。此外，还可以通过专项合议庭集中管辖涉侵害数据形态权益的案件，这样既有利于专业、高效地审理相关案件，也有利于构建专门的人才队伍。

① 李学军：《诉讼中专门性问题的解决之道——兼论我国鉴定制度和法定证据形式的完善》，载《政法论坛》2020年第6期。

互联网平台数据黑灰产司法防治体系研究

课题组成员

主持人： 高富平　华东政法大学法律学院教授、互联网法治研究院（杭州）常务副院长

执笔人： 郭福卿　华东政法大学中国法治战略研究院博士研究生

参与人： 潘　婷　京东集团资深法律顾问

云晋升　华东政法大学中国法治战略研究院特聘副研究员

内容摘要： 近年来，随着互联网平台经济的迅速发展，网络黑灰产违法犯罪活动呈现产业化、多元化、复杂化的趋势，严重危害公民财产安全，扰乱互联网平台经济运行秩序。刷单炒信，网络水军刷帖控评，非法获取、买卖个人信息，平台商家被“薅羊毛”等现象越来越常见，且手段日趋复杂隐蔽。互联网平台兴起于大数据技术普遍应用的背景之下，数据构成互联网平台的核心资产。无论是何种互联网平台黑灰产样态，其与数据的获取、利用均存在较为密切的关联。对实践的关怀是法学研究的生命线，从法律的规范和指引价值出发，将互联网平台数据黑灰产置于法教义学范式之下审视和剖析，是观照相关立法和司法的基本进路。本文拟从互联网平台所面临的各类黑灰产事件出发，对网络黑灰产概念、表现形式和特征要件进行探讨研究，对互联网平台数据黑灰产的典型场景进行归纳总结，对数据黑灰产所面临的法律规制困境进行系统分析，在此基础上进一步提出数据黑灰产的规制路径，以期构建互联网平台数据黑灰产的司法防治体系。

关键词： 互联网平台　数据　黑灰产　司法防治

一、互联网平台数据黑灰产的现状分析

就司法实践对黑灰产的认定而言，电信诈骗、钓鱼网站、黑客勒索、网络诈骗等均属于典型的黑灰产类型。如果限缩到互联网平台，恶意刷单、薅平台羊毛、买卖用户个人信息等有违现行法律规定及互联网平台运营规范的行为则构成大家所公认的黑灰产业。互联网平台的兴起以大数据分析处理为契机，对数据、流量的“争夺”构成互联网平台黑灰产的主要样态。为系统分析互联网平台数据黑灰产所面临的司法困境及出路，有必要先对其概念特征及典型样态进行分析，从而明确本课题的研究对象，从根源上寻求问题的解决。

（一）互联网平台数据黑灰产的主要特征

近年来，随着互联网新技术不断进步，新型网络犯罪层出不穷，犯罪手段不断升级，犯罪行为人之间的分工逐渐细化，形成了上、中、下游相互协作的链条化模式，理论及实务界常用“网络黑灰产”来描述上述一系列违法或犯罪行为。[①] 但是网络黑灰产并非法学术语，更多表现为政策层面对社会治理情态变化的因势利导，就其基本内涵和囊括外延，仍未有学术性的清晰界定。[②] 本课题认为，“黑产”是指直接触犯国家法律的禁止性规定，应当受到法律规范的强制性制裁；“灰产”则主要指利用掌控信息或技术手段，谋取有违诚信原则的不正当利益，或为“黑产”谋取不法利益提供帮助，其行为游走在合法与违法之间的灰色地带，尚未被法律规范明文禁止。

互联网平台数据黑灰产是网络黑灰产的一种特殊表现形式，其主要侵害的对象为互联网平台中的各类主体，且以数据的篡改、窃取、破解、滥用等为主要行为方式。综合本课题对互联网平台数据黑灰产的研究，本课题将互联网平台数据黑灰产定义为：以谋取不正当或非法利益为目的，通过互联网空间，利用网络信息技术，针对互联网平台运营者、商家或用户实施的，以数据窃取、篡改、非法买卖、非法利用等为主要内容的，严重违反诚信或违

① 参见刘宪权：《网络黑灰产上游犯罪的刑法规制》，载《国家检察官学院学报》2021 年第 1 期。

② 参见王枫梧：《网络黑灰产犯罪生成模式与多元治理机制研究》，载《浙江警察学院学报》2022 年第 4 期。

法、犯罪，并造成严重损害后果的行为。对互联网平台数据黑灰产的识别及认定，应把握如下几个特征：

1. 行为动机的不正当性

行为动机上，以谋取不正当或非法利益为目的。互联网平台数据黑灰产的行为具有牟利性，实施行为的根本目的在于谋取不受法律规范鼓励的利益，实践中，这种利益可分为两类：一是不正当利益。系针对“灰产”而言，谋取的利益虽有违人们的通常认知，但也未被法律规范所取缔，利益具有偶发性、非正式性、非当然享有性的特点。这种利益的获取行为虽未经法律明确判定为违法，但其一般不为社会道德所认可，可借助诚信、商业道德等原则性条款否定其正当性。二是非法利益。系针对“黑产”而言，主要指通过违法、犯罪行为谋取的利益，过程的违法性延伸至利益本身，令行为人获得的利益不具有合法性，应当受到罚款、没收、赔偿或补偿他人、罚金等强制性惩治。

2. 行为方式的技术性

行为方式上，通过互联网空间、利用网络信息技术实施。在互联网空间实施行为，是互联网平台黑灰产的当然语义，但这种行为并非必须全程在虚拟空间实施，如通过技术手段非法获取大量个人信息后在网上售卖获利，也可能仅仅部分行为涉及网络，网络空间的举措仅是整个行为链条中的一部分，为其提供帮助或准备，如借助网络技术非法窃取互联网平台数据后，在现实空间以物理介质为载体进行数据交易，进而谋取非法利益。利用网络信息技术实施行为是网络黑灰产有别于传统违法、犯罪的重要特征，其通过计算机处理信息、通过互联网传递信息、通过键盘或显示器等终端输入和获取信息，作为科技发展的产物，因网络信息技术具有的技术壁垒，普通公众往往难以获知或识破技术背后的真相，使得利用网络信息技术实施非法行为成为可能，并且随着手机、平板电脑、笔记本电脑等便携式终端与日常学习、工作、生活的关系越发紧密，电信诈骗、钓鱼网站、木马病毒、黑客勒索等利用网络实施的非法行为越来越多，甚至有形成全链条、产业化、黑社会化的趋势，网络黑灰产受到政策和法律规制也就成为必然。

3. 行为性质的不法性

行为性质上，属于严重违反诚信原则或违法、犯罪行为。互联网平台数据黑灰产是一种“非法”行为，这种“非法”的定性系广义上的理解，在分析其具体涵盖的行为种类时，可由违反法律规范程度由低到高分为：严重违反诚实信用原则、违法、犯罪三类行为。一是严重违反诚信原则的行为。此类行为并未触及法律的强制性规定，却不被道德、伦理、秩序等其他社会规范所认同，典型如网络上各类消费者针对商家的“薅羊毛”行为，商家开展的优惠、抵用或兑换等返利、吸引消费者的规则，基于技术漏洞或操作失误等原因，令普通消费者通过反复操作或利用漏洞，可以获得超出商家预期的巨大利益，此类行为尚难以认定为违法，或者说，构成行政法、刑法上的违法，却有违消费者的诚实信用，存在一定恶意，且造成了商家的损失。二是违法行为。主要指违反行政管理类法律规范、应受行政制裁的行为，例如 2017 年施行的《网络安全法》中规定了危害网络运行、网络信息等行为的行政制裁措施。三是犯罪行为。我国当前刑事法律体系中，涉及网络“黑灰产”的犯罪，除传统的盗窃、诈骗、敲诈勒索、侵犯公民个人信息等罪行外，《刑法》第 285~287 条专门规定了四类网络犯罪罪名。

4. 行为对象的多样性

行为对象上，针对的是互联网平台运营者、商家或用户。互联网平台数据黑灰产是针对互联网平台运营者、商家或用户实施的不正当行为，该行为的实施主体可能是互联网平台内部人员，但其并不能代表整个互联网平台的意志，以此能够区分互联网平台自身的数据滥用、不当使用及互联网平台所遭受的黑灰产侵扰。就互联网平台运营者而言，其作为平台数据的生产者及合法持有者，对数据享有一定程度的排他性使用权。[①] 商家或用户作为数据的来源者，构成数据所描述之对象，针对数据所实施的不法处理行为会侵害其经营权或其他人身、财产性权益。[②]

---

① 参见高富平：《论数据持有者权 构建数据流通利用秩序的新范式》，载《中外法学》2023 年第 2 期。

② 参见高富平：《数据生产理论——数据资源权利配置的基础理论》，载《交大法学》2019 年第 4 期。

5. 行为内容的复杂性

行为内容上，表现为对数据的窃取、篡改、非法买卖、非法利用等。互联网平台的建设及运营均以大量数据作为基础，具体包括互联网平台的运行管理数据，也包括商家的注册信息、经营信息以及用户的使用记录、账号信息等。正因为大数据技术普遍应用，数据的挖掘及分析利用能够带来巨大的经济价值。当前网络黑灰产已经逐步形成高度分工的产业链，从占小便宜转化为非法敛财和恶性竞争的工具。一些无组织、无技术支持的“薅羊毛”行为并非互联网平台黑灰产的现行主要形态，本课题不将其纳入互联网平台数据黑灰产司法防治的研究范围。互联网平台数据黑灰产以对数据的非法获取、非法使用、非法出售为主要内容，在获取经济利益的同时，侵害了他人的合法数据权益，甚至整个社会经济运行秩序。

6. 行为后果的严重性

行为效果上，造成严重损害后果。互联网平台数据黑灰产的直接社会危害性即在于其对网络社会参与主体造成的严重财产损害，当前典型的受害主体是互联网平台运营者、网店经营者、开展网络业务的实体商户及平台用户。其中，互联网平台运营者通常属于最为直接的侵害对象，不仅会遭受数据财产方面的损失，其商业秘密、商誉等一系列权益亦会受到一定的程度侵害。

（二）互联网平台数据黑灰产的主要类型

互联网平台数据黑灰产主要围绕数据的非法获取、利用、交易等行为展开，而这些行为的实施需要以一定的技术手段为支撑。从这个角度，可以将互联网平台数据黑灰产区分为技术提供型黑灰产及组织实施型黑灰产。此外，数据黑灰产可能构成传统违法犯罪的手段行为，也可能呈现出与传统违法犯罪截然不同的新型样态。不同分类标准项下，能够对互联网平台数据黑灰产作不同的类型划分。本课题认为，互联网平台数据黑灰产的核心在于“数据”，宜围绕数据处理行为对黑灰产类型作出划分。与之相似的是，“流量”的不当获取也被普遍认为构成互联网平台黑灰产的典型样态，有学者将网络黑灰产区分为“网络信息类黑灰产”及“网络流量类黑灰产”。[①] 因此，有必要将“流量”与“数据”作出区分。

数据是对客观世界事实的数字化描述，其包括描述数据的元数据、事实数据、原始数据，也涵盖了一些以数字化形式存在的信息、知识等。流量则主要指通过场景的服务及推广获得的用户流动数量。近年来，网络直播、短视频行业的异军突起使流量具备了巨大的商业利益。电商平台的兴起也催生了包括网络正向刷单（虚构交易量以提高商户信誉）与网络反向炒信刷单（恶意交易与差评以损害商户信誉）在内的电商刷单产业。[②] 就流量与数据的关系而言，从表面观察，流量只是一组简单的统计数据。但是，有关虚假流量的网络黑灰产业无一不以行为人掌握大量网络账号为前提，其背后涉及的仍属于数据的非法流动。在此基础上，本课题认为互联网平台数据黑灰产主要呈现如下类型：

1. 数据窃取行为

针对互联网平台的数据非法获取行为主要可区分为两种类型，其一为对互联网平台公开数据的爬取行为，其二为通过木马植入、技术攻击、远程操纵、权限盗用等方式对互联网平台内部数据的窃取行为。就前者而言，数据爬取行为并不一定违法违规，蕴含于数据爬取中的数据自由流通是数字社会的重要价值，关键在于数据爬取是否具备充分的正当性。[③] 就后者而言，内部的数据窃取行为一定是非法行为。例如，在某案中，被告人结伙制作并提供专门用于侵入计算机信息系统的“小黄伞”软件，该软件可以通过不断生成验证码“撞击”淘宝网站数据库，批量校验淘宝账号、密码，从而非法获取淘宝账号资源。[④] 实践中的数据窃取行为类型多样，其可能是通过非法获取具备调阅相应数据权限的互联网平台内部人员的账号密码，进而非法获取平台数据；也可能是互联网平台内部人员违反法律法规及平台内部管理

---

① 参见刘宪权：《网络黑灰产上游犯罪的刑法规制》，载《国家检察官学院学报》2021 年第 1 期。

② 吴剑华：《暗刷流量黑灰产业的刑法适用问题研究》，载《荆楚学刊》2022 年第 3 期。

③ 许可：《数据爬取的正当性及其边界》，载《中国法学》2021 年第 2 期。

④ 参见浙江省杭州市余杭区人民法院（2017）浙 0110 刑初 664 号刑事判决书。

规定，进而非法获取平台数据；亦可能是采取“扫存”“撞库”等技术手段，对互联网平台网站实施攻击，进而非法获取用户账号、密码等。此类行为的特点是，行为人非法将互联网平台所生成、控制的数据移转给自己控制，为进一步实施针对互联网平台运营者、商家、用户的财产性违法犯罪行为提供前提。

2. 数据造假行为

针对互联网平台的数据造假行为主要可区分为流量造假和交易造假。前者主要是借助计算机程序或雇用人员进行刷单和刷流量，以提高产品销量或网站流量，从而获取不当利益。这种行为可能导致市场竞争不公平，误导消费者，也会对互联网平台信誉造成不良影响。此外，流量造假行为还需要大量的平台账号信息作为支撑，还会涉及账号的虚假注册问题。后者则是利用平台补贴、积分等平台规则，通过虚假交易行为，虚构平台交易数据，进而骗取平台利益。例如，某案中，行为人伪造根本不存在发货、物流、收货的虚假网络商品交易，然后通过虚假交易换取真实的积分，最后利用积分套现，在短短的几十天内，“制造”了 14 亿余元的交易量，获取 7 亿多平台积分，骗取平台 671 万余元。此类行为的主要特点是，行为人违反平台规则，假冒正常消费者恶意伪造、改变平台数据，从而获取非法利益。

3. 数据买卖行为

用户及用户信息是互联网平台开展商业运营的基础，针对互联网平台用户信息的非法购买和出售行为构成互联网平台数据黑灰产的常见类型。行为人所买卖的数据可能是通过非法手段从互联网平台所非法获取的，也可能是通过其他手段获取，但用于妨害互联网平台的正常商业运营。当前有的行为人利用信息技术的壁垒性，有组织地以网络信息技术实施传统的违法犯罪行为，如盗窃、诈骗、敲诈勒索、侵犯信息等。例如，诈骗团伙头目建设窝点、招募诈骗成员后，通过黑市购买一些用户的个人信息；由招募的一线话务员扮演互联网平台客服，根据这些个人信息欺骗用户；再由二三线话务员扮演公安、检察机关人员，博取用户信任，将钱款转至指定的“安全账户”；最终由团伙其他人在全国多个银行网点同时取款。针对用户个人数据的买卖及后续利用行为侵犯了互联网平台商誉，妨害了互联网平台的正常运营。此类行为的特点是，并不直接针对互联网平台对数据的管理和控制，而是通过不法的数据处理，间接侵害互联网平台的合法权益。

4. 数据滥用行为

在未经许可的情况下，将非法或合法收集到的互联网平台数据用于未经授权的用途，亦属于互联网平台数据黑灰产的一种表现形式。例如，获取互联网平台数据用于改进产品，但将这些数据用于定向广告投放，侵犯用户隐私。剑桥分析公司曾利用 Facebook 用户数据干预政治选举，属于典型的数据不当利用行为。在剑桥分析公司被指控干预美国总统大选之前，该公司首先通过一个名为“This is Your Digital Life”的应用程序获取了 Facebook 用户的数据。这个应用程序被设计成一种性格测试，它要求用户完成一系列问题，然后生成一份关于他们个性的报告。然而，这个应用程序不仅收集了用户的答案，还收集了用户的 Facebook 点赞、朋友列表和发布的内容。剑桥分析公司利用这些数据创建了精细的心理学模型，以预测和影响选民的行为。通过分析用户的 Facebook 点赞和发布的内容，该公司可以判断出用户的政治倾向、价值观和生活方式等信息。然后，这些信息被用来针对选民进行政治广告和宣传，以影响他们的投票决定。互联网平台数据的滥用行为与数据是合法抑或非法获取无关，主要是数据的利用行为及行为结果有悖现行法律或法律化的道德准则规定。

二、互联网平台数据黑灰产的司法防治困境及成因分析

明确互联网平台数据黑灰产的典型特征及典型类型将有助于准确识别黑灰产行为。但是，随着大数据处理技术的迭代发展，互联网平台数据黑灰产亦处于不断进化之中。黑灰产的隐蔽性、多样性及复杂性引发互联网平台数据黑灰产的司法防治困境，在明确司法防治的主要问题的基础上，方能有针对性分析问题成因并提出问题解决方案。

（一）互联网平台数据黑灰产的司法防治困境

1. 司法管辖难题

互联网平台是依托互联网而成立的提供社交媒体、电子商务、在线学习、共享经济等服务的平台，针对互联网平台所实施的数据黑灰产行为也通常借助于网络形式，发生于虚拟空间之中。传统的违法犯罪行为常发生于物理空间，其司法管辖较易确定。以刑法的司法管辖为例，传统犯罪空间是指行为人实施犯罪的场所，是现实的物理空间，具有三维性。因此，传统刑法对犯罪的管辖建立在现实的物理空间基础之上，坚持“属地管辖为主，属人原则、保护原则和普遍管辖原则为辅”的管辖权理论。然而，网络空间不属于传统刑法地域管辖理论中的领陆、领水、领空或船舶、航空器等拟制领土，网络空间的全球化、虚拟化打破了主权领土的界限，行为人在网络空间中的犯罪行为可能同时跨越数个国家，使得以属地原则为主，属人原则、保护原则为辅的传统刑事管辖权难以适应。

黑灰产犯罪的产业链冗长，各团伙的分布地域极其分散，跨地域、小额多笔的作案特征非常明显。而且，基于网络黑灰产犯罪的无国界性、非中心化以及犯罪现场和空间的虚拟性等特点，使得在确定管辖时，区际冲突与国际冲突相互交织，刑事管辖权的确定十分困难。换言之，传统刑法的司法管辖权建立在现实的物理空间基础之上，以属地原则为主，属人原则和保护原则为辅。然而，互联网空间的全球化和虚拟化打破了主权领土的界限，使得传统的刑事管辖权理论难以适应。在确定管辖权时，涉及区际冲突和国际冲突的问题，使得刑事管辖权的确定变得十分复杂。目前，互联网平台数据黑灰产正利用社交、电商、银行、电信运营商等各平台间信息的不互通，跨平台作案。因此，传统的立案标准难以应对互联网平台数据黑灰产违法犯罪行为的新特征，管辖法院的确定存在疑难。

2. 被告确定难题

在互联网平台数据黑灰产中，被告可能会采取各种手段来掩盖自己的真实身份和行踪。他们可能会使用虚假的姓名、身份证号码、电话号码等个人信息来注册账号或进行交易，以便在出现问题时逃避法律责任。同时，被告还可能利用匿名网络技术，如虚拟专用网络（VPN）等工具，来掩盖自己的真实 IP 地址和地理位置，使得追踪和定位变得更加困难。司法实践中，核实和追踪被告的身份是极为重要的。然而，由于互联网平台数据黑灰产的复杂性和隐蔽性，确定被告的真实身份往往面临着巨大的挑战。这需要调查人员具备专业的知识和技能，并且需要投入大量的人力、物力和财力来进行调查和取证。此外，互联网平台数据黑灰产往往涉及产业链的各个环节，包括开发者、经营者、中介和消费者等。被告可能隐藏在产业链的某个环节，或者通过不同的角色和身份来掩盖自己的真实身份和行踪。这使得确定被告的身份更加复杂和困难，需要从多个角度进行调查和分析。

此外，为了保护个人隐私和数据安全，许多国家和组织都制定了严格的法律法规和标准。在互联网平台数据黑灰产中，这些规定可能会阻碍相关调查的进行，使得确定被告身份变得更加困难。互联网平台数据黑灰产往往具有跨国性，涉及多个国家和地区的网络空间。这使得在确定被告身份时，需要克服地域、法律、文化和技术等方面的障碍，增加了执法和司法部门的工作难度。现实中，由于政治、经济、文化和法律等方面的原因，国际合作往往存在不足，这也使得确定被告身份变得困难。网络技术和黑客攻击手段的不断演变，使得互联网平台数据黑灰产的犯罪手法日新月异，也给互联网平台数据黑灰产的打击和治理带来了新的挑战。黑客攻击手段日益复杂和隐蔽，使得犯罪行为更加难以被发现和追踪。同时，随着云计算、大数据等新技术的应用，互联网平台数据黑灰产的犯罪手法也在不断更新和升级，这进一步增加了执法和司法部门的工作难度。执法和司法部门需要不断学习和适应这些新技术，以便更好地识别和追踪犯罪行为，从而确定被告身份。在互联网平台数据黑灰产的打击和治理过程中，各国之间的合作至关重要。

总之，在互联网平台数据黑灰产中，确定被告身份是一个复杂而困难的问题。为了揭露和打击这一领域的违法犯罪行为，需要采取多种手段和技术进行深入调查和取证。这涉及对网络流量、用户行为、交易记录等多方面数据的分析和挖掘，需要运用先进的网络监控、数据挖掘和机器学习等技术。同时，为了更好地保护数据安全和打击不法行为，我们还需要加强法律法规的制定和执行。这包括完善相关法律法规，制定更加严格的数据保护政策和措施，以及对违法犯罪行为进行严厉打击和制裁。只有这样，我们才能有效地遏制互联网平台数据黑灰产的发展，保护企业和个人的合法权益，保护数据安全和社会公正。

3. 证据认定难题

互联网平台数据黑灰产违法犯罪的重要问题就是如何认定违法犯罪行为，关键是如何认定违法犯罪的证据。网络犯罪留下的违法犯罪痕迹不是传统意义上的违法犯罪痕迹，可作为证据的材料也往往不是传统意义上的证据材料。司法实践中，对网络违法犯罪认定除了需要依靠传统的七类证据材料外，大量的违法网络犯罪的证据更是集中表现为电子数据存在状态，因此对网络违法犯罪分子的制裁尤其需要依赖电子证据的认定。此外，网络黑灰产犯罪往往涉及跨国作案，涉及不同司法管辖区域的数据和证据，使得证据的获取和认定更加复杂。

与互联网平台数据相关的黑灰产通常借助多种技术手段，如利用各种脚本、插件进行代码混淆、加密加壳、权限控制，并通过上中下游的严密分工构建起了一个密切协作的网络。互联网平台所收集的单个节点的违法犯罪证据很多时候并不能达到法律所规定的相应侵权或入罪标准，互联网平台在证据收集上面临难题。当前法律规定对电子数据证据的合法性、真实性、关联性疑义较多，人机同一性认定难，对犯罪嫌疑人、被告人的辩解缺乏认定或排除的方法，这些导致对互联网平台数据黑灰产中大量存在的共同犯罪参与人数难以认定。犯罪分子有可能使用各种手段对证据进行伪造、篡改或销毁，使得证据的真实性和可信度受到质疑。同时，由于网络空间的虚拟性和匿名性，很多证据都是以电子形式存在，容易被篡改和伪造，给证据的认定带来了困难。

同时互联网具有无形性，在电子讯息的保存、网络浏览记录的公证、资金在网络中的流转痕迹等方面的证据采集、固定、呈现，都存在技术和司法认定难题。作为遭受侵权的互联网平台主体，面临着采集证据与保护个人信息的两难境地。在进行数据读取、采集和比对过程中，可能会引发用户对平台的信任危机，给平台运营带来困扰，甚至违反个人隐私保护法规而遭受法律追责。然而，若不进行一定程度的数据监控，就无法发现违法违规行为的线索和路径，导致难以进行举证。作为合法数据持有者，无法举证则可能承受不利的法律后果。因此，如何进行证据采集以及司法如何认定证据的边界，仍需进一步研究和明确。

4. 法律适用难题

随着网络信息技术的不断发展和人们获取信息的便捷、网络活动的日渐增多，互联网平台数据黑灰产的违法犯罪形式不断“推陈出新”，既有传统盗窃、诈骗等犯罪形式的变种，也有新的针对企业返利的不当获利操作、区块链等新技术的渗入等，造成法律修改的相对滞后，给司法规制带来难题。对于新型网络犯罪案件行为性质的认定在现行法律框架内存在较大争议，是否构成民事侵权，如何确定责任承担方式、判断损害赔偿数额，是否构成刑事犯罪，适用什么罪名、如何量刑等问题难以统一认识，导致网络黑灰产在司法程序上成本极高。以侵犯公民个人信息罪为例，《最高人民法院、最高人民检察院关于办理侵犯公民个人信息刑事案件适用法律若干问题的解释》规定了侵犯公民个人信息罪的出入罪标准，买卖公民个人信息达到一定条数后，便可认定为侵犯公民个人信息罪。问题在于，如何解释上述个人信息的基本计量单位？识别符为个人信息的基本构成单位，其又可区分为直接识别符、间接识别符及准识别符，几项识别符才能组成上述司法解释中的“一条个人信息”尚无统一标准，针对互联网平台的数据非法获取、非法提供类黑灰产的入罪边界并不清晰。

就互联网平台数据灰产而言，其可能并不存在明确的法律规范予以规制。在私法层面，尚存在法律原则、类推解释等法律适用的可能性；但在公法层面，基于“法无授权不可为”的谦抑性原则，几乎不存在任何规范调整的依据。例如，发现网站漏洞的自行“捡漏”行为，其本质上既非善意，也获取了不正当利益，但若视之为触犯公法、需要受到制裁的行为，似乎与遵守规则、合理利用规则本身相矛盾。也正是有此考虑，实践中“受害方”也并非均采取否认和拒绝举措。例如，腾讯“0.2 元开通 VIP”、东方航空“0.4

折白菜机票”均为操作失误导致的“薅羊毛”事件，但腾讯和东方航空均未选择追回或拒绝，而是自行承担损失。腾讯视频按照系统出现 Bug 时所有开通 VIP 用户实际充值情况履行订单，东方航空则公告表示，系统维护时售出的所有支付成功并已出票的机票全部有效且可以正常使用。抛开是否为黑灰产所获益不论，当时这些操作均为当事公司赢取了良好的商誉。对于此种情况，是否仍要追究黑灰产者在公法上的责任，值得研究。

在损害结果的认定上，各方责任往往也难以明确，给相应的责任条款的适用带来困难。随着黑灰产规模的迅速扩大及产业链的成熟，部分黑灰产团队不再直接从事获取、售卖信息等行为，而是为其他团队提供服务，或仅提供工具，如提供可修改数据包内来电号码的改号软件，可按照一定规则自动抓取网页信息的恶意爬虫软件；或运用云计算、人工智能等现代化技术，将提供的技术服务线上化产品化，提供给其他黑灰产人员使用；或借助网络聊天软件教授各种黑灰产教程，通过收取服务费、入群费等方式获得收益。由于提供技术和服务的团队不直接参与信息获取及售卖，不直接参与违法犯罪环节，且对其主观故意的认定难以有客观性证据予以证实，因此对此类人员的打击难度较大。

问题的成因往往由正面反面等多种因素所共同组成，互联网平台数据黑灰产流程的复杂性是其层出不穷的直接原因而非唯一原因。法律规范、规制技术等的滞后性大大削弱了对黑灰产的打击，互联网平台数据黑灰产规制体系的构建必须深入分析这些原因，进而有针对性地找出解决对策。互联网平台的高度开放性和匿名性为黑灰产提供了便利环境，技术的进步也为黑灰产提供了更大的隐匿空间。此外，我国对于网络数据安全的法律法规尚不完善，部分黑灰产行为游走在法律边缘，难以被有效打击。互联网平台数据黑灰产并非纯粹的技术滥用，驱动其运转的因素复杂多样。对互联网平台数据黑灰产的成因进行深入剖析，方能为司法防治体系构建有针对性地提出对策。

（二）互联网平台数据黑灰产的成因分析

1. 法律规范有待完善

当前无论是刑法还是行政法、民事法律规范，对于各种类型的互联网平台数据黑灰产行为的规制仍显不足。由于互联网平台数据黑灰产包括的范围很广，当前并没有一个专门统一的规定来规制互联网平台数据黑灰产。从法律层面看，《个人信息保护法》《数据安全法》《民法典》《刑法》《网络安全法》《治安管理处罚法》等法律对互联网平台数据黑灰产有当然的规制职责，但从有效治理的角度看，仍需政府政策性文件、部门规章等形式的规范对互联网平台数据黑灰产进行系统的政府治理，将网络的黑色、灰色产业链行为纳入有效的法律法规规制之下，解决在此方面法律法规针对性不强和有所缺漏或模糊不清的问题。

在互联网平台数据黑灰产产业链中，有些行为处于法律的边缘，是否违法从理论和实践层面都难以界定。这些处于法律边缘的行为，往往涉及互联网平台的账号注册和养号问题。这些行为虽然在一定程度上有助于提高平台的活跃度和使用率，但同时也可能涉及虚假注册、恶意养号等不正当行为，给平台和用户带来损失和风险。对于这些行为是否违法，需要从法律角度进行深入探讨和界定，需要探讨是由立法公权介入进行规制，还是由各类网络平台自行规制。同时，制定出台灵活性较强的司法解释、指导性案例及各类规范性文件在当前显得尤为迫切。

实践中，由于互联网平台的多样性和复杂性，对于这些行为的规制方式也各不相同。有些平台可能会采取自主规制措施，如限制账号注册数量、加强账号管理等方式来防止不正当行为的发生；而有些平台则可能需要借助立法公权的力量，通过制定相关法律法规来进行规制。然而，由于这些行为涉及的利益关系复杂，对于如何制定相关法律法规也存在一定的争议。一方面，需要考虑到如何保护平台的合法权益和用户的利益；另一方面，也需要考虑到如何保障公民的言论自由和信息获取权利。因此，制定相关法律法规需要充分考虑各方利益和权利，以确保其合理性和可操作性。

对于互联网平台数据黑灰产产业链中的一些法律边缘行为，需要从理论和实践层面进行深入探讨和界定。同时，也需要制定出台灵活性较强的司法解释、指导性案例及各类规范性文件，以应对实践中可能出现的新情况和新问题。

2. 反制技术有待发展

随着互联网技术的不断发展，黑灰产业链的技术手段也在不断升级，使得黑灰产的成本降低，效率提高，更加隐蔽和智能化。相应地，反制互联网平台数据黑灰产的技术措施也应当随之迭代升级。但是，针对互联网平台数据黑灰产的反制技术存在一定的局限性，主要呈现如下特点：

其一，打击范围的局限性。现有反制技术往往针对特定类型的黑灰产，例如诈骗、恶意软件等。然而，黑灰产的种类繁多，难以覆盖所有场景。其二，应变能力不足。技术局限性导致反制手段无法针对所有黑灰产，从而留下安全隐患。此外，黑灰产犯罪分子善于利用新技术，快速适应现有反制手段。一旦某项反制技术变得普及，犯罪分子便会寻找绕过防御的方法。反制技术需要不断更新和改进，以应对不断变化的威胁。其三，容易发生误报和漏报。部分反制技术依赖规则匹配或特征识别，可能导致误报和漏报。误报会将正常用户的行为误判为黑灰产行为，造成用户体验下降。漏报则可能让黑灰产行为逃过检测，导致安全隐患。其四，对抗力度不足。反制技术往往与黑灰产陷入“猫鼠游戏”，双方不断进行对抗与平衡。反制技术在短期内可能有效，但长期来看，犯罪分子会不断寻找新的攻击手段，反制技术的效果将逐渐减弱。其五，人力与资源消耗较大。反制技术需要专业团队进行研发、部署和维护。在人力和资源有限的情况下，反制技术的覆盖范围和效果会受到影响。其六，跨部门协作不足。黑灰产犯罪往往涉及多个领域和部门，跨部门协作至关重要。然而，现实中部门之间的沟通和协作机制不畅，导致反制力量无法形成合力。

黑灰产业链的复杂性和隐蔽性使得其难以被完全识别和打击。监管机构和执法部门的能力和资源有限，难以实时研发对应反制技术，有效应对黑灰产的规模和速度。此外，缺乏行业标准和规范也导致了反制技术措施的不足。各个企业和组织在应对黑灰产时往往各自为战，缺乏统一的策略和合作机制。因此，为了有效应对互联网平台数据黑灰产，亟待加强技术研发和创新，提升监管和执法能力，建立行业标准和规范，以及加强企业和组织之间的合作与信息共享。只有通过综合施策，才能够有效遏制黑灰产的蔓延，保护个人和企业的数据安全。

3. 数据安全意识有待提升

随着互联网的迅猛发展，但是人们对数据安全的认知和重视程度未能跟上形势，数据安全意识淡薄是数据黑灰产业猖獗的一个重要成因。许多人在使用互联网时忽视了个人信息的保护，对于隐私泄露的风险缺乏足够的警惕性。随着科技的不断进步，黑灰产业的手段也在不断升级，而法律法规和执法机构的反制措施往往滞后于黑灰产业的发展。

首先，许多互联网平台企业并没有充分意识到数据安全的重要性，缺乏专业的技术人才和严谨的安全管理制度。许多互联网平台企业在数据安全保护方面仍然存在很多漏洞。这些漏洞可能包括缺乏足够的安全措施、不严格的权限控制，以及不完善的加密技术等。这些问题的存在使得企业的数据库容易受到攻击，从而导致企业和个人信息的泄露。一旦泄露，这些敏感信息可能会被用于非法活动，给企业造成严重的经济损失，甚至危害企业的声誉和客户信任。

其次，公民个人在数据安全方面也处于弱势地位。由于网络技术的复杂性和快速发展，个人很难完全理解和防范各种网络攻击手段。大数据分析处理技术的一大特点便是个人信息脱离个人而被处理，虽然法律赋予了个人在数据处理过程中的参与权，但这种参与权在大多情形下很难被充分保障。此外，许多人在使用互联网时，没有足够的网络安全意识，加之黑灰产者违法犯罪手段的不断升级，个人很容易受到网络诈骗、信息泄露等问题的侵害。这不仅会对个人的财产安全造成威胁，还可能影响个人的隐私权和信息安全。

最后，黑灰产从业者的数据安全意识淡薄，常在违法犯罪的边缘不断试探。在巨额利益驱动下，网络信息内容黑灰产从业者游走在法律监管的边缘地带，并形成分工明确、合作紧密、规模化发展的产业形态。这些团体通过黑客攻击、恶意软件、钓鱼等手段，大量获取企业和个人信息，然后将这些信息出售给第三方，或者利用这些信息进行诈骗、敲诈勒索等犯罪行为。这不仅损害了企业和个人的利益，也给整个互联网环境带来了严重的负面影响。

无论是企业还是公民个人，互联网活动主体在面对复杂的网络技术时都显得弱势，存在或多或少的网络安全意识不够的问题，为互联网平台数据黑灰产团体获取企业和个人信息、谋取不正当利益创造了条件。加强数据安全意识教育、加大对黑灰产业打击力度以及完善法律法规和提高执法机构的能力都是解决黑灰产业猖獗问题的关键。只有通过多方合作和综合施策，才能有效遏制黑灰产业的蔓延，保护个人和互联网平台企业的数据安全。

三、互联网平台数据黑灰产的主要流程和规制进路

无论在事实认定层面，还是在法律适用层面，互联网平台数据黑灰产的司法防治均面临一系列难题。究其原因，主要是因为互联网平台数据黑灰产的链条较长、所涉主体较多、所涉技术行为较为复杂。这导致人们容易对数据黑灰产的具体流程认识不清，进而影响了证据认定及法律适用。因此，有必要结合数据处理行为的关键环节，对互联网平台数据黑灰产的流程进行解构，进而帮助我们准确分析黑灰产的行为方式，系统解决黑灰产的司法防治难题。

（一）互联网平台数据黑灰产的流程解构

1. 数据获取环节

互联网平台数据黑灰产以数据的非法获取为起点，数据获取行为构成互联网平台数据黑灰产的上游环节。互联网平台基于对商业运行数据的合法控制而享有数据持有权，同时也对用户账户信息享有一定的管理权。从互联网平台的角度，数据的非法获取行为既包括侵害其数据持有权的行为，也包括侵害其数据管理权的行为。前者主要侵犯的是互联网平台对数据的控制利益，后者则是通过撞库、洗库等手段妨害互联网平台对用户账户信息的管理利益。

数据获取可以通过多种技术手段进行，而非法获取数据的主要方式包括数据窃取、内部泄露和非法从用户端收集等。实践中，常见的情形主要包括以下几种：

其一，黑灰产者可能会通过诱骗用户连接、攻击检测系统等方式侵入互

联网平台的 API 接口或内部信息系统，并借助爬虫程序批量获取互联网平台的数据。[①] 此类行为不仅侵犯了互联网平台对数据的持有权，还通过非法手段获取了用户数据，对用户的隐私权造成了侵害。此外，黑灰产者还可能采取 DoS 或 DDoS 攻击等手段使 API 接口过载，从而损害 API 的有效性，进而破坏互联网平台的服务。

其二，互联网平台的工作人员或者能够接触到互联网平台数据或系统的第三方人员，可能会违反互联网平台的相关管理规定，利用自身的权限优势获取互联网平台的数据。他们可能滥用职权，窃取用户数据或商业数据，将其用于非法用途，给互联网平台和用户带来严重的损失。

其三，黑灰产者还可能通过其他合法或非法手段获取相关用户的基础信息，然后采取撞库、洗库等方式，进而获取互联网平台用户的账户信息。他们可能利用社会工程学手段获取用户的个人信息，然后通过数据库查询等方式，找到用户在互联网平台的账户信息。这种行为侵犯了用户的隐私权和互联网平台对用户数据的管理权。

其四，黑灰产者还可能通过非法购买、收受等方式获取互联网平台的数据。[②] 他们可能与内部人员勾结，通过非法交易手段获取互联网平台的数据，然后将其用于不法活动，如进行诈骗、垃圾信息发送等。

2. 分析利用环节

无论何种非法获取方式，纯粹的获取行为并不能使黑灰产者获得经济利益，数据分析利用构成互联网平台数据黑灰产的中游环节。只有对数据进行挖掘、分析，方能发挥数据的根本价值，分析行为构成所有行为的核心。分析行为可能侵害互联网平台运营者的商誉、商业秘密等权益，但在分析结果被应用之前，本身并不会产生实际损害，而是增加了损害发生的风险。若涉及个人信息时，同样也会增加个人权益被侵害的风险。因此，即便此环节还

① 实践中，黑灰产者可能会借助 DoS 或 DDoS 攻击使 API 接口过载，从而损害 API 的有效性、破坏 API 服务，这也是针对互联网平台的黑灰产类型。也可能采取一些非侵入式手段获取 OpenAPI 数据的行为，这涉及公开数据的使用问题，本文并不详述。

② 互联网平台数据黑灰产业往往存在明确的上下游分工，上游黑灰产者主要负责收集提供各种网络黑产数据信息资源。从上游黑灰产者视角，其数据获取行为通常可归入前三种类型。

未对个人、平台、商家及市场造成实质损害，也属于需要重点打击规制的环节。针对互联网平台数据的挖掘分析，主要包括如下情形：

其一，通过统计、在线分析处理、情报检索、机器学习、专家系统（依靠过去的经验法则）和模式识别等诸多方法来进行数据挖掘。从不同的角度进行分析和总结，令其非法获取的互联网平台数据变成有用的新数据。数据挖掘的过程通常包括数据清洗、数据集成、数据选择、数据转换、数据挖掘、模式评估和知识表示等步骤。通过这些步骤，可以从大量的互联网平台数据中提取出有用的信息，这些信息可以用于各种目的，既可以用于商业分析、市场研究、风险管理等，也可以用于诈骗、“薅羊毛”等。

其二，检查现有数据源中可用的数据并收集有关该数据的统计信息，对数据进行筛选，检测数据集特征，标注或完善元数据等，以服务于下游业务标准和目标。针对个人信息时，则又被称作用户识别分析。用户画像可以只针对网络用户和设备 ID，这个时候的识别仅仅是对个体的识别，还没有到具体个人。用户画像通常是指根据用户的行为、偏好、需求和特征等信息，构建一个虚拟的“用户模型”，以帮助企业或组织更好地了解和预测用户的需求和行为。

通过数据挖掘或识别分析，能够让黑灰产者从原始数据、机读数据中获得信息或知识，进而服务于下游的违法犯罪行为。实践中，通常以针对用户数据的识别分析最为典型。例如，针对用户的账户信息、订单信息分析用户年龄、喜好等，进而服务于电信诈骗的实施。数据的分析利用环节是数据流通周期的核心，也是黑灰产者获取数据价值的必要路径。但是，该环节并不能直接使黑灰产者获取利益，通过向他人提供数据分析结果获取其交换价值，或直接利用数据分析结果用于实施非法行为以获取其使用价值。

3. 变现盈利环节

黑灰产的本质是利益，因利益而存，为利益而生。[①] 真正使黑灰产者获得经济利益的行为是针对数据挖掘分析结果的应用行为，该行为构成互联网平台数据黑灰产的下游环节。该行为侵害了互联网平台的运营秩序，对互联

① 郭聪、崔炜：《互联网黑灰产业链研究分析》，载《信息网络安全》2020 年第 S1 期。

网平台运营者的商誉、财产等利益造成侵害，也可能侵害到平台用户及商家的人身、财产权益。因下游黑灰产者对数据的需求，一些数据信息具备了交换价值。如同使用价值与交换价值的区分，使用价值构成交换价值的物质承担者，使用价值是永恒的范畴，交换价值则属于商品经济的范畴。数据的交换价值以使用价值为支撑，非法获取互联网平台数据交换价值的行为仍属于数据黑灰产的中间环节，但纯粹获取数据控制的行为并不会产生实体价值，获取数据使用价值的行为才属于数据黑灰产的末端环节。

从这个角度，针对互联网平台数据的变现盈利行为可作如下区分：其一，获取数据或数据产品交换价值的行为。数据作为"原材料"，通过不断地改变原材料的形式、内容、规模，改变其使用价值或用途，形成满足"客户"（下游黑灰产者）需要的数据产品，通过转让使用权或许可使用方式，或者服务方式"销售"给最终客户。其二，获取数据使用价值的行为。下游数据黑灰产者对数据的使用一般限定于特定的不正当目的的使用行为，例如，针对特定独居留守老人群体进行劣药、假药、虚假纪念币等的推销，利用其认知障碍，对其进行诈骗。也可能在分析获知互联网平台部分负面信息或直接虚构相关负面信息后，进行"黑公关"以勒索财物。这些行为以谋取非法利益为目的，其可能是财产利益，也可能是与财产利益相关的刷单、刷量、刷粉等间接利益。

实践中，互联网平台数据黑灰产所涉及的流程更为复杂。例如，企业开展营销活动时，往往会投入现金、实物或虚拟商品等各种奖励来吸引用户，但同时也吸引了大量的黑产参与活动并薅取奖励。立减金是一种发放给用户的现金券，在客户消费时可以进行抵扣。各行业为了刺激消费，立减金成为重要的营销活动类型，多家银行都曾推出各种形式的立减金活动。由于缺乏营销作弊的防控经验和手段，当活动参与资格及变现方式较为宽松简单，便极易遭到黑灰产的攻击。专业黑产团伙发起的规模化攻击对企业造成的损失极大，这种攻击往往需要具备以下两个要素：其一，大量虚假账号信息。单个账号营销作弊的收益往往不会太高，因此黑产团伙一般通过大量虚假账号来积累收益，虚假账号的主要来源就是黑手机卡，如何有效识别黑手机卡成为对抗营销作弊的关键。其二，高频自动化攻击手段。针对营销活动开发的自动化攻击工具，可以高效完成注册、拉新、助力等活动任务并薅取活动奖励，自动化攻击的主要方式有两种：一种为“改机 + 群控”，即通过改机技术伪造出多台设备，通过群控技术批量操控多台设备。对于这种攻击方式，如何有效识别风险设备环境成为关键。另一种为“协议攻击”，即通过破解注册、登录以及跟活动相关的 API 接口，批量伪造接口请求。对于这种攻击方式，对 API 接口进行安全加固以及如何识别风险流量成为关键。

可见，互联网平台数据黑灰产的各项流程均以一定的技术手段为支撑。各个流程的分工及技术手段的细分，导致互联网平台数据黑灰产愈发复杂。[①]互联网平台数据黑灰产的各项流程都以深厚的技术手段为基石，这些技术手段不仅涵盖了广泛的领域，而且深入到各个流程的细节中。从数据采集、数据传输、数据存储到数据交易等各个阶段，都有专业的技术人员在背后默默支撑着整个流程的进行。在这些流程中，每个环节都有其特定的技术手段和分工。例如，在数据采集阶段，有专门的爬虫程序用于从各大平台上抓取数据；在数据传输阶段，利用加密技术和通道技术确保数据的安全性和稳定性；在数据存储阶段，利用分布式存储和数据库技术将海量数据有效地存储起来；在数据交易阶段，通过暗网等渠道进行非法的数据交易。这些技术手段的不断细化和升级，使得互联网平台数据黑灰产变得更加复杂和难以捉摸。传统的打击手段已经无法有效地遏制这种新型的犯罪行为，需要我们更加深入地研究和理解这些技术手段，以便更好地打击和预防互联网平台数据黑灰产。因此，若要准确地掌握互联网平台数据黑灰产的具体运作方式及关键细节，必须对相关技术有一定程度的熟悉和理解。只有深入了解这些技术手段和流程，我们才能有效地打击和预防这种新型的犯罪行为，保护企业和个人的数据安全。

总之，互联网平台数据黑灰产已形成较为系统化、模块化的产业链条，涉及多个主体及多个环节。行为人无论是参与哪一环节，均属于打击规制的对象。因此，要清楚地认识并掌握互联网平台数据黑灰产的核心流程，结合

① 周星瑞：《浅析网络黑灰产及其侦防对策》，载《网络安全技术与应用》2023 年第 3 期。

行为人的分工合作情况及在黑灰产链条中的参与力度，实现对互联网平台数据黑灰产的司法规制。

（二）互联网平台数据黑灰产的规制进路

互联网平台数据黑灰产的流程复杂多样，根据其行为动机、行为方式、行为后果等的不同，所涉及的法律问题也存在差异。有必要明确互联网平台数据黑灰产的防治体系构建思路，梳理不同情形下的互联网平台数据黑灰产所涉及的法律问题，进而对互联网平台数据黑灰产的司法防治路径进行深入分析研究。

1. 多种规制手段的协同治理

互联网平台数据黑灰产的防治需要多个主体的协同治理。要有效防治数据黑灰产，需要多个主体的协同治理。首先，互联网平台自身应加强内部管理，建立健全数据安全保护机制，加强对用户数据的监管和保护，严格审核商业合作伙伴，防止黑灰产分子利用平台漏洞进行非法活动。其次，政府部门应加大监管力度，建立健全相关法律法规，加大对数据黑灰产的打击力度，严惩违法行为，维护公平竞争秩序。此外，用户个人也应增强自我保护意识，不轻易泄露个人信息，提高辨别虚假信息的能力，主动举报违法行为。再次，学术界、行业组织、第三方监管机构等也应参与到数据黑灰产防治中来，提供技术支持、行业自律和监督评估等方面的帮助。最后，当互联网平台数据黑灰产实施且造成不法后果后，司法作为维护社会公正的“最后一道防线”，通过法律规范对客观事实进行评价，从而配置各方主体权责利，以实现定分止争，有效打击互联网平台数据黑灰产乱象。只有多个主体形成合力，才能有效应对数据黑灰产问题，实现互联网平台的健康有序发展。

可以看出，司法仅是互联网平台数据黑灰产防治体系中的重要组成部分。就传统观点而言，司法具有被动性、中立性、终局性，基于“不告不理”的原则，司法一般无法参与到互联网平台数据黑灰产的前端防治过程之中。现在普遍认为，司法的被动性一般应仅限于法律条文和法律原则对之有明确要求之处，反之，只要有利于实现社会公平正义和群众合理诉求，依法能动履职就是司法的必然选择。[①] 因此，为充分发挥司法对互联网平台数据黑灰产的防治作用，一方面，要完善互联网平台数据黑灰产的识别、认定及法律适用机制，以司法的裁判权实现对黑灰产业链的打击；另一方面，要充分发挥司法的能动性，实现司法防治与社会防治、技术防治等防治体系的深度融合及有机衔接，共同构建起互联网平台数据黑灰产的司法防治体系。

2. 多个法律部门的交叉适用

互联网平台数据黑灰产是数字社会特有的社会危害行为，具有隐蔽性、渗透性、涉众性等特征。覆盖了民法的侵权及不当得利、行政法的治安管理、刑事违法犯罪、经济法中扰乱市场竞争秩序等，单一部门法并不能解决互联网平台数据黑灰产所引发的法律争议。在识别及认定互联网平台数据黑灰产所涉法律问题的过程中，需要树立多部门法综合分析的思维。在厘清事实的基础上，按照不同的大前提进行涵射分析，最终得出适用不同法律规范的结论。

互联网平台数据黑灰产涉及民法、行政法、刑法、经济法等多个法律部门。在民法层面，其可能构成对互联网平台运营主体、互联网平台商家及互联网平台用户权益的侵害，一般情形下符合民事侵权的要件。此外，黑灰产者欠缺法律上原因而获取不当利益，还可能涉及不当得利返还规则的适用。具体适用何种法律规范来调整当事人之间的法律关系，主要涉及法律规范的竞合问题，主要取决于原告的诉讼策略选择。在行政法层面，互联网平台数据黑灰产完全可能扰乱社会秩序，妨害公共安全，侵犯公民人身权利，侵犯公私财产。当情节轻微尚不够刑事处罚时，可以对该违法行为实施行政处罚。在刑法层面，不同类型的互联网平台数据黑灰产行为可能构成侵犯公民个人信息罪、破坏计算机系统罪、盗窃罪、诈骗罪等多种犯罪行为。符合相关标准，如《刑法》对侵犯公民个人信息罪的定义及《最高人民法院、最高人民检察院关于办理侵犯公民个人信息刑事案件适用法律若干问题的解释》中对个人信息非法获取、提供的情节、数量要求的，会构成刑事犯罪，受刑法打击处罚。在经济法层面，互联网平台数据黑灰产可能涉及对数据资源的

① 参见殷增华：《关于能动司法的几点思考》，载《人民法院报》2023 年 5 月 11 日。

不当争夺，情节严重时会影响市场经济运行秩序，进而受到竞争法的规制。

四、互联网平台数据黑灰产司法防治体系构建

互联网平台数据黑灰产司法防治体系构建是当前互联网发展中的一项重要任务。为了实现这一目标，需要从多个方面入手。需要建立完善的监管机制，包括对互联网平台数据黑灰产的监测、预警、处置等方面进行规范。需要强化法律法规的制定和执行，建立健全法律体系，确保对违法行为的打击力度和效果。加强技术手段的应用，包括数据挖掘、人工智能等方面的技术，为黑灰产的识别和打击提供更加精准的手段。

（一）强化协同治理机制

由于互联网的特殊性，要达到对数据进行司法治理的目的，实现真正意义上的数据正义，就必须加强国际与国内的协调、行业企业与法律制度的协同，[①] 加强司法机关与政府、社会组织、行业企业和个人的联动，以实现共建共享、协同治理。

1. 国内治理与国际治理的协调

进入数据时代，互联网已经蔓延至全球各个角落，大量的社会活动和人类行为，转化为可跟踪和分析的数据及分析技术，数据处理已经成为“社会分类”系统的一部分，衍生的数据黑灰产问题是人类面临的共性问题，涉及人类的共同利益。网络空间的跨域性决定了单靠一个国家不可能解决互联网问题。当前很多国家和地区通过加强沟通、对话和协商一致处理双边或多边分歧，进一步矫正国际法的“软法”约束，不断增强双边或多边或区域间条约的刚性约束。基于对数据正义的恪守，我国明确提出了加强互联网发展治理的国际主张，即坚持尊重网络主权、维护和平安全、促进开放合作、构建良好秩序等全球互联网治理的四项原则，倡导加快全球网络基础设施建设、打造网上文化交流共享平台、推动网络经济创新发展、保障网络安全、构建互联网治理体系等构建网络空间命运共同体的五点主张，强调发展共同推

① 苏洁：《记者观察：整治“黑灰产”需多方协同》，载《中国银行保险报》2023 年 8 月 8 日。

进、安全共同维护、治理共同参与、成果共同分享，携手建设和平、安全、开放、合作的网络空间。

司法机关应加强与互联网平台的协作，对平台的黑灰产防治指南、反制机制等进行深入指导，善用平台资源对黑灰产者进行司法层面的威慑。[①] 各大平台企业更应群策群力，身体力行站在反黑灰产的第一线，积极承担更大的治理责任，适时扩展自身治理边界，在监管机构、平台企业、行业协会、用户等多元主体良好协作的机制下，进一步深度紧密合作，通过各种方式联合生态伙伴积极建立平台间的协同联动机制，形成系统化、全周期化、多场景化和跨平台化的源头治理模式，有效应对网络黑灰产业带来的各类新问题。

2. 行业自治和司法防治的衔接

除了政府治理之外，互联网企业、平台、行业协会、网民群体也要群策群力，形成反击网络黑灰产的群防共治系统工程。对网络黑灰产的治理，一个非常重要的具体手段是调动平台的积极性，赋予平台相关的监管职责，充分发挥平台对于平台上的产业链的主体作用。让平台在商户、用户等平台主体的监管权责上更有自主性，让平台在网络安全、信息数据的控制和流动上担负更多的职责，监管部门对平台采取信任的态度和监督的方式，而不是过多插手平台上的具体产业链管理行为。

作为网络平台，一方面可以从数据安全保护的角度出发打击黑灰产，按照有关法律、行政法规的规定，参照国家网络安全标准，履行数据安全保护义务，建立数据安全管理责任和评价考核制度，制定数据安全计划，实施数据安全技术防护，开展数据安全风险评估，制定网络安全事件应急预案，及时处置安全事件，组织数据安全教育、培训。另一方面，平台需自主研发创新安全保障技术，构建可信、智能、合规的云安全平台，并协同生态伙伴和企业共建安全生态。将信用引入整个网络安全管理的体系中。比如，政府和企业之间、企业和企业之间，建立更多的信用互通，让违法分子为从事黑灰

① 张婷：《数字经济时代数据犯罪的风险挑战与理念更新——以数据威胁型网络黑灰产为观察对象》，载《法学论坛》2022 第 5 期。

产付出应有的代价。

互联网黑灰产的司法治理，必定是以法律为主导、企业为主体、社会和网民为辅助的协同治理机制，协同治理通常具有治理主体多元化、各子系统协同性、自组织间竞争合作以及共同规则制定等内涵，充分调动企业、社会组织、广大网民的积极性与主动性，坚持系统观念、法治思维，注重源头治理、综合治理。坚持齐抓共管、群防群治、精准防治，实现跨行业、跨地域协同配合、快速联动，有效防范和打击互联网黑灰产。

3. 司法治理与社会治理的协同

只有通过司法治理和社会治理的协同合作，才能有效解决互联网平台数据黑灰产防治问题，实现互联网空间的健康有序发展。司法不是单纯的、被动的案件处理，还应主动加强与社会主体的联动，实现司法治理与社会治理的协同，充分发挥诉源治理维护社会稳定"第一道防线"作用，不断激活内在动力、优化治理结构、完善治理制度，推动形成共建共治共享的治理共同体。

互联网平台数据黑灰产的社会治理需要加强公众教育和意识提升。通过开展相关的宣传教育活动，提高公众对数据黑灰产问题的认识和了解，增强公众的风险意识和防范意识，培养公众的合法合规意识和自我保护意识，使其能够主动防范和抵制数据黑灰产行为，自觉维护自身的合法权益和社会的法律秩序。同时，加强对未成年人和弱势群体的保护和引导，加强对其网络安全教育，提高其识别和抵御网络风险的能力，有效防范数据黑灰产行为。

互联网平台数据黑灰产的司法治理与社会治理需要司法机关、企业和公众的共同参与，形成合力以共同应对互联网平台数据黑灰产乱象。司法机关应提高司法行政宣传的积极性与主动性，加大对互联网平台数据黑灰产的普法力度，运用多种形式提升社会主体的防范意识，并根据社会主体的相关反馈，有针对性地对互联网平台数据黑灰产现象实施司法规制。还应加强与互联网平台企业的协作，深化对互联网平台企业黑灰产防治现状的调研，主动了解企业在黑灰产防治上所面临的痛点难点，并将之运用到互联网平台数据黑灰产案件的司法裁判中。社会公众应增强风险意识和自我保护意识，主动防范黑灰产的末端违法犯罪行为。通过司法治理与社会治理的协同，共同构建起互联网平台数据黑灰产防治的坚固防线。

4. 技术治理与法律治理的衔接

鉴于互联网的技术特征，对互联网黑灰产进行司法治理，必须综合运用法律手段和技术手段。[①] 法律治理主要包括制定和执行相关法律法规，对违法行为进行打击和惩罚，保护公民和企业的合法权益。技术治理则主要包括建立和完善网络安全技术体系，加强数据保护和隐私保护，提高网络安全性。只有综合运用法律和技术手段，才能有效地治理互联网平台数据黑灰产，保护网络安全和公民权益。

在技术层面，需要加强数据安全技术的研发和应用，提高数据的安全性和可信度。这包括加密技术、身份认证技术、数据脱敏技术等，通过技术手段阻断数据黑灰产的渠道，保护用户数据的安全和隐私。在法律层面，需要建立完善的法律体系，明确数据黑灰产的定义和界定，规范数据的收集、存储和使用，加大对数据黑灰产行为的打击力度。同时，还需要加强对互联网平台的监管，强化数据安全保护和隐私保护，建立健全数据安全管理制度。

单靠法律手段或技术手段很难完全解决数据黑灰产问题。法律和技术应该相互配合，形成合力，共同治理数据黑灰产问题。首先，法律应该引导技术发展，为技术研发和应用提供法律依据和指导。法律应该及时跟进技术发展的步伐，不断完善和更新相关法律法规，保障技术的合法合规应用。同时，法律也应该对技术进行监管和约束，防止技术被滥用和扭曲，保障用户的权益和社会的稳定。其次，技术应该为法律的实施提供支撑和保障。技术应该积极配合法律的要求，加强数据安全技术的研发和应用，提高数据的安全性和可信度。同时，技术也应该为法律的执行提供便利，通过技术手段加强对数据黑灰产行为的监测和打击，提高治理效率和精准度。

实际操作中，应建立数据黑灰产治理的法律与技术的联合工作机制，由各方主体共同参与，共同治理数据黑灰产问题。一方面加强对互联网平台数

① 诸葛福源:《电信网络诈骗黑灰产业链犯罪治理研究——基于产业链形成的“四维对接”机制》，载《福建警察学院学报》2023 年第 3 期。

据黑灰产的法律规制，强化相关立法及司法工作；另一方面加强对互联网平台数据黑灰产的技术规制，通过反制技术的迭代更新及运用，强化对数据黑灰产的打击，借助可视化技术手段辅助互联网平台数据黑灰产的司法裁判。只有法律和技术相互配合、形成合力，才能有效治理数据黑灰产问题，保障用户的权益和社会的稳定，共同推动数据黑灰产治理工作的开展。

（二）明确司法认定标准

互联网平台数据黑灰产既包括明确违反法律规定的黑产，也包括法律并未明确予以规制的灰产。基于互联网平台数据黑灰产行为主体、对象、效果等的复杂性，在诉讼过程中原被告主体、侵权行为、损害后果等因素的确定标准也不尽一致。有必要统一司法识别认定标准，以精准实现对互联网平台数据黑灰产的司法打击。

1. 明确黑灰产的主要类型

黑产的定义目前虽未明确但司法实践中尚算清晰，如电信诈骗、钓鱼网站、木马病毒、黑客勒索等违法犯罪行为，但灰产界定比较困难，而且由于网络的隐蔽性和技术的复杂性，要抽丝剥茧出侵权行为更为困难。从平台实践看，主要存在黑产套利（“薅羊毛”、虚假交易、刷单、CPS 套利、运费险诈骗、闪电退、黑产软件等）、恶意索赔（延时发货，商家宣传问题，商品瑕疵如三无、假货等，商家异地经营，保价索赔）、黑公关（以爆黑料、虚假负面信息等方式，变相胁迫商业合作）、售后调包（通过调换售后商品，规避平台风控措施调包获利）、盲发快递（以低价劣质等商品，通过盲发快递、货到付款方式骗取用户支付费用）等行为，上述行为是否可以被定性为侵犯平台数据权益的行为并得到法律支持，需要加以明确定义。

以类型化思维梳理互联网平台数据黑灰产的主要类型可以帮助司法机关更好地了解这些问题的本质和特点，准确识别并认定互联网平台数据黑灰产案件。明确互联网平台数据黑灰产的主要类型可以帮助司法机关更好地分析和研究这些问题。这些类型的出现和发展都有其特定的背景和原因，只有深入研究和分析这些问题，才能更好地找到解决问题的方法和途径。明确互联网平台数据黑灰产的主要类型可以帮助司法机关更好地处理相关案件。只有深入了解这些问题的本质和特点，才能更好地制定相应的处理方案，以及更好地保护人民群众的合法权益。

2. 尊重平台的自治管理权

互联网黑灰产已成为危害全球的毒瘤，然而受制于法律规定模糊不清、取证难、维权难等问题，这一毒瘤的去除并非易事。相关法律规范存在缺失，亟待完善。虽然《刑法》《网络安全法》《个人信息保护法》《治安管理处罚法》等法律法规对其有当然的规制职责。但要把黑灰产产业链行为纳入有效的法律法规规制之下，还是要解决在此方面法律法规针对性不强和有所缺漏或模糊不清的问题。当前，很多网络黑灰产寄生于互联网平台，打击黑灰产，既是互联网企业维护自身利益的需要，也是承担社会责任的要求。建议通过立法的方式，对互联网黑灰产进行定性，明晰互联网平台的权利义务，明确有权向司法机关寻求救济的主体类型，推动互联网平台建立协同治理机制，对网络黑灰产信息的共享、联动机制等作出明确规定。

立法的缺位并不意味着互联网平台数据黑灰产无法规制，平台作为直接利益相关主体，其对用户、商家等主体的自治管理权能够在一定意义上有效实现数据黑灰产的根源治理。[①] 从近年来的实践反映，平台在治理黑灰产方面已展现出独特优势。以京东为例，京东构建系统化、行业领先的大数据算法识别能力，包含人机识别（基于生物行为特征和机器学习技术，快速定位识别僵尸用户，提高在线业务质量）、逆向溯源（对黑灰产软件进行逆向工程，溯源分析，挖掘黑灰产团伙，协助警方线下打击）、知识图谱（超级复杂网络、Spark 大数据集群，识别黄牛网络簇）、无监督（无需任何训练数据和标签，通过海量数据，建立统计可信的识别模型）等技术，离线 + 实时模式，应用于行业黑灰产风险行为的深挖和持续对抗；基于海量的注册、登录、营销、交易等数据，提炼业务事实、账号等多维度特征，构建全方位的风险画像体系。自 2019 年以来，协助北京、山东、江苏、浙江等多地警方，重拳打击具有批量登录、批量下单等流量作假功能的黑产工具，一举打掉

① 于阳、郑钧元：《网络黑灰产关键环节治理对策研究——以 T 市为例》，载《山东警察学院学报》2022 年第 3 期。

"火牛""雷神""霹雳""雷诺""wind""财神""七待""光年""京东捕手""京东易抢"等十余款黑产软件；并协助警方打击刷单团伙、虚假注册用户团伙等。

司法机关应当尊重互联网平台对数据黑灰产的司法防治规定，将互联网平台与用户、商家、社会主体间的用户协议、隐私政策、Robots协议等作为黑灰产案件审理的重要依据。平台采用了某种技术手段来管理黑灰产而对其进行处罚，应该尊重并支持这种自我治理的方式。互联网平台作为信息传播的重要载体，其自治管理规定能够及时发现和处理黑灰产行为，保障网络环境的安全和稳定。互联网平台的自治管理规定也符合现代法治理念中的"技术中立"原则，司法机关不宜过度干预平台的自治管理。互联网平台需要建立一套完善的数据管理规范。包括对数据采集、存储、传输、使用和销毁等环节进行严格把控，确保数据在整个生命周期内的安全。设立数据安全管理机构，负责监督和审核数据处理行为，对违规行为进行处罚。采用先进技术提升数据安全防护能力。通过加密、防火墙、人工智能等技术手段，有效防止数据泄露、篡改、滥用等风险。

（三）统一法律规则适用

1. 管辖法院确定

黑灰产从性质上一般属于侵权行为，无论刑事案件还是民事案件，管辖法院的确定主要取决于侵权行为地和被告住所地。这种管辖原则既符合法律精神，也便于执法机关依法处理相关案件。首先，黑灰产案件中的侵权行为性质明显。黑灰产通常涉及侵犯他人知识产权、隐私权、财产权等合法权益，这种侵权行为不仅损害了权利人的利益，而且破坏了社会经济秩序。因此，黑灰产案件在性质上应被视为侵权案件。其次，刑事案件的管辖法院相对确定。在我国，刑事案件由犯罪地法院管辖。对于黑灰产犯罪，由于其犯罪行为地和犯罪结果地往往不一致，可以根据犯罪地法院管辖。这有利于充分发挥犯罪地法院的专业优势，确保案件审理的公正和效率。对于民事案件，本课题组认为可以侵权行为地和被告住所地作为管辖法院。这一观点主要基于以下理由：一方面，侵权行为地法院具有审理此类案件的便利条件，可以更有效地查明事实、收集证据；另一方面，被告住所地法院的管辖有助于保障被告的合法权益，使其能在熟悉的环境中接受审理。

侵权行为地包括侵权行为实施地和侵权结果发生地。在黑灰产案件中，侵权行为实施地可能涉及多个地区，甚至涉及跨国犯罪。因此，在确定侵权行为地时，应综合考虑犯罪嫌疑人的活动范围、侵权行为的实施地点等因素，以准确界定侵权行为地。被告住所地通常是指被告的户籍所在地或者实际居住地。在黑灰产案件中，被告可能是自然人或者法人。对于自然人，可以根据其户籍所在地确定被告住所地；对于法人，可以根据其注册地或者主要营业地确定被告住所地。确定被告住所地的目的是确保被告能够被顺利传唤、出庭应诉，以及便于执行判决。实际操作中，可能会出现多个法院对同一黑灰产案件都有管辖权的情况。为解决管辖权冲突，可以根据以下原则进行处理：（1）优先考虑侵权行为地法院管辖，以保证案件审理的专业性和公正性；（2）当侵权行为地法院无法履行职责时，可以由被告住所地法院管辖；（3）在必要时，可以依法报请上级法院指定管辖，确保案件得到妥善处理。随着黑灰产案件的复杂化和跨地域化，有必要加强不同行政区划的法院之间的合作。可以通过建立跨行政区划的司法协作机制，实现案件信息共享、证据互认，提高司法效率，确保法律的统一正确实施。

总之，黑灰产案件无论涉及刑事案件还是民事案件，均应以侵权行为地和被告住所地作为管辖法院的主要依据。实际操作中，应充分发挥各地法院的优势，加强司法协作，确保案件得到公正、高效的审理，维护权利人的合法权益和社会秩序。

2. 原告主体确定

互联网平台无疑是互联网平台数据黑灰产的主要被侵害主体，其多数情形下可以作为原告提起诉讼。但是，在互联网平台数据黑灰产整个流程中，遭受侵害的还包括数据所涉及之用户、商家等。就一些未从互联网平台直接获取数据，而是借助互联网平台名义对用户实施诈骗等行为的，互联网平台可以商誉权侵权为由提起诉讼。但是，这并不能填补用户的相关损害。黑灰产侵犯的群体一般涉及众多，许多个体首先不一定能意识到可以运用法律武器保护自己，其次因为举证难、锁定被告难等因素，无法提起诉讼。

《民事诉讼法》第58条对污染环境、侵害众多消费者合法权益等损害社会公共利益的行为，法律规定的机关和有关组织可以向人民法院提起诉讼。人民检察院在履行职责中发现破坏生态环境和资源保护、食品药品安全领域侵害众多消费者合法权益等损害社会公共利益的行为，在没有前款规定的机关和组织或者前款规定的机关和组织不提起诉讼的情况下，可以向人民法院提起诉讼。《个人信息保护法》第70条规定，个人信息处理者违反本法规定处理个人信息，侵害众多个人的权益的，人民检察院、法律规定的消费者组织和由国家网信部门确定的组织可以依法向人民法院提起诉讼。虽然本条仅适用于个人信息保护的情形，对于笼统的数据保护层面，并未明确规定公益诉讼。本课题认为，可以参照环境公益诉讼、个人信息公益诉讼的规定，前款规定的机关或者组织提起诉讼的，人民检察院可以支持起诉。此外，建议确定互联网平台能够提起公益诉讼，使其不仅代表自身利益，还能代表广大消费者、平台商家进行互联网平台数据黑灰产的诉讼。

3. 被告主体确定

由于互联网平台数据黑灰产流程的复杂性和隐蔽性，被告身份的确定往往较为困难。在数据非法获取、买卖及分析利用的各个阶段，行为主体可能并不一致。因此，互联网平台数据黑灰产的实施主体，也就是诉讼中的被告，往往是复数的。此外，被告还可能利用匿名网络技术，如虚拟专用网络等工具，来掩盖自己的真实身份，使得追踪和定位变得十分困难。互联网平台数据黑灰产诉讼过程中，被告往往由作为原告的互联网平台提起。人民法院对被告身份负有一定的审核义务。

为解决被告主体的确定问题，人民法院需要树立如下理念：其一，注重在技术上实现同频共进。加强与互联网平台企业的技术交流和合作，与互联网平台企业或研究机构共享技术成果，深入了解被告身份追踪和确定技术。在被告主体的形式审查及实质审查过程中，善于运用技术手段判断侵权行为，确定被告是否为适格主体。其二，注重共同被告的关系审查。在互联网平台数据黑灰产实施流程中，不同被告可能参与不同环节的侵权行为，但这并不意味着其均属共同被告。共同被告是指在一起诉讼案件中，多个被告因为与同一案件有关联而被一同起诉的情况。共同被告之间可能存在共同的法律责任或者利益关系，因此在同一案件中被一同起诉。互联网平台数据黑灰产诉讼中的被告的意思联络及利益状态具有复杂性，可能影响最终责任承担问题。例如，A、B、C 三主体在互联网平台数据黑灰产产业链中担任不同角色，在行为实施过程中，A 与 B 存在意思联络，B 与 C 存在意思联络，但 A 与 C 并不存在意思联络，此时如何定位三主体的关联关系，关乎最终责任承担问题。课题组初步认为，应尽可能实现侵权行为的拆分，分阶段确定各主体的关联关系。

4. 证据采信标准确定

在打击网络黑灰产的过程中，证据的采信标准起着至关重要的作用。首先，证据必须具备真实性，即证据所反映的事实必须是真实存在的，而非虚构或伪造的。其次，证据必须具备合法性，即证据的获取过程必须符合法律规定，不能违反个人隐私权、商业秘密等合法权益。最后，证据必须具备充分性和确凿性，即证据必须能够清晰地证明被指控的网络黑灰产行为的存在，并能够排除其他可能性。此外，证据的采信还需要考虑证据的来源可靠性、证据的完整性以及证据的时效性等因素。

根据《民事诉讼法》的规定，证据包括当事人的陈述、书证、物证、视听资料、电子数据、证人证言、鉴定意见、勘验笔录。《最高人民法院关于民事诉讼证据的若干规定》规定，电子数据包括下列信息、电子文件：网页、博客、微博客等网络平台发布的信息；手机短信、电子邮件、即时通信、通讯群组等网络应用服务的通信信息；用户注册信息、身份认证信息、电子交易记录、通信记录、登录日志等信息；文档、图片、音频、视频、数字证书、计算机程序等电子文件；其他以数字化形式存储、处理、传输的能够证明案件事实的信息。

互联网平台数据黑灰产诉讼过程中，互联网平台所能进行的举证基本属于电子数据类证据，该类证据的表现形式可能只是后台记录，平台采用录制视频、截图等方式直接调取的内容能否作为证据被采信，尚不存在统一标准，如录制视频、提供截图等。随着社会的不断进步和信息化的加快，电子证据已经成为很多案件的重要证据之一。如果法院对电子证据采取过于严格的态度，将会导致很多证据无法被采信，从而延长诉讼的时间和增加司法成本，也可能会导致一些合法的证据被排除在外，影响案件的公正性。

法院应该从宽采信电子证据，并配备一定的验证机制，验证证据的真实性，保证公正和合理的司法决策。[①] 电子证据具有易被篡改、易被删除、易被复制等特点，这就给法院在鉴定和采信电子证据时增加了难度。然而，正是由于这种特殊性质，电子证据的真实性和可靠性更容易被鉴定和审查。电子证据的形式多样，包括电子邮件、短信、社交媒体信息等。这些证据往往需要通过技术手段来获取和分析，而且往往需要专业知识和技能来解读和理解。然而，由于法院的技术能力和专业知识的限制，很多时候法院难以准确理解和评估电子证据的价值和意义。因此，法院应该采取一种从宽的态度，充分利用专业技术和专家意见来解读和评估电子证据，确保对其进行正确的理解和评估，提高司法公正和效率，为司法体制的现代化和创新作出贡献。

5. 法律责任确定

民事责任、行政责任与刑事责任的界限和衔接问题应当被着重考虑。民事责任主要调整平等主体之间的权利义务关系，行政责任和刑事责任主要调整国家与公民之间的关系。民事责任通常通过赔偿损失、恢复原状等方式承担，行政责任通常通过行政处罚、行政处分等方式承担，刑事责任通常通过刑罚方式承担。在互联网平台数据黑灰产的司法防治过程中，应明确区分加害人的责任类型。严格审查其是否达到侵犯公民个人信息罪、盗窃罪、诈骗罪等犯罪的入罪标准。民事责任与刑事责任并非非此即彼的关系，情节严重的黑灰产者应进行民事与刑事的多重处罚。

单以民事责任论，法律责任不明、违法成本低也是导致黑灰产日益发展壮大的原因。提高违法成本将有力震慑网络黑灰产从业者，在与黑灰产博弈的过程中，考虑确定性较大的法律责任，让违法者的违法成本大幅提升。应

---

① 喻海松：《网络犯罪黑灰产业链的样态与规制》，载《国家检察官学院学报》2021年第1期。

该加大对黑灰产从业者的追责力度，确保其受到应有的法律制裁。通过对违法者的严惩，不仅可以减少黑灰产从业者的数量，还能够向社会传递一个明确的信号，即黑灰产是不被容忍的，违法者将会受到应有的法律制裁。在损害的认定过程中，不仅消费者所受的直接经济损失应予以充分考虑，互联网平台所受的商誉损失及数据财产利益的损失亦应当归入损害范畴，以全面评价黑灰产者的侵权行为。

典型案例

上海法院数字经济司法研究及实践（嘉定）基地首批嘉昆太典型案例

1. 微博大 V 网络言论自由与侵害名誉权边界

——上海某汽车有限公司诉微博大 V 刘某网络侵权责任纠纷案

体系标签：涉个人信息及关联人格权益保护纠纷

关键词：言论自由　舆论监督　企业名誉权

【案情简介】

原告上海某汽车有限公司是新能源汽车行业内一家从事汽车及相关零部件技术开发等经营活动的知名企业。被告刘某系新浪微博大 V，微博身份认证为：汽车达人、微博汽车视频博主，拥有大量粉丝。被告在一年时间内，持续、密集发布了 180 余条与原告直接、间接相关的微博，内容包括被告认为原告骗取被告策划方案、原告车辆存在质量缺陷等，并大量使用侮辱性词语。原告主张被告行为侵犯其名誉权，遂诉至法院，要求判令被告删除相关微博、公开赔礼道歉并赔偿经济损失。

【裁判理由及结果】

法院经审理认为，涉案微博中仅有少量关于骗取策划方案、车辆存在质量问题的内容，被告未提供证据予以证实，而大量微博内容带有强烈的侮辱意味，内容涉及直接、间接针对原告的负面评价，按照一般人的理解，已经超出监督、评价的合理范围，确有侮辱、诋毁原告的故意。考量发布言论的密集性、持续性，这一行为整体上已经构成对原告的侮辱，足以降低原告的社会综合评价，导致原告的名誉权受损。被告作为专业车评人，在微博平台拥有大量关注和粉丝，更应当审慎使用其作为微博大V的影响力，以更专业的方式进行表达。据此，法院认定被告的行为侵犯原告的名誉权，判令被告删除相关微博，在微博公开赔礼道歉并置顶90日，赔偿相应经济损失及费用。

【典型意义】

本案系网络平台大V言论自由与企业名誉权冲突司法衡量之案件。涉及数字经济案件中言论自由、舆论监督与侵害名誉权的边界认定以及企业名誉权的司法保护等典型问题，对同类案件的处理具有参考意义，有助于加强网络言论空间治理，维护网络空间公共秩序，保护企业合法权益。

一、言论自由、舆论监督与侵害名誉权的边界

数字时代，微博、微信公众号、短视频平台等网络社交平台已成为公民进行言论表达的重要阵地，每个人都是自己的“新闻发言人”。但互联网不是法外之地，言论自由和舆论监督具有基本的“法度”，言论的表达和评价是否基于客观事实是言论自由、舆论监督与侵害名誉权的界限，不能突破法律规定和公序良俗的底线。作为拥有大量关注和粉丝的网络平台大V，其公共言论具有传播速度快、后果不可逆、社会影响大等特点，相较于普通民众具有更高的审慎注意义务，应当避免借助微博本身的影响力以不实或过激言论侵害他人合法权利。本案中，原告作为知名企业，其经济活动、提供的产品和服务会对社会公众的利益产生重大影响，应当允许公众和媒体出于舆论监督而进行评论，对其名誉产生的不利影响应秉持一定限度的容忍，但网络平台大V密集、持续发表带有强烈侮辱意味或者负面评价内容的这一行为，已经脱离了基本客观事实和所负有的容忍限度，超出了网络言论自由的边界和正常舆论批评监督的范畴，构成对企业名誉权的侵犯，应当承担侵权责任。

二、对企业名誉权的司法保护

企业的名誉权包含社会外界对于企业经营状况、产品服务质量、行业水平等一系列整体社会评价，相对于个人而言具有一定的特殊性，其与财产属性、市场竞争力紧密关联，对企业自身具有重要影响。对于新兴民营企业而言，其在消费者眼中的品牌形象具有重要意义。网络上所发表的失实负面言论，不仅会侵害企业的名誉，导致整体社会评价降低，情节严重的更可能直接造成利益的大量减损。而在短时间内对企业持续、密集发布的大量负面信息，如背后存在同业竞争者通过编造、传播虚假信息或者误导性信息以损害竞争对手商业信誉和商品声誉的行为，将被认定为商业诋毁行为，构成不正当竞争，还应承担相应的法律责任。

三、网络服务提供者的注意保障义务

网络服务提供者也具有一定的注意保障义务，未尽法定义务的，可能与实施侵权行为的网络用户承担连带责任。实践中，网络服务提供者应当遵循“避风港原则”，承担“通知—反通知—删除”义务，在接到权利人的有效通知后，及时采取包括删除、屏蔽、断开链接等必要措施。如未依法采取措施，权利人可以请求网络服务提供者承担连带责任。此外，若结合侵权行为的实际情况，网络服务提供者知道或者应当知道其提供的网络服务被用以侵害他人民事权益，还应当遵循“红旗原则”，及时主动采取必要措施，否则也要与侵权人承担连带责任。

【案例索引】

一审：上海市嘉定区人民法院

编写人：上海市嘉定区人民法院　纪学鹏

2. 电子商务平台经营者处理个人信息合法性基础的认定

——蔡某某诉上海某电子商务有限公司网络购物合同纠纷案

体系标签： 涉个人信息及关联人格权益保护纠纷

关键词： 格式条款　个人信息处理　合法性

【案情简介】

1号店平台是被告上海某电子商务有限公司运营的B2C电商平台，采用企业对消费者的电子商务模式。该平台《服务协议及隐私声明》明确：销售方仅向消费者（而非经销商）提供商品或服务。每位用户仅限使用一个1号店账户，如有证据证明客户存在注册或使用多个1号店账户，或根据购买记录、数量、IP地址等因素合理怀疑非因生活消费购买商品或服务，平台有权取消订单。原告蔡某某同意该条款后注册成功，通过多个与1号店关联的账户、设备、IP地址下单购买商品，订单收货人、联系电话、送货地址大多指向原告本人。后原告再次在1号店平台下单时，其订单被系统判定为“异常订单或经销商订单”，遂被系统取消并隐藏。原告认为，被告滥用其市场支配地位，擅自取消并隐藏订单，利用技术手段欺诈消费者；被告非法使用后台存储的个人信息，筛选分析原告的购买记录，滥用并损害了原告的个人信息权益，遂诉至法院，要求被告公开被取消和隐藏的订单信息，并对涉案订单金额进行三倍赔偿。

【裁判理由及结果】

法院经审理认为，首先，B2C电商平台针对的用户是进行正常生活消费的普通消费者（针对企业另有专门通道）。因此，《服务协议及隐私声明》中相关条款之目的系平台将相对优惠的价格之交易对象限定为普通消费者，而非以转售盈利为目的的购买者。该内容属于正常商业考量和市场行为范畴，并未违反法律法规的强制性规定和公序良俗。平台已对该格式条款尽必要的提示说明，应视为原告已知晓并同意，对双方具有约束力。其次，被告收集、处理客户账户、设备地址、联系电话、送货地址等信息，系履行合同所需，事先已征得客户同意，亦未超过约定的判断是否“因生活消费购买商品或服务”之用途目的。现被告根据收货地址及IP地址信息均指向同一主体的事实，认为原告存在“购买商品或服务等数量超过正常生活消费需求的订购行为”符合常理，据此按照协议约定取消订单并无不当，据此驳回原告赔偿请求，但原告要求恢复交易订单号信息（包括取消订单原因）之诉请，可予支持。

【典型意义】

本案系电商平台处理用户个人信息，据此判断用户存在违约事实并解除合同之案件。涉及数字经济案件中常见的格式条款效力认定、个人信息处理合法性基础等典型问题，对同类案件的处理和维护数字经济市场健康发展具有参考借鉴意义。

一、关于格式条款效力

格式条款在电子商务合同制定过程中被广泛应用，客户在电商平台注册时签订的《服务协议及隐私声明》，就属于典型的格式条款，在个人信息处理方面征得“同意”并取得合法性基础也是其重要目的之一。但个人信息本质上属于人格权益，相关法律规范很多具有公法强制性，法官即使在合同类案件中仍需要依职权主动审查适用。根据相关规定，首先，平台经营者作为提供格式条款的一方，应当遵循公平原则确定当事人之间的权利和义务，并采取合理的方式履行提示说明义务。其次，还需审查格式条款是否具有法定无效情形。本案中，格式条款中处理个人信息的内容未违反相关法律法规；虽然条款内容实质上对交易对象作出了限制，但该限制系基于正常B2C商业模式考量范畴，并非交易价格等交易条件上不合理的差别待遇，并未违反国家关于市场竞争秩序及消费者权益保护方面的强制性规定。

二、处理个人信息的合法性基础

数字经济时代，在线交易和物流无缝衔接，联系方式、地址等个人信息都可能是合同履行所必需。同样，电子商务平台经营者作为“个人信息处理者”，也应遵照合法、正当、必要原则，避免侵害个人信息权益。处理个人信息合法性基础采取的是“个人同意—法定职责”二元架构模式：前者是基于私益因此需要信息主体的告知同意，而后者是基于公益因而无需其同意。本案中，电商平台处理行为即基于前种架构，其对客户信息的处理事先征得同意，为履行合同所需且未超出合同目的。但订单的成立或取消（原因）也应当及时向客户披露，保障用户的知情权。

三、个人信息保护的特点

对个人信息的保护需要兼顾公益、私益多种法益的平衡，一是个人权益和公共利益及他人合法权益的平衡，二是个人信息保护和数据流通乃至数字经济发展的平衡。而且，处理个人信息行为的合法性，需结合具体场景进行判断。如处理敏感个人信息、影响他人重大权益、委托他人处理或跨境提供个人信息、利用个人信息进行自动化决策等特定场景，还需符合《个人信息保护法》等特别要求。本案中，电商平台利用客户信息辅助判断“购买商品数量超过正常生活消费需求的订购行为”，如被认定构成“自动化决策”，则应当保证决策的透明度和结果公平、公正，不得在交易价格等条件上实行不合理的差别待遇。据此取消订单的，个人有权要求予以说明，并拒绝个人信息处理者仅通过自动化决策的方式作出决定。实践中，电商平台等利用个人信息进行自动化决策也应遵守“合法、正当、必要”原则，避免隐私泄露、算法歧视等风险，推动算法决策技术的合法应用与合理发展。

【案例索引】

一审：上海市嘉定区人民法院

二审：上海市第二中级人民法院

申诉审查：上海市高级人民法院

编写人：上海市嘉定区人民法院　顾　全

3. 网络游戏账号限制自由转让约定的效力及虚拟财产价值认定

——王某诉上海某网络科技有限公司、夏某网络服务合同纠纷案

体系标签：涉数据形态财产权益及市场竞争秩序保护纠纷

关键词：游戏账号　实名认证　网络虚拟财产价值

【案情简介】

原告王某以其名下手机号在被告上海某网络科技有限公司运营的手机网络游戏中注册账号，并于游戏期间累计充值若干万元。原、被告之间的服务协议约定："本平台从未授权用户从任何第三方通过购买、接受赠与或者其他方式获得本平台账号，亦未授权用户将本平台账号转让或出借、共享给其他第三方使用。因实施前述行为产生任何法律后果及责任均由用户自行承担。"后案外人玩家向原告转账6000元，原告告知该玩家涉案游戏账号和密码，并将该账号交付其使用。一周后，原告将6000元退还案外人玩家。此后不久，被告将涉案游戏账号登记于第三人夏某名下，故原告诉至法院要求判令解除原、被告之间的服务合同，并要求被告退还相应的充值费用。

【裁判理由及结果】

法院经审理认为，原告在登录游戏时与被告达成了服务协议，该协议不违反法律和行政法规的强制性规定，对双方均有法律约束力。因涉案游戏账号现已登记于第三人名下，原告已失去该游戏账号的控制权，合同目的已无法实现，故原告可依法行使合同解除权。当事人双方都违反合同的，应当各自承担相应的责任，当事人一方违约造成对方损失，对方对损失的发生有过错的，可以减少相应的损失赔偿额。本案中，原、被告均违反服务协议的约定，原告未经被告授权将涉案游戏账号进行买卖；被告未遵循服务协议擅自将涉案游戏账号变更登记至他人名下，且被告作为游戏账号信息管理控制

方，未提供涉案游戏账号注册至今的实名登记信息及变更登记信息，在管理上多有疏漏。评定原告的损失应考虑该游戏账号的市场价值，因原告持续充值购买元宝，在游戏过程中利用该虚拟货币购买道具等，提升其游戏体验感，被告已为原告的充值提供对价服务，故原告的损失不能以充值金额来认定。结合本案案情，涉案游戏账号的市场价值即原告的损失应综合认定为6000元，根据原、被告各自承担的过错，认定被告应赔偿原告4200元。

【典型意义】

本案系涉及网络游戏服务合同解除并赔偿账号价值损失之案件。涉及数字经济案件中常见的网络游戏运营商承担的责任、网络虚拟财产的价值认定等问题，对厘清游戏用户及游戏运营商的权利义务，认定网络游戏账号的合理价值，推动网络游戏行业健康有序发展均有参考意义。

一、“禁止游戏账号买卖”格式条款的效力认定

本案中，网络游戏账号是用户进入游戏的唯一身份凭证，对应账号中的游戏角色、虚拟道具等信息数据，属于网络虚拟财产。《民法典》第127条的规定将网络虚拟财产纳入了法律保护范围，但目前尚未有其他法律、法规对于网络游戏财产的保护问题作出详细规定。根据意思自治原则，对于涉及网络游戏账号、装备纠纷的处理以游戏用户与运营商之间签订的网络游戏服务协议来确定双方的权利义务范围。本案中，服务协议中的格式条款实质内容为“未经平台授权禁止用户自行转让账号”，该限制条款系运营商为符合网络游戏实名制监管规定要求而采取的必要措施，且未排除用户享受服务及其他对游戏账号的合法处分权利，不存在违反法律法规效力性强制规定或公序良俗的情形，对其效力应予认可。

二、关于网络游戏运营商的监管义务

网络游戏行业中游戏运营商不仅是游戏服务的提供方，还需承担运营、管理、维护等特殊的法定责任和社会责任，保障遵规守法的游戏用户的合法权益。为加强对网络游戏的市场监管，营造良好的行业生态和市场环境，防止青少年

沉迷网络游戏和过度消费等问题，国家新闻出版总署发布的《关于防止未成年人沉迷网络游戏的通知》第1条要求注册网络游戏时必须实名认证。故网络游戏运营商除应当承担保证网络游戏内容健康，保障网络游戏环境安全、信息安全等义务之外，还应当落实用户实名认证措施，尽到相应的审查注意义务。本案中，原、被告均违背了服务协议的约定，玩家擅自买卖游戏账号而导致账号丢失，网络游戏运营商未遵循服务协议擅自将涉案游戏账号变更登记至他人名下，且在管理上存在疏漏而未尽游戏账号实名登记审查义务，其作为网络数据的实际控制者滥用自身技术优势而消极举证的行为亦存在过错，双方均构成违约，应对因合同目的无法实现而导致解除合同所造成的损失各自承担相应责任。

三、网络虚拟财产的价值认定

游戏账号作为网络虚拟财产，不仅是游戏系统中数据集成的客体，还体现了游戏玩家投入的时间和金钱成本。网络游戏账号的“充值金额”“交易价值”“市场价值”内涵不同，“充值金额”不完全等同于“市场价值”，游戏账号的财产价值可以结合是否存在公众认可的交易平台、玩家间自愿交易的行为等不同情形予以认定，从而确定游戏账号丢失所造成的实际损失。

【案例索引】

一审：上海市嘉定区人民法院

编写人：上海市嘉定区人民法院　徐晓敏　孙心元

4. 设置网页推广关键词侵害商标权及不正当竞争竞合的处理

——山东某连锁便利店有限公司诉上海某商贸有限公司、海南某科技有限公司、北京某科技有限公司侵害商标权纠纷案

体系标签：涉数据形态财产权益及市场竞争秩序保护纠纷

关键词：侵害商标权　不正当竞争　竞合处理

【案情简介】

原告山东某连锁便利店有限公司系“悦心”（化名）注册商标独占被许可人，被告上海某商贸有限公司（以下简称商贸公司）系被告北京某科技有限公司（以下简称平台公司）的客户，被告海南某科技有限公司（以下简称科技公司）系平台公司的服务商，为商贸公司提供建站服务。商贸公司在平台公司运营的搜索引擎中设置了“悦心连锁便利店”关键词用于业务推广。当网络用户搜索上述关键词时，商贸公司的网页内容会显示在搜索结果中排序靠前的位置，且相应搜索结果标题、下方描述内容均出现原告的注册商标文字内容，而点击该网页链接后则显示便利店招商加盟信息。原告认为商贸公司将原告注册商标设置为推广关键词的行为侵犯了原告的商标权。此外，该行为将原告的潜在客户导流至商贸公司网页，而该网页中宣传的品牌系与原告品牌具有直接竞争关系的同类品牌，构成不正当竞争。科技公司作为涉案网页的ICP备案主办单位，平台公司作为提供搜索引擎服务的网站，应当与商贸公司承担共同侵权责任。故原告要求三被告在《法治日报》上对其涉案恶意侵权行为发布公开声明，并赔偿原告经济损失。

【裁判理由及结果】

法院经审理认为，商贸公司将包含原告商标“悦心”的文字内容设置为推广关键词，并在搜索链接的标题及下方描述内容中使用“悦心连锁便利店”字样，点击链接至商贸公司的网页。上述使用行为起到了标识服务来源的作用，属商标性使用，而且链接指向的网页内容与原告注册商标核定使用的“替他人推销”服务构成类似服务，再加上搜索结果标题下方描述内容中使用的“悦心连锁便利店”表述，该表述主要识别部分与原告注册商标的中文文字“悦心”完全一致，易使相关公众产生混淆，商贸公司的行为侵犯了原告的商标权。商贸公司亦通过上述行为不当获得了额外的交易机会，攫取了原告的流量，也构成不正当竞争行为。鉴于原告的权益已通过《商标法》给予充分保护，故不再通过《反不正当竞争法》对上述侵权行为进行评价。科技公司仅提供网站建站服务，不涉及对网页具体内容的控制，故不应承担责任。平台公司收到通知后已及时断开侵权链接，尽到合理注意义务，不应承担责任。综上，法院判决被告商贸公司赔偿原告部分经济损失。

【典型意义】

本案系经营者通过互联网搜索关键词设置，不当提高网页曝光率和关注度的侵害商标权案件。本案对不当设置关键词行为的侵权判定，以及对网络搜索服务提供者义务边界的认定，有利于保护商标专用权，维护公平的网络市场竞争秩序，助推诚信有序、公平透明的法治化营商环境。

一、商标侵权及不正当竞争行为的认定

作为区分商品或服务来源的标志，商标具有承载企业商誉，表彰商品或服务内在品质的功能。注册商标专用权受法律保护，未经商标注册人许可，在同一种商品上使用与其注册商标近似的商标，或者在类似商品上使用与其注册商标相同或者近似的商标，容易导致混淆的，构成商标侵权。此外，经营者在生产经营活动中应当遵循自愿、平等、公平、诚信的原则，遵守法律和商业道德。本案中，被告商贸公司将他人注册商标设置为推广关键词，显然不属于商标正当使用即“叙述性的使用”的范畴。用户在搜索该注册商标相关内容时，被告商贸公司网页的搜索结果出现在靠前位置，且搜索结果标题及描述内容中出现他人注册商标字样，上述行为具有攀附他人商标知名度、误导相关用户、攫取他人潜在客户流量的不正当性，应当予以规制。

二、商标侵权与不正当竞争的竞合

同一客体可能同时存在受《著作权法》《商标法》以及《反不正当竞争法》保护的权益，因此原告就同一行为既主张侵害著作权或商标权又主张构成不正当竞争的情形较为普遍。通常认为反不正当竞争法对于《著作权法》《商标法》起到兜底和补充的作用，如果被诉的一个行为已被认定构成侵害著作权或者商标权，则不宜再适用《反不正当竞争法》予以救济。本案中，被告商贸公司设置关键词的行为混淆了商品或服务的来源，既构成《商标

法》第57条规定的侵犯注册商标专用权的行为，又构成《反不正当竞争法》第6条规定的混淆行为，法院优先适用《商标法》进行处理，不再适用《反不正当竞争法》对侵权行为予以评价。

三、网络平台服务提供者的责任边界

网络平台服务提供者通常难以在海量的信息中精准定位侵权内容，一般事先对侵权内容的存在不知情。因此，《民法典》规定网络服务提供者在接到权利人要求对侵权行为采取删除、屏蔽、断开链接等必要措施的通知后，及时将该通知转送相关网络用户，并根据构成侵权的初步证据和服务类型采取必要措施的，不承担侵权责任。本案适用“通知—删除”规则认定搜索引擎服务提供者无需承担责任。但“避风港原则”的适用前提是不知道也没有合理的理由应当知道侵权内容的存在。对网络搜索引擎服务提供者而言，如果侵权行为达到可以被明显注意到的程度，则其应当采取更为积极的措施杜绝侵权行为发生。相应的事前审查措施应当结合当前技术条件、实现成本等因素综合予以考量，以衡平权利人、网络服务提供者、社会公众等各方利益。

【案例索引】

一审：上海市嘉定区人民法院

编写人：上海市嘉定区人民法院　张晓莉

5. 网络接入服务提供者网站备案信息真实性核验义务的认定

——西安某网络科技有限公司诉贾某、上海某信息科技发展有限公司网络侵权责任纠纷案

体系标签：涉平台经营者法定义务及相关主体权益保护纠纷

关键词：网络接入服务提供者　核验义务

【案情简介】

案外人发现某网站上发布侵犯其权利的信息，因该网站备案登记在西安某网络科技有限公司（以下简称网络公司）名下，故以网络公司为被告提起诉讼。网络公司经向当地通信管理局查询，获悉涉案网站登记的负责人为与网络公司法定代表人同名同姓但身份证号不同的贾某，网络接入服务提供者为上海某信息科技发展有限公司（以下简称科技公司）。网络公司为应对上述诉讼案件而产生损失，其遂作为原告，向被告科技公司、被告贾某提起诉讼。原告认为被告贾某冒用原告名义办理网站备案并发布侵权信息，其行为造成原告被案外人提起诉讼，故被告贾某应承担原告的损失；被告科技公司在代办网站备案业务时违反工业和信息化部发布的相关规定，未对备案资料原件进行当面审核，存在过错，应与被告贾某承担共同侵权责任。故原告请求判令二被告共同赔偿原告经济损失。被告贾某未作答辩。被告科技公司辩称，涉案网站申请人远在西安，严格按照工信部相关规定对备案资料的原件进行现场审核是不经济的，行业中大多数公司亦采取线上方式进行身份核验，故其已履行了必要的审核义务，不应承担赔偿责任。

【裁判理由及结果】

法院经审理认为，关于被告贾某的责任：涉案网站备案申请人提交的营业执照、法定代表人身份证与原告实际持有的证照原件明显不符，故可认定申请人系冒用原告名义办理网站备案，其应对由此给原告造成的损失承担侵权责任。但申请人的照片与原告调取的被告贾某户籍信息显示的照片并非同一人，故并无证据证明被告贾某实际实施了侵权行为。据此，法院对原告要求被告贾某承担侵权责任的诉请不予支持。关于被告科技公司的责任：作为网站备案信息真实性的核验主体，被告科技公司未严格执行《工业和信息化部关于进一步落实网站备案信息真实性核验工作方案（试行）》规定的“原件”+“现场”核验标准，亦未采用相关身份核验技术手段确保网站备案主体身份信息真实，其仅审核资料扫描件的行为系单纯地降低了核验标准，放任了可能发生的冒名备案风险，故科技公司未尽必要的审核义务。鉴于原告损失系由行为人实施的办理域名注册、办理网站备案、发布侵权信息等一系列侵权行为所致，被告科技公司应根据其行为过错大小对损害后果承担相应的责任，法院酌定其责任比例为原告实际遭受损失的25%，并据此判决被告科技公司赔偿原告部分损失。

【典型意义】

本案涉及网络接入服务提供者信息核验义务的边界认定及责任承担问题，明确网络接入服务提供者的审查义务边界，厘定承担侵权责任的方式，有益于敦促该类市场主体履行社会责任、排查核验漏洞、规范经营活动，以提高ICP备案信息准确性，杜绝冒用他人信息进行网站备案的行为，净化互联网生态环境。

一、网络接入服务提供者应履行信息核验义务

《互联网信息服务管理办法》规定，国家对经营性互联网信息服务实行许可制度；对非经营性互联网信息服务实行备案制度。从事非经营性互联网信息服务，应当向省、自治区、直辖市电信管理机构或者国务院信息产业主管部门办理备案手续。该制度旨在发挥网站备案管理的溯源作用，打击不良互联网信息传播的行为，遏制互联网“灰黑产”。网站备案信息真实性的核验责任主体为具备增值电信业务经营从业资质的网络接入服务提供者，其作为行业准入机构，应当严格依据网站备案信息真实性核验流程履行职能，把好网站“入口关”。本案中，网络接入服务提供者科技公司并未严格遵循“原件”+“现场”审查标准，放任他人冒名注册网站，其行为存在过错，应当承担相应责任。

二、履行信息核验义务应以“安全”为标准

互联网时代下，高效、便捷是网络服务经营者及用户的共同追求，经营者可以通过采取技术手段替代传统线下的运营模式，以契合网络时代下“数据多跑路，用户少跑腿”的运营理念，但其行为不能以牺牲安全性为代价。具体到本案中，若网络接入服务提供者采用了符合行业标准的身份核验技术手段，则可视为履行了核验义务，可不囿于当面审核原件的线下审查要求。

然而被告科技公司仅仅审核了相关证照的扫描件，并未采取其他必要技术手段以保证审核精度，该单纯降低核验标准的行为显然存在疏漏，网络接入服务提供者应当就此承担相应责任。

三、网络接入服务提供者侵权责任承担方式

网络服务提供者一般可细分为网络接入服务提供者、网络平台服务提供者、网络内容服务提供者。网络接入服务提供者通常为向用户提供连线、接入等物理基础设施服务的运营者，其不参与对网站内容的制作和控制，故在网络侵权案件中，网络接入服务提供者一般不承担侵权责任。但当网络接入服务提供者违反特定义务并与造成的损害具有因果关系时，其亦可能成为侵权主体并承担相应责任。由于网络接入服务提供者所提供的服务通常仅为整个网络侵权行为中的一个环节，故即便承担侵权责任，其责任比重也应根据该行为对侵权结果的参与程度进行划定。本案中，网络接入服务提供者未适当履行网站备案信息真实性核验义务，故法院酌定其就损害后果的25%承担赔偿责任。

【案例索引】

一审：上海市嘉定区人民法院

编写人：上海市嘉定区人民法院　张晓莉

6. 网络货运平台司机提供劳务受损赔偿责任的认定

——董某诉上海某机器人有限公司、上海某物流有限公司健康权纠纷案

体系标签： 涉平台经营者法定义务及相关主体权益保护纠纷

关键词： 网络货运平台　运输合同　帮工关系

【案情简介】

原告董某系“运满满”货运平台注册司机。被告上海某机器人有限公司（以下简称机器人公司）有一批机器人需物流运送，其与被告上海某物流有限公司（以下简称物流公司）达成运输合同，约定由物流公司负责将机器人运送至指定地点。物流公司在“运满满”货运平台发布上述运单，通过平台派单，原告接单并负责运送，各方均未明确约定卸货义务的承担方。原告依约运载货物至机器人公司仓库。机器人公司员工按领导指示操作叉车进行卸货，并让原告协助以使叉车保持平衡，在帮忙卸货过程中原告摔倒受伤。经鉴定，原告构成人体损伤九级伤残。后原告向二被告主张人身损害赔偿损失未果，故涉讼。

【裁判理由及结果】

法院经审理认为，通过网络货运平台接单的司机在卸货过程中遭受人身损害的赔偿责任认定，应先确定货物运输合同中的卸货义务人。在无合同约定且法律未明确规定的情形下，可结合行业惯例、贸易规则、利益平衡、当事人行为等因素考虑，从而认定实际承运人提供的运输服务是否包括卸货义务。对于案涉特定大件货物，司机在没有明确卸货义务的情况下，协助他人装卸货物，受益方未表示拒绝的情形下，双方构成无偿帮工的法律关系。帮工人因帮工活动遭受人身损害的，被帮工人应当承担赔偿责任，帮工人自身具有过错的，可减轻被帮工人的责任。本案中，原告按照和物流公司间的运输合同，负责将货物运至机器人公司经营地，但各方就卸货义务均无合同约定，相关法律对此亦无明确规定。根据事发时机器人公司的员工操作叉车卸货、原告应机器人公司员工要求帮忙卸货的事实，结合行业惯例和利益平衡等因素，法院认定机器人公司负有卸货义务。在卸货过程中，机器人公司员工让原告帮忙在叉车上踩一下以使叉车保持平衡，导致原告摔下受伤，法院认定原告和机器人公司构成无偿帮工法律关系，帮工人即原告在帮工活动中受伤，被帮工人即机器人公司作为受益方，应当承担赔偿责任。原告明知叉车不稳且又在车厢狭小空间内操作仍前去帮忙导致受伤，故其因疏忽而对损害的发生也具有过错，依法可减轻侵权人的责任。综上，法院认定机器人公司对原告的损失应承担 80% 的赔偿责任，物流公司非卸货义务人不承担赔偿责任。

【典型意义】

本案系网络货运平台接单司机在帮卸货物过程中遭受人身损害的权益保护之案件。缔约承运人与实际承运司机在网络货运平台的撮合下建立运输服务联系，司机与网络货运平台、缔约承运人均不构成雇佣关系，本案以无偿帮工关系予以认定，厘清各方间的法律关系，妥善保护网络货运平台货车司机群体的利益。该案的审理及裁判对网络货运平台的地位、运输服务合同中卸货义务人的确定以及帮工关系的认定进行了详细阐释，对同类案件的审判具有借鉴意义。

一、关于网络货运平台法律地位的界定及各主体法律关系问题

网络货运平台的介入与发展，为货运层层委托或转包提供便利，使得货运链条加长，运输活动中产生的权利义务和风险负担争议相较于传统运输合同更为复杂，所涉互联网平台从业人员产生的用工争议及人身损害侵权屡有发生，网络货运平台灵活用工群体的劳务权益保护问题值得关注。当前网络货运平台以提供信息中介和交易撮合服务为运营模式，此种模式下的网络货运平台非运输合同的承运人。平台注册司机作为实际承运人，其与承运人、托运人、网络货运平台之间均不存在劳务关系合意，组织管理从属性较弱，难以从劳务关系的角度认定用工责任。本案通过对网络平台用工领域各主体的法律关系及适用规则进行初步探索，厘清了网络货运平台在运输服务中的法律地位及各方权利义务，试图从人身损害赔偿的路径为网络货运平台司机的劳动利益寻求司法保护。

二、网络货运平台司机在提供劳务过程中受到人身损害赔偿责任的认定

本案裁判思路明确了在无合同约定且法律未明确规定的情形下，应结合客观事实、行业惯例、利益平衡等因素，合理分配运输合同卸货义务的承担

方，司机参与卸货不属于履行合同内容。以无偿帮工关系界定平台司机帮助卸货的行为，以帮工责任的构成要件确定受益方的赔偿义务，弥补网络货运行业发展过程中对劳动者权益保护的漏洞，其法律适用及裁判理念对同类案件审理具有一定的示范意义。

三、司法裁判对网络货运平台发展的价值指引

本案通过裁判指引提示托运人和承运人在互联网新型物流发展模式下因合同义务和风险约定不明引发的劳务赔偿纠纷，促使网络货运平台关注在行业发展创新过程中应解决的问题。作为产业链的整合者，网络货运平台应切实履行社会责任，依法保护网络货运平台货车司机群体作为劳动者的合法权益，践行“新业态经济的发展不应以牺牲基层从业者的权益为代价”的价值追求。

【案例索引】

一审：上海市嘉定区人民法院

二审：上海市第二中级人民法院

编写人：上海市嘉定区人民法院　苏　婷

7. 平台在网约顺风车交易中的安全保障义务及侵权责任的认定

——曾某某诉陈某某、成都某网络科技公司机动车交通事故责任纠纷案

体系标签：涉平台经营者法定义务及相关主体权益保护纠纷

关键词：顺风车　网络信息服务平台　安全保障义务

【案情简介】

陈某某在“哈啰”顺风车信息服务平台登记注册成为顺风车车主，其与

平台运营者成都某网络科技公司（以下简称科技公司）订立的《顺风车信息平台用户协议》约定：顺风车平台提供的仅是平台注册用户之间的信息发布及交互服务，如果由于车主原因造成行驶过程中的安全事故，车主应当承担相应的赔偿责任。后车主陈某某与搭乘人曾某某通过该顺风车平台达成出行合意，行程中车辆前部与绿化树发生碰撞，致曾某某受伤。交警部门经调查认为，陈某某对前方道路动态疏于观察，遇情况采取措施不当，应负本起事故的全部责任，曾某某不负本起事故责任。曾某某遂起诉要求陈某某、科技公司连带赔偿其因本起事故遭受的各项损失。科技公司以其仅为双方提供居间服务，且在提供信息服务的过程中不存在过错为由，主张不承担赔偿责任。

【裁判理由及结果】

法院经审理认为，陈某某在合乘过程中驾驶车辆违反交通法规并酿成交通事故，应当对曾某某因事故遭受的各项损失承担赔偿责任。关于科技公司是否应当承担连带赔偿责任：首先，涉案网约顺风车出行协议的订立主体是搭乘人曾某某与顺风车车主陈某某，科技公司接受双方共同委托，通过其运营的平台为双方订立、履行合同提供网络信息服务，而非作为承运人提供运输服务。其次，平台对于顺风车业务仍应履行车主适格性与车辆适驾性审核、驾驶过程监管等必要的安全保障义务，本案系因车主陈某某操作不当引发的单方交通事故且陈某某负该起事故的全部责任，非科技公司提供的顺风车网络信息服务所致，科技公司已尽到必要的安全保障义务，对事故发生并无过错，故不应与陈某某承担连带赔偿责任。据此，判决被告陈某某赔偿原告曾某某损失并驳回原告其他诉讼请求。

【典型意义】

本案系乘客因搭乘网约顺风车发生交通事故向平台索赔的典型案件，涉及新型共享出行方式中顺风车平台法律地位及责任义务的边界，对同类案件的处理和促进共享经济新业态的规范有序发展具有借鉴意义。

一、顺风车平台与网约车的区别

有别于传统商业模式，共享经济中网络平台将供需双方信息匹配，以实现供需点对点对接，平台发挥的作用主要是促进交易双方合作以实现社会资源的优化配置。网约顺风车以乘客与车主顺路、分摊部分出行成本、车主不以营利为目的为特征，本质是以成本分摊而非额外营利为目的的互助共享出行方式，与网约车在营运资质、对乘客与车主是否顺路的要求、是否由平台派单、车费计算方式、车费高低、平台收取费用比例等方面均有明显区别。本案考虑顺风车交易作为共享经济商业模式的特殊性，将顺风车平台的法律地位与网约车平台的承运人地位相区分，从而厘清网络平台在不同业务模式下的法律责任边界。

二、车主、乘客与平台三方法律关系的界定

在个案司法认定上，法院需综合考量交易关系、缔约过程、履行作用等因素，具体判断“车主—平台—乘客”三方权利义务关系。本案中，车主向顺风车平台报送出行线路，自行决定接受乘客通过平台发出的顺风车要约，其与乘客达成的顺风车出行合意非以营利为目的。因此“车主—乘客”作为供需双方系顺风车出行的意思表示及履行主体，在顺风车交易中是平等互助关系，而非服务与被服务的经营性客运合同关系。在此过程中，顺风车平台作为中介方为供需双方提供数据信息和媒介平台，系双方达成出行协议的网络信息服务方而非运输服务提供者，对车主不具有明显的控制力，双方间不构成用工关系，因而顺风车平台不承担承运人责任。

三、平台安全保障义务的责任边界

平台虽不直接提供运输服务，但把握着顺风车交易中供方车主的“准入门槛”，其对顺风车业务的撮合和组织使得搭乘顺风车从个体活动发展到牵涉主体数量巨大、对公众影响广泛的规模性活动，不同于一般中介行为。因此，平台在尽到信息服务的同时应当履行必要的安全保障义务，包括审核顺

风车车主的基本身份信息、驾驶资格、不良驾驶记录、犯罪记录等驾驶员适格性条件以及申请注册机动车的性能、状况等车辆的适驾性条件并监管顺风车车主的驾驶过程。但上述审核和监管义务应限定在合理范围内，对难以预见的车主自身驾驶风险不应科以过重的平台责任，以此明晰平台在网约顺风车业务中安全保障义务的责任边界，体现了对共享经济新业态规范和促进并重的司法态度。

【案例索引】

一审：江苏省太仓市人民法院

二审：江苏省苏州市中级人民法院

编写人：江苏省太仓市人民法院　刘　鑫

8. 买卖公民个人信息的刑事责任及相关灰黑产业链的规制

——被告人钱某、董某、沈某、彭某侵犯公民个人信息罪三案

体系标签： 涉信息网络犯罪及网络灰黑产业链防治的刑事案件

关键词： 侵犯公民个人信息罪　入罪标准　灰黑产业链

【案情简介】

被告人钱某为非法牟利及拓展业务需要，从通过网络结识的某银行客户经理沈某、彭某处，采用微信传输等方式以每条 20 元至 30 元不等的价格购得 22000 余条产权信息，含房产建筑面积、权利人、地址、权证或证明号等信息，后再将其中部分信息以每条 80 元至 100 元不等的价格贩卖于他人，从中赚取差价。其间，钱某安排被告人董某通过网络招揽相关业务并协助贩卖上述产权信息共计 5000 余条，董某按每条 5 元的价格获取提成。经核实，上述产权信息均为真实信息。

【裁判理由及结果】

法院经审理认为，被告人钱某、董某为非法牟利，违反国家有关规定，非法获取公民个人信息并向他人出售，情节特别严重，其行为均已构成侵犯公民个人信息罪。被告人沈某、彭某作为银行工作人员，违反国家有关规定，将在提供服务过程中获得的公民个人信息，出售给他人，情节特别严重，其行为已构成侵犯公民个人信息罪，从重处罚。判决被告人钱某、董某、沈某、彭某犯侵犯公民个人信息罪，分别判处有期徒刑二年至三年不等，并处罚金。鉴于董某系从犯，沈某具有自首情节和立功表现，对董某、沈某减轻处罚，适用缓刑。

【典型意义】

上述三案系外部人员勾结银行内部人员，利用银行漏洞非法获取公民个人信息并进行转卖的典型案件。涉及侵犯个人信息的分类、入罪标准及灰黑产业链打击等问题，对于打击侵犯公民个人信息犯罪、维护公民个人信息安全具有重要意义。

一、个人信息的保护及侵犯个人信息的犯罪态势

刑法中的公民个人信息是指以电子或者其他方式记录的能够单独或者与其他信息结合识别特定自然人身份或者反映特定自然人活动情况的各种信息，其内容包括姓名、身份证件号码、通信通讯联系方式、住址、账号密码、财产状况、行踪轨迹等。个人信息与公民的个人隐私、人身安全与财产安全紧密相连，侵犯个人信息可能产生民事责任、行政责任乃至刑事责任。互联网环境下，非法获取、提供、出售公民个人信息的违法犯罪具有作案成本低、隐蔽性强、波及范围广等特点，而且随着大数据等技术的不断发展，还不断呈现出网络化、团体化的新趋势，出现了单位犯罪及诱骗式收集个人信息等新情况，如利用免费炒股、赌博、游戏、砍价等“噱头”引流，提供虚假的软件“下载链接”，实则用于个人信息的非法收集、利用，让人防不胜防，侵犯公民个人信息案件态势日益严峻。严厉打击侵犯公民个人信息的违法犯罪行为已成为社会共识。

二、个人信息的分类及入罪标准

侵犯公民个人信息犯罪涉及出售、提供、非法获取三种行为。《刑法》及相应司法解释根据非法获取、出售或者提供的公民个人信息类型、数量设置了不同的入罪标准，根据信息“敏感度”和“情节严重”可以将入罪标准分为三类：第一类为高度敏感信息，包括行踪轨迹信息、通信内容、征信信息、财产信息，这类信息一旦进入流通环节，将对不特定公众的财产安全造成极大威胁，非法获取、出售或者提供该类信息 50 条以上入罪；第二类为重要敏感信息，包括住宿信息、通信记录、健康生理信息、交易信息等其他可能影响人身、财产安全的公民个人信息，非法获取、出售或者提供该类信息 500 条以上入罪；第三类为其他公民个人信息，如姓名、身份证件号码、通信通讯联系方式、住址等，非法获取、出售或者提供 5000 条以上入罪。上述三案涉及的信息为银行的产调信息，属于第一类中的财产信息，且被告人侵犯的个人信息数量巨大，已远超入罪标准，依照法律规定构成“情节特别严重”，应予严惩。

三、灰黑产业链的规制

数字经济时代，个人信息作为数据要素的初始来源之一，随时可能“暴露”在互联网环境之下。保险公司、银行、中介、快递、外卖等服务性行业的工作人员在提供服务的过程中能轻易获取大量客户个人信息，成为信息泄露的重灾区，并形成了灰黑产业链；而大规模的个人信息被打包购买和出售后又容易被不法分子利用，从而衍生电信诈骗、金融诈骗、敲诈勒索等次生犯罪，社会危害愈加严重。这类特殊企业应根据个人信息的种类、影响及安全风险等对所处理的个人信息采取必要保障措施，加强公民个人信息的收集、保存、流转、使用等方面的管理，严防内部人员非法出售、提供公民个人信息，有效切断侵犯公民个人信息犯罪的“源头”。本案中，钱某、董某为拓展客户需要，与银行工作人员沈某、彭某相互勾结，沈某、彭某为获取非法利益而违反职业道德及保密义务，将财产信息进行交易牟利，严重侵害公民的合法利益。法院依法惩治侵犯公民个人信息犯罪活动，并根据《刑法》规定对上述银行工作人员予以从重处罚，对侵犯公民个人信息的违法犯罪行为进行全链条打击，切实维护公民的个人信息安全。

【案例索引】

一审：上海市嘉定区人民法院

二审：上海市第二中级人民法院

编写人：上海市嘉定区人民法院　朱雯雯　丁　鹏

9. 非法搭建“第四方支付平台”为商户提供收付款服务的认定

——被告人庄某等人非法经营、帮助信息网络犯罪活动案

体系标签：涉信息网络犯罪及网络灰黑产业链防治的刑事案件

关键词：第四方支付平台　资金支付结算　非法经营

【案情简介】

2020年3月至6月，被告人庄某、张某平为谋取非法利益，在未取得《支付业务许可证》的情况下，搭建名为“巨鼠支付”（后更名为“王牌支付”）的第四方支付平台，由庄某通过QQ联系钟某（另案处理）搭建平台并负责对接商户，由张某平负责管理运营平台并寻找提供支付宝二维码的码商，使用可控支付宝二维码为商户提供收款、付款服务，非法经营数额达1700余万元。其间，张某平找到被告人兰某建作为该平台客服，负责追踪订单并约定给予兰某建平台流转资金额万分之五的提成，兰某建找到被告人陈某伟作为码商代理。被告人方某飞通过夏某（另案处理）成为码商代理。被告人陈某伟招募被告人宋某、廖某昌、雷某扬作为码商，并给予支付结算金额千分之七到千分之八的提成，为平台提供支付宝二维码收款服务，并将收取的资金转账到指定银行账户完成资金的支付结算。被告人陈某伟等码商

代理及码商涉案金额达1100余万元。

2020年3月，被告人郑某华伙同他人在未取得《支付业务许可证》的情况下，经营“百信支付”的第四方支付平台，对接其他第四方支付平台和商户，并聘用被告人黄某家作为客服管理平台订单。自2020年4月至5月，“百信支付”平台通过“巨鼠支付”平台进行非法资金结算500余万元。

2020年6月，郑某华指使被告人郭某胜搭建“鑫百信”第四方支付平台，对接其他第四方支付平台和商户，找到被告人黄某家、郑某作为平台客服人员，管理平台订单，自2020年6月至7月，该平台非法为他人收取、结算资金共计1600余万元。

【裁判理由及结果】

法院经审理认为，被告人庄某、张某平、兰某建、郑某华、黄某家、郭某胜、郑某违反国家规定，非法从事资金支付结算业务，扰乱金融市场秩序，情节严重，其行为均已构成非法经营罪。被告人陈某伟、方某飞、宋某、廖某昌、雷某扬明知他人利用网络从事犯罪活动，而提供资金支付结算帮助，情节严重，其行为均构成帮助信息网络犯罪活动罪。遂对各被告人分别以非法经营罪、帮助信息网络犯罪活动罪判处二年十个月至七个月不等有期徒刑，并处罚金。

【典型意义】

本案系通过非法搭建“第四方支付平台”，脱离金融监管要求，非法从事资金支付结算业务的案例。涉及数字经济案件中网络支付市场秩序的保护和公力救济、打击网络犯罪灰黑产业链等典型问题，切实维护支付结算业务许可管理制度和金融市场管理秩序，防范化解重大金融风险，优化数字经济监管，斩断网络犯罪灰黑产业链，强化网络环境安全治理。

一、监管第四方支付平台的必要性

近年来，随着互联网支付行业的不断创新，发展了一种介于商户和第三方支付之间，以技术手段聚合各种第三方支付、合作银行及其他服务商等多个支付渠道用于综合支付的第四方支付平台，具有在线支付灵活兼容性和交易便捷高效性的特点。实践中，部分犯罪分子非法搭建“跑分平台”等第四方支付平台，为网络赌博、诈骗、非法集资等网络犯罪提供充值提现等服务，从中赚取巨额“手续费”，滋生大量上下游关联犯罪，形成网络犯罪灰黑产业链。为加强金融监管，根据中国人民银行的要求，第四方支付平台应严格定位于收单外包机构，不得从事资金结算等业务，防止成为洗钱和掩饰、隐瞒犯罪所得等犯罪的渠道。

二、第四方支付平台的入罪分析

根据《非金融机构支付服务管理办法》的规定，非金融机构应当取得《支付业务许可证》才能提供支付服务。本案中，各被告人为谋取非法利益，在未取得《支付业务许可证》的情况下，通过搭建数个“第四方支付平台”，利用码商提供支付宝二维码进行资金的支付和结算，同时平台之间相互关联，并与上下游的大、小第四方平台对接，走账资金数额巨大，属于未获批准非法从事资金支付结算业务的行为，破坏了我国的支付结算业务许可制度，规避了电子支付资金的监管要求，严重扰乱金融管理秩序，侵害网络支付市场安全，构成非法经营罪。同时，本案中的码商代理和码商明知他人利用网络从事非法经营的犯罪活动，而提供资金支付结算帮助，侵犯了信息网络正常的管理秩序，构成帮助信息网络犯罪活动罪。实践中，因平台开展业务过程中，涉及收集利用大量的个人信息来开设资金结算账户，而码商则需要通过收集大量银行账户或第三方支付账户来提供二维码，该类行为极易导致个人信息的泄露，侵害个人信息或数据形态的财产性权益，从而构成侵犯公民个人信息等犯罪。

三、第四方支付平台潜在的法律风险

由于非法搭建的“第四方支付平台”采取代为集中收款、收集利用二维码、向入驻商户结算资金的运营模式，极易导致产生“资金池”、伪造变造交易信息和脱离金融监管要求的行为，存在资金挪用、资金监管风险和交易信息的潜在风险，同时也因其本身的特点，极易成为网络灰黑产业链的中下游端，成为灰黑财产流转和变现的工具。因而，对于该类行为既要发挥刑法惩治的功能，也要依靠行政管理、行业自治等多元手段加强合规监管，摧毁灰黑财产迅速变现能力，推动网络犯罪的源头治理和系统治理。

【案例索引】

一审：江苏省昆山市人民法院

编写人：江苏省昆山市人民法院　胡明波　王　东

10. 切断分时租赁汽车定位系统逃避租金行为的定性

——被告人付某、凡某、史某等13人盗窃罪系列案

体系标签：涉信息网络犯罪及网络灰黑产业链防治的刑事案件

关键词：新能源分时租赁汽车　盗窃　租金

【案情简介】

2020年4月至11月间，被告人付某、凡某、史某等13人为逃避车辆租金，分别或结伙通过被害单位共享汽车App租赁汽车，并采用切断车辆定位控制系统的方式，使车辆在未付租金的情况下脱离被害单位掌控，长期用于个人网约车营运使用，涉及汽车12辆，窃取被害单位上海某新能源汽车运营服务有限公司租金共计10万余元。涉案车辆部分已在案发前归还被害单位，部分被公安机关查扣后发还。部分被告人到案后对被害单位进行了赔偿，另有部分被告人在法院审理中退赔了违法所得。

【裁判理由及结果】

法院经审理认为，付某、凡某、史某等人采用切断车辆定位控制系统的方式逃避车辆租金，其行为均已构成盗窃罪，依法应予惩处。结合各被告人实际窃取的租金数额及其坦白、认罪认罚等情节，法院依法分别判处付某等13人有期徒刑六个月至一年三个月不等，并处罚金；向尚未退赔的被告人

追缴违法所得，发还被害单位。

【典型意义】

本案系通过切断控制系统的新型技术手段逃避支付新能源分时租赁汽车租金的典型案件，涉及车联网场景下新型犯罪手段的定性、罪名的选择、数额的认定等典型问题，为同类案件处理提供了参考。

一、传统汽车租赁模式的数字化改造

随着互联网、大数据、人工智能、5G 和汽车产业的深度融合，新能源分时租赁汽车作为共享经济的新业态，借助车联网和物联网，实现人、车、充电网点之间的互联互通。区别于传统汽车租赁行业的物理控制和人工管理方式，分时租赁远程管理控制中心通过互联网连接智能车载设备和手持终端 App，通过数据接收、传输、融合，有效链接传感器、定位系统、控制中心和终端 App，从而实现对车辆的控制，继而用户通过向平台发送“开门、启动、锁车、关门、还车”之类的指令，实现汽车的使用和计费。通过数字化、网联化、智能化改造，分时租赁汽车从单纯的交通工具向移动智能终端和数字空间转变，实现了全自动远程控制、自助取还、费用量化、实时监控与线上管理。

二、“共享”变“专享”型盗窃行为的定罪与量刑

智能车载设备包括 GPS 装置的安全直接关系数据安全和数据链的稳定，一旦遭到破坏，可能会严重影响智能系统的数据处理活动，导致数据传输链的破坏，最终导致车辆脱离远程管理控制中心的控制，亦无法正常收取租赁费用。本案被告人切断车辆的定位控制系统，使车辆脱离被害单位掌控，客观上同时符合破坏计算机信息系统罪、盗窃罪等多个罪名的构成要件。本案中被侵犯的主要客体是被害单位的财产所有权，被告人的破坏行为仅是手段行为，窃取租金才是真正目的，二者之间存在手段与目的的牵连关系。综合被告人的主观目的、犯罪结果等，遵循主客观相统一的原则，依照《刑法》规定，本案对被告人以盗窃罪论处，破坏计算机信息系统的行为无需另行定

罪，但要在量刑时予以体现。值得注意的是，本案被告人未将车辆开至外地或藏匿，未对车辆本身进行破坏、拆解、变卖，而是在本市使用车辆从事网约车业务赚取车费，并在使用一段时间后会归还车辆。被告人对车辆本身并无非法占有的主观故意，实际上是一种“薅羊毛”的行为，贪图便宜暂时将“共享”变为“专享”。根据计算机系统中以数据形式记录的车辆状态、使用时间计算对应的租金，并将租金数额作为被告人盗窃的数额，既能全面评价被告人的行为，又能做到刑责适应。若被告人破坏车辆定位控制系统后通过藏匿、变卖等方式将车辆据为己有，没有归还意图，则应当将整车价值认定为盗窃数额。

三、护航共享出行新业态的健康发展

新能源汽车分时租赁作为共享经济的新业态，因其线下广泛布点和对租赁需求的精准匹配，大大提高了汽车租赁的效率，降低了出行成本，促进了新能源汽车的推广应用，实现城市公共出行的结构调整和汽车行业供给侧的产能优化，缓解了城市环境压力。但分时租赁汽车的“无人值守”“松散型管理”以及数据对于基础设施设备的依赖这一天生的“弱点”让部分不法分子有了可乘之机，需要法律的规范和保障。该系列案件打击了一批不法人员，为其他可能心存侥幸的用户敲响了警钟，同时及时追回被窃租金，切实保护了被害单位的利益，强化对新能源汽车分时租赁企业的保护。而且，该系列案件也提醒相关企业和平台不仅要做好传统的防盗措施，保证租赁汽车的物理安全，还应大力引入人工智能技术和区块链技术，防堵技术层面的安全漏洞，实现新业态的健康发展。

【案例索引】

一审：上海市嘉定区人民法院

二审：上海市第二中级人民法院

编写人：上海市嘉定区人民法院　刘　荣　郭海娜

上海法院数字经济司法研究及实践（嘉定）基地第二批嘉昆太典型案例

1. 互联网股民言论自由与上市公司名誉权保护之司法平衡

——某上市公司诉某信息公司及三股民网络侵权责任纠纷案

体系标签：涉个人信息及关联人格权益保护纠纷

关键词：言论自由　名誉侵权　网络服务提供者

【案情简介】

原告系某上市公司，被告某信息公司系知名财经证券门户网站的运营者。该网站内设股吧栏目，系网友交流股票信息及分享个人体会的网络社交平台，因原告公司股票价格持续下跌，吕某、冯某等网友在以原告名称命名的股吧内发言，表达对原告公司股票价格的不满。原告因谢某、吕某、冯某在股吧内发表“明天跌停，谁也跑不了”“利空来袭，做好准备，开始俯冲”等被控侵权言论十余条，系捏造事实诽谤原告，辱骂公司实际控制人、法定代表人，炒作原告公司股票价格，被告某信息公司怠于履行合理的监管注意义务，遂诉至法院，要求各被告停止侵权、赔礼道歉并赔偿损失。

【裁判理由及结果】

法院经审理查明，谢某并非涉案账户的实际使用人，不存在侵权行为。法院认为，吕某、冯某基于股价持续下跌对原告及其股票作出评价并表达不满情绪，并无虚构事实、恶意诽谤的故意。且吕某、冯某仅是普通网络用户，注册账户关注人数及粉丝数量都非常少，其他网民基于正常理性人的角度，对此类情绪性言论，不会一味盲从。原告作为上市公司，对股民因缺乏专业知识及难以避免夹杂主观情绪的评价言论，应保有更大的容忍度。如若部分用语确有夸大不实之处，原告作为上市企业也可通过公告等方式予以周知。而被告某信息公司并非涉案言论的直接发布人或编辑者、推荐人，在用户注册时，已通过网站服务使用协议及社区管理条例等方式提醒用户文明用语、理性发言，事先尽到合理的“提示义务”。在原告起诉之后，某信息公司已根据诉状要求及时对涉诉主题帖等相关信息采取删除等必要措施，并提供了涉案账户的注册信息，尽到了网络服务提供者合理的服务、管理及协助义务。据此，法院认为吕某、冯某的言论确有不当之处，应予严肃批评，但尚未达到降低原告社会评价、侵害原告名誉权的程度，最终判决驳回原告的全部诉讼请求。

【典型意义】

本案系司法平衡互联网股民言论自由与上市公司名誉权保护的典型案件。涉及数字经济案件中言论自由与侵害名誉权的边界认定、企业对于一般负面言论的适度接纳和容忍、网络服务提供者的法定义务及责任认定等问题，有助于明确网络言论自由与网络名誉侵权的边界，构建文明规范的网络群体言论空间，促进网络信息依法有序自由流动。

一、网络名誉侵权责任的认定应以传统名誉侵权的构成要件为基础

当下网络言论具有内容琐碎、发表随性、传播迅速的特点，受信息误差、个体素质差异等因素影响而引发的纠纷屡见不鲜。本案是股民因股价持续下跌，在公开的网络空间股吧表达不满及发泄情绪进而引发的诉讼。此种网络名誉侵权纠纷实为传统名誉侵权在互联网上的呈现，关于行为人的侵权责任认定仍需遵循传统名誉侵权的界定和适用规则，需根据行为人是否存在违法行为、有无造成损害后果、二者之间是否存在因果关系、主观过错等侵权责任构成要件予以综合考量。本案被告吕某、冯某之行为经审查尚不具违法性，原告亦不存在损害结果，故不构成对原告名誉的侵权。

二、网络名誉侵权责任的认定应结合互联网特点考量言论自由与名誉侵权的边界界定

万物互联的数字时代，对于网络言论自由与名誉侵权的边界界定，应将传统考量因素与互联网特点相结合。法人的名誉权是指法人对其全部活动所产生的社会评价享有不受他人侵害的权利。根据法律规定，侵害名誉权主要包括侮辱、诽谤等方式。本案原告主张被告吕某、冯某对其实施了诽谤的侵权行为，即捏造虚假事实丑化其法人人格，损害其名誉，影响其股价。因股价持续下跌而发布的带有明显主观色彩的言论和负面情绪的抒发，属于个人意见的表达，其并无虚构事实、恶意诽谤的故意及过失，主观上不具有可谴责性。被告吕某、冯某仅是股吧内的普通网民，其注册账户关注人数及粉丝数量都非常少，也并非该领域面向社会公众的权威人士，其他网民基于正常理性人的角度，对两人带有主观体验感的言论信息，非经官方核证或自行核实，也不会一味盲从。此外，股票价格的波动受宏观政策、市场信心、经营规模等多重因素影响，股票价格波动又与股民切身利益息息相关，自然引起股民对于公司口碑的褒贬不一，原告作为上市公司，对公司股价持续下跌可能引发股民“怨声”，应有所预见并予以一定程度的接纳和容忍。因此，法院在判断被告涉案言论是否导致原告社会评价降低、产生实害后果时，应持更为审慎的态度，最终认定吕某、冯某之行为不构成网络名誉侵权。

三、网络服务提供者责任认定应遵循“避风港原则”“红旗原则”

对于网络用户利用网络服务实施侵权行为时网络服务提供者责任认定的问题，《民法典》将知识产权领域的“避风港原则”与“红旗原则”扩张适用到网络所有民事权益领域，并予以完善。如对“避风港原则”适用标准予以细化，增加了“通知转送—反通知—恢复”的处理程序；对“红旗原则”适用范围予以扩张，将“知道”拓宽为“知道”或“应当知道”，为权利救济提供更广阔的空间。具体实践中，考虑到网络用户及信息海量、变动不居等特点，网络服务提供者对网络行为仅负有一般注意义务，否则将极大增加

网络服务提供者的经营成本和消费者的网络服务费用，妨碍信息自由交流，降低信息传播速度，最终影响网络信息科技和数字经济产业的发展。本案中，某信息公司作为网络技术服务提供者已尽到事前充分提醒告知、事中及时采取措施、事后积极披露信息等合理注意义务，不存在过错，故不承担相应责任。

【案例索引】

一审：上海市嘉定区人民法院

二审：上海市第二中级人民法院

编写人：上海市嘉定区人民法院　陈淏昱

2. 短视频用户恶意剪辑和虚假描述侵犯他人名誉权行为的认定

——张某某诉冯某某名誉权纠纷案

体系标签：涉个人信息及关联人格权益保护纠纷

关键词：恶意剪辑　网络谣言　个人名誉权

【案情简介】

原告张某某系帮扶艾滋病感染人群的志愿者，曾获得全国向上向善好青年、全国优秀青年志愿者等荣誉称号。原告在某次电视节目录制中讲述多年来帮助艾滋病感染者的经历，提及因救助艾滋病感染者过程中遭遇职业暴露风险，需要吃艾滋病毒阻断药，导致其身心产生不良反应。被告冯某某在抖音平台实名注册账号，于 2022 年 8 月 21 日发布一则短视频，剪辑了张某某在节目中讲述自身身心产生不良反应的结果部分，但并未保留张某某讲述因职业暴露需要吃艾滋病毒阻断药的原因部分，并在短视频中配上“男子染上艾滋病，直接被同事们孤立，心中甚是抑郁”的字幕。原告发现后私信该用户要求删除视频被拒，后向抖音平台发起侵权投诉，该平台对被告账号发布的短视频作后台删除处理。2022 年 8 月 22 日，被告账户再次发布恶意剪辑的短视频并且拒绝删除。上述两部短视频引起 5000 余人次点赞、评论、收藏、转发。因被告冯某某发布的视频加字幕误导观众以为原告张某某感染艾滋病，导致多名网友在评论区指责张某某“私生活混乱”，而且该视频也被原告的亲友浏览到，造成了恶劣影响。故原告诉至法院要求判令被告向原告通过省级媒体或《人民法院报》公开道歉，在其侵权主体账号置顶公开道歉不少于 10 日，为原告消除影响、恢复名誉。

【裁判理由及结果】

法院经审理认为，被告冯某某实名认证的账户在抖音平台发布剪辑的视频并配上虚假的、具有误导性信息的文字，引发多人点赞、评论、收藏、转发，对原告名誉造成不良影响，被告的行为严重侵犯了原告的名誉权。被告应当向原告赔礼道歉，并为原告消除影响、恢复名誉。考虑到被告账户发布的视频针对不特定人群，且不一定会被此前浏览、点赞、评论、收藏、转发的网民再次看到，最终判决被告冯某某于判决生效之日起 10 日内向原告张某某公开赔礼道歉，为原告消除影响、恢复名誉，道歉方式为通过省级媒体或《人民法院报》刊登道歉内容，并在被告实施侵权行为的抖音平台账号置顶公开道歉内容不少于 10 日。

【典型意义】

本案系平台用户在网络平台随意发布恶意剪辑和虚假描述的短视频侵犯他人名誉权的典型案件。涉及数字经济案件中恶意剪辑发布虚假视频行为的认定、对个人网络名誉权的司法保护、网络服务平台的法定义务等问题，对同类案件的处理具有参考意义，有助于加强网络言论空间治理，依法维护公民合法权益和网络空间公共秩序。

一、恶意剪辑发布虚假视频行为的认定

当下“流量经济”发展迅速，部分网络平台用户为博取流量红利、吸引粉丝关注，通过恶意剪辑视频并配上虚假不实的文字等方式“博出圈”，导致网络名誉侵权、网络谣言传播、网络暴力等事件频发。区别于传统的侮

辱、诽谤等名誉权侵权方式，恶意剪辑是把客观真实的话语或画面，按照不同时间次序进行前后颠倒或者“断章取义”的拼接，或再故意配以引人误解的文字，形成内容真假混杂的视频。经过网络平台推送进行大量传播，普通网民因很难分辨真实性而进行负面评论，不仅会对被造谣者的名誉、隐私造成负面影响，也很容易引发不良的社会影响。本案中，张某某原本从事的是社会公益活动，可经由被告恶意剪辑的视频在公众平台上发布后，志愿者被公众误会为艾滋病患者并被恶意评论，对原告名誉造成不良影响，使原告原本良好的社会评价受到扭曲。

二、对个人网络名誉权的司法保护

数字时代下，短视频平台等网络社交平台已成为生活分享、言论表达的重要阵地，人人都可为“自己代言”，但所有网络参与者也须做“秩序守护人”。网络空间不是法外之地，在网络编造、散布谣言的行为人应根据严重程度承担相应民事、行政以及刑事责任。行为人侵害他人人格权，应承担消除影响、恢复名誉、赔礼道歉等民事责任的，对应责任应当与行为的具体方式和造成的影响范围相当。本案中，抖音平台用户基数大、信息发布分散快、涉及面广，视频会根据平台算法针对不特定人群进行随机或定向推送，法院结合平台特点和实际情况明确了被告通过省级媒体或《人民法院报》刊登道歉内容，并在其实施侵权行为的抖音平台账号置顶公开道歉内容，更有利于消除被侵权人受到的不良社会评价，恢复良好的名誉。

三、网络服务提供者的责任承担

遭受网络名誉侵权、网络谣言侵害的被侵权人，有权通知网络服务提供者采取删除、屏蔽、断开链接等必要措施，网络服务提供者在接到权利人的有效通知后，承担“通知—反通知—删除”义务，未及时采取必要措施的，权利人可以请求网络服务提供者承担连带责任。大型知名网络平台更应该承担相应的社会责任，为公众辟谣、删谣提供便捷途径，进一步深化网络空间协同治理，促进短视频行业健康有序发展。

【案例索引】

一审：江苏省昆山市人民法院

编写人：江苏省昆山市人民法院　胡小娟　蔡　磊

3.“短视频带货”合同僵局情况下的合同解除权及责任承担

——杜某某诉上海某文化传媒公司其他合同纠纷案

体系标签：涉数据形态财产权益及市场竞争秩序保护纠纷

关键词：抖音账号　代运营　销售转化　合同僵局

【案情简介】

原告杜某某系金融行业从业人员，被告上海某文化传媒公司从事新媒体短视频运营等相关业务。由被告草拟协议，双方签署《战略合作协议》，约定由被告代运营原告实名认证的抖音账号，合作时间为两年，原告支付运营费用30万元，且应当每季度配合被告拍摄45条视频。若一年内完成30万元的销售转化，则超过30万元的部分，被告可按照10%~20%的比例提成；如未完成，则被告按比例退还原告运营费用。协议中，对于销售转化的时间、方式、品类未作约定，但双方曾口头约定销售转化的方式为带货、接广告。合同履行后四个月内，共制作发布41条短视频，粉丝人数曾达到12.7万人，产生“DOU+”推广费用5万余元。此时，双方就何时开始销售转化产生分歧，原告以珍惜个人品牌、慎重挑选产品为由不同意销售转化。被告在要求原告带货、接广告未果后，暂停了短视频的拍摄。履约过程中销售转化金额为0元。因双方产生分歧无法协商一致，原告诉至法院要求解除合同，并要求被告退还其运营费用30万元。

【裁判理由及结果】

法院经审理认为，因案涉合同签订的目的之一是帮助原告打造有影响力的个人IP，具有鲜明的人身属性与信赖利益，现双方缺乏合作的信任基础，且对于履行方式产生了分歧，案涉合同陷入事实上不能履行的僵局，据此，案涉合同因不适宜强制履行而应予解除。原告签署案涉合同，表明认可带货、接广告等销售转化的形式，但原告又以珍惜个人品牌、慎重挑选产品为由拒绝配合完成上述销售转化，故原告不配合销售转化，已构成违约。被告未按照合同约定的每季度45条短视频完成拍摄任务，亦属于轻度违约。案涉合同签订的目的之二是进行销售转化产生经济效益，被告具有丰富的短视频运营经验，却未在合同条款中明确销售转化的时间、方式、品类等内容，其有责任使合同具体明确、避免误解，因而存在一定过错。通过综合考量原、被告各自对抖音账号运营作出的贡献，原告获益的抖音账号的价值及原、被告各自的违约情形，酌定扣除12万元的运营费用，被告返还原告剩余18万元费用。

【典型意义】

本案系网络博主与新媒体短视频运营公司产生合作冲突导致“短视频带货”合同陷入僵局的典型案件。涉及数字经济案件中账号流量变现合作模式的分析、账号代运营合同履行僵局的解决、账号运营的综合价值认定等问题。此类案件凸显直播服务的人格属性，应有别于一般合同的处理。本案有利于明确网络博主与账号代运营公司的权利义务，规范账号流量变现新业态合作模式，推动“网红经济”健康有序发展。

一、抖音账号流量变现合作模式的分析

当下短视频行业发展迅猛，催生了“网红经济”“流量经济”新业态，新型的抖音账号流量变现合作模式是通过网络博主自身的能力和影响力，以及短视频运营公司的宣传策划和知名度推广，打造一个具有一定商业价值和影响力的IP，通过产品精准推广、直播选品带货、上架购买链接、商业广告植入等方式进行销售转化，实现账号数据流量转化，获得经济收益。本案《战略合作协议》即约定了上述“抖音账号运营—完成销售转化—进行销售分成”的合作模式，合同形式及内容具有一定的复合性和特殊性，属于无名

合同。该类协议系双方真实意思表示，且不违反法律法规的强制性规定，应为有效。作为数字经济业态下新型合作模式，短视频运营合同的各方当事人在合同订立磋商过程中，均应当依据诚信原则、公平原则妥当确认双方权利义务、风险、违约责任等合同内容，并依法全面履行合同约定。

二、“短视频带货”合同僵局的解决

因大多数粉丝会购买产品是基于对账号博主人格魅力的认可及长期互动的信任，抖音账号流量变现合作模式具有鲜明的人身属性与信赖利益，一旦作为利益共同体的网络博主与代运营公司产生分歧矛盾，将导致合作协议陷入事实上不能履行的僵局。本案即是因博主与代运营公司针对销售转化的形式以及时间节点产生争议，经多次协商仍无法达成一致意见，使得合作协议履行陷入停滞状态。本案所涉合同标的具有较强的人身属性，双方对于拍摄内容、销售转化等存在较大的分歧，若以鼓励交易的名义强制要求双方继续履行合同，不仅无法打破合同僵局，反而使得双方陷入无限的消耗与僵持中，同时也违背双方签订合同的初衷，不符合合同经济效益。因此，案涉《战略合作协议》因不适宜强制履行而应予解除，原告通过发函方式向被告发出解约通知并无不当，在双方已明显缺乏继续合作的信赖基础、合同难以继续履行的情况下，法院可判决合作协议解除。

三、抖音账号运营的综合价值认定

一个具有个人品牌影响力和商业经济价值的抖音账号，不仅是数字化运营下数据集成的客体，也体现了网络博主个人独特魅力的投入和专业知识的输出，还包含了短视频运营公司具有经济成本的专业运营和流量推广，属于网络虚拟财产。账号代运营合作协议解除后运营费用退还问题涉及抖音账号运营的综合价值认定。因为视频播放行业的商业回报具有较大的不确定性，账号运营的价值不能仅依据粉丝量的多少直接认定，而运营公司的主要经济利益来源于博主账号的销售转化，双方协议未到期而终止合作，势必会对运营公司造成一定的利益损失。对于运营费用的退还，可以综合考虑原被告履约情况、案涉协议的实际履行期限、运营公司对账号的运营投入、抖音账号的粉丝增长情况、发展前景以及可能给运营公司带来的收益等因素，确定运营费用退还的比例和金额，以维护双方利益的平衡。

【案例索引】

一审：上海市嘉定区人民法院

二审：上海市第二中级人民法院

编写人：上海市嘉定区人民法院　徐晓敏　李文苑

4. 虚拟代币清退义务人的确定与清退协议效力的认定

——司某某、王某某诉米某某其他合同纠纷案

体系标签：涉数据形态财产权益及市场竞争秩序保护纠纷

关键词：数字代币　虚拟财产　清退　协议效力

【案情简介】

司某某、王某某系通过米某某的推广、介绍，以人民币、以太币、比特币等获得SIP代币，并由该代币转换获取SIC虚拟代币。2018年4月11日，司某某、王某某（乙方）与新加坡某公司（甲方）签订一份《代币交易协议》，约定由乙方将1000万至1500万数量的SIC代币于2018年4月22日前打回至SIC代币的生成合约地址；米某某作为甲方授权人，应于2018年4月22日24点前收到核查SIC代币的销毁记录后，于次日按0.159元/SIC代币的单价向乙方支付款项；甲方落款处由米某某签字。后司某某、王某某于2018年4月14日将1500万枚代币打回协议指定地址，但米某某未按约付款，故司某某、王某某诉至法院要求米某某支付SIC代币清退款1500万余元并偿付利息损失。

【裁判理由及结果】

法院经审理认为，中国人民银行、中央网信办、工业市信息化部等七部门发布《关于防范代币发行融资风险的公告》（以下简称公告）的目的在于禁止代币或“虚拟货币”作为货币在市场上流通使用，以防范相应的经济、金融风险。根据庭审事实查明，被告确认系争代币打回合约生成地址即意味着销毁。虽然系争代币不具有法偿性与强制性等货币属性，但其作为虚拟财产，仍具有一定的财产属性。各方签订案涉《代币交易协议》的目的在于将一定数量的 SIC 代币打回合约生成地址，实际的效果是将代币予以销毁，故该协议本质系代币的清退行为。现当事人通过协商，约定由被告支付一定价款，将代币予以销毁，属对公告要求的落实。因此，《代币交易协议》之约定并不与公告内容相违背，亦不违反法律及行政法规的强制性规定，属当事人的真实意思表示，合法有效。被告未能按约将代币清退款支付给二原告，构成违约。原告诉请合理合法，法院予以支持。

【典型意义】

本案系数字经济基地首例虚拟代币清退纠纷案件，积极回应了虚拟代币清退中的实践难题。法院通过对虚拟代币的属性、清退义务人、清退协议效力、清退价值认定等问题予以分析判定，严格落实公告的相关清退要求，在肯定虚拟代币具有虚拟财产属性的基础上，为此类虚拟代币清退行为提供合规指引并划定边界，旨在妥善解决代币清退纠纷，对于维护金融安全和秩序具有一定的意义。

一、虚拟代币的属性及规制

虚拟货币是区块链技术的代表性应用，涉案的 SIC 虚拟代币即是一种分散的、去中心化的货币。中国人民银行、中央网信办、工业和信息化部等七部门于 2017 年 9 月 4 日发布了公告，明确代币发行融资中使用的代币或“虚拟货币”不由货币当局发行，不具有法偿性与强制性等货币属性，不具有与货币等同的法律地位，不能也不应作为货币在市场上流通使用。自公告发布之日起，各类代币发行融资活动应当立即停止。已完成代币发行融资的组织和个人应当作出清退等安排，合理保护投资者权益，妥善处置风险。虽然虚拟代币不具有法偿性、强制性、流通性等货币属性，但公告并未对其财产属性予以否认，因其具有财产作为权利客体的价值性、稀缺性、可支配性，结合其数字化特征，可认定其为虚拟财产。根据《民法典》第127条，“法律对数据、网络虚拟财产的保护有规定的，依照其规定”，虚拟代币可适用网络虚拟财产受相应法律规制和保护。

二、虚拟代币清退主体的认定及清退协议的效力

代币发行人首先承担清退义务是毋庸置疑的，但是虚拟代币本质上属于区块链上的代码，由于其匿名性和隐蔽性，清退主体身份即代币发行人一般难以查明。本案中，在被告与作为投资者的原告均无法举证证明代币发行者的情况下，被告作为代币的推广、介绍方，与投资者签订清退协议，自愿作为清退主体并承担相应的清退义务，性质上类似于债务加入。此外，清退主体与投资者自愿协商签订的协议效力在实务中亦存在争议。有观点认为，双方之间的协议属于“买卖”，因虚拟代币不是法定货币，故应以违背公序良俗为由认定协议无效。然本案中，原、被告签订的协议虽名为代币交易协议，但其约定将代币打回指定地址的内容本质系将代币进行销毁，故该协议不违反法律及行政法规的效力性强制性规定，亦未违背公序良俗，原、被告签订的清退协议当属合法有效。

三、虚拟代币清退协议中清退价格的认定

对于投资者而言，在代币清退阶段其损失主要是退币和接盘时的价格差。由于虚拟代币存在较大的价格波动性，因此在清退价格的认定上，无论是采用成本法还是最近交易价格法等，都存在实务认定的困难，且缺乏统一的标准及解释。本案系争虚拟代币多数是以比特币、以太币等虚拟货币交换取得。如以比特币等方式退回，一是存在操作可行性争议，二是存在合法性障碍。若以人民币方式进行清退，亦存在价格界定的合法、合理性问题。但即便存在此类清退窘境，在考量以下因素的基础上，法院充分尊重当事人的

意思自治，将双方协商确定的价格的约定作为代币清退价格：一为认可虚拟代币具有财产属性；二为清退义务人与投资人对于清退时间节点、清退价格明确具体，协议未有欺诈、胁迫等情形；三为参考各代币交易平台在公告发布后至关停前就各类代币发布的退出方案。

【案例索引】

一审：上海市嘉定区人民法院

二审：上海市第二中级人民法院

编写人：上海市嘉定区人民法院　朱　瑛

5. 采用技术手段绕过技术保护措施的互联网不正当竞争行为

——上海某网络科技公司诉某电子商务工作室不正当竞争纠纷案

体系标签： 涉数据形态财产权益及市场竞争秩序保护纠纷

关键词： 网站解析　付费下载　不正当竞争

【案情简介】

原告上海某网络科技公司系字体供应网站的运营者，其主要盈利模式为当用户有正版字体素材下载需求时，通过设置“付费会员免费下载”机制收取会员费，向会员开放素材库供会员免费下载。原告发现被告某电子商务工作室运营的网站可以通过单独付费充值的方式对原告网站内素材进行解析下载。原告认为被告作为解析网站的运营及收款主体，其解析及付费设置等行为阻碍了原告所设置的浏览及付费渠道，破坏了其经营模式的正常运行，攫取了本应属于原告网站的用户流量，挤占了网站本应获得的下载量和市场份额，给其造成了经济损失，而被告因此获得了非法收益，构成不正当竞争，故上海某网络科技公司诉至法院，要求判令被告立即停止上述行为并赔偿经济损失等共计 20 万元。

【裁判理由及结果】

法院经审理认为，双方的经营范围在网络技术、图文设计等领域存在交叉重合，二者构成同业竞争者，彼此间存在竞争关系。本案中，被告某电子商务工作室网站提供的解析服务，使用户在该解析网站输入所需字体链接后，即可在无需向原告付费的基础上获取原告网站提供的字体，该行为系利用技术手段妨碍其他经营者合法提供的网络产品正常运行的行为，构成网络环境下的不正当竞争行为。具体理由有：第一，被告通过解析网站为其用户提供了本应为原告网站会员才可以获得的字体产品并从中获利，该获利系建立在提供原告网站的字体产品基础之上，但原告并未获得其他利益，故该行为具有不正当性；第二，被告的行为使网络用户无需向原告支付会员费用即可获得原告网站字体，影响了原告网站用户黏性，加大了原告网站的运营成本，增加了原告网站的安全风险，故原告的合法权益因被诉行为受损。此外，被告提供解析服务的行为主观上存在过错。综上，法院判决被告立即停止不正当竞争行为并赔偿原告经济损失及相关费用 8 万元。

【典型意义】

近年来，随着互联网技术的快速发展和互联网竞争的不断加剧，出现了多种网络领域特有的利用技术手段实施的互联网新型不正当竞争行为。本案系网络经营者通过解析网站的非法技术手段破坏他人正常经营，攫取他人用户流量的互联网不正当竞争典型案例。本案明晰了利用技术手段绕过技术保护措施类不正当竞争行为的认定标准，厘定互联网创新和网络不正当竞争的边界，维护了网站运营者的合法利益，为互联网经营者依法合规经营提供了重要指引，为打造公平有序的互联网竞争秩序和促进互联网行业有序发展提供了有力的司法保障。

一、字库的性质与法律保护

字库中的字体字型是字型原稿经数字化处理后，由人工或计算机根据字型原稿的风格结合汉字组合规律拼合而成，以相应的坐标数据和函数算法的形式存在。对于字库中的单字，具有独创性、符合审美意义的，可以构成《著作权法》保护的美术作品。而字库软件则属于字型轮廓构建指令及相关数据与字型轮廓动态调整数据指令代码的结合，应作为计算机程序予以保护。未经授权在公司的商业活动中使用字体、字库作品，需承担停止侵权（停止使用相关文案设计、软件产品）、赔偿经济损失等民事责任。未经许可销售字库作品，若违法所得数额较大或者有其他严重情节的，根据《刑法》第 217 条的规定还应承担相应的刑事责任。

二、利用技术手段的网络新型不正当竞争行为的认定

互联网竞争者在经营过程中为了抢占市场份额，利用技术手段干扰竞争对手的情形不断出现，新型不正当竞争行为呈现技术性强、隐蔽性强、种类复杂多样、侵权成本低、损失大等特点。为制止和预防网络不正当竞争行为，推动数字经济规范持续健康发展，《反不正当竞争法》规定了互联网专项条款，但该条规定较为笼统，仍有待于在立法层面和司法层面进一步细化和完善。《反不正当竞争法》第 12 条要求互联网经营者利用网络从事生产经营活动的，不得利用技术手段，通过影响用户选择或其他方式，实施妨碍、破坏其他经营者合法提供的网络产品或者服务正常运行的行为。判断是否构成不正当竞争可从以下几方面进行分析：一是被诉行为技术与目的的正当性，是否妨碍了他人正常提供的网络产品或网络服务的正常运行。本案中，被告为了营利利用技术手段解析网站资源，破坏他人经营模式的正常运行，影响了原告合法提供服务，目标是争夺市场份额和锁定客户流量以获得商业利益，违反了诚信原则和商业道德，其技术手段及目的具有不正当性。二是互联网环境下的法益损害后果，应将公共利益、经营者利益和消费者利益予以综合考量，加强多元化利益主体保护，规范网络竞争秩序。被诉行为利用技术手段虽然降低了消费者使用正版字库的成本，但实质是不正当地窃取了原告付出人力物力而取得的智力成果，不当地攫取了原本属于其他经营者的网络流量和商业机会，损害了其他经营者的合法竞争性利益，同时也扰乱了市场竞争秩序，不利于鼓励创新，从长远看亦会损害消费者的合法权益，故应认定被告行为构成互联网不正当竞争行为。

三、不正当竞争与著作权侵权的竞合

互联网不正当竞争行为常常伴随着著作权和商标权纠纷，具有很强的复合性。《著作权法》和《反不正当竞争法》所保护的利益存在重合部分，这就导致会有当事人对同一侵权行为一并提起著作权纠纷及不正当竞争纠纷两个诉请，属于“请求权竞合”的情形。本案中，被诉行为一方面利用技术手段妨碍、破坏了原告网站提供的网络产品和服务，构成《反不正当竞争法》第12条第4款第2项规定的互联网不正当竞争行为。另一方面，被诉行为为他人避开技术措施提供了技术服务，构成《著作权法》第53条第6项规定的侵害著作权的行为。当网站运营者与技术措施所保护的作品的权利人相同时，如果原告坚持以构成著作权侵权及不正当竞争行为为由一并起诉，则若法院通过《著作权法》已能实现对原告权利的充分保护，则可不再适用《反不正当竞争法》对侵权行为予以重复评价。经营者进行技术迭代需要考虑新技术对自身商业模式、市场竞争秩序及其他经营者权益的影响，坚持诚信原则和公认的商业道德，以确保互联网创新合规。

【案例索引】

一审：上海市嘉定区人民法院

编写人：上海市嘉定区人民法院　顾君悦

6. 合意规避平台算法的榜单优化服务合同效力的认定

——某网络科技公司诉上海某科技公司服务合同纠纷案

体系标签： 涉数据形态财产权益及市场竞争秩序保护纠纷

关键词： 平台算法　榜单排行　流量作弊

【案情简介】

上海某科技公司为提升其开发的手机游戏软件在第三方手机应用商店榜

单中的排名，委托作为手机网络运营商的某网络科技公司为其提供榜单排名提升服务。某网络科技公司利用其运营的另一手机软件，通过发放奖励的方式吸引用户下载、注册上海某科技公司开发的手机游戏软件，双方在微信群内确定每日下载数量，并以该下载数量作为计费依据。在某网络科技公司的帮助下，上海某科技公司的手机游戏软件不久便在该游戏榜单中的排名上升至第一位。但因该手机游戏软件的网络下载流量过于异常，被第三方平台判定存在不诚实行为并因此遭到清榜处罚。上海某科技公司因此拒绝支付剩余的服务费用。因双方协商未果，某网络科技公司遂诉至法院要求上海某科技公司支付剩余未付的服务费；而上海某科技公司则提出反诉，认为双方合同目的已无法实现，要求判令解除双方之间的服务合同，并要求某网络科技公司退还已支付的服务费并赔偿清榜带来的运营损失。

【裁判理由及结果】

法院经审理认为，移动网络用户点击下载、注册手机游戏软件形成网络流量，真实的网络流量应当对应真实的网络用户。某网络科技公司虽然声称其为推广上海某科技公司开发的手机游戏软件所形成的网络流量都是真实的，但并未提交网络流量证据原件或具有证明效力的复本，以及与之对应的真实有效的移动网络用户信息数据。而且，在某网络科技公司提供的手机游戏软件下载数据中，每日下载用户高达数千人，下载波峰和波谷更是集中在短短的数分钟之内，该行为显然与自然网络流量形成规律不符。此外，双方多次在微信聊天中提到操作、冲刺、模仿自然流量等，并通过每日计算、安排下载量的方式提高了上海某科技公司开发的手机游戏软件在第三方平台排行榜的排名，该行为实质就是通过规避第三方平台算法规则并利用算法漏洞，人为干预自然网络流量，由此形成的网络流量不能反映真实的移动网络用户选择，具有欺诈性，为流量作弊行为。双方在合作过程中，并非通过对网络应用软件开发背后的产权、功能特性进行合法宣传，亦不关注手机游戏软件网络用户的产品体验感受，反而追求数据的即时大量增长及利益获取，双方的交易行为已然损害了公平有序的市场竞争环境，双方专注于以流量作弊行为提升榜单排名的服务合同因违背公序良俗而无效。结合导致合同无效的原因、双方当事人在合同无效中的过错以及法律效果、社会效果等因素，法院最终判决驳回了某网络科技公司的诉讼请求以及上海某科技公司的反诉请求。

【典型意义】

本案系手机游戏软件开发商与手机网络运营商之间合意刷单制造虚假网络流量以提升手机游戏榜单排名的典型案例。法院分析判定利用专业技术软件、雇用刷手等手段的流量作弊行为的不正当性，明确司法对规避第三方平台算法规则并利用算法漏洞，人为干预自然网络流量的流量造假行为的否定态度，有效规制“刷单炒信”的网络不正当竞争行为，准确界定相关市场主体的行为边界，有助于净化行业环境，维护公平有序的市场竞争秩序，保护网络相关经营者及消费者的合法权益，激发互联网创新活力。

一、平台算法规则下网络流量的法律属性

网络流量，通常是指网络用户在互联网上发送或接收的网络传输数据数量，移动网络用户的浏览、下载、点击等行为都会产生网络流量。应用商店榜单排名，系第三方平台基于下载数量、用户评价等权重指标进行算法分析后的结果体现。在众多权重指标中，基于包括浏览、下载、评价等网络用户交易行为产生的网络流量，因其可视化、可统计的特征，成为算法分析权重指标中的重要考量因素。一方面，网络流量具有财产属性。网络流量往往以用户数量、访问数量、观看时长、下载频次、购买频率等进行衡量，互联网平台的运营规模、经营效益与网络数据流量趋势呈现正相关的态势，而正向的数据指标往往会给互联网平台带来积极的商业评价和丰富的经营收益。本案中，第三方应用商店作为平台机构，其通过逻辑算法分析得出的榜单排名对于移动网络用户具有引流效应，较高的榜单排名会自然吸引移动网络用户下载、使用甚至消费，从而产生理想的商业效益。另一方面，网络流量是个人信息的形态体现。网络流量背后对应的是网络用户的网络 IP 地址、电子邮箱、手机号码、支付账户等个人信息，网络运营商通过上述个人信息的算法分析能够绘制出包含用户喜好、消费习惯等在内的用户隐私画像。上述隐

私内容也是网络用户基本权利的体现，网络流量包含了个人信息的生产、保存、传输、使用，与个人利益密切相关。本案中，下载、注册被告的手机游戏软件产生的网络流量，本身就是对手机网络用户 IP 地址、手机唯一识别码等个人信息进行运算之后的反馈集合，该过程应受到法律规制。

二、手机网络运营商采取流量作弊行为的认定

在流量作弊案件中，网络流量真实性是法院事实查明中的难点。本案中，在手机游戏软件遭第三方平台清榜处罚、上海某科技公司对某网络科技公司主张的网络流量不予认可的情形下，某网络科技公司以网络流量作为计算服务费的主要依据，应当对其主张事实承担举证责任。形式上，当事人以网络流量等电子数据作为证据的，应当提供原件或者具有可识别性、能够体现电子数据来源的复本；内容上，网络流量须能完整、全面、真实地反映出用户信息的数据内容，以此达到证据的证明效力。本案中，某网络科技公司提交的网络流量数据缺少原始载体等数据来源的证明材料，不能视为提交了符合法律规定的电子数据原件。第三方平台对涉案游戏软件采取清榜处罚措施的主要原因，即涉案游戏软件存在不诚信的流量增长行为。但某网络科技公司作为涉案手机游戏软件榜单排名提升服务的运营者，并未就每日短时间内形成大量网络流量数据进行技术论证或合理解释，也并未提供该网络流量对应的真实移动网络用户信息。在此情况下，可以认定某网络科技公司存在流量作弊行为。

三、基于流量作弊订立的服务合同效力的认定

首先，本案中，某网络科技公司增加网络流量的方式，实质就是刻意寻找第三方平台逻辑算法分析的薄弱环节，利用非自然方式榜单排名模拟自然网络流量，由此产生的榜单排名提升并非基于网络用户的真实感受和评价，具有明显的虚假性、欺诈性。其次，双方在合作过程中，既不关注手机游戏软件的属性、功能宣传，也不尊重保护普通移动网络用户的消费知情权，反而追求数据的即时大量增长及利益获取，导致消费者在进行交易对象选择时

对上述商家的经营、服务、商品情况产生虚假认知，剥夺了消费者的知情权和自由选择权，损害了消费者的合法利益，进而影响平台的信用体系；双方合意制造虚假流量提升榜单排名的行为不当地攫取了原本属于其他经营者的网络流量和商业机会，损害了其他经营者的合法竞争性利益，也违反了《反不正当竞争法》中不得以虚假交易行为进行虚假宣传的规定，损害了公平有序的移动网络市场秩序。综上，双方之间为提升手机游戏软件榜单排名而进行的流量作弊行为损害了不特定手机网络用户、网络运营商的利益，进而违背了公序良俗，双方签订的服务合同无效。

【案例索引】

一审：上海市嘉定区人民法院

二审：上海市第二中级人民法院

编写人：上海市嘉定区人民法院　张晓霞　高　岩　林金晶

7. 共享汽车租赁平台的审核义务及侵权责任认定

——袁某某诉蔡某、某出行科技公司、某财产保险公司苏州公司、某保险公司湖南公司机动车交通事故责任纠纷案

体系标签：涉平台经营者法定义务及相关主体权益保护纠纷

关键词：共享汽车租赁　平台审核义务　过错责任

【案情简介】

蔡某从某出行科技公司处线上租赁了一辆共享汽车。后双方续签一个月《租车协议》，当时蔡某驾驶证已记满 12 分。该车辆在被告某财产保险公司苏州公司投保了交强险，在被告某保险公司湖南公司投保了汽车承租人责任保险，未投保机动车第三者责任险。在车辆租赁期间内，蔡某驾驶该车与袁某某驾驶的电动自行车相撞，致袁某某连车带人倒地受伤，车辆损坏。交警部门调查后认为，袁某某违反交通信号灯通行，是造成事故的原因之一；蔡

某在机动车驾驶证超分状态下驾驶机动车上道路行驶，疏于观察路面情况，是造成事故的另一原因，且蔡某在发生交通事故后未报告公安机关交通管理部门而逃离现场，故认定蔡某负事故全部责任，袁某某不负事故责任。袁某某遂诉至法院，要求蔡某、某出行科技公司及二保险公司赔偿损失。

【裁判理由及结果】

法院经审理认为，被告蔡某逃离现场后对碰撞部位有明显擦痕的贴纸两次予以撕毁，且在公安询问笔录中一直否认碰撞事实，存在毁灭证据的行为，汽车承租人责任险承保人某保险公司湖南公司可据此免责。交警部门的责任认定系从行政管理的角度作出，并不能简单等同于民事赔偿责任的划分。原告袁某某存在违反交通信号灯通行的过错，是造成事故的原因之一。机动车所有人或管理人将车出借或出租时，在确保车辆性能安全的同时，对驾驶人员是否符合法律规定应尽到谨慎的注意义务。被告蔡某与被告某出行科技公司签订《租车协议》时驾驶证已记满 12 分，根据法律法规的规定，不得驾驶机动车。某出行科技公司作为专业的汽车租赁公司，签订租车协议时应对承租人的驾驶证情况进行必要的审查，其未能尽到上述义务，对损害的发生亦有过错，应承担相应的赔偿责任。故法院判决就原告袁某某的各项损失，先由被告某财产保险公司苏州公司在交强险责任限额内赔偿，不足部分经综合考量，酌定由被告蔡某承担 80% 的赔偿责任，某出行科技公司承担 5% 的赔偿责任，原告袁某某自担 15% 的损失。

【典型意义】

本案系因共享汽车租赁平台在出租车辆时未尽相应审核义务而对承租人驾驶车辆过程中发生的交通事故承担相应过错责任的典型案件。本案涉及共享汽车租赁中汽车租赁平台的法律地位及责任义务边界等认定，对正确厘定共享汽车租赁平台与承租人、驾驶员及其他交通事故当事人的法律关系，合理界分各方权利义务，促进共享经济健康发展和依法规范共享汽车安全运行，具有一定的借鉴意义。

一、共享汽车租赁平台的运行模式分析

共享经济是数字经济与分享经济相结合的新业态，共享汽车租赁是共享经济在交通运输领域的典型代表。线上租车模式给租车人提供了更为便捷的客户体验，也为传统汽车租赁行业插上了“互联网翅膀”，但相较于线下租车模式，线上租车模式中租赁方的不特定性、租赁方与驾驶方的分离性等问题，使得该业态中的风险管控问题尤为重要。共享汽车租赁平台运营模式不同，与其相对应的法律地位、风险控制能力、平台义务亦不相同。当前我国共享汽车租赁行业的运营模式主要有两种，一种是平台作为出租人的“直营模式”，一种是平台作为交易组织者的“加盟模式”。本案即为第一种运营模式，平台作为出租车辆的所有人或者管理人，将车辆出借或出租时，不仅需要履行确保车辆性能安全的保障义务，还应对驾驶人员是否符合法律规定尽到谨慎的注意义务。

二、共享汽车租赁平台的过错及责任认定

共享汽车租赁平台作为机动车所有人或者管理人，判定其在机动车交通事故中的过错，应综合考虑注意义务程度、风险开启程度、风险控制能力、现有技术能力及平台的社会责任等因素，公平合理地确定共享汽车租赁平台的审核义务，其审核义务应包含对车辆适驾性、安全性和驾驶人适格性等方面的审慎审核义务。本案中，共享汽车平台仅对租车人身份证、有无驾驶证进行线上审核，但未对其驾驶证是否超分这一与驾驶资格相关的关键情况进行必要审核，因其未对驾驶人适格性进行审慎审核，将机动车交由不得驾驶机动车的人员驾驶，应当认定其对损害的发生有过错。在责任认定上，根据平台的过错程度、风险控制能力、过错与损害后果的原因力等因素进行综合考量，合理确定赔偿责任的比例和金额。

三、共享汽车租赁中法律风险的防范

共享汽车行业针对不特定用户，平台应负有更高的注意义务，提高社会

责任意识，加强用户规范管理及运营安全防范，不仅有利于规范共享汽车租赁市场，促进共享汽车行业健康发展，也有利于保障公共交通安全。一是审慎检查车辆状况，共享汽车驾驶人员流动性大，其车况相比一般私家车较差，平台应增强线下服务能力，确保车辆适驾性、安全性，此外用户在使用共享汽车前亦应对车辆的安全性能进行相应检查。二是审慎核查驾驶人信息，平台应完善用户身份注册及驾驶资格审查等流程，对驾驶证扣分情况、驾驶人的精神状态、实际驾驶人与注册用户是否一致等重要信息进行必要的审核，探索将驾驶人员信息实时与公安部门对接，对驾驶人员资格的审核实行动态监控，共同建立出行黑名单。三是加强车辆运行监测和预警，通过在App或车内设备中植入对酒驾、毒驾、疲劳驾驶、无证驾驶、超分驾驶、冒名驾驶等各类禁止性行为的音频或者视频，有效警示驾驶人。在保障个人信息安全、不侵犯个人隐私的情况下，尝试通过人脸识别、实时监测、违规用车预警等数字化技术手段，防范酒驾、毒驾、疲劳驾驶、无证驾驶、超分驾驶、冒名驾驶等情况。四是规范平台保险购买，平台应根据实际需要及协议内容及时足额购买保险，相关行业部门应加大对共享汽车购买保险的监督管理力度，用户应特别留意车辆保险险种、保险额度等投保信息，避免因保险原因而面临赔偿风险。

【案例索引】

一审：江苏省太仓市人民法院

二审：江苏省苏州市中级人民法院

编写人：江苏省太仓市人民法院　乐　辉

8. 金融电子合同规范性完善及格式条款的效力认定

——上海某银行诉陈某某金融借款合同纠纷案

体系标签：涉平台经营者法定义务及相关主体权益保护纠纷

关键词：数字金融　电子合同　格式条款　审查标准

【案情简介】

陈某某在上海某银行处办理了借记卡并开通了相关网络银行服务。后陈某某通过网络银行向该银行申请办理多笔贷款业务，并在线确认签署了贷款合同及电子服务协议等电子合同。协议约定了电子合同签署方式、贷款提款方式、贷款使用方式、贷款金额、利率（基础利率、放款利率、逾期罚息利率、复利）、还款方式、贷款期限、逾期罚则等。该银行在签署电子协议时对罚息及复利收取方式未向陈某某进行过特别提示或说明，且合同约定的罚息及复利收取比例过高。上海某银行在贷款合同上盖章确认后陆续向陈某某发放多笔贷款。后陈某某未按期足额还款，仅归还部分本金及利息，故上海某银行诉至法院，要求陈某某归还借款本金，支付应收未收利息、罚息、复利、利息复利、罚息复利。

【裁判理由及结果】

法院经审理认为，第一，对于电子贷款合同、电子银行服务协议真实性认定。本案原告上海某银行提供了合同签约过程公证书、借款人电子签名的合同等初步证据，无相反证明的，可以认定电子合同真实性。被告陈某某网上在线办理某贷款业务时，已阅读了电子贷款合同、电子银行服务协议等，并自愿同意接受该合约及协议的约束，因此，该合约及协议对原、被告均有约束力。原告已按约履行放款义务，被告未履行还款义务，其行为已构成违约，应承担违约责任。第二，对于原告主张罚息及复利的诉请，因原告未提供证据证明其于签署电子协议时对罚息及复利收取方式向被告进行过特别提示或说明，且合同约定的罚息及复利收取比例过高，加重了借款人责任，故法院对原告主张的罚息及复利计算标准不予支持，法院酌情支持逾期罚息。

【典型意义】

数字经济背景下，传统金融企业不断进行业务模式变革，探索通过数字化、网络化方式提供产品和服务，利用数字技术进行金融服务。金融电子合同正是传统金融企业数字化创新转型的一个缩影。本案涉及数字经济金融案件中常见的电子合同签约存证、格式条款效力认定等典型问题，并从贷款人身份审核、电子合同签订流程等方面对新金融平台提出了切实可行的建议，旨在更好地保护金融消费者合法权益、维护交易安全和促进数字金融的合法合规发展，对同类案件的处理具有参考借鉴意义。

一、电子签名的真实性认定

银行服务协议的缔约环境从物理空间转变到数字空间，签署模式从到场当面签订到云上签署，在提供便利、降低成本、提升金融服务效能的同时，由于电子签名的技术漏洞及转型探索过程中存在不完善之处，易引发问题。电子签名关乎合同成立与否，如何审查金融电子合同中电子签名的真实性是司法实践中的一大难题。我国《电子签名法》第13条第1款和第14条仅对可靠电子签名的认定标准及法律效力作了概括性规定，对当事人协议选择的一般电子签名的审查则未作规定。根据《电子签名法》第13条规定，可靠的电子签名应符合专有性、可控性与改动可发现性三项要求。可靠的电子签名需要满足事前的身份认证、事中的可控性即真实意思表示确认、事后的可溯源性即不可篡改。电子合同签约时在多数情形下必须依赖预先安排的电子密码，现借款人仅需要在银行App中进行相关操作，有些即便缺乏身份验证过程也可以完成，故并不能完全鉴别数据电文发件人的真实性。人民法院如何审查电子合同的真实性，涉及举证责任的分配问题。在相关数据被完整地保存、传输、提取的前提下，银行提供签约过程公证书、借款人电子签名的合同等初步证据的，若借款人无相反证据，可以认定电子合同真实性。

二、金融电子合同格式条款的效力认定

格式条款在电子金融借款合同制定过程中被广泛应用，也是金融消费者权益易被侵犯的“重灾区”。借款人在银行App注册、借贷时签订的电子借贷合同、服务协议等，均属于典型的格式合同。电子金融借款格式合同约定的“按月还息一次还本”“按月等额还款”“贷款利率”等重要定义解释条款及罚息、复利等违约条款，均与借款人有重大利害关系，银行应举证证明针对上述条款对借款人进行过特别提示与说明，否则借款人有权依据《民法典》第496条向法院主张上述重大利害关系条款不成为合同内容。若基础日

利率、罚息、复利等利率收取比例过高，超过法律规定的上限，不合理加重借款人责任，属于《民法典》第 497 条中格式条款无效的情形，法院应依法认定电子金融借款合同中上述条款无效，对罚息、复利等利率计算标准以兼顾保护金融消费者及违约惩罚性的原则进行调整。

三、电子金融平台的法定义务及责任边界

与网络购物等一般电子商务合同相比，金融电子合同所涉金额更高，内容更加复杂，需要有极高安全性和可靠性。金融机构作为电子金融平台经营者及管理者，办理信贷业务时应完善电子合同签订的各项流程，提高平台系统的安全性，做好存证，以保障机构、消费者各方的合法权益，维护交易安全，防范金融风险。一是严格把握手机银行贷款审核程序，规范电子合同签约形式。银行应加强对借款人身份的识别和辨伪，在手机银行 App 中加入相应插件，将人脸、指纹等生物特征作为电子签名辅助实现方式，提升电子签名的可靠性，并及时验证借款人本人身份、真实意愿，增强电子签名的专有性、可控性。在电子合同缔约过程中，引入区块链技术自建电子存证平台或选择有资质的电子签名认证机构，对电子签名、电子合同、后台记录等电子证据进行公证或区块链存证，以便做好电子存证留痕备查，增强电子签名的改动可发现性。同时，加强对借款人民事行为能力的核查，加强风险防控。二是区别提示合同重要格式条款，主动释明减少息费争议。银行制定金融格式合同时，应注意将利息、罚息、复利、费用等控制在依法合规的范围内，并应明确约定期内利息、本金罚息、利息复利等重要利率的计算方式，以明显的方式向客户展示最高年化利率水平，可根据客户习惯、行业情况采取诸如设立独立、明显的步骤，以优先顺序前置或弹窗强调、提示以及签署确认时再次提示等灵活多样的提示方式。

【案例索引】

一审：上海市嘉定区人民法院

编写人：上海市嘉定区人民法院　周　莉　吴丹凌

9. 非法占有他人具有经济价值的游戏账号行为的定性

——被告人印某某盗窃案

体系标签： 涉信息网络犯罪及网络灰黑产业链防治的刑事案件

关键词： 游戏账号　网络虚拟财产价值　销赃数额

【案情简介】

Steam 是一个全球性的数字游戏平台，Steam 账号是登录游戏平台的有效身份凭证。2022 年 8 月 29 日，被告人印某某通过游戏直播平台添加被害人李某微信，双方签订协议约定印某某所有的 Steam 账号以 15500 元转让给李某，后双方于同日完成转账和交付。2022 年 10 月 29 日，被告人印某某在本区某快餐店内通过申诉找回已出售的 Steam 账号，并于 2022 年 11 月 3 日将该账号以 13000 元再次出售。次日，被告人印某某被被害人李某扭获，并在到案后如实供述了上述事实。案发后，被告人印某某赔偿被害人李某并获谅解。

【裁判理由及结果】

法院经审理认为，印某某以非法占有为目的，秘密窃取他人财物，数额较大，其行为已构成盗窃罪。被告人印某某到案后如实供述自己的罪行，可以从轻处罚；认罪认罚，可以从宽处理；赔偿被害人损失并获谅解，可以酌情从轻处罚。结合本案的具体情节和社区矫正调查评估等情况，判处被告人印某某有期徒刑八个月，缓刑一年，罚金 2000 元。

【典型意义】

本案系被告人通过申诉方式秘密取回已转让的游戏账号致使受让人财产损失的案件。涉及数字经济案件中网络虚拟财产的占有状态认定、侵害账号类数据形态权益的行为定性、侵占网络游戏账号的犯罪金额认定等热点问题，对于网络虚拟财产的司法保护、维护数字经济秩序、保障数据流通安全等具有参考借鉴意义。

一、网络游戏账号交易后的占有状态

网络游戏用户在注册游戏账号时，一般是对账号名称及密码进行个性化设置，并通过与个人邮箱、手机号码等进行身份绑定，以提升游戏账号使用和数据传输的安全性，同时增加登录便捷性。本案中的 Steam 游戏平台注册就需要游戏用户的邮箱进行验证，同时 Steam 游戏平台的用户协议明确表明“您不得将游戏账号以任何方式提供给他人使用，包括但不限于不得以转让、出租、借用等方式提供给他人作包括但不限于直播、录制、打代练等商业性使用”，但是上述内容的效力具有相对性，仅可约束游戏平台和注册用户。本案中印某某与李某达成了游戏账号转让协议，对于双方而言，在印某某把游戏账号名称和密码告知李某并移除绑定的手机号码后，李某就已经可以实际使用该游戏账号，在李某重新设定密码和绑定新的手机号码后，就客观上占有了该游戏账号，且根据转让协议和李某采取的措施可以认定该占有具有排他性。但对于 Steam 游戏平台而言，因为游戏账号注册时的初始邮箱还是归属印某某所有，因而其还可通过申诉方式取回游戏账号。

二、申诉秘密取回游戏账号的行为定性

本案中，在李某已经支付对价取得游戏账号占有的情况下，被告人印某某采用申诉方式，找回已转让的游戏账号，导致被害人李某丧失了对账号的控制权，侵害了被害人对账号的占有。被告人印某某的行为手段具有秘密性，主观目的是非法占有他人控制下的财产，客观上侵害了他人对财产的占有，符合盗窃罪的构成要件，应当以盗窃罪追究其刑事责任。如果被告人印某某在交付账号之前就有非法占有目的，意图通过一物二卖的行为占有他人财产，则其将构成诈骗罪。但被告人供述出售账户后又想玩游戏才通过申诉途径找回已经出售的游戏账号，结合间隔时间 2 个月来看，其供述具有合理性，且无相反证据，所以不构成诈骗罪。

三、侵占网络游戏账号的犯罪金额认定

网络游戏账号作为网络虚拟财产，数字技术赋予了其娱乐休闲的使用价值，且在市场经济中会转化成经济价值，还体现了游戏玩家投入的时间和金钱成本。结合本案，网络游戏账号的财产价值认定，涉及盗窃犯罪数额的确定，影响被告人的定罪量刑，但目前没有专门的鉴定机构可以进行估价。有意见认为，可以交易价值认定犯罪数额，但是交易价值双方协商的主观色彩明显，不能反映赃物的客观价值，缺少相关法律法规的支撑，也有违“存疑有利于被告人”的原则。一般情况下，销赃数额低于赃物的实际价值，以销赃数额认定犯罪数额更符合罪疑惟轻的一般认知，并有相关的司法解释规定可供参考。故在无法明确价值的情况下，以销赃数额认定犯罪数额更具合理性。

【案例索引】

一审：上海市嘉定区人民法院

编写人：上海市嘉定区人民法院　程晓扬

10. 为线下违规行为签订的线上信息服务合同的效力认定

——泉州某能源科技公司诉上海某能源科技公司特许经营合同纠纷案

体系标签：涉信息网络犯罪及网络灰黑产业链防治的刑事案件

关键词：特许经营　违反强制性规定　技术中立　合同无效

【案情简介】

被告上海某能源科技公司是“互联网加油”平台服务提供者，向平台内商户提供用户加油需求信息。原告泉州某能源科技公司与被告签订《协议书》，约定被告向原告提供计算机软件、网络平台服务、标志标识许可使用服务等，原告为此支付加盟费7万元。合同签订后，原告在被告指导下购买

了加油车、加油枪等设备，并基于平台信息向有加油需求的第三方用户提供柴油加注服务。但原、被告双方均未取得成品油批发、零售业务的行政许可，被告从事的“互联网加油”业务被外地相关行政机关责令停止。原告认为其与被告签订的《协议书》内容违反法律法规强制性规定，应当认定为无效，故提起诉讼请求确认《协议书》无效，并要求被告返还加盟费 7 万元。

【裁判理由及结果】

法院经审理认为，根据《国务院对确需保留的行政审批项目设定行政许可的目录》第 183 项规定，石油成品油批发、储存、零售经营资格审批属于行政许可事项。原告在未取得行政许可的情况下从事相关活动，扰乱了成品油市场经营秩序，且存在安全隐患，其行为违反了行政法规的强制性规定。被告明知加油平台商业模式存在较高违法违规风险的情况下，依然向原告提供软件及信息服务，并指导原告准备线下加油所需的材料及设备，为赚取加盟费等费用，在未进行资质审查的情况下仍与原告签订合同并为原告提供信息服务，放任原告无证从事柴油零售业务。鉴于被告于庭审中确认，若法院最终认定《协议书》无效，则认可应返还 7 万元加盟费，综上，法院认定《协议书》无效，被告应退还原告加盟费 7 万元。

【典型意义】

本案系为线下违规行为签订的线上信息服务合同被认定为无效的典型案例。本案作出了对线上信息服务行为的性质认定、技术中立与违法行为界限的认定、特许经营合同无效及其后果的认定，对于类案审查有一定的指引作用。

一、技术中立向违法违规行为转变的认定

技术中立原则是指技术作为一种手段，其本身具有中立性，如果一项技术可以被用于合法用途，则不能仅因该技术可能被用于侵权或非法用途而认定技术提供者需承担责任。该制度的建立旨在鼓励和保护技术创新。司法实践中，体现技术中立精神的诸如“避风港原则”等特定条件下免除网络服务提供者帮助侵权责任的裁判规则已得到广泛应用并形成共识。但网络服务提

供者援引技术中立原则进行抗辩亦应受到一定限制，如其商业模式的主要意图是实施侵权行为或违规行为，则不能以技术中立原则免责，甚至特定情况下网络服务提供者要承担主要责任。本案中，被告运营的加油平台的主营业务是向入驻商户提供用户加油需求信息，并由商户使用流动加油车向用户提供加油服务。利用技术手段共享信息的行为本身并不构成违规，但被告作为加油平台经营者，理应知晓从事油品加注业务需取得经营许可，在未审查原告资质的情况下，被告仍放任原告实施线下违规流动加油行为，如此时原告的行为对他人造成侵权，则被告也应承担侵权责任，如原告的行为违反了行政法规的强制性规定，则被告因对违规行为提供了信息服务，其行为亦违反行政法规的强制性规定。

二、为线下违规行为签订的线上信息服务合同的识别和认定

数字经济时代下，互联网的触角已延伸到社会的方方面面，网络服务平台提供的线上服务与线下生活的联系越发紧密，平台的信息服务已日渐成为人们生产生活的重要工具。但互联网并非法外之地，网络平台提供者的新经营模式不能违反法律规范，新业态不能突破法律底线，信息服务平台亦存在责任边界。本案中，原告未经行政许可从事成品油零售业务，存在严重安全隐患，破坏了成品油市场经营秩序，违反行政法规强制性规定。被告通过网络技术手段共享信息、撮合交易，属于典型的为违法活动引流的行为，应予禁止。除上述明显违反法律法规强制性规定的行为外，实践中还广泛存在刷单炒信、信用修复、恶意营销、推广作弊、黑号盗号等灰黑产业。涉互联网灰黑产业的滋生不仅扰乱了互联网生态，其负面效应亦将投射到实体经济，破坏业已成熟的线下经营秩序及竞争格局，损害消费者合法权益。法院应当从公共秩序、善良风俗、商业道德等角度进行综合评判，对确系违背公序良俗的线上信息提供行为予以禁止，以净化网络环境。

三、民事审判中对涉互联网灰黑产业的评判与规制

诚如上文所述，对涉互联网灰黑产业应予严格治理。民事审判中，尤其

针对合同纠纷案件，需格外注重合同效力认定。对确属违反法律法规强制性规定、违背公序良俗的行为予以否定性评价，并就法律行为无效的后果作出评判。以特许经营合同无效的后果为例，被特许人请求返还已支付的特许经营费用的，应当综合考虑合同订立和履行情况、实际经营情况和期限、特许经营资源的实际使用程度、双方各自的过错程度、当事人不得因违法行为获益等因素合理确定返还的数额、比例和方式。本案中被告认可若法院确认合同无效，则同意全部返还加盟费，故法院作出了相应判决。此外，法院一方面应当在民事审判中向当事人进行违规行为告知，责令停止实施违规行为；另一方面，法院需加强与行政执法部门、刑事侦查部门的沟通，及时通报民事案件审理中发现的违法违规线索，构建民行刑紧密衔接的立体化互联网灰黑产业治理格局。本案中，法院责令原告在取得开展柴油零售业务所需经营许可之前，不得继续实施柴油零售行为，责令被告在未确认经营者已取得相关行政许可的情形下，不得利用其网络平台继续为经营者实施违规行为提供信息服务。此外，法院还向行政主管部门发送司法建议，提请采取行政处罚措施，以期实现“审理一案，治理一片”的效果。

【案例索引】

一审：上海市嘉定区人民法院

二审：上海知识产权法院

编写人：上海市嘉定区人民法院　赵振芳

上海法院服务保障数字经济发展典型案例暨上海法院数字经济司法研究及实践（嘉定）基地第三批典型案例

1. 企业信息在线查询中名誉权保护的边界

——上海某咨询公司诉某企业征信服务公司名誉权纠纷案

体系标签： 涉个人信息及关联人格权益保护纠纷

关键词： 企业信息　征信服务机构　企业名誉权

【案情简介】

某企业征信服务公司系根据《企业征信机构备案管理办法》进行备案而从事企业征信业务的公司。2021 年 7 月，上海某咨询公司通过征信服务公司 App 查询本公司信息，页面显示“风险扫描”版块中“自身风险”9 条，“自身风险”项下显示“该企业因服务合同纠纷案由被起诉……”点击该“自身风险”查看详情则需付费成为会员才可查看。通过 VIP 会员登录 App 后“自身风险”一栏显示有裁判文书 5 篇，立案信息 3 条，开庭公告 1 条。经核实，公示的“裁判文书”“立案信息”及“开庭公告”与中国裁判文书网公示信息一致。上海某咨询公司认为 App 相关版块以“风险”命名，而在具体风险内容又需收费才能知悉的情况下，公众大概率会认为属于负面信息，容易造成企业社会评价降低或致人误解，构成名誉权侵权，故诉至人民法院请求判令某企业征信服务公司停止使用风险字样标注上海某咨询公司在该公司 App 平台上的所有信息，停止对上海某咨询公司名誉权的侵害，并要求某企业征信服务公司向其公开道歉。

【裁判理由及结果】

法院经审理认为，某企业征信服务公司不构成侮辱、诽谤。App 上发布的关于上海某咨询公司的诉讼信息客观真实存在，并未捏造、散布虚假事实。企业主体在市场活动中难免涉诉，属于风险事项，该描述系客观描述并非贬损性的评价，上海某咨询公司也未就此举证证明造成其社会评价降低的不利后果。某企业征信服务公司也不构成其他名誉权侵权行为。根据《最高人民法院关于审理利用信息网络侵害人身权益民事纠纷案件适用法律若干问题的规定》第 9 条第 2 项的规定，某企业征信服务公司不构成侵权：使用“风险”字样符合版块内容，未构成不当标题；使用“风险”字样标注的版块进行了内容提示，未付费用户可以通过其他官方渠道免费查阅裁判文书等内容，并不会造成未付费用户对上海某咨询公司的社会评价降低或致人误解。故人民法院未予支持原告的全部诉请。

【典型意义】

本案系企业征信服务公司提供企业征信服务与企业名誉权冲突司法衡量之案件。涉及数字经济案件中的企业信息在线查询服务中企业名誉权保护的边界认定以及企业名誉权的合理保护等典型问题，对同类案件的处理具有参考意义，有助于企业征信服务行业规范经营，保护企业合法权益。

一、企业信息在线查询服务与企业名誉权保护的边界

信用评价对企业的生存与发展至关重要。企业征信服务机构在其中起到了一个桥梁作用，方便了社会公众获取企业信息，保障了商业交易安全，有利于公共利益的实现。应当肯定的是，企业征信服务机构可以依法对司法公开信息进行商业化利用，但其对个体信息的利用是有界限的，不得违法滥用，不得侵害个体名誉权。本案缘起于企业征信服务公司给企业信息贴上了“风险”标签。由于诉讼本身具有不确定性，当事人均可能存在败诉风险，故使用“风险”予以标注系客观描述，并非贬损性的评价。同时，企业征信服务公司 App 对使用“风险”字样标注的版块进行了内容提示，未付费用户

可以通过提示了解版块内容并通过其他官方渠道查询涉诉信息，不会造成误解。涉案版块内容均为上海某咨询公司已在互联网上合法公开的真实诉讼信息，也不存在捏造、散布虚假事实等侮辱或诽谤的行为，故某企业征信服务公司不构成名誉侵权。

二、企业负有信息公示义务

依据《公司法》，公司应当自觉接受政府和社会公众的监督。《企业信息公示暂行条例》及一系列相关配套规定的出台，标志着以信息公示为手段、以信用监管为核心的新监管模式的确立。因此，作为商事主体的上海某咨询公司，应容忍自己的企业信息被依法公开，被社会公众查询和了解。当然，如果企业认为信息存在错误、遗漏，可以向征信平台或者信息提供者提出异议；如果认为合法权益受到侵害，可以向有关部门投诉，或者向人民法院起诉。

三、征信服务机构提供的企业信息在线查询服务应当合理合法

征信服务机构对外提供的在线企业信息服务，应确保来源的合法性、内容的准确性。就本案而言，某企业征信服务公司虽然不构成名誉侵权，但也确实存在客户端的版块分类不够精简、备注说明不够完善、信息查询不够便捷等问题。对于这类问题，人民法院向某企业征信服务公司制发司法建议，希望其进一步优化服务产品，从提升透明度、易用性入手，精简整合客户端版块、完善提示说明，减少出现争议的概率，更好地承担起社会责任。在收到人民法院的司法建议后，某企业征信服务公司积极回应，已对企业信息在线查询服务进行了较大幅度的优化改版，实现了“办理一案，治理一片”的诉源治理作用。

【案例索引】

一审：上海市徐汇区人民法院

二审：上海市第一中级人民法院

编写人：上海市第一中级人民法院　吴慧琼　须海波

2. 通过互联网侵犯个人肖像权行为的认定和处理

——李某诉蒋某某、某信息技术有限公司网络侵权责任纠纷案

体系标签：涉个人信息及关联人格权益保护纠纷

关键词：个人肖像权　恶意涂鸦　网络发布　网络服务提供者

【案情简介】

李某系某医院医师。某信息技术有限公司系某消费评价网络平台的运营主体。2021 年 12 月，蒋某某以匿名用户身份在某消费评价网络平台中发布点评内容，阐述其至李某处就诊时遭遇不公正对待，并配发李某背影照片及诊室门口电子屏照片，电子屏照片上包含医师介绍、预约中患者姓名、李某的姓名、李某的职称及李某的照片。医生发现此事后与患者家属电话沟通，认为其行为侵犯了自己的肖像权，希望删除照片和点评内容。蒋某某遂对预约中患者姓名进行了全部的覆盖涂擦，对李某的照片进行了手动五官涂画。后李某向某信息技术有限公司投诉，该公司对案涉点评中李某的名字及照片均作隐藏。李某诉至人民法院称，上述评价导致患者及同事对李某的评价降低，李某的特需门诊被取消，并影响其退休返聘及职称评级，继而李某又因脑出血住院，对其身心造成巨大影响，故要求蒋某某、某信息技术有限公司赔礼道歉并支付侵权赔偿金和合理维权费用。

【裁判理由及结果】

法院经审理认为，诊室门口的电子屏照片由院方对外公开展示，便于病患了解候诊进度及医生信息，其上有李某的个人照片、姓名、职称，李某对相关照片享有肖像权。从行为上来讲，蒋某某在未获李某允许的情况下使用李某照片并进行涂鸦，结合蒋某某对评论下其他照片之涂改方式，显见其知晓以全部覆盖的方式进行信息遮蔽隐藏，然其在李某沟通之后仍采取自行涂画五官之方式，并在评论中配发针对性的言论，可见其主观上存在恶意，并

在客观上造成了丑化李某的后果，该行为已经构成了对李某肖像权的侵害。蒋某某作为直接侵权人，应承担相应的民事责任。某信息技术有限公司在收悉李某的投诉后，即对照片进行了屏蔽处理，对文字内容中涉及李某姓名部分作星号隐藏处理，尽到了网络服务提供者的责任，在案涉评论无法确定为侵权的情况下，某信息技术有限公司未应李某的要求采取删除点评的措施，并不违反法律规定，难以认定其构成侵权。考虑到案涉照片仅在某信息技术有限公司的相应商户平台上发布，相关图片的受众限于浏览该商户平台的用户，故最终判决蒋某某在某信息技术有限公司的商户平台向李某赔礼道歉，并赔偿李某侵权赔偿金、合理维权费用共计 3000 元。

【典型意义】

本案系平台用户在网络平台随意发布经恶意涂鸦的他人照片而侵犯他人肖像权的典型案件。涉及数字经济案件中通过网络对他人肖像恶意涂鸦行为的认定、对个人网络肖像权的司法保护、网络服务平台的法定义务等问题，对同类案件的处理具有参考意义，有助于加强网络言论空间治理，净化网络空间，依法维护公民合法权益和网络空间公共秩序。

一、通过网络手段侵犯他人肖像权行为的认定

肖像是自然人外部形象的再现，往往会和自然人的品格、魅力等属性相关联。肖像权是人格权的重要组成部分。任何组织或者个人不得以丑化、污损，或者利用信息技术手段伪造等方式侵害他人的肖像权。未经肖像权人同意，不得制作、使用、公开肖像权人的肖像，但是法律另有规定的除外。日常生活中，以互联网作为侵权行为的载体，典型的侵权行为有以下几种方式：

1. 恶作剧式地丑化、污损或利用信息技术手段伪造他人肖像。丑化、污损与“美化”相对，主要指通过艺术加工和改造的方法，把美的事物歪曲、诬蔑、贬低为丑的，是一种人身攻击的手段，典型的如对肖像涂鸦添附，看似恶作剧，实则具有极大的主观恶意；利用信息技术手段伪造等方式，典型的如商家用 PS 软件或者 AI 换脸技术制作明星代言广告海报等。本案中，蒋

某某以手动涂鸦方式给李某涂画了五官，其他公众仍可通过该肖像确认是李某本人，故蒋某某基于恶作剧般的主观故意，明显侵犯李某对其肖像的专有使用，也超出法律规定的合理使用范围，构成侵权。

2. 未经他人同意而将他人肖像公开发布于互联网端。例如，当下流行的各种街拍视频，虽未对肖像进行丑化、污损，有时甚至存在技术美化，但不论是对除肖像权人以外的第三人还是肖像作品权利人，若未取得肖像权人同意而发布于互联网端，仍属于对肖像权的侵犯。同时，此种侵害肖像权行为人的主观形态表现为故意，一般情况下不存在因为不注意的心理状态而误用他人肖像的情形。

二、评论自由与肖像权保护的利益平衡

患者在医院就医对诊疗过程享有知情权，医院将医生的信息、照片予以公开正是考虑到患者的这一需要。医务人员在医疗过程中面临各种挑战和压力，其肖像权等权益应当受到患者应有的尊重和保护。若患者在就诊过程中对医院或者医务人员存在质疑或者不满，将医务人员的照片、录音录像等直接发布到网络平台，或者进行断章取义式的歪曲事实和不实评价，给医务人员带来不良影响，则可能侵害了医务人员的肖像权、名誉权等。本案中，蒋某某作为成年人本应客观理性表达就医消费体验，然而发布点评时却采取涂抹丑化医生肖像的方式进行处理，此举并不可取。个人在上网过程中应注意自身的言辞表达，采取理性、恰当的方式提出诉求、解决矛盾。

三、对个人网络肖像权的司法保护

侵害他人肖像权的，应承担消除影响、恢复名誉、赔礼道歉、赔偿经济损失和精神损害抚慰金等民事责任，对应责任应当与行为的具体方式和造成的影响范围相当。本案中，某消费评价网络平台用户基数大、信息分布发散快、涉及面广，人民法院结合消费评价本身的主观性及案涉点评内容的实际点赞量等情况，明确蒋某某在某消费评价网络平台刊登道歉内容，有利于消除被侵权人受到的影响。遭受网络肖像侵害的被侵权人，有权通知网络服务

提供者采取删除、屏蔽、断开链接等必要措施，网络服务提供者在接到权利人的有效通知后，承担"通知—反通知—删除"义务，未及时采取必要措施的，权利人可以请求网络服务提供者承担连带责任。某信息技术有限公司在收悉李某的投诉后，及时采取信息屏蔽措施，避免了损害后果的扩大，积极可取。相关消费平台运营者更应该承担相应的社会责任，进一步深化网络空间协同治理，促进相关行业健康有序发展。

【案例索引】

一审：上海市杨浦区人民法院

二审：上海市第二中级人民法院

编写人：上海市杨浦区人民法院　孙幸冬

3. 员工个人信息合理使用的认定

——刘某甲诉上海某实业公司、刘某乙个人信息保护纠纷案

体系标签：涉个人信息及关联人格权益保护纠纷

关键词：个人信息　员工　合理使用

【案情简介】

2020 年 8 月至 2021 年 11 月，原告刘某甲在第三人上海某建设公司任职，担任财务经理，任职期间为第三人及其关联公司即被告上海某实业公司填报 2020 年企业年度报告（填报时间 2021 年上半年），并在"企业联系电话"一栏填写了刘某甲实名电话号码。之后，刘某甲从上海某建设公司离职。2022 年上半年，上海某实业公司在填报 2021 年企业年度报告时，仍然在"企业联系电话"一栏填写刘某甲实名手机号码。填报之后，通过第三方企业信息查询平台查询上海某实业公司的联系方式，会关联到刘某甲的电话号码。刘某甲认为上海某实业公司未经允许擅自使用其个人信息，恶意将其实名手机号码进行公示，误导公众将其认定为上海某实业公司人员或法定代

表人刘某乙，给其生活和工作带来不利影响，遂诉至人民法院，要求解除其实名手机号码与上海某实业公司2021年度企业年报公示信息的绑定及关联，并要求上海某实业公司、刘某乙向其赔礼道歉，赔偿名誉损失及精神损失5万元。

【裁判理由及结果】

法院经审理认为，上海某实业公司使用刘某甲手机号码时虽未与其姓名关联，但手机号码能够识别特定主体，属于个人信息。针对上海某实业公司是否有权使用刘某甲的手机号码的争议焦点，首先，使用个人信息应当限于本人同意的范围，刘某甲在第三人任职期间同意关联公司即上海某实业公司使用其个人信息，但刘某甲离职后，上海某实业公司继续使用刘某甲个人信息未取得其同意。其次，刘某甲不是上海某实业公司的员工，上海某实业公司使用刘某甲的个人信息既不属于用人单位必须处理员工个人信息的情形，也不属于刘某甲履行员工职责或义务所必需，更不符合《个人信息保护法》第13条规定的无需取得同意的情形。最后，2022年3月，上海某实业公司填报企业年度报告时，刘某甲已经从第三人处离职，上海某实业公司在填报2021年度企业年报信息时仍使用离职人员刘某甲的个人信息，不符合正当性和必要性原则。故上海某实业公司无权使用刘某甲的个人信息，据此支持刘某甲要求解除其实名手机号码与上海某实业公司2021年度企业年报公示信息的绑定及关联，并支持刘某甲要求上海某实业公司向其赔礼道歉的诉请。因刘某乙并非侵权人，且刘某甲没有证据证明其名誉损失及严重精神损害，故驳回其余诉讼请求。

【典型意义】

本案系员工个人信息合理使用认定的典型案例，涉及数字经济案件中个人信息的司法认定与企业对于员工个人信息处理行为边界等问题。本案为员工个人信息的合理使用判定提供了重要指引，明晰了员工个人信息使用的边界，从司法层面加大了对个人信息主体的保护力度。

一、个人信息的界定以“可识别性”为核心要件

《民法典》第1034条、《个人信息保护法》第4条都对个人信息进行了定义，从其规定可知，可识别性是判断是否属于个人信息的核心要件。随着时代的发展，大数据的运用和信息技术的提高使个人信息的外延泛化，个人信息的边界可能呈动态化，一些在特定的场景下信息是否具有“可识别性”是可以转化的，需要针对个案具体分析不同场景下与个人有关的信息是否具有可识别性。

本案中，首先，《民法典》列举了几类个人信息，其中就包括自然人的电话号码，刘某甲的手机号码属于其个人信息毋庸置疑。其次，上海某实业公司使用刘某甲手机号码时，虽然未与刘某甲直接关联，即从对外公示的信息来看，无法直接通过该手机号码识别到刘某甲，但该手机号码是刘某甲实名登记的号码，与刘某甲进行了关联和绑定。再次，在大数据时代，随处可见通过手机号码关联和绑定特定个人的场景，手机号码属于可以直接或与其他信息结合识别到特定主体的信息。最后，现有环境下，通过手机号码来识别特定自然人所需的识别技术和成本并不高，获取手机号码即具有识别特定自然人的可能。因此，上海某实业公司使用刘某甲手机号码时虽未与刘某甲的姓名关联，但并不影响该手机号码具有可识别性个人信息的性质，故应作为个人信息进行保护。

二、以合法、正当、必要原则判定个人信息处理的合理性

根据《民法典》和《个人信息保护法》规定，处理个人信息，应当遵循合法、正当、必要原则。实践中，认定处理个人信息是否具有合法性，一般从两个方面考虑，即处理个人信息取得信息主体的同意，或存在无需信息主体同意的其他法定情形。具备上述任一条件，可以认为处理个人信息具有了合法性基础。正当性原则要求处理个人信息符合目的正当、手段正当的要求，履行充分告知的义务，公开处理个人信息的规则等。而关于必要性原则，要求处理个人信息的手段与处理目的直接相关，采取对个人利益影响最

小的方式处理，不得过度处理。

首先，从合法性角度分析，第一，刘某甲虽然是上海某建设公司的员工，且因为工作原因涉及上海某实业公司的业务，但其毕竟不是上海某实业公司的员工。之所以在刘某甲离职之前上海某实业公司使用刘某甲的电话号码用作企业信息，且刘某甲未提出异议，系基于取得了刘某甲的默示同意。第二，刘某甲离职后，上海某实业公司使用其电话号码，但未对刘某甲进行相应的告知以及取得刘某甲的同意。第三，虽然刘某甲在上海某建设公司任职财务经理，且也涉及上海某实业公司的业务，但使用员工手机号码作为企业年报信息进行登记，并非法定的可以无需取得员工同意的情形。

其次，从正当性角度而言，2022 年 3 月，上海某实业公司填报企业年度报告时，刘某甲已离职，上海某实业公司仍使用刘某甲的个人信息，但没有对刘某甲进行相应的告知。刘某甲既不知晓上海某实业公司将使用其个人信息，也不清楚上海某实业公司会在何处使用其个人信息。

最后，从必要性角度而言，为保障公平竞争，促进企业诚实自律，强化企业信用约束，规定了企业信息公示制度。企业年度报告公示的目的是解决交易中的信息不对称问题，实现以市场和社会监督为导向的报告公示和信用监管。上海某实业公司将其关联公司的离职人员的手机号码作为企业联系方式进行公示，无法实现企业信息公示的目的，不符合必要性的原则。

三、结合具体的侵权样态分析和确定个人信息权益损害后果和责任承担

从人格权请求权角度而言，针对企业对于员工个人信息的侵权行为，员工可以主张企业承担停止侵害、赔礼道歉、赔偿损失等民事责任。根据《民法典》第 1183 条之规定，侵害自然人人身权益造成严重精神损害的，被侵权人有权请求精神损害赔偿。因故意或者重大过失侵害自然人具有人身意义的特定物造成严重精神损害的，被侵权人有权请求精神损害赔偿。

本案中，刘某甲认为上海某实业公司侵犯其个人信息，主张的损害后果即社会公众可以通过企业信息查询获取其电话号码，进而拨打电话对其造成

骚扰，对其造成一定的不安宁，但刘某甲并不存在直接、明显的经济损失。同时，鉴于刘某甲未就“严重性”进行举证，本案中未支持精神损害赔偿。此外，若公司对员工个人信息的不合理使用同时损害员工名誉权的，员工除了可以主张停止侵害、消除影响、恢复名誉、赔礼道歉等责任外，还可主张相应的名誉损失。本案中刘某甲主张的损失并不限于精神损失，而是包括名誉损失，但本案中上海某实业公司的侵权行为，损害的是刘某甲对于个人信息的自主决定权与支配权，并未有损刘某甲本人的社会评价，因此刘某甲在本案中主张名誉损失无事实和法律依据。

【案例索引】

一审：上海市嘉定区人民法院

编写人：上海市嘉定区人民法院　叶　莎

4. 非独立网店私下转让行为合同效力的认定

——郑某某诉上海某文化传媒有限公司等其他合同纠纷案

体系标签：涉数据形态财产权益及市场竞争秩序保护纠纷

关键词：网络店铺　权利转让　平台规则　合同效力

【案情简介】

上海某文化传媒有限公司在同意某电商平台《服务协议》中“商户应妥善保管其服务账户及密码信息，未经平台同意，不得向他人转让或授权他人使用”的约定及《平台店铺经营主体变更规则》中“暂未授权任何机构或个人提供代理变更服务，亦不认可任何私下的更换经营主体及转让店铺行为”的规定后，在该电商平台登记注册了一家非独立网店。2015 年 3 月，被告上海某文化传媒有限公司将该网店转让给原告郑某某经营，双方签订了《网络店铺转让合同》，约定“网店转让后，被告不得以各种方式向网店所在网络平台找回或者修改会员账号及密码，不能申请关闭店铺或者其他不限于对店铺扣分、降权等行为，并保证被告不会向任何第三方举报、提供信息或主动承认而造成网店被查封、被盗等”。后原告支付网店转让款 22 万元，并实际经营该网店。2016 年 7 月，被告通过重置密码的方式收回了该网店经营权，导致合同已无法实际履行，故原告遂诉至人民法院，要求解除合同，并要求被告返还原告网店转让款 22 万元、支付原告违约金 22 万元以及赔偿原告经营期间的店铺增值损失。此外，原告还提出若人民法院认定合同未生效的相应备位诉请。

【裁判理由及结果】

法院经审理认为，涉案网络店铺系非独立网店，其二级域名的所有权归属于第三方电子商务平台，且平台业已与被告签订服务协议，禁止被告转让店铺。关于《网络店铺转让合同》效力，因平台的禁止转让规则并非法律、行政法规的强制性规定，也非代表公序良俗，故不应认定合同无效。根据合同相关条款表述可推知，原告并非完全不知平台规则的善意合同相对方，因此合同虽已经依法成立，实为附生效条件之合同，“应征得第三方同意”可视为原、被告合意所附的合同生效条件。现第三方电子商务平台明确表示不同意转让事宜，故《网络店铺转让合同》的生效条件未能成就。原告在被告以行为表明不履行主要债务时，可主张解除该合同。据此人民法院判令解除合同，被告应返还原告店铺转让款 22 万元，并基于双方过错程度认定被告应赔偿原告合理损失 5 万元。

【典型意义】

本案系网络店铺转让引发纠纷的典型案例。涉及非独立网络店铺权利归属、网络平台禁止转让条款的合理性分析、转让合同的效力认定等问题，清晰界定了网络店铺这一涉数据形态财产权益的性质和归属，明确了非独立网络店铺转让纠纷相应的裁判规则，对此类案件的处理提供了有益的借鉴。

一、非独立网络店铺所有权归属于第三方电子商务平台

近年来，网络购物规模不断增长，网络店铺作为网络购物的载体和媒介，在促进网络交易繁荣、数字经济发展中发挥着重要的作用。网络店铺具

有虚拟财产属性，因而存在转让交易的客观需求。根据电子商务平台和网络店铺经营者是否一致，网络店铺可以分为独立网店和非独立网店。前者是指商家拥有独立网站并且自己经营，在店铺转让过程中不需要第三方的同意和许可；后者是指于第三方电子商务平台之上以二级域名的形式存在并经营的网络店铺，电子商务平台为网店经营者提供信息网络系统如网店域名、虚拟经营空间、信息发布等服务，同时要求网络店铺经营者缴纳保证金、接受平台统一管理、遵守交易规则等。本案所涉及的网店即非独立网店，其二级域名所有权归属于第三方电子商务平台，网店登记注册者仅享有使用权。

二、网络平台禁止转让条款具有一定的现实合理性

实践中，第三方电子商务平台往往以与经营者签订服务协议的方式设立非独立网店，且在服务协议中明文禁止经营者转让店铺。从社会当前发展角度，按照实际网络交易情况，平台所设置的禁止转让条款具有一定的现实合理性。一方面，网店的运营体现一定的商誉性质。与线下实体店相异，包含交易记录、信用记录、交易评价在内的网店信用制度是消费者甄选商品的重要参考依据。网店信用制度与商誉所涉，具有较强的人身依附属性，如果任由经营者转让网店，会使实名认证体系崩溃，架空平台的信用评价制度，也会滋生并间接导致例如“炒信”等不良产业链持续发酵等问题。另一方面，线下实体店进行转让时有向工商管理部门进行变更登记等规制方式，从而可获得对外公示效果，而网店转让缺乏相应公示方式，无法保障消费者应享有的知情权，禁止转让条款的存在也符合保护消费者权益的终极目的。

三、非独立网店私下转让行为的法律风险与转让合同的效力认定

囿于目前大多电子商务平台所制定的禁止转让店铺规则，转让方往往与受让方进行仅交接店铺登录密码的私下转让。此举隐含较大风险，一方面，转让方可随时经由平台找回店铺登录密码重新取得店铺控制权；另一方面，一旦平台知晓并否定该转让行为并拒绝技术支持，就可能存在履行不能、交易欺诈、事后侵权等风险。

然非独立网店在经营过程中随着信誉、商誉的提高，逐渐显露出独立于网络服务协议的财产价值，一般认为网络店铺具有网络虚拟财产的属性，且网络店铺经营者同实体店铺经营者一样，具有转让店铺的需求。非独立网络店铺私下转让合同并非一律有效或无效，在具体合同效力认定上，应立足于当事人签订合同时的内心真意，若受让方并非完全不知平台规则的善意合同相对方，可将“应征得平台同意”这一双方明知内容归入合意所附的合同生效条件，进而判断合同效力更为妥当。成立未生效的合同虽不具有实质效力，当事人不能请求直接适用合同约定的违约金条款，但合同仍具有形式上的约束力，可以依法解除，有权请求返还价款的当事人一方可以请求对方支付按 LPR 计算的资金占用费，此裁判思路亦与 2023 年 12 月 5 日起施行的《最高人民法院关于适用〈中华人民共和国民法典〉合同编通则若干问题的解释》第 25 条规定相一致。

【案例索引】

一审：上海市虹口区人民法院

编写人：上海市虹口区人民法院　顾　飞

5. 设定相同 App 唤醒策略实施“流量劫持”的新型互联网不正当竞争行为认定

——某网络技术公司诉江苏某软件公司不正当竞争纠纷案

体系标签：涉数据形态财产权益及市场竞争秩序保护纠纷

关键词：唤醒策略　软件干扰　流量劫持　互联网服务　不正当竞争

【案情简介】

原告某网络技术公司系某知名支付 App 的运营主体，被告江苏某软件公司是一家从事家庭服务业产品研发和运营的市场主体。为实现手机 App 之间互相跳转的顺利进行，iOS 系统向手机 App 开发者提供一种叫作 URL Scheme

的通信机制，用以识别唤醒特定的手机App或功能模块。江苏某软件公司在其开发、运营的某家政App中设置了与某支付App一致的唤醒策略即URL Scheme“固定支付模块”。用户选择通过某支付App付款结算时，手机系统弹出窗口则显示将要跳转至某家政App，并询问用户选择“取消”还是“打开”。若用户选择“取消”，则将停留在第三方手机App或网页的待支付页面；若用户选择“打开”，将直接跳转至某家政App。为此，某网络技术公司先后接到用户投诉及合作商户的安全警示，遂诉至人民法院，要求：判令被告立即停止该不正当竞争行为；公开发表书面声明，消除影响并赔偿经济损失30万元及合理开支等共计100万元。

【裁判理由及结果】

法院经审理认为，尽管原、被告的主营业务并不相同，但涉案行为已充分体现流量等互联网利益在当事双方经营中的重要价值，原告提起本案不正当竞争之诉具有相应的事实基础。本案中，被告实施的涉案行为客观上导致了原告流量利益、交易收益等方面的损害，降低了原告的用户评价，损害了用户的选择权，扰乱了手机App市场的竞争秩序以及社会公共利益。从手机App开发者的具体应用来看，选择与自身具有直接指向关系的标识作为URL Scheme已成为行业惯例。而被告系某家政App的开发者，与“固定支付模块”没有关联。被告涉案行为已实质性妨碍了某支付App的正常运行，具有不正当性，应当认定构成不正当竞争。故判令被告消除影响并赔偿经济损失30万元及合理开支等。判决后，被告江苏某软件公司提起上诉后又撤回上诉，一审判决已发生法律效力。

【典型意义】

本案系使用App唤醒策略实施“流量劫持”的新型互联网不正当竞争纠纷典型案例。本案的裁判积极回应了网络治理中的突出问题，通过解读流量时代竞争关系的新变化，分析手机App设定URL Scheme作为唤醒策略进行“流量劫持”这一行为的技术原理和功能目标，进而对公共利益、经营者利益、消费者利益进行“三元叠加”，实现利益平衡，保障市场主体不受非法干扰的经营自由，维护作为集体共识的互联网商业惯例，促进了数字经济领域电子收付的效率与安全。

一、“流量为王”时代竞争关系新解读

在早期司法实践中，市场竞争主要发生在同业之间，人民法院通常将竞争关系作为判断不正当竞争行为成立的前提条件。然而在互联网环境下，不同业务领域泾渭分明的传统格局已经发生改变，流量成为市场主体的重要经营资源和核心竞争优势。市场竞争模式从最初的同业竞争演变成流量竞争、平台竞争和生态竞争，呈现“以流量为核心”的竞争格局。因此，经营者之间是否属于同业竞争关系并非提起不正当竞争之诉的必要前提。不正当竞争之诉能否成立，取决于经营者实施的特定行为是否具有市场竞争属性和不正当性、聚焦于“竞争性利益”的保护。

本案中，尽管原、被告的主营业务并不相同，但涉案行为的直接表现是某家政 App 设置了与某支付 App 相同的 URL Scheme 作为唤醒策略，客观结果是同时安装上述两款手机 App 的用户选择通过某支付 App 进行付款时会跳转至某家政 App。涉案行为已充分体现原、被告之间对流量等互联网经营利益存在竞争，危害了数字经济的竞争秩序，因此原告向被告提起不正当竞争之诉具有相应的事实基础。

二、新型互联网不正当竞争手段的类型化解构

伴随数字经济不断发展，网络经营业态与竞争模式更为丰富和多样化，有些不正当竞争行为难以在具体类型化条款的适用中找寻答案。本案中，被诉行为虽系利用技术手段干扰他人网络产品或服务正常运行，通过设置相同 URL Scheme 的方式使本应跳转至某支付 App 的用户被导向某家政 App，但并不属于《反不正当竞争法》第 12 条即互联网专条第 2 款（以下简称条款）第 2 项明确列举的“误导、欺骗、强迫用户修改、关闭、卸载其他经营者合法提供的网络产品或者服务”不正当竞争类型，仅系劫持了原属于某网络技术公司的用户流量。同时，因受制于 iOS 手机系统的要求，须在用户同意后方能成功跳转至某家政 App，故不属于强制进行目标跳转的行为类型。

由此可见，首先，涉案被诉行为既没有“插入链接”，也没有“强制进行目标跳转”，不属于条款第1项“未经其他经营者同意，在其合法提供的网络产品或者服务中，插入链接、强制进行目标跳转”所规范的行为类型。其次，用户对于是否修改、关闭、卸载某支付App这一结果事件并无选择空间，故被诉行为不属于条款第2项规定的行为。再次，条款第3项明确禁止“恶意对其他经营者合法提供的网络产品或者服务实施不兼容”，但被诉行为并不影响某支付App在iOS手机系统中的兼容性。最后，条款第4项规定了“其他妨碍、破坏其他经营者合法提供的网络产品或者服务正常运行的行为”这一兜底条款，需要分析经营者是否因被诉行为受到实际损害、被诉行为基于互联网商业伦理是否具有不正当性，进而判断是否构成互联网不正当竞争行为。

三、不正当竞争行为判定中的利益衡量

数字经济时代，互联网产业以互联互通为基础，强调共享、共治、开放和包容，具有更强的技术性、跨界性和动态性，互联网商业伦理也有别于传统商业伦理。互联网不正当竞争行为的认定应以互联网市场为场景展开，基于公共利益（市场秩序）、经营者利益、消费者利益作“三元叠加”的利益衡量，保障市场主体不受非法干扰的经营自由，维护商业惯例，促进互联网市场的开放、创新、效率与安全。

首先，被诉不正当竞争行为对原告利益的损害主要体现在三个方面：一是减损了原告的流量利益，二是减损了原告的交易收益，三是降低了原告的用户评价，可见其对原告经营者造成损害。其次，被诉行为也侵害了消费者的自主选择权。被告实施的涉案行为不仅使某支付App无法正常跳转，更使得以某支付App作为首选支付工具的消费者不得不另行选择其他支付工具，不合理地增加了消费者的交易成本。最后，涉案行为还破坏经营自由，损害经营效率，严重扰乱了代表社会公共利益的市场竞争秩序。

综上，被告设定相同App唤醒策略干扰他人互联网服务的行为构成不正当竞争。

【案例索引】

一审：上海市浦东新区人民法院

二审：上海知识产权法院

编写人：上海市高级人民法院　徐　俊

6. 不正当干预搜索引擎检索结果的“负面内容压制”约定无效

——上海某文化传播有限公司诉上海某信息技术有限公司网络服务合同纠纷案

体系标签：涉数据形态财产权益及市场竞争秩序保护纠纷

关键词：负面内容压制　搜索引擎优化　诚实信用原则

【案情简介】

原告上海某文化传播有限公司系某品牌互联网在线服务提供方，为案外人某智能系统有限公司提供搜索引擎优化及线上传播服务。被告上海某信息技术公司与原告上海某文化传播有限公司系合作关系，双方于2020年11月签订《委托合同》，约定由原告委托被告就某品牌提供搜索引擎优化服务，实现在某搜索引擎前五页无明显负面内容。后原告以被告未按约完成“负面内容压制”服务为由通知被告解除合同，并诉至人民法院要求被告返还服务费并支付违约金。审理中，双方一致确认，本案合同项下实现“负面内容压制”的方法主要包括发布正面信息实现好评前置、捆绑低权重链接实现负面后置和向发布平台投诉三种方式。

【裁判理由及结果】

法院经审理认为，系争“负面内容压制”条款违反诚实信用原则，损害消费者及搜索引擎服务提供者权益，扰乱市场竞争秩序，具有违法性，应认定为无效。而“负面内容压制”以外的其他服务内容，属于正常的商业营销活动，相应条款应为有效。人民法院根据合同实际履行情况、合同解除原因、双方过错，对于被告已完成的优化服务费用以及未履行部分的预期可得利益，结合双方关于优化服务对应服务费用的主张，酌定原告应支付被告的部分服务费用金额，判决被告返还扣除原告应支付的服务费用后剩余的原告已支付款项。

【典型意义】

本案系认定搜索引擎“负面内容压制”条款无效的典型案例。涉及负面内容压制的行为性质、负面内容压制的违法性分析、提供“负面内容压制”服务条款效力认定等问题，划定了“负面内容压制”与正常搜索引擎优化服务的边界，对守护公众知情权及互联网信息自由具有典型意义，有利于切实保护消费者合法权益，维护公平的网络市场竞争秩序，助推诚信有序、公平透明的网络生态建设。

一、正常搜索引擎优化服务与负面内容压制的边界

数字经济时代，搜索引擎是重要流量来源以及流量分发渠道，搜索结果排序是搜索引擎最核心的部分。搜索引擎优化服务，系通过优化网页内容、外部链接、用户体验等手段，注重本身的质量与内容，从而提升企业网站在搜索引擎自然排名（非付费排名）中的位置，提升曝光度，吸引更多有机流量。然而，部分网络服务提供者为了“走捷径”或为了“迎合”商家不当需求，提供负面内容压制等各种“非删除”替代性服务。负面内容压制与“有偿删帖”不同，尽管二者均以盈利为目的服务于特定的对象，在客观上都起到了阻止信息正常流动的效果，在行为目的与社会危害性等方面均存在相似之处，但负面内容压制通过制造虚假点击、浏览等数据，扰乱原有的客观排序结果及算法生成的热搜、底纹词、下拉词等结果，将客户的网站或者网店“刷量”至高排位、上热搜等算法产出内容中，其本质是通过掺入虚假数据，扰乱搜索引擎中算法规则，造成市场信息传递错误，干扰搜索引擎引导部分和搜索排序展示部分的算法和逻辑。

本案中，涉案负面内容压制服务采用的三种手段中，除依据客观事实依

法向负面信息发布平台投诉此种合理方式外，其余手段或是通过发布并优先展示正面信息从而达到稀释和排挤负面信息的效果，实为好评前置，或是通过降低负面信息权重以操纵排名结果，实为差评后置。

由此可见，尽管二者均改变了特定信息在搜索引擎中的特定排序，但负面内容压制行为主观上为了稀释负面信息从而盈利，客观上也无法吸引更多有机流量、产生优化效果，因此负面内容压制不同于“竞价排名”等正常搜索引擎优化服务，二者不可混为一谈。

二、负面内容压制的违法性分析

首先，从缔约目的看，实施负面内容压制行为的动机是使特定主体即行为人获得盈利，对于依法发布所谓“负面信息”的用户而言，其言论自由权利受到不正当干扰，因此该行为明显有违诚实信用原则。

其次，从履行方式看，负面内容压制内容掩饰了公众本可以获取的信息，影响公众对事物客观和全面的认知，对消费者将产生误导，不具有正当性。

再次，从行为危害性来看，负面内容压制行为压后负面消息的展示顺序，导致消费者无法获悉其所关心的商品或服务的真实情况和全面信息，一定程度上侵犯了消费者的知情权和自主选择权；同时扰乱了市场正常竞争秩序，违反公平竞争原则，实质是一种新型的网络不正当竞争行为。

最后，从社会效果来看，负面内容压制行为扰乱了互联网空间管理秩序，损害了信息甄选机制的独立性和公正性，破坏了搜索引擎服务提供者公信力和互联网空间自由开放的信息流通秩序。

三、负面内容压制行为的规制

国家市场监管总局起草的《禁止网络不正当竞争行为规定（公开征求意见稿）》及 2021 年颁布实施的《网络交易监督管理办法》均将差评后置认定为不正当竞争行为，但差评后置尚不能完全涵盖负面内容压制的全部内涵，立法层面对负面内容压制的规制尚属空白。需要人民法院在相应网络服务合同纠纷等案件中运用“穿透式”思维进行实质性审查，在对“搜索引擎优化服务”合同目的、具体实施方法及行为后果进行全面分析的基础上，确定行为性质，并结合《民法典》《消费者权益保护法》《反不正当竞争法》等法律分析相应行为的违法性。如果相应搜索引擎优化服务条款违反诚实信用基本原则、扰乱市场竞争秩序、损害消费者及搜索引擎服务提供者合法权益，则该条款应属无效。即使未能达到负面内容压制条款所设定的目标，搜索引擎优化服务提供者也不用承担违约责任；同时，搜索引擎优化服务提供者应按照合同法的规定返还已经取得的财产。

【案例索引】

一审：上海市长宁区人民法院

编写人：上海市长宁区人民法院　王　飞　周泉泉　洪巧缘

7. 网络交易中消费者异常交易行为的审查及经营者单方解除权的合理边界

——耿某诉某奢侈品公司信息网络买卖合同纠纷案

体系标签：涉平台经营者法定义务及相关主体权益保护纠纷

关键词：格式条款　异常交易　合同解除　消费目的与手段

【案情简介】

某奢侈品公司运营的网站在消费者创建用户账户时提示：创建账户，您即同意接受《一般销售条款》。《一般销售条款》明确：如用户在购买商品过程中存在欺诈或任何侵犯其他用户正当权益、破坏或扰乱本网站运营秩序及系统安全等行为（例如，使用刷单软件多次下单重复购买、抢购商品，影响其他正常用户的购买机会），该公司有权取消用户的订单，并无须承担任何责任或提供任何补偿；若用户已付款的，公司会通过原付款方式向用户退回已付款项。相关内容使用加粗字体方式予以标识。消费者将商品加入购物车时，在“加入购物袋”键上方，有“您理解并承诺，通过本网站购买的产品应基于合理自用的消费需求，不可以再转售，亦不得通过非正常手段抢购、刷单或干扰本网站正常运行，您理解并同意，任何时候，一旦发现您违反上述承诺，公司有权在不另行通知您的情况下，直接采取包括但不限于冻结账户、限制购买、取消订单等措施”的内容。在“结算”键上方，亦有类似内容。在“确认并付款”键上方，有“我已仔细阅读、理解并接受网站的隐私政策及一般销售条款……”的内容，从页面设置上，需进行勾选才可进行付款。上述条款采用字体加粗、下划线等方式进行提示。

耿某曾于 2020 年 12 月至 2021 年 1 月期间通过三个 IP 地址在某奢侈品公司网站订购八单商品，起初三单因未支付成功自动取消，后另有一单退货，一单确认收货，最后三单被取消。上述商品均系单件、单次购买，且品类亦有所不同。其中的最后一单，耿某下单一件价格为 4600 元的吊饰，耿某在支付全部货款后却收到某奢侈品公司退款且前述订单被取消。故耿某诉至人民法院，要求该奢侈品公司继续履行合同并按照原价向原告发货。

【裁判理由及结果】

法院经审理认为，某奢侈品公司虽已对涉案格式条款尽到提示义务，但未在相关页面对其主张的异常交易行为的标准作出明确说明，在此情况下，应该按照一般消费者的认知标准进行判断。首先，从请求次数分析，某奢侈品公司所主张的请求次数尚难以认定系属异常交易行为；其次，从所购买商品的数量、种类等是否符合为自身消费所用的特点分析，耿某所购买的商品均系单件、单次购买，且品类亦有所不同，并非大量重复购买，难以认定属于交易异常。某奢侈品公司对于刷单行为的界定前后矛盾，缺乏明确合理的判定标准。最后，从耿某登录、验证情况分析，同一住户使用电脑、两部手机登录会存在三个 IP 地址，具有合理性，虽然耿某的交易行为触发机器人验证，但其在某奢侈品公司网站设置的认可时间内完成并通过了验证，某奢侈品公司主张交易异常，缺乏合理性。故因某奢侈品公司主张依照异常交易相关条款行使合同约定解除权缺乏事实依据，其取消订单构成违约。因本案所涉商品系具有特定型号的商品，其生产主体、销售主体具有一定的特殊性，某奢侈品公司属于销售公司而非生产公司，其向生产公司申请调货无果，该合同事实上无法履行。因此，耿某要求继续履行合同难以支持。因耿某在一审法院审理中未主张其他违约责任，本案对合同无法履行的其他后果不宜作出处理，耿某可另行行使权利。最终，法院判决不予支持耿某的全部诉讼请求。

【典型意义】

本案系一起典型的网购合同成立后经营者以消费者存在异常交易为由取消订单而引发的纠纷。本案的裁判主动适应消费者权益保护的新形势新要求，厘清了网络购物中消费者异常交易行为审查路径，明确应以一般消费者的认知标准从消费目的及消费手段进行认定，并认定经营者应对未超过合理限度的消费行为具有容忍义务，对于此类案件的裁判具有示范意义。通过规范平台处理数据及自动化决策行为，依法保护数字经济背景下消费者合法权益，加大网络消费者权益司法保护力度，不断促进网络购物健康持续发展。

一、网络购物中禁止异常交易行为条款的认定

电子商务快捷高效的特性使得网络购物蓬勃发展，但活跃的网络消费市场中还充斥着黄牛、二手商贩等非合理自用的消费群体，其购买商品是为了再次投入流通环节，通过低收高抛赚取利差、变相经营。目前，黄牛、二手商贩呈现出手段专业化、组织集团化等特征，不仅损害消费者利益，还对正常的交易秩序造成了冲击。平台商家为了防范黄牛、二手商贩以非正常手段抢购、刷单或干扰、破坏或扰乱网站运营秩序，影响其他正常用户的购买机会，也为了维护系统安全和网站正常运行，通常会在销售条款中作出相应限制。

本案中，《一般销售条款》的相关限制条款是为了保护大多数用户权利和网络环境的管理性条款，所禁止的异常交易行为有两个核心特质：（1）非合理自用的消费目的，即购买行为是否超出了一般消费者生活消费的范畴；（2）非正常手段的消费行为，即操作手段是否超出了一般消费者进行网络购

物所应有的范围。此类条款属于平台管理和自治范畴，且未违反法律、法规的强制性规定，且未损害消费者的权益，当属合法有效。

二、平台自动化决策与消费者保护的利益平衡

私法尊重当事人的意思自治，但同时也应加强规制来弥补自由市场模式下的信息不对称和缔约地位差距，避免平台因技术优势侵害消费者的合法权益。数字时代下，平台经营者甄别非合理自用消费群体往往借助技术手段，形成精准识别、实时拦截的网络平台治理体系，但甄别黄牛、二手商贩的刷单、抢购请求不能仅通过单一的指标，需要综合购买商品的种类、数量、频次等是否符合为自身消费所用的特点分析，否则可能会损害正常消费者的合法权益。平台经营者利用个人信息进行自动化决策等特定场景，还需符合《个人信息保护法》等特别要求，应遵守“合法、正当、必要”原则，避免隐私泄露、算法歧视等风险，推动算法决策技术的合法应用与合理发展。本案中，电商平台利用客户信息辅助判断“非正常手段抢购、刷单”，如被认定构成“自动化决策”，则应当保证决策的透明度和结果公平、公正，不得在交易条件上实行不合理的限制。

三、利用算法对异常交易甄别的规制和完善

本案中，对何为异常交易，经营者仅概括式进行了列举，其标准不明。在约定较为宽泛的情形下，应按照一般消费者的认知标准进行判断，可从消费目的及消费手段两方面进行审查。即审查消费者是否属于为正常消费需求而登录、浏览、加购，其交易频次、数量等是否超出了一般消费者进行网络购物所应有的范围。经营者未能举证消费者存在上述行为而以此为由取消订单的，构成违约。

对于消费目的，可从购买种类及数量、购买频次和登录操作三个方面加以考量，并结合各项指征，达到高度盖然的证明程度。一是从购买种类及数量是否超过合理自用标准加以区分。不同品种商品的合理自用数量标准应有所差别，这与商品本身的特性息息相关，结合一般消费者的平均需求加以判

断，并随着社会动态发展不断予以调整。二是审查消费者在一定时间段内的购买次数、不同购买行为之间的时间间隔是否明显超出一般消费者生活消费的范畴。三是审查交易者对变换 IP 地址和账户能否作出合理解释。本案中，耿某上述订单系不同品种的商品，型号各不相同，尚难以认定超出合理自用的范围；年度购买频次并未超过五次，该数值与一般消费行为相比，尚未达到在一定时间内高频购买的程度，且 IP 地址亦有手机、电脑、家庭地址和工作地址等合理出处，故无法认定。

对于消费手段，可从消费者发送购买请求的种类、发送请求的峰值、发送请求的频率三个方面综合判定。部分消费者如果为了提高购物的成功率而借助特殊工具进行操作，破坏正常的交易秩序，经营者可以对消费者超出合理限度的手段进行规制，同时应保持对未超过合理限度的抢购行为的必要容忍。可以结合抢购软件具有不间断刷新、重复单一下单行为的特质，将发送请求类型相对集中于下单类型的操作，大量重复发送同一请求，直至完成抢购任务；发送请求在较短的时间内冲上峰值；持续发送请求数小时，甚至数天不间断，而且其发送请求一般是匀速的，呈现线性规律的下单行为甄别为抢购软件操作。但需要注意的是，发送请求的峰值、类型和频率不能孤立考察，需要结合来看，如果消费者借助物理手段辅助例如筋膜枪，只能短时间内提高点击频率，且程度有限，与抢购软件仍有一定差距，经营者可以通过后台数据监控，综合考量网络购物的特点、发送请求的类型、峰值、持续时间、有无间断等因素加以考量，设置认定消费手段的合理边界。

【案例索引】

一审：上海市静安区人民法院

二审：上海市第二中级人民法院

编写人：上海市第二中级人民法院　费　鸣　李博雅

8. 第三方支付平台违规设置特约商户结算账户的责任认定

——某房地产公司诉某支付公司等其他侵权责任纠纷案

体系标签：涉平台经营者法定义务及相关主体权益保护纠纷

关键词：收单机构　特约商户　结算　非授权支付

【案情简介】

2018 年 1 月，某房地产公司销售经理邱某伪造公章，以公司名义向某支付公司申请开通特约商户受理银行卡业务，并将 POS 机结算账户设置为邱某个人账户。2018 年 1 月至 2019 年 2 月期间，邱某通过 POS 机获得购房人向某房地产公司支付的购房款累计 1 亿余元。事发后，某房地产公司向购房人履行了交付房屋义务或者退还购房款，并向公安机关报案。某房地产公司遂诉请某支付公司赔偿因违规开立 POS 机给其造成的损失，并主张某支付公司的母公司应基于人格混同承担连带责任。

对此，某支付公司辩称：某支付公司依约提供了 POS 机结算服务，无主观过错，不构成侵权；邱某以欺诈手段骗取购房人的购房款，某房地产公司并非违法行为的直接受害人，侵权之债不具备转让条件，故原告不适格；某房地产公司明知且放任邱某以个人账户收款，应自行承担损失。

【裁判理由及结果】

法院经审理认为，某支付公司未尽到《银行卡收单业务管理办法》所规定的审核商户申请信息、进行现场检查以及将结算账户限制为商户同名单位银行账户的特定义务。现有证据不足以证明某房地产公司授权邱某办理相关支付业务并代收款。某支付公司违规办理本案系争支付业务，客观上造成侵害某房地产公司合法利益的后果，故其行为构成侵权。综合考虑双方过错程度以及对损害后果产生的原因力，某支付公司将邱某个人账户设置为结算账户的行为系邱某能侵占资金并导致某房地产公司对外承担赔付义务的主要原因，应对其损失承担主要责任。某房地产公司因自身管理不当，对损害结果的发生、扩大存在一定过错，可以减轻某支付公司的责任。

【典型意义】

该案系银行卡收单机构在未经授权的情况下为特约商户开通 POS 机收款，并违规将结算账户设置为犯罪嫌疑人的个人账户，造成商户资金损失而产生的纠纷。涉及第三方支付平台银行卡收单业务场景中各方法律关系的界定、第三方支付平台的风险与合规要求、第三方支付机构的责任承担等问题。本案对于消除互联网金融隐患，保护消费者合法权益，防范和化解金融风险，促进第三方支付平台产业健康发展和营造健康良好的支付生态系统具有积极意义，有助于筑牢金融安全防线，守住金融风险底线。

一、第三方支付平台银行卡收单业务场景中各方法律关系的界定

第三方支付平台通过整合多种银行卡等支付工具，提供网络支付、预付卡的发行与受理等非金融机构支付服务，在商家和银行之间建立连接，为消费者和电商平台提供网络支付中介渠道，创新了支付方式，为电子商务交易带来便利的同时，又极大地降低了交易成本，帮助商户完成了支付收银环节的数字化转型。随着第三方支付业务的不断发展，基于云计算、大数据、人工智能、物联网等技术，通过海量支付数据的采集与运用，沟通产业资金流与信息流，第三方支付平台成为产业数字化的有效入口与重要枢纽。

在第三方支付平台的银行卡收单业务场景中，持卡人在特约商户消费，由特约商户对持卡人及银行卡进行身份识别后，通过收单机构布放的 POS 机刷卡，将交易数据传输到发卡行取得授权，同时启动划款，持卡人在签购单上签名确认；发卡行与收单机构通过银联、网联等清算组织进行资金清算；特约商户凭签购单向收单机构收取款项，收单机构在规定周期内将资金结算给特约商户，并从中收取一定比例的手续费。根据《非金融机构支付服务管理办法》《银行卡收单业务管理办法》的相关规定，对于一笔资金从持卡人到特约商户的转移而言，持卡人与发卡行之间为委托付款，特约商户与

收单机构之间为委托收款，二者并存，发卡行、收单机构同时接入银联卡组织进行清算。

二、第三方支付平台支付服务的合规要求

收单机构向特约商户提供的支付服务包括代为受领金钱债权和按约结算款项两方面，在本案中分别对应某支付机构 POS 机的开立和结算账户的设置两项关键事实。

首先，POS 机的开立涉及支付服务首次建立，相关监管规定及行业自律规范均明确收单机构应当对特约商户实行实名制管理，并对商户申请收单服务的真实意愿负有实质性审核义务。未尽审核义务的，因使用该支付业务所导致的风险和损失，由收单机构承担。本案中，收单机构代商户接受债务人的有效清偿，使得商户丧失对债务人的合法债权而受有损失，可构成侵权损害赔偿责任。

其次，结算环节的账户违规设置是本案纠纷发生的主要原因。根据《银行卡收单业务管理办法》第 29 条规定，特约商户的收单银行结算账户应当为其同名单位银行结算账户，或其指定的、与其存在合法资金管理关系的单位银行结算账户。也即，特约商户为单位的，不得将其结算账户设置为个人账户，某支付公司的支付系统违反该规定。从支付机构与用户的关系角度来看，某支付公司负有向特约商户账户进行正确结算的法定义务，但其向邱某结算的依据是伪造的《账户授权书》，故该结算行为系非基于某房地产公司真实意思的资金转移，构成“非授权支付”。

对此，第三方支付平台应强化特约商户审核、管理的要求，完善签约商户的真实性核验与相关资质认证情况合规检验，筛选交易模型存在风险的商户，对存在电信诈骗、洗钱、赌博和套现嫌疑的商户进行甄别，充分打击扫码套现、黑灰产等违法违规交易，营造健康良好的支付生态系统。

三、第三方支付平台的风险与责任承担

收单机构并非仅在发卡行和特约商户开户行之间传输支付指令，而是能

够直接管理特约商户备付金账户的电子簿记实现资金转移，故其为独立的支付机构，与特约商户之间形成以委托代理结算为核心内容的复合法律关系，对外是代收款，对内是资金结算。因此，收单机构与特约商户之间为支付机构与用户的关系，对于发生在资金结算环节的违规行为，收单机构应独立向特约商户承担损失赔偿责任。

根据《电子商务法》第57条第2款规定，未经授权的支付造成的损失，由电子支付服务提供者承担。尽管未经授权发出指令的人是始作俑者，但支付机构作为向公众提供金融服务的特许经营者，发生非授权支付的，由其先行承担责任，符合制造风险者应防范风险的法理以及优势风险承担原则。如本案中，某支付公司违规允许以个人账户作为结算账户，构成非授权支付，其支付业务系统不符合安全要求，严重违反《银行卡收单业务管理办法》的明确规定，侵害特约商户的交易安全、资金安全，由其对自己违规行为所致损失进行赔偿，权责相当。

【案例索引】

一审：上海金融法院

二审：上海市高级人民法院

编写人：上海金融法院　单素华

上海市黄浦区人民法院　黄佩蕾

9. 利用网络培训平台提供盗版题库的认定

——被告人张某、邱某侵犯著作权案

体系标签： 涉信息网络犯罪及网络灰黑产业链防治的刑事案件

关键词： 网上培训平台题库　汇编作品　侵犯著作权罪

【案情简介】

上海某信息技术有限公司于2015年3月15日创作完成特种设备作业人员网上培训平台题库并完成作品登记。特种设备题库涉及锅炉安全管理、压

力容器安全管理、压力管道安全管理等作业种类与项目的题目。在创作过程中，上海某信息技术有限公司先组织30余名专家完成初稿编写，其中约八成以上的题目为原创；再依据“个性化”的标准对题目进行选择，删减其中20%甚至更多；最后还需要不定期根据“客户反馈情况”进行修改、编排甚至重构，不断形成新版本的题库。

2017年2月，被告人张某、邱某在担任上海某信息技术有限公司销售人员期间私自注册成立公司，张某负责技术和部分地区的销售工作，邱某负责销售工作。被告人张某开发并注册了“某考证在线学习平台”网站，在未经上海某信息技术有限公司许可的前提下，复制上海某信息技术有限公司享有著作权的特种设备题库并在“某考证在线学习平台”网站中向用户提供，用户购买学习卡后可通过输入卡号及密码登录并使用题库。经鉴定，将特种设备题库中的习题与“某考证在线学习平台”中提取的习题逐一比对，有对应关系的题库的相同比例为99.86%（不相同部分仅系选项顺序调换和标点符号差别）。经审计，被告人张某、邱某非法经营数额为人民币120余万元。

【裁判理由及结果】

法院经审理认为，特种设备题库属于《刑法》第217条所保护的作品，某信息技术公司根据考试大纲，组织编写题目，并将题目按照一定的标准进行取舍，选择出可以放入题库的试题，体现了题库内容上个性化的选择、判断等因素，具有独创性，属于汇编作品。汇编作品作为法定的作品类型，属于《刑法》第217条规定的“其他作品”范畴。被告人张某、邱某以营利为目的，未经著作权人许可，擅自复制发行其作品，非法经营数额达120余万元，具有其他特别严重情节，其行为均已构成侵犯著作权罪。据此，判决：一、被告人张某犯侵犯著作权罪，判处有期徒刑三年六个月，罚金人民币70万元；二、被告人邱某犯侵犯著作权罪，判处有期徒刑三年三个月，罚金人民币60万元；三、违法所得予以追缴；四、扣押在案的作案工具予以没收。一审判决后，被告人张某、邱某提出上诉。二审法院经审理后，裁定驳回上诉、维持原判。

【典型意义】

本案系全国首例侵犯网上培训平台题库著作权案件。本案对于《刑法》第 217 条侵犯著作权罪中保护的作品类型进行了有益探索，首次明确网上培训平台题库构成汇编作品，属于侵犯著作权罪保护的作品类型，进而对该题库的著作权进行了刑法保护。本案打击了侵犯数据库著作权的不法行为，厘清了汇编作品保护边界，体现出我国现阶段严格保护知识产权的立场，彰显我国知识产权司法刑事保护的力度；同时，平衡保护投资创新与数据共享，鼓励技术创新，促进公共数据的开发利用和数据资源的共享流通。

一、题库的性质与法律保护

上海某信息技术有限公司对试题题目在内容选取、编排等方面付出创作性劳动，且在互联网上以数字的形式固定，试题的合集属于数据库的一种。针对数据形态财产保护问题，由于立法尚未对数据权属予以明确，为积极回应数字经济带来的挑战，司法实践对于数据权益既有通过著作权法等知识产权专门法予以保护，也有通过商业秘密、反不正当竞争法予以规制。在著作权保护进路下，对构成文字作品、汇编作品等不同类型作品的数据集合提供著作权保护。

本案中，上海某信息技术有限公司在专家出题基础上进一步取舍确定题库中保留的题目，将考试内容以“作业种类—作业项目—知识类—知识纲—知识目—知识点”六层级的细分要求进行修改、汇总，生成的题库既能满足各个作业种类与项目下知识类的比例关系，同时优先覆盖各具体知识点。无论是原创试题或者收集的试题，该公司后期的归类、选择、优化、形成题库以及后续不定期根据“客户反馈情况”进行修改、编排甚至重构的行为，均体现了该公司在试题选择或者编排方面具有较为明显的独创性，应当将题库认定为《著作权法》第 14 条规定的“汇编作品”，上海某信息技术有限公司对该数据库享有著作权。未经著作权人许可使用，又不符合合理使用、法定许可情形的，需承担停止侵权、赔偿经济损失等民事责任。若情节严重，则可能构成刑事犯罪。

二、侵犯题库著作权行为的入罪分析

根据《刑法》第217条的规定，以营利为目的，未经著作权人许可，复制发行、通过信息网络向公众传播其文字作品、音乐、美术、视听作品、计算机软件及法律、行政法规规定的其他作品，违法所得数额较大或者有其他严重情节的，构成侵犯著作权罪。汇编作品符合侵犯著作权罪中关于“法律、行政法规规定的其他作品”的要求，属于《刑法》第217条规定中的其他作品，亦属于侵犯著作权罪保护的作品范畴。因此，体现汇编者个性化选择或者编排的真题题库属于汇编作品，能成为侵犯著作权罪的犯罪对象。

本案中，被告人要求用户购买学习卡后方可通过输入卡号及密码登录并使用题库，符合《刑法》第217条规定的“以营利为目的”的构成要件。值得注意的是网络侵犯著作权犯罪的营利模式呈现出多样化的特点，营利可能仅体现在犯罪的某一阶段。如在前期为提高网站的知名度、吸引更多网民、提高点击率，不投放广告、不收取会员费，完全以免费、非营利的表象呈现，积累到一定的客户流量和会员数量后，便将网站或者App打包出售以获取利益。应当结合行为人的行为表现、意图、远期目标等进行综合判断，若行为人是为了远期获利，即使当前尚未实际获利甚至亏损，但符合“以营利为目的”主观要件的，仍可以侵犯著作权罪予以刑事处罚。

违法所得数额和其他严重情节是区分罪与非罪的关键。“违法所得数额较大”和“有其他严重情节”是选择性要件，只要符合其中之一即可构成本罪。违法所得数额在3万元以上的，属于“违法所得数额较大”；具有下列情形之一的属于“有其他严重情节”：（1）非法经营数额在5万元以上的；（2）未经著作权人许可，复制发行其文字作品、音乐、电影、电视、录像作品、计算机软件及其他作品，复制品数量合计在1000张（份）以上的；（3）其他严重情节的情形。本案被告人非法经营数额达120余万元，属于具有其他特别严重情节，应当严厉打击。

三、数据库保护与数据共享的利益平衡

数据的特点决定了数据价值在流通中激活，在交易中释放。将数据库作为汇编作品加以保护的同时需要妥善处理权利保护与权利限制的关系，对保护范围予以合理界定，既保障新技术发展背景下特殊新型作品的智力成果，保护数据收集、加工者和使用者的相关权益，以鼓励资本投入、技术创新的积极性；也要鼓励数据开放和共享，推动公共数据的开发利用和数据资源的共享流通，构建保护投资与数据共享的利益平衡框架。

侵犯著作权罪的认定除了要考量是否符合法定构成要件之外，还要注意排除与著作权相关的违法阻却事由，比如是否构成合理使用或法定许可情形。知识是公共领域的东西，属于思想的范畴，其本身不受著作权法保护。正如被告人及其辩护人提出“很多题目在上海某信息技术有限公司申请著作权之前就已经存在，故其不享有著作权”“题库属于国家考试题目，涉及公共利益，不应由上海某信息技术有限公司权利独占”等抗辩意见。应当明确作为汇编作品保护的题库著作权的保护范围，不能仅甄别内容的实质性相似与否，而是需要结合作品内容判断选择和编排上是否具有独创性；也不能将著作权的保护范围过度扩大，进而限制作品在公共领域范围内的使用。即便双方针对相同的内容进行选择、汇编、排版，但只要体现各自的独创性和个性化，他人也可按照其意志进行合理使用。

本案中，被告人张某、邱某并未独立创作而是直接复制特种设备题库，切实侵害了汇编者的专有权利和独创成果，且系非法获取并使用上海某信息技术有限公司题库，直至案发均未按照法律规定向上海某信息技术有限公司支付报酬并指明作者，其行为完全不符合法律规定的合理使用或法定许可的基本要求，因此应承担相应的刑事责任。

【案例索引】

一审：上海市浦东新区人民法院

二审：上海市第三中级人民法院

编写人：上海市第三中级人民法院　肖晚祥　高卫萍
上海市嘉定区人民法院　郭海娜

10. 设置强制弹窗广告行为的刑法规制

——被告单位上海某信息科技有限公司、被告人牛某某、高某非法控制计算机信息系统案

体系标签：涉信息网络犯罪及网络灰黑产业链防治的刑事案件

关键词：强制弹窗　非法控制　牟利

【案情简介】

2020年5月，被告人牛某某、高某合伙成立上海某信息科技有限公司并担任实际经营人，开发工具类App在某应用市场供用户下载使用。2021年10月至2022年2月，被告人牛某某与高某商议后，在开发的“某来电秀”“某扩音器大师”“某充电动画”等App中插入广告SDK（代码压缩包），设置强制弹窗广告功能，通过后台监控用户的解锁屏、安装或卸载软件、充电、连接WiFi等操作，强制用户手机自动播放弹窗广告，并隐藏软件图标、进程、广告关闭键等，将用户的手机流量变现牟利，非法获利人民币2万元，非法控制用户手机20部以上。2022年8月4日，被告人牛某某、高某被民警抓获，后在家属帮助下分别退还违法所得。

【裁判理由及结果】

法院经审理认为，被告单位上海某信息科技有限公司、被告人牛某某、高某，违反国家规定，采用技术手段非法控制计算机信息系统，情节严重，均已构成非法控制计算机信息系统罪，且属共同犯罪。在共同犯罪中，被告人牛某某起主要作用，系主犯；被告人高某起次要作用，系从犯，依法应当从轻或者减轻处罚。被告单位及二被告人到案后均能如实供述自己的罪行，

愿意接受处罚，依法可以从轻处罚，二被告人家属代为退还违法所得，可以酌情从轻处罚，故分别判处被告单位上海某信息科技有限公司罚金人民币1万元，被告人牛某某有期徒刑一年三个月，并处罚金人民币6000元，被告人高某有期徒刑十个月，并处罚金人民币4000元。

【典型意义】

本案系被告利用强制设置弹窗广告对用户手机软件进行非法控制的典型案件，涉及弹窗广告的规制、非法控制计算机信息系统罪的认定等问题。本案依法惩治强制设置弹窗广告类犯罪，治理网络环境中的痛点问题，有效维护网络秩序和网络用户的合法权益，强化网络环境安全治理，营造清朗的网络生态。

一、整治互联网弹窗广告的必要性

网络弹窗广告以其直接、便捷的传播形态，灵活、个性、高曝光的传播特点和成本低、效率高的优势，成了互联网中最常见的广告方式。但设置强制弹窗行为隐藏着严重的行为失范问题，几乎所有的手机用户都体验过解锁手机或者打开App就弹出广告，且“霸屏”播放无法跳过的情形。从广告形式看，弹窗广告的自动弹出具有视觉强制性，以软件捆绑的形式强行安装，并在网络用户不知情的情况下被设置为开机启动，侵害了网络消费者的选择权、知情权；从广告目的来看，弹窗广告以后台监控用户数据和操作的方式将用户流量变现牟利，针对用户画像进行定向推送可能存在侵犯个人信息和个人隐私的风险。此外，部分弹窗广告还存在诱导消费、虚假宣传、木马植入、信息诈骗、违法行为宣传的情形。

为了整治弹窗广告这个“牛皮癣”，《广告法》第44条第2款规定：“利用互联网发布、发送广告，不得影响用户正常使用网络。在互联网页面以弹出等形式发布的广告，应当显著标明关闭标志，确保一键关闭。”《互联网弹窗信息推送服务管理规定》对于弹窗广告提出了要确保弹窗广告一键关闭，不得以弹窗信息推送方式呈现恶意引流跳转的第三方链接、二维码等信息，不得通过弹窗信息推送服务诱导用户点击，实施流量造假等9项要求。工业和信息化部于2023年2月发布《关于进一步提升移动互联网应用服务能力的通知》中提到："在用户浏览页面内容时，未经用户同意或主动选择，不得自动或强制下载App，或以折叠显示、主动弹窗、频繁提示等方式强迫用户下载、打开App，影响用户正常浏览信息。""开屏和弹窗信息窗口提供清晰有效的关闭按钮，保证用户可以便捷关闭；不得频繁弹窗干扰用户正常使用。"

二、强制弹窗广告的刑法规制与入罪分析

从网络广告市场监管发展来看，违反上述法律和行政规章的弹窗广告可能构成一般违法行为，但不一定构成犯罪行为。涉及计算机信息系统的犯罪行为主要包括侵入、获取、控制、提供工具以及破坏等，对相关行为的界定直接关系罪名的正确选择。而随着数字经济时代信息网络犯罪的犯罪手段不断更新升级，需要对技术原理进行穿透式分析，进而判断行为侵害的具体对象，并进一步区分构成非法侵入计算机信息系统罪，非法获取计算机信息系统数据罪、非法控制计算机信息系统罪，提供侵入、非法控制计算机信息系统程序、工具中的何种罪名。

"非法"是指未经用户许可、授权；"控制"是指使用相关技术手段，将他人的计算机信息系统处于行为人的控制之下，接受行为人的指令并完成相应操作，在技术手段上并无限制，可通过直接侵入系统实现，也可通过木马程序夺取控制权等。本案二被告人采用在工具类App中设置强制弹窗的技术，通过监控手机用户解锁、安装软件、卸载软件、连接WiFi、充电等行为，擅自控制用户手机自动弹出广告页面，并隐藏软件图标、进程、关闭键等，致使用户无法彻底关闭广告，严重影响用户正常使用网络。本案中设置强制弹窗只是一种手段，其实质是对用户手机进行非法控制，且严重违反《广告法》的相关规定，因此，此类行为已超出民事侵权和行政违法的界限。

同时，根据最高人民法院、最高人民检察院相关司法解释的规定，非法控制计算机信息系统20台以上；违法所得人民币5000元以上或者造成经济损失1万元以上，均可以认定为情节严重。因此，本案被告单位、被告人的

行为已构成非法控制计算机信息系统罪。

三、网络服务提供者的法定义务和责任边界

目前，弹窗广告俨然已经形成了一条完整的利益产业链，广告公司直接和运营商合作，通过用户 IP 推送弹窗广告。广告主只要提出需求，广告公司便可提供服务。为防范和遏制网络黑灰产业，有效规制恶意技术和恶意控制等行为，互联网弹窗信息推送服务提供者应当具备企业合规意识，建立健全预防侵权和违法犯罪的合规管理体系，并落实信息内容管理主体责任，建立健全信息内容审核、生态治理、数据安全和个人信息保护、未成年人保护等管理制度，避免民事侵权责任乃至刑事责任的产生。互联网弹窗信息推送服务提供者应通过提供优质网络服务方式更好地提升自身的信誉度、竞争力、公信力，为维护网络安全承担应有的职责，避免如本案中的“走捷径”“赚快钱”。

本案二被告人虽具有良好的技术能力，善于根据社会实时需求开发相应的工具类 App，但是为了牟取更大的利益，在软件开发过程中嵌入强制弹窗广告，不仅丧失了自身信誉，也侵害了网络用户的合法权益，更是触犯了刑法，依法应承担刑事责任。

【案例索引】

一审：上海市闵行区人民法院

编写人：上海市闵行区人民法院　王　岚　阮琛莹

上海市嘉定区人民法院　郭海娜

关键词检索